suhrkamp taschenbuch
wissenschaft 1000

suhrkamp taschenbuch wissenschaft

Verzeichnis der Bände 1-1000

Redaktion Elke Habicht

Suhrkamp

Die Deutsche Bibliothek – CIP-Einheitsaufnahme
Habicht, Elke: Suhrkamp-Taschenbuch Wissenschaft :
Verzeichnis der Bände 1-1000 / Red. Elke Habicht. –
1. Aufl. – Frankfurt am Main : Suhrkamp, 1992
(Suhrkamp-Taschenbuch Wissenschaft ; 1000)
ISBN 3-518-28600-5
NE: HST; GT

suhrkamp taschenbuch wissenschaft 1000
Erste Auflage 1992

Suhrkamp Taschenbuch Verlag
Druck: Wagner GmbH Nördlingen
Printed in Germany
Umschlag nach Entwürfen von
Willy Fleckhaus und Rolf Staudt

1 2 3 4 5 6 – 97 96 95 94 93 92

Inhalt

Dieses Verzeichnis bietet zunächst die vollständigen bibliographischen Angaben zu den in numerischer Reihenfolge angeordneten Bänden 1-1000 der Reihe suhrkamp taschenbuch wissenschaft; bei Sammelbänden sind auch die Autoren und Titel der einzelnen Beiträge aufgeführt und bei Aufsatzsammlungen eines Autors die Titel der im betreffenden Band enthaltenen Texte. Vergriffene Bände sind mit einem ▶ hinter der ISBN-Nummer gekennzeichnet. Das Register der Autoren, Herausgeber und Übersetzer am Ende des Bandes verweist auf die Bandnummern im numerischen Verzeichnis.

Der Band enthält zwei weitere »Register«: ein nach Autoren und Herausgebern angeordnetes alphabetisches Verzeichnis und eine nach Sachgebieten geordnete Übersicht über die Titel. In diesen beiden Verzeichnissen werden die Bände nur mit Kurztiteln aufgeführt; bei mehrbändigen Ausgaben (wie Werkausgaben, Gesammelte Schriften, Kassetten) wird nur der übergreifende Titel genannt. Die auch hier jeweils mit aufgeführten Bandnummern verweisen zugleich wieder auf das numerische Verzeichnis, in dem die bibliographischen Angaben zu jedem Band vollständig enthalten sind.

Numerisches Verzeichnis der Bände 1-1000

1 Habermas, Jürgen: Erkenntnis und Interesse
Mit einem neuen Nachwort. 420 S. 1973. (3-518-27601-8)

2 Adorno, Theodor W.: Ästhetische Theorie
Herausgegeben von Gretel Adorno und Rolf Tiedemann. 571 S. 1973. (3-518-27602-6)

3 Bloch, Ernst: Das Prinzip Hoffnung
3 Bände. 1655 S. 1973. (3-518-27603-4▸, *jetzt: stw 554*)

4 Benjamin, Walter: Der Begriff der Kunstkritik in der deutschen Romantik
Herausgegeben von Hermann Schweppenhäuser. 121 S. 1973 (3-518-27604-2)

5 Wittgenstein, Ludwig: Philosophische Grammatik
Herausgegeben von Rush Rhees. 493 S. 1973. (3-518-27605-0▸, *jetzt: stw 504*)

6 Piaget, Jean: Einführung in die genetische Erkenntnistheorie
(Genetic Epistemology). Übersetzt von Friedhelm Herborth. 104 S. 1973. (3-518-27606-9)

7 Laplanche, J./Pontalis, J.-B.: Das Vokabular der Psychoanalyse
(Vocabulaire de la psychanalyse). Mit einer Einleitung von Daniel Lagache. Übersetzt von Emma Moersch. 652 S. 1973. (3-518-27607-7)

8 Hegel, Georg Wilhelm Friedrich: Phänomenologie des Geistes
622 S. 1973. (3-518-27608-5▸, *jetzt: stw 603*)

9 Materialien zu Hegels ›Phänomenologie des Geistes‹
Herausgegeben von Hans Friedrich Fulda und Dieter Henrich. 445 S. 1973. (3-518-27609-3)
Hyppolite, Jean: Anmerkungen zur Vorrede der Phänomenologie des Geistes und zum Thema: das Absolute ist Subjekt – Erdmann, Johann Eduard: Die Phänomenologie des Geistes – Wieland, Wolfgang: Hegels Dialektik der sinnlichen Gewißheit – Westphal, Merold: Hegels Phänomenologie der Wahrnehmung – Gadamer, Hans-Georg: Die verkehrte Welt – Kojève, Alexandre: Zusammenfassender Kommentar zu den ersten sechs Kapiteln der »Phänomenologie des Geistes« – Kelly, George Armstrong: Bemerkungen zu Hegels »Herrschaft und Knechtschaft« – Gadamer, Hans-Georg: Hegels Dialektik des Selbstbewußtseins – Hirsch, Emanuel: Die Beisetzung der Romantiker in Hegels Phänomenologie – Lukács, Georg: Die Entäußerung als philosophischer Zentralbegriff der »Phänomenologie des Geistes« – Pöggeler, Otto: Die Komposition der Phänomenologie des Geistes – Fulda, Hans Friedrich: Zur Logik der Phänomenologie

10 Einführung in den Strukturalismus
(Qu'est-ce que le structuralisme?). Herausgegeben von François Wahl. Aus dem Französischen von Eva Moldenhauer. 480 S. 1973 (3-518-27610-7)
Wahl, François: Einführung – Ducrot, Oswald: Der Strukturalismus in der Linguistik – Todorov, Tzvetan: Poetik – Sperber, Dan: Der Strukturalismus in der Anthropologie – Safouan, Moustafa: Die Struktur in der Psychoanalyse, Beitrag zu einer Theorie des Mangels – Wahl, François: Die Philosophie diesseits und jenseits des Strukturalismus

11 Kracauer, Siegfried: Geschichte – Vor den letzten Dingen
(History. The Last Things Before the Last). Übersetzt von Karsten Witte. 322 S. 1973. (3-518-27611-5)

12 Luhmann, Niklas: Zweckbegriff und Systemrationalität
Über die Funktion von Zwecken in sozialen Systemen. 390 S. 1973. (3-518-27612-3)

13 Scholem, Gershom: Zur Kabbala und ihrer Symbolik
303 S. 1973. (3-518-27613-1)
Zur Einleitung – Religiöse Autorität und Mystik – Der Sinn der Tora in der jüdischen Mystik – Kabbala und Mythos – Tradition und Neuschöpfung im Ritus der Kabbalisten – Die Vorstellung vom Golem in ihren tellurischen und magischen Beziehungen

14 Lévi-Strauss, Claude: Das wilde Denken
(La pensée sauvage). Übersetzt von Hans Naumann. 334 S. 1973 (3-518-27614-X)

15 Szondi, Peter: Die Theorie des bürgerlichen Trauerspiels im 18. Jahrhundert
Der Kaufmann, der Hausvater und der Hofmeister. Studienausgabe der Vorlesungen Band 1. Herausgegeben von Gert Mattenklott. Mit einem Anhang über Molière von Wolfgang Fietkau. 280 S. 1973. (3-518-27615-8)

16 Erikson, Erik H.: Identität und Lebenszyklus
(Identity and the Life Cycle). Drei Aufsätze. Übersetzt von Käte Hügel. 224 S. 1973. (3-518-27616-6)
Ich-Entwicklung und geschichtlicher Wandel – Wachstum und Krisen der gesunden Persönlichkeit – Das Problem der Ich-Identität

17 Bilz, Rudolf: Wie frei ist der Mensch?
Paläoanthropologie. Band I. 470 S. 1973. (3-518-27617-4)

18 Weizsäcker, Viktor von: Der Gestaltkreis
Theorie der Einheit von Wahrnehmen und Bewegen. Mit einer Einführung von Rolf Denker. 294 S. 1973. (3-518-27618-2▸)

19 Chomsky, Noam: Sprache und Geist
(Language and Mind). Mit einem Anhang: Linguistik und Politik. Übersetzt von Siegfried Kanngießer, Gerd Lingrün, Ulrike Schwarz und Anna Kamp. 190 S. 1973. (3-518-27619-0)

20 Uexküll, Jakob von: Theoretische Biologie
Mit einem Vorwort von Rudolf Bilz. 402 S. 1973 (3-518-27620-4)

21 Erlich, Victor: Russischer Formalismus
(Russian Formalism. History – Doctrine). Mit einem Geleitwort von René Wellek. Übersetzt von Marlene Lohner. 407 S. 1973 (3-518-27621-2)

22 Seminar: Politische Ökonomie
Zur Kritik der herrschenden Nationalökonomie. Herausgegeben von Winfried Vogt. 334 S. 1973. (3-518-27622-0▶)
Vogt, Winfried: Einleitung – Brown, E. H. Phelps: Die Rückständigkeit der Ökonomie – Robinson, Joan: Die zweite Krise der ökonomischen Theorie – Galbraith, John Kenneth: Volkswirtschaftslehre als Glaubenssystem – Kaldor, Nicholas: Die Irrelevanz der Gleichgewichtsökonomie – Boulding, Kenneth E.: Ökonomie als eine Moralwissenschaft – Edwards, Richard C./MacEwan, Arthur, und der Lehrkörper von Social Sciences 125, Harvard University: Ein radikaler Weg zur Ökonomie: Grundlagen für ein neues Curriculum – Kade, Gerhard: Politische Ökonomie – heute – Sweezy, Paul M.: Ansätze zu einer Kritik der Nationalökonomie – Vogt, Winfried: Zur Kritik der herrschenden Wirtschaftstheorie – Nutzinger, Hans G.: Wirtschaftstheorie aus der Sicht der Politischen Ökonomie – Rowthorn, Bob: Die neoklassische Volkswirtschaftslehre und ihre Kritiker – eine marxistische Beurteilung

23 Adorno, Theodor W.: Philosophische Terminologie
Band 1. Herausgegeben von Rudolf zur Lippe. 229 S. 1973. (3-518-27623-9)

24 **Blumenberg, Hans: Der Prozeß der theoretischen Neugierde**
Erweiterte und überarbeitete Neuausgabe von »Die Legitimität der Neuzeit«, dritter Teil. 310 S. 1973. (3-518-27624-7), *jetzt in: »Die Legitimität der Neuzeit«, Erneuerte Ausgabe, Ln., 1988. (3-518-57837-5)*

25 **Kuhn, Thomas S.: Die Struktur wissenschaftlicher Revolutionen**
(The Structure of Scientific Revolutions). Zweite, revidierte und um das Postskriptum von 1969 ergänzte Auflage. Die Übersetzung wurde für die zweite Auflage revidiert von Hermann Vetter. 239 S. 1973. (3-518-27625-5)

26 **Zimmer, Heinrich: Philosophie und Religion Indiens**
(Philosophies of India). Herausgegeben von Joseph Campbell. Übersetzt von Lucy Heyer-Grote. 595 S. 1973. (3-518-27626-3)

27 **Piaget, Jean: Das moralische Urteil beim Kinde**
(Le Jugement moral chez l'enfant). Übersetzt von Lucien Goldmann. 463 S. 1973. (3-518-27627-1▸)

28 **Mead, George Herbert: Geist, Identität und Gesellschaft**
aus der Sicht des Sozialbehaviorismus (Mind, Self and Society. From the standpoint of a social behaviorist). Mit einer Einleitung herausgegeben von Charles W. Morris. Übersetzt von Ulf Pacher. 456 S. 1973. (3-518-27628-X)

29 **Savigny, Eike von: Die Philosophie der normalen Sprache**
Eine kritische Einführung in die »ordinary language philosophy«. Völlig neu bearbeitete Ausgabe. 297 S. 1974. (3-518-27629-8▸)

30 **Seminar: Die Entstehung von Klassengesellschaften**
Herausgegeben von Klaus Eder. 375 S. 1973. (3-518-27630-1▸)
Eder, Klaus: Einleitung – Eder, Klaus: Zur Systematisierung der

Entstehungsbedingungen von Klassengesellschaften – Meillassoux, Claude: Versuch einer Interpretation des Ökonomischen in den archaischen Subsistenzgesellschaften – Sellnow, Irmgard: Die Auflösungsperiode der Urgemeinschaftsordnung – Sahlins, Marshall D.: Die segmentäre Lineage: zur Organisation räuberischer Expansion – Carneiro, Robert L.: Eine Theorie zur Entstehung des Staates – Childe, V. Gordon: Die neolithische Revolution – Moscovici, Serge: Die Transformation der Ressourcen – Eder, Klaus: Zur logischen Struktur des evolutionären Prozesses der Entstehung von Klassengesellschaften – Rappaport, Roy A.: Rituelle Regulierung der Umweltbeziehungen bei einem Neuguinea-Volk – Vernant, Jean-Pierre: Arbeit und Natur in der griechischen Antike – Fortes, Meyer: Die Struktur der unilinearen Deszendenzgruppen – Eder, Klaus: Die Reorganisation der Legitimationsformen in Klassengesellschaften – Godelier, Maurice: Mythos und Geschichte – Döbert, Rainer: Zur Logik des Übergangs von archaischen zu hochkulturellen Religionssystemen

31 **Lorenzer, Alfred: Sprachzerstörung und Rekonstruktion**
Vorarbeiten zu einer Metatheorie der Psychoanalyse. 248 S. 1973 (3-518-27631-X▸)

32 **Spinner, Helmut: Pluralismus als Erkenntnismodell**
300 S. 1974. (3-518-27632-8)

33 **Lukács, Georg: Der junge Hegel**
Über die Beziehungen von Dialektik und Ökonomie. 2 Bände. 875 S. 1973. (3-518-27633-6)

34 **Ashby, W. Ross: Einführung in die Kybernetik**
(An Introduction to Cybernetics). Übersetzt von Jörg Adrian Huber. 416 S. 1974. (3-518-27634-4▸)

35 **Bloch, Ernst: Geist der Utopie**
Unveränderter Nachdruck der bearbeiteten Neuauflage der zweiten Fassung von 1923. 355 S. 1973. (3-518-27635-2▸, *jetzt: stw 552*)

36 Koselleck, Reinhart: Kritik und Krise
Eine Studie zur Pathogenese der bürgerlichen Welt. 248 S. 1973 (3-518-27636-0)

37 Bernfeld, Siegfried: Sisyphos oder die Grenzen der Erziehung
156 S. 1973. (3-518-27637-9)

38 Seminar: Religion und gesellschaftliche Entwicklung
Studien zur Protestantismus-Kapitalismus-These Max Webers. Herausgegeben von Constans Seyfarth und Walter M. Sprondel. 380 S. 1973. (3-418-27638-7▸)
Seyfarth, Constans/Sprondel, Walter M.: Einleitung – Löwith, Karl: Max Weber und Karl Marx – Birnbaum, Norman: Konkurrierende Interpretationen der Genese des Kapitalismus: Marx und Weber – Giddens, Anthony: Marx, Weber und die Entwicklung des Kapitalismus – Lüthy, Herbert: Variationen über ein Thema von Max Weber – Borkenau, Franz: Die Zerstörung des Feudalismus und die neue Moral – Baechler, Jean: Die Entstehung des kapitalistischen Systems – Swanson, Guy E.: Protestantismus und Herrschaftssystem – Bellah, Robert N.: Analogien zur protestantischen Ethik in Asien? Einige Überlegungen – Peacock, James L.: Religion, Kommunikation und Modernisierung: Eine Kritik aus Max Webers Perspektive zu neueren Ansichten – Sprondel, Walter M.: Sozialer Wandel, Ideen und Interessen: Systematisierungen zu Max Webers Protestantischer Ethik – McCormack, Thelma: Die protestantische Ethik und der Geist des Sozialismus – Berger, Stephen D.: Die Sekten und der Durchbruch in die moderne Welt: Zur zentralen Bedeutung der Sekten in Webers Protestantismus-These – Bellah, Robert N.: Religiöse Evolution – Döbert, Rainer: Die evolutionäre Bedeutung der Reformation – Dux, Günter: Religion, Geschichte und sozialer Wandel in Max Webers Religionssoziologie – Seyfarth, Constans: Protestantismus und gesellschaftliche Entwicklung: Zur Reformulierung eines Problems

39 **Foucault, Michel: Wahnsinn und Gesellschaft**
Eine Geschichte des Wahns im Zeitalter der Vernunft. (Histoire de la folie). Übersetzt von Ulrich Köppen. 562 S. 1973 (3-518-27639-5)

40 **Szondi, Peter: Poetik und Geschichtsphilosophie I**
Antike und Moderne in der Ästhetik der Goethezeit. Hegels Lehre von der Dichtung. Studienausgabe der Vorlesungen Band 2. Herausgegeben von Senta Metz und Hans-Hagen Hildebrandt. 537 S. 1974. (3-518-27640-9)

41 **Macpherson, C. B.: Die politische Theorie des Besitzindividualismus**
Von Hobbes bis Locke. (The Political Theory of Possessive Individualism. Hobbes to Locke). Übersetzt von Arno Wittekind. 348 S. 1973. (3-518-27641-7)

42 **Chomsky, Noam: Aspekte der Syntax-Theorie**
(Aspects of the Theory of Syntax). Übersetzt und herausgegeben von einem Kollektiv unter der Leitung von Ewald Lang, Arbeitsstelle Strukturelle Grammatik, Deutsche Akademie der Wissenschaften, Berlin. 314 S. 1973. (3-518-27642-5)

43 **Minder, Robert: Glaube, Skepsis und Rationalismus**
Dargestellt aufgrund der autobiographischen Schriften von Karl Philipp Moritz. 294 S. 1974. (3-518-27643-3)

44 **Bilz, Rudolf: Studien über Angst und Schmerz**
Paläoanthropologie. Band I/2. 330 S. 1974. (3-518-27644-1)

45 **Tugendhat, Ernst: Vorlesungen zur Einführung in die sprachanalytische Philosophie**
535 S. 1976. (3-518-27645-X)

47 **Benjamin, Walter: Charles Baudelaire**
Ein Lyriker im Zeitalter des Hochkapitalismus. Herausgegeben von Rolf Tiedemann. 216 S. 1974. (3-518-27647-6)

48 **Solla Price, Derek J. de: Little Science, Big Science**
Von der Studierstube zur Großforschung. (Little Science, Big Science). Übersetzt von Wolfgang Ebenhöh und Helmut Neunhöffer. 127 S. 1974. (3-518-27648-4▶)

49 **Materialien zu Habermas' ›Erkenntnis und Interesse‹**
Herausgegeben von Winfried Dallmayr. 434 S. 1974 (3-518-27649-2▶)
Dallmayr, Winfried: Einleitung – Huch, Kurt Jürgen: Interesse an Emanzipation. Jürgen Habermas und das Problem einer materialistischen Erkenntnistheorie – Schroyer, Trent: Die dialektischen Grundlagen der kritischen Theorie – Fløistad, Guttorm: Soziale Handlungsbegriffe: Bemerkungen zu Habermas' Vorschlag einer sozialen Erkenntnistheorie – Rusconi, Gian Enrico: Erkenntnis und Interesse bei Habermas – Rohrmoser, Günter: Das Elend der kritischen Theorie. Jürgen Habermas – Anacker, Ulrich: Erkenntnis und Interesse – Lobkowicz, Nikolaus: Interesse und Objektivität – Krüger, Lorenz: Überlegungen zum Verhältnis wissenschaftlicher Erkenntnis und gesellschaftlicher Interessen – Hahn, Erich: Die theoretischen Grundlagen der Soziologie von Jürgen Habermas – Therborn, Göran: Jürgen Habermas: Ein neuer Eklektiker – Evans, J. Claude: Husserl und Habermas – Kisiel, Theodore: Habermas' Reinigung von reiner Theorie: Kritische Theorie ohne Ontologie? – Apel, Karl-Otto: Wissenschaft als Emanzipation? Eine kritische Würdigung der Wissenschaftskonzeption der »Kritischen Theorie« – Böhler, Dietrich: Zur Geltung des emanzipatorischen Interesses – Böhler, Dietrich: Über das Defizit an Dialektik bei Habermas und Marx – Badura, Bernhard: Ein neuer Primat der Interpretation? Zum Problem der Emanzipation bei Jürgen Habermas – Nichols, Christopher: Wissenschaft oder Reflexion: Habermas über Freud – Dallmayr, Winfried: Epilog

50 **Adorno, Theodor W.: Philosophische Terminologie**
Band 2. Herausgegeben von Rudolf zur Lippe. 325 S. 1974.
(3-518-27650-6)

51 **Arnaszus, Helmut: Spieltheorie und Nutzenbegriff aus marxistischer Sicht**
Eine Kritik aktueller ökonomischer Theorien. 266 S. 1974
(3-518-27651-4▸)

52 **Griewank, Karl: Der neuzeitliche Revolutionsbegriff**
Entstehung und Geschichte. Aus dem Nachlaß herausgegeben von Ingeborg Horn-Staiger. Mit einem Nachwort von Hermann Heimpel. 267 S. 1973. (3-518-27652-2▸)

53 **Mommsen, Wolfgang: Max Weber**
Gesellschaft, Politik und Geschichte. 282 S. 1974
(3-518-27653-0)

54 **Moore, Barrington: Soziale Ursprünge von Diktatur und Demokratie**
Die Rolle der Grundbesitzer und Bauern bei der Entstehung der modernen Welt. (Social Origins of Dictatorship and Democracy). Übersetzt von Gert H. Müller. 635 S. 1974. (3-518-27654-9)

55 **Kant, Immanuel: Kritik der reinen Vernunft**
Werkausgabe III/IV. Herausgegeben von Wilhelm Weischedel. 2 Bände. Zusammen 724 S. 1974. (3-518-27655-7)

56 **Kant, Immanuel: Kritik der praktischen Vernunft. Grundlegung zur Metaphysik der Sitten**
Werkausgabe VII. Herausgegeben von Wilhelm Weischedel. 310 S. 1974. (3-518-27656-5)

57 **Kant, Immanuel: Kritik der Urteilskraft**
Werkausgabe X. Herausgegeben von Wilhelm Weischedel. 468 S. 1974. (3-518-27657-3)

Die Bände 55 bis 57 sind zusammen mit den Bänden 186 bis 193 auch in Kassette lieferbar. (3-518-09243-X)

58 Materialien zu Kants ›Kritik der reinen Vernunft‹
Herausgegeben von Joachim Kopper und Rudolf Malter. 361 S. 1975. (3-518-27658-1▶)
Kopper, Joachim: Einleitung – Brunschvicg, Léon: Der Fortschritt des Bewußtseins in der abendländischen Philosophie – Der kritische Idealismus – Hegel, G. W. F.: Kant – Schopenhauer, Arthur: Kritik der Kantischen Philosophie (Transzendentale Ästhetik) – Paton, Herbert James: Kants Metaphysik der Erfahrung – Lachièze-Rey, Pierre: Das Kantische und das Kartesische Cogito – Hartmann, Nicolai: Geschichtliches und Übergeschichtliches in der Kantischen Philosophie – Cohen, Hermann: Grundsatz der Antizipationen der Wahrnehmung – Caird, Edward: Die zweite Analogie der Erfahrung – Der Grundsatz der Kausalität – Boutroux, Emile: Die transzendentale Dialektik – Sidgwick, Henry: Rationale Theologie – Kojève, Alexandre: Die transzendentale Methodenlehre – Alain: Briefe über die ›Kritik der reinen Vernunft‹

59 Materialien zu Kants ›Kritik der praktischen Vernunft‹
Herausgegeben von Rüdiger Bittner und Konrad Cramer. 487 S. 1975. (3-518-27659-X▶)
Kant, Immanuel: (Texte zur Moralphilosophie aus Kants handschriftlichem Nachlaß) – Anonym: Rezension der »Grundlegung zur Metaphysik der Sitten« (1785) – Pistorius, Hermann Andreas: Rezension der »Grundlegung zur Metaphysik der Sitten« (1786) – Pistorius, Hermann Andreas: Rezension der »Kritik der praktischen Vernunft« (1794) – Rehberg, August Wilhelm: Rezension der »Kritik der praktischen Vernunft« (1788) – Snell, Christian Wilhelm: Die Sittlichkeit in Verbindung mit der Glückseligkeit (1790) – Tittel, Gottlob August: Über einige Sätze der Kantischen Moral (1791) – Werdermann, Johann Günter Karl: Versuch zur Aufhellung einiger streitigen Punkte in den Gründen der Moralphilosophie (1794) – Schiller, Friedrich: Aus der Abhandlung

über Anmut und Würde (1793) – Kant, Immanuel: Aus der Religionsschrift: Zu Schillers Abhandlung über Anmut und Würde (1794) – Kant, Immanuel: Aus den Vorarbeiten zur Religionsschrift: Zu Schillers Abhandlung über Anmut und Würde (vor 1794) – Abicht, Johann Heinrich: Über die Freiheit des Willens (1789) – Schmid, Carl Christian Ehrhard: Determinismus und Freiheit (1790) – Reinhold, Carl Leonhard: Erörterungen des Begriffs von der Freiheit des Willens (1792) – Creuzer, Leonhard: Skeptische Betrachtungen über die Freiheit des Willens (1793) – Fichte, Johann Gottlieb: Rezension von Creuzers »Skeptische Betrachtungen über die Freiheit des Willens« (1793) – Kant, Immanuel: Aus der Einleitung in die »Metaphysik der Sitten« (1797) – Kant, Immanuel: Aus den Vorarbeiten zur Einleitung in die »Metaphysik der Sitten« (vor 1797) – Reinhold, Carl Leonhard: Einige Bemerkungen über die in der Einleitung zu den »Metaphysischen Anfangsgründen der Rechtslehre« von I. Kant aufgestellten Begriffe von der Freiheit des Willens (1797) – Hegel, Georg Wilhelm Friedrich: Aus dem Naturrechtsaufsatz: Kritik an Kants Moralprinzip (1802) – Beneke, Friedrich Eduard: Physik der Sitten (1822) – Schopenhauer, Arthur: Kritik des von Kant der Ethik gegebenen Fundaments (1841 [1860]) – Thilo, Christfried Albert: Die Grundirrtümer des Idealismus in ihrer Entwicklung von Kant bis Hegel und Schleiermacher auf dem Gebiete der praktischen Philosophie (1861) – Trendelenburg, Friedrich Adolf: Der Widerstreit zwischen Kant und Aristoteles in der Ethik (1867) – Cohen, Hermann: Kants Begründung der Ethik (1910 [1877])

60 Materialien zu Kants ›Kritik der Urteilskraft‹
Herausgegeben von Jens Kulenkampff. 377 S. 1974
(3-518-27660-3▸)
Meier, Georg Friedrich: Von der gelehrten Erkenntnis – Baumgarten, Alexander Gottlieb: Von dem Beurteilungsvermögen – Baumgarten, Alexander Gottlieb: Meditationes Philosophicae de Nonnullis ad Poema Pertinentibus – Hume, David: Über die Regel des Geschmacks – Burke, Edmund: Vom Erhabenen und Schönen – Kant, Immanuel: Beobachtungen über das Gefühl des

Schönen und Erhabenen – Kant, Immanuel: Aus den Reflexionen zur Ästhetik – Kant, Immanuel: Aus einer Logikvorlesung – Kant, Immanuel: Brief an Carl Leonhard Reinhold vom 28.12.1787 – Kant, Immanuel: Vom Gefühl der Lust und Unlust – Schiller, Friedrich: Vollständiges Verzeichnis der Randbemerkungen in seinem Handexemplar der »Kritik der Urteilskraft« – Schiller, Friedrich: Kallias-Briefe – Schlegel, Friedrich: Aufzeichnungen aus dem Nachlaß – Hegel, Georg Wilhelm Friedrich: Reflektierende Urteilskraft – Hegel, Georg Wilhelm Friedrich: Vorlesungen über die Ästhetik – Goethe, Johann Wolfgang: Einwirkung der neuern Philosophie – Goethe, Johann Wolfgang: Anschauende Urteilskraft – Goethe, Johann Wolfgang: Gespräch mit Eckermann am 11. April 1827 – Schopenhauer, Arthur: Über die »Kritik der Urteilskraft« – Schopenhauer, Arthur: Über die Kunst, das Schöne und das Erhabene – Fiedler, Konrad: Kant – Basch, Victor: Ästhetisches Gefühl und Sympathie – Cassirer, Ernst: Subjektive Allgemeinheit – Marc-Wogau, Konrad: Das Schöne – Marc-Wogau, Konrad: Die Bedeutung der mechanischen und der teleologischen Verknüpfung – Sibley, Frank: Ästhetische Begriffe

61 Immanuel Kant zu ehren
Herausgegeben von Joachim Kopper und Rudolf Malter. 400 S. 1974. (3-518-27661-1)
Malter, Rudolf: Einleitung – Lenz, Reinhold Michael: Als Sr. Hochedelgebohrnen der Herr Professor Kant, den 21sten August 1770 für die Professor-Würde disputirte – Böckel, E. G. A.: Empfindungen am Grabe Kant's – Rede des Freyherrn von Schrötter – Rede des Studenten Böckel – Wald, Samuel Gottlieb: Gedächtnißrede auf Kant am 23. April 1804 – Schelling, Friedrich Wilhelm Joseph: Immanuel Kant – Scheffner, J. G.: Worte an Kants Grabe (Gedächtnisfeier zu Königsberg 22. April 1810) – Herbart, J. F.: Ansprache im Auditorium maximum (Gedächtnisfeier zu Königsberg 22. April 1810) – Herbart, J. F.: Rede zu Kant's 100. Geburtstag – Beneke, Friedrich Eduard: Kant und die philosophische Aufgabe unserer Zeit. Eine Jubeldenkschrift auf die Kritik

der reinen Vernunft – Fischer, Kuno: Die hundertjährige Gedächtnißfeier der Kantischen Kritik der reinen Vernunft – Brasch, Moritz: Immanuel Kant. Zum hundertjährigen Jubiläum seiner ›Kritik der reinen Vernunft‹ – Busse, Ludwig: Immanuel Kant. Ansprache an die Königsberger Studentenschaft, gehalten auf dem Gedächtniskommers zur Feier der hundertsten Wiederkehr des Todestages Immanuel Kants – Külpe, Oswald: Festrede zur Kant-Feier der Würzburger Universität am 12. Februar 1904 – Liebmann, Otto: Kant – Herrmann, Wilhelm: Unsere Kantfeier – Staudinger, Franz: Kant und der Sozialismus. Ein Gedenkwort zu Kants Todestage – Harden, Maximilian: Zu Kant's Todestag: Von allen Seiten gute Zensuren – Natorp, Paul: Zum Gedächtnis Kant's – Mauthner, Fritz: Nach der Kant-Feier. Aus den neuen Totengesprächen – Adler, Max: Kant und der ewige Friede – Keyserling, Graf Hermann von: Die ewige Bedeutung Kant's – Liebert, Arthur: Kant als Überwinder der Geschichte – Harnack, Adolf von: Immanuel Kant. Gedächtnisrede zur Einweihung des Grabmals – Bloch, Ernst: Kant-Feier – Hauptmann, Gerhart: Grußadresse zur Königsberger Kantfeier – Bäumer, Gertrud: Kant und die deutsche Freiheit. Vortrag, gehalten auf dem V. Reichsparteitag der Deutschen Demokratischen Partei in Weimar am 6. April 1924 – Popper, Karl Raimund: Immanuel Kant. Der Philosoph der Aufklärung. Eine Gedächtnisrede zu seinem hundertfünfzigsten Todestag – Bloch, Ernst: Zweierlei Kant-Gedenkjahre – Jaspers, Karl: Immanuel Kant. Zu seinem 150. Todestag – Horkheimer, Max: Kant und die Wissenschaften

62 Mittelstraß, Jürgen: Die Möglichkeit von Wissenschaft
268 S. 1974. (3-518-27662-X)
Philosophie und Wissenschaft – Die Entdeckung der Möglichkeit von Wissenschaft– Erfahrung und Begründung – Wider den Dingler-Komplex – Prolegomena zu einer konstruktiven Theorie der Wissenschaftsgeschichte – Die Prädikation und die Wiederkehr des Gleichen – Das normative Fundament der Sprache

64 Bucharin, Nikolai/Deborin, Abram: Kontroversen über dialektischen und mechanistischen Materialismus
Mit einer Einleitung von Oskar Negt. 403 S. 1974
(3-518-27664-6▶)
Negt, Oskar: Marxismus als Legitimationswissenschaft. Zur Genese der stalinistischen Philosophie – Deborin, Abram: Lenin als revolutionärer Dialektiker – Deborin, Abram: Materialistische Dialektik und Naturwissenschaft (1925) – Deborin, Abram: Lenin über Dialektik – Deborin, Abram: Unsere Meinungsverschiedenheiten. Schlußwort zur Diskussion im Institut für wissenschaftliche Philosophie am 18. Mai 1926 – Deborin, Abram: Hegel und der dialektische Materialismus (1929) – Deborin, Abram: Lukács und seine Kritik des Marxismus – Bucharin, Nikolai: Theorie des historischen Materialismus (Auszüge) – Bucharin, Nikolai: Über die Theorie der »permanenten Revolution« – Bucharin, Nikolai: Letztes Wort des Angeklagten Bucharin (Aus dem Prozeßbericht der Verhandlungen gegen Bucharin, Rykow u.a.) – Lukács, Georg: Über Bucharins »Theorie des historischen Materialismus« (Rezension) – Gramsci, Antonio: Kritische Notizen zu Bucharins »Theorie des historischen Materialismus« – Aus der Resolution der Parteizelle des Instituts der Roten Professur für Philosophie und Naturwissenschaft in Moskau, angenommen am 29. Dezember 1930 – Mitin, M.: Über die Ergebnisse der philosophischen Diskussion – Stalin, Josef W.: Die Bucharingruppe und die rechte Abweichung in unserer Partei – Stalin, Josef W.: Über die Entwicklung des Sozialismus in einem Lande

65 Quine, Willard Van Orman: Grundzüge der Logik
(Methods of Logic. Revised edition). Übersetzt von Dirk Siefkes. 344 S. 1974. (3-518-27665-4)

66 Plessner, Helmuth: Die verspätete Nation
Über die politische Verführbarkeit bürgerlichen Geistes. 196 S. 1974. (3-518-27666-2)

67 **Seminar: Medizin, Gesellschaft, Geschichte**
Herausgegeben von Hans-Ulrich Deppe und Michael Regus. 285 S. 1975. (3-518-27667-0▸)
Deppe, Hans-Ulrich: Zur geschichtlichen Dimension in der Medizinischen Soziologie – Regus, Michael: Natur und Gesellschaft in der Entwicklung der Medizin als Wissenschaft – Rosen, George: Die Entwicklung der sozialen Medizin – Ramazzini, Bernardino: Abhandlung von den Krankheiten der Künstler und Handwerker (1700) (Auszüge) – Frank, Johann Peter: Akademische Rede vom Volkselend als der Mutter der Krankheiten (Pavia 1790) – Neumann, Salomon: Die öffentliche Gesundheitspflege im Staate des Eigentumsrechts, ihre rechtliche Begründung und zweckmäßige Organisation (1847) (Auszug) – Virchow, Rudolf: Die öffentliche Gesundheitspflege (1848) (Auszug) – Virchow, Rudolf: Der Armenarzt (1848) – (Virchow, Rudolf): Die Volkskrankheiten (1849) – Virchow, Rudolf: Mitteilungen über die in Oberschlesien herrschende Typhus-Epidemie (Auszug): Die Sorge für die Zukunft (1849) – Virchow, Rudolf: Die Seuche (1849) – Leubuscher, Rudolf: Zur Reform der Sanitätspolizei (1848) – Leubuscher, Rudolf: Die Stellung der Psychiatrie zur Medizin (1848) – Guérin, Jules-René: An die Ärzteschaft Frankreichs (1848) – Guérin, Jules-René: Die soziale Medizin und die sozialistische Medizin (1848) – McIntire, Charles: Die Bedeutung des Studiums der Medizinischen Soziologie (1893) (Auszug) – Gottstein, Adolf: Aufgaben der Gemeinde- und der privaten Fürsorge (1913) (Auszug) – Grotjahn, Alfred: Was ist und wozu treiben wir Soziale Hygiene (1904). Vortrag vor der deutschen Gesellschaft für öffentliche Gesundsheitpflege mit Diskussion (Auszug) – Grotjahn, Alfred: Soziale Pathologie. Einleitung (1915)

68 **Barth, Hans: Wahrheit und Ideologie**
331 S. 1974. (3-518-27668-9)

69 **Kenny, Anthony: Wittgenstein**
(Wittgenstein). Übersetzt von Hermann Vetter. 271 S. 1974 (3-518-27669-7)

70 **Lange, Friedrich Albert: Geschichte des Materialismus und Kritik seiner Bedeutung in der Gegenwart**
Herausgegeben und eingeleitet von Alfred Schmidt. 2 Bände. XXVI + 1018 S. Erstes Buch: Geschichte des Materialismus bis auf Kant; Zweites Buch: Geschichte des Materialismus seit Kant. 1974. (3-518-27670-0)

71 **Ethnomethodologie**
Beiträge zu einer Soziologie des Alltagshandelns. Herausgegeben von Elmar Weingarten, Fritz Sack, Jim Schenkein. 458 S. 1976 (3-518-27671-9▸)
Weingarten, Elmar/Sack, Fritz: Ethnomethodologie. Die methodische Konstruktion der Realität – Mehan, Hugh/Wood, Houston: Fünf Merkmale der Realität – Zimmerman, Don H./Pollner, Melvin: Die Alltagswelt als Phänomen – Wieder, D. Lawrence/Zimmerman, Don H.: Regeln im Erklärungsprozeß – Garfinkel, Harold/Sacks, Harvey: Über formale Strukturen praktischer Handlungen – Adato, Albert: Alltägliche Ereignisse – ungewöhnlich erfahren. Eine vergleichende Untersuchung von Erfahrungen des Abschiednehmens – Jules-Rosette, Bennetta: Verbale und visuelle Darstellungen einer rituellen Situation – Katz, Bruce A./Sharrock, Wesley: Eine Darstellung des Kodierens – Narens, Louis: Vorstellungssysteme der Geisteskranken – Pollner, Melvin: Mundanes Denken – Schwartz, Howard: Allgemeine Merkmale – Smith, Dorothy E.: K ist geisteskrank. Die Anatomie eines Tatsachenberichtes – Schenkein, Jim: Letzte Bemerkungen zur Ethnomethodologie

72 **Szondi, Peter: Poetik und Geschichtsphilosophie II**
Von der normativen zur spekulativen Gattungspoetik. Schellings Gattungspoetik Herausgegeben von Wolfgang Fietkau. Studienausgabe der Vorlesungen Band 3. 354 S. 1974. (3-518-27672-7▸)

73 **Lorenzen, Paul: Methodisches Denken**
162 S. 1974. (3-518-27673-5)

74 Adorno, Theodor W.: Kierkegaard
Konstruktion des Ästhetischen. Mit einer Beilage. 295 S. 1974 (3-518-27674-3)

75 Marxismus und Ethik
Texte zum neukantianischen Sozialismus. Herausgegeben von Hans Jörg Sandkühler und Rafael de la Vega. Mit einer neuen Einleitung von Hans Jörg Sandkühler. L + 377 S. 1974 (3-518-27675-1▸)
Sandkühler, Hans Jörg: Marxismus und Ethik. Einige notwendige Korrekturen und Ergänzungen zur Einleitung zur 1. Auflage – Sandkühler, Hans Jörg: Kant, neukantianischer Sozialismus, Revisionismus. Zur Entstehung der Ideologie des demokratischen Sozialismus – Cohen, Hermann: (Kant [1896]) – Schmidt, Conrad: Nochmals die Moral (1900) – Woltmann, Ludwig: Die Begründung der Moral (1900) – Schmidt, Conrad: Sozialismus und Ethik (1900) – Gunter, Sadi (= F. Staudinger): Sozialismus und Ethik (1900) – Staudinger, Franz: Kant und der Sozialismus. Ein Gedenkwort zu Kants Todestag (1904) – Adler, Max: Kant und der Sozialismus (1904) – Kautsky, Karl: Ethik und materialistische Geschichtsauffassung (1906) – Vorländer, Karl: Kant und Marx (1911) – Mehring, Franz: Kant und der Sozialismus (1900) – Mehring, Franz: Die Neukantianer (1900)

76 Ricœur, Paul: Die Interpretation
Ein Versuch über Freud. (De l'interpretation. Essai sur Freud). Übersetzt von Eva Moldenhauer. 564 S. 1974. (3-518-27676-X)

77 Piaget, Jean: Die Bildung des Zeitbegriffs beim Kinde
(La génèse du temps chez l'enfant). Übersetzt von Gertrud Meili-Dworetzki. 397 S. 1974. (3-518-27677-8▸)

78 Watt, Ian: Der bürgerliche Roman
Aufstieg einer Gattung. Defoe – Richardson – Fielding. (The Rise of the Novel). Übersetzt von Kurt Wölfel. 402 S. 1974 (3-518-27678-6)

79 **Blumenberg, Hans: Säkularisierung und Selbstbehauptung**
Erweiterte und überarbeitete Neuausgabe von »Die Legitimität der Neuzeit«, erster und zweiter Teil. 294 S. 1974 (3-518-27679-4), *jetzt in: »Die Legitimität der Neuzeit«, Erneuerte Ausgabe, Ln., 1988. (3-518-57837-5)*

80 **Heller, Agnes/Fehér, Ferenc/Márkus, György/Radnóti, Sándor: Die Seele und das Leben**
Studien zum frühen Lukács. 327 S. 1977. (3-518-27680-8▸)
Fehér, Ferenc: Die Geschichtsphilosophie des Dramas, die Metaphysik der Tragödie und die Utopie des untragischen Dramas. Scheidewege der Dramentheorie des jungen Lukács – Heller, Agnes: Das Zerschellen des Lebens an der Form: György Lukács und Irma Seidler – Márkus, György: Die Seele und das Leben. Der junge Lukács und das Problem der »Kultur« – Fehér, Ferenc: Das Bündnis von Georg Lukács und Béla Balász bis zur ungarischen Revolution 1918 – Radnóti, Sándor: Bloch und Lukács: Zwei radikale Kritiker in der »gottverlassenen Welt« – Márkus, György: Lukács' »erste« Ästhetik: Zur Entwicklungsgeschichte der Philosophie des jungen Lukács – Fehér, Ferenc: Am Scheideweg des romantischen Antikapitalismus. Typologie und Beitrag zur deutschen Ideologiegeschichte gelegentlich des Briefwechsels zwischen Paul Ernst und Georg Lukács

81 **Lorenzer, Alfred: Sprachspiel und Interaktionsformen**
Vorträge und Aufsätze zu Psychoanalyse, Sprache und Praxis. 218 S. 1977. (3-518-27681-6)
Wittgensteins Sprachspiel-Konzept in der Psychoanalyse – Sprache, Praxis, Wirklichkeit – in der Perspektive einer Analyse subjektiver Struktur – Antagonistische Interaktionsformen beim »Double-bind« – Das Sprachspielmodell und die Matrix individueller Praxis – Psychoanalyse als kritisch-hermeneutisches Verfahren – Anatomie einer Verständnisbarriere. Anmerkungen zu (den Aufsätzen von Karola Brede und Emma Moersch in Psyche 1976, Heft 6, Symbol und Unbewußtes, Diskussionsbeiträge zu Alfred

Lorenzer – Lacan und/oder Marx – Zum Verhältnis von Natur und Geschichte im Individuum – Zum Verhältnis von objektiver und subjektiver Struktur

83 O'Connor, James: Die Finanzkrise des Staates
(The Fiscal Crisis of the State). Übersetzt von Johannes Buchrukker. 395 S. 1974. (3-518-27683-2)

84 Seminar: Abweichendes Verhalten I
Die selektiven Normen der Gesellschaft. Herausgegeben von Klaus Lüderssen und Fritz Sack. 508 S. 1975. (3-518-27684-0)
Lüderssen, Klaus: Einführung – Sack, Fritz: Einleitung – Schur, Edwin M.: Die Notwendigkeit einer besonnenen Betrachtung – Quinney, Richard: Die Ideologie des Rechts: Über eine radikale Alternative zum legalen Zwang – Phillipson, Michael: Die Paradoxie der sozialen Kontrolle und die Normalität des Verbrechens – Clark, Alexander L./Gibbs, Jack P.: Soziale Kontrolle: Eine Neuformulierung – König, René: Das Recht im Zusammenhang der sozialen Normensysteme – Opp, Karl-Dieter: Einige Bedingungen für die Befolgung von Gesetzen – Lüderssen, Klaus: Strafrecht und »Dunkelziffer« – Peters, Dorothee: Die soziale Herkunft der von der Polizei aufgegriffenen Täter – Sack, Fritz: Stadtgeschichte und Kriminalsoziologie – Moser, Tilmann: Jugendkriminalität und Sozialstruktur – Bordua, David J.: Kritik der soziologischen Interpretationen der Bandendelinquenz – Lemert, Edwin M.: Der Begriff der sekundären Devianz – Armstrong, Gail/Wilson, Mary: Kommunalpolitik und Zunahme abweichenden Verhaltens

85 Seminar: Abweichendes Verhalten II
Die gesellschaftliche Reaktion auf Kriminalität. Band 1. Strafgesetzgebung und Strafrechtsdogmatik. Herausgegeben von Klaus Lüderssen und Fritz Sack. 387 S. 1975. (3-518-27685-9)
Lüderssen, Klaus: Einleitung – Quinney, Richard: Ansätze zu einer Soziologie des Strafrechts – Hall, Jerome: Diebstahl, Recht und Gesellschaft. Die ökonomischen und gesellschaftlichen Ver-

hältnisse und ihr Einfluß auf das Recht – Jäger, Herbert: Psychologie des Strafrechts und der strafenden Gesellschaft – Lüderssen, Klaus: Die empirische Seite des rechtlichen, insbesondere des strafrechtlichen Werturteils – Blum, Alan F./McHugh, Peter: Die gesellschaftliche Zuschreibung von Motiven – MacNaughton-Smith, P.: Der zweite Code. Auf dem Wege zu einer (oder hinweg von einer) empirisch begründeten Theorie über Verbrechen und Kriminalität – Grünwald, Gerald: Bedeutung und Begründung des Satzes »nulla poena sine lege« – Stratenwerth, Günther: Die Stufen des Verbrechensaufbaus – Ellscheid, Günther/Hassemer, Winfried: Strafe ohne Vorwurf. Bemerkungen zum Grund strafrechtlicher Haftung – Fauconnet, Paul: Warum es die Institution »Verantwortlichkeit« gibt – Hassemer, Winfried: Die Mordmerkmale, insbesondere »heimtückisch« und »niedrige Beweggründe«, BGHSt23, 119 – Naucke, Wolfgang: Der Kausalzusammenhang zwischen Täuschung und Irrtum beim Betrug. Zum Verhältnis zwischen Kriminalpolitik und Strafrechtsdogmatik – Sack, Fritz: Die Chancen der Kooperation zwischen Strafrechtswissenschaft und Kriminologie – Probleme und offene Fragen

86 Seminar: Abweichendes Verhalten III
Die gesellschaftliche Reaktion auf Kriminalität. Band 2. Strafprozeß und Strafvollzug. Herausgegeben von Klaus Lüderssen und Fritz Sack. 453 S. 1977. (3-518-27686-7)
Sack, Fritz: Einleitung (1) – Lüderssen, Klaus: Einleitung (2) – Garfinkel, Harold: Bedingungen für den Erfolg von Degradierungszeremonien – Baumann, Jürgen: Strafprozeßrecht – Schüler-Springorum, Horst: Zur Situation des Strafvollzugs in der Bundesrepublik – Piliavin, Irving/Briar, Scott: Polizeibegegnungen mit Jugendlichen – Malinowski, Peter/Brusten, Manfred: Strategie und Taktik der polizeilichen Vernehmung. Zur soziologischen Analyse selektiver Kriminalisierung – Lüttger, Hans: Der »genügende Anlaß« zur Erhebung der öffentlichen Klage – Mileski, Maureen: Angeklagte vor Gericht. Beobachtungen bei einem niederen Strafgericht – Sarstedt, Werner: Beweisregeln im Strafprozeß – Hassemer, Winfried: Strafzumessung, Strafvollzug

und die »Gesamte Strafrechtswissenschaft« – Eser, Albin: Resozialisierung in der Krise? Gedanken zum Sozialisationsziel des Strafvollzugs – Haffke, Bernhard: Hat emanzipierende Sozialtherapie eine Chance? Eine Problemskizze – Reinke, Ellen K.: Aktionsforschung als politische Bewegung. Erfahrungen aus einem Randgruppenprojekt – Ein Beitrag zur Theorie-Praxis-Diskussion – Lüderssen, Klaus: Strafaussetzung zur Bewährung und Bewährungshilfe in Deutschland – Einsele, Helga: Die sozialtherapeutische Anstalt – Boor, Clemens de: Sozialtherapie als angewandte Psychoanalyse in einer Sondereinrichtung der holländischen Justiz – Radbruch, Gustav: Die Psychologie der Gefangenschaft – Hohmeier, Jürgen: Die soziale Situation des Strafgefangenen: Deprivationen der Haft und ihre Folgen.

87 Seminar: Abweichendes Verhalten IV
Kriminalpolitik und Strafrecht. Herausgegeben von Klaus Lüderssen und Fritz Sack. 362 S. 1980. (3-518-27687-5)
Jäger, Herbert: Veränderung des Strafrechts durch Kriminologie? Ansätze zur Konkretisierung interdisziplinärer Kooperation – Kuhlen, Lothar: Normative Konsequenzen selektiver Strafverfolgung? – Naucke, Wolfgang: Die Abhängigkeiten zwischen Kriminologie und Kriminalpolitik, erörtert an neueren kriminologischen Schulrichtungen – Trotha, Trutz von: Gesellschaftlicher Wandel, Theoriebildung und Fallstricke im Umgang mit der Kriminologie – Stolleis, Michael: Strafrecht und Sozialrecht – Pilgram, Arno/Steinert, Heinz: Abschrecken und Disziplinieren. Über die bürokratische Zurichtung der Probleme durch Strafrecht und Sozialrecht – Fletcher, George P.: »Ordinary Language Philosophy« und die Neubegründung der Strafrechtsdogmatik – Baurmann, Michael: Schuldlose Dogmatik? Überlegungen im Anschluß an Georg P. Fletcher: »›Ordinary Language Philosophy‹ und die Neubegründung der Strafrechtsdogmatik« – Geddert, Heinrich: Das Dilemma des Justizsystems, dargestellt am Beispiel: Strafbedürfnis und Strafrechtsreform – zugleich ein Beitrag zum Verhältnis von Rechts- und Sozialwissenschaftlern – Steinert, Heinz: Kleine Ermutigung für den kritischen Strafrecht-

ler, sich vom »Strafbedürfnis der Bevölkerung« (und seinen Produzenten) nicht einschüchtern zu lassen

88 Materialien zu Hegels Rechtsphilosophie
Band 1. Herausgegeben von Manfred Riedel. 437 S. 1975
(3-518-27688-3)
Riedel, Manfred: Einleitung – Paulus, H. E. G.: Heidelberger Jahrbücher der Literatur (1821) – Hugo, G.: Göttingische gelehrte Anzeigen (1821) – Hegel, G. W. F.: Erklärung, Allgemeine Literaturzeitung (1821) – Anonym: Allgemeines Repertorium der neuesten in- und ausländischen Literatur (1821) – Thaden, Nikolaus von: Brief an Hegel (1821) – Herbart, J. F.: Leipziger Literaturzeitung (1822) – Z. C.: Hermes oder kritisches Jahrbuch der Literatur (1822) – Anonym: Allgemeine Literaturzeitung (1822) – Collmann, K. Chr.: Jenaer Allgemeine Literatur-Zeitung (1828) – Schubarth, K. E./Carganico, L. A.: Zu Hegels Staatsbegriff. Über Philosophie überhaupt und Hegels Encylopädie der philosophischen Wissenschaften insbesondere (1829) – Hegel, G. W. F.: Erwiderung auf Schubarth/Carganico. Jahrbücher für wissenschaftliche Kritik (1829) – Stahl, F. J.: Hegels Naturrecht und Philosophie des Geistes. Die Philosophie des Rechts nach geschichtlicher Ansicht (1830) – Gans, E.: Vorwort zur 2. Ausgabe der Rechtsphilosophie (1833) – Schubarth, K. E.: Über die Unvereinbarkeit der Hegelschen Staatslehre mit dem obersten Lebens- und Entwicklungsprinzip des Preußischen Staats (1839) – Gans, E.: Erwiderung auf Schubarth. Jahrbücher für wissenschaftliche Kritik (1839) – Koeppen, K. F.: Über Schubarths Unvereinbarkeit der Hegelschen Lehre mit dem Preußischen Staate. Telegraph für Deutschland (1839) – Förster, F.: Noch ein Denunziant der Hegelschen Philosphie. Hallische Jahrbücher (1839) – Elsner, M.: Eine gegen Hegel gerichtete Anklage des Hochverrates, aus dessen Schriften beantwortet (1839) – Varnhagen von Ense, K. A.: Hegel und – Schubarth. Der Freihafen (1839) – Ruge, Arnold: Die Hegelsche Rechtsphilosophie und die Politik unserer Zeit. Deutsche Jahrbücher für Wissenschaft und Kunst (1842) – Marx, Karl: Zur Kritik der Hegelschen Rechtsphilosophie. Deutsch-Französi-

sche Jahrbücher (1844) – Haym, Rudolf: Preußen und die Rechtsphilosophie. Hegel und seine Zeit (1857) – Rosenkranz, Karl: Apologie Hegels gegen Dr. Haym (1858) – Lassalle, Ferdinand: Das System der erworbenen Rechte. Vorrede (1861)

89 Materialien zu Hegels Rechtsphilosophie
Band 2. Herausgegeben von Manfred Riedel. 475 S. 1975 (3-518-27689-1)
Liebrucks, Bruno: Recht, Moralität und Sittlichkeit bei Hegel – Ilting, Karl-Heinz: Die Struktur der Hegelschen Rechtsphilosophie – Bobbio, Norberto: Hegel und die Naturrechtslehre – Riedel, Manfred: Natur und Freiheit in Hegels Rechtsphilosophie – Villey, Michel: Das römische Recht in Hegels Rechtsphilosophie – Ritter, Joachim: Person und Eigentum. Zu Hegels »Grundlinien der Philosophie des Rechts« §§ 34 bis 81 – Landau, Peter: Hegels Begründung des Vertragsrechts – Derbolav, Josef: Hegels Theorie der Handlung – Ritter, Joachim: Moralität und Sittlichkeit. Zu Hegels Auseinandersetzung mit der kantischen Ethik – Riedel, Manfred: Hegels Begriff der »Bürgerlichen Gesellschaft« und das Problem seines geschichtlichen Ursprungs – Horstmann, Rolf Peter: Über die Rolle der bürgerlichen Gesellschaft in Hegels politischer Philosophie – Blasche, Siegfried: Natürliche Sittlichkeit und bürgerliche Gesellschaft. Hegels Konstruktion der Familie als sittliche Intimität im entsittlichten Leben – Rosenzweig, Franz: Hegels Begriff der politischen Verfassung – Maihofer, Werner: Hegels Prinzip des modernen Staates – Avineri, Shlomo: Der Staat – das Bewußtsein der Freiheit – d'Hondt, Jacques: Die Einschätzung des revolutionären Krieges durch Hegel – Bloch, Ernst: Der Schwur auf den Styx. Der zweideutige Kosmos der Rechtsphilosophie – Hyppolite, Jean: Der Hegelsche Staatsbegriff und seine Kritik durch Karl Marx

90 Szondi, Peter: Das lyrische Drama des Fin de siècle
Studienausgabe der Vorlesungen Band 4. Herausgegeben von Henriette Beese. 532 S. 1975. (3-518-27690-5)

91 Seminar: Sprache und Ethik
Zur Entwicklung der Metaethik. Herausgegeben von Günther Grewendorf und Georg Meggle. 354 S. 1974. (3-518-27691-3)
Grewendorf, Günther/Meggle, Georg: Zur Struktur des metaethischen Diskurses – Field, G. C.: Die Rolle von Definitionen in der Ethik – Moore, G. E.: Ist Gut-sein eine Eigenschaft? – Prichard, H. A.: Beruht die Moralphilosophie auf einem Irrtum? – Frankena, W. K.: Der naturalistische Fehlschluß – Strawson, P. F.: Der ethische Intuitionismus – Stevenson, C. L.: Die emotive Bedeutung ethischer Ausdrücke – Urmson, J. O.: Einstufen – Gellner, E. A.: Ethik und Logik – Hare, R. M.: Universalisierbarkeit – Anscombe, G. E. M.: Moderne Moralphilosophie – Foot, Ph.: Moralische Argumentationen – Hare, R. M.: Deskriptivismus – Baier, K.: Der moralische Standpunkt – Strawson, P. F.: Gesellschaftliche Moral und persönliches Ideal – Warnock, G. J.: Naturalismus

92 Schütz, Alfred: Der sinnhafte Aufbau der sozialen Welt
Eine Einleitung in die verstehende Soziologie. 353 S. 1974 (3-518-27692-1)

93 Lorenzen, Paul: Konstruktive Wissenschaftstheorie
236 S. 1974. (3-518-27693-X)
Logik und Hermeneutik – Grundlagen der praktischen Philosophie – Regeln vernünftigen Argumentierens – Aufklärung und Vernunft – Konstruktivismus und Hermeneutik – Das Problem einer theoretischen Philosophie unter dem Primat der praktischen Vernunft – Interdisziplinäre Forschung und infradisziplinäres Wissen – Wie ist Philosophie der Mathematik möglich? – Pascals Kritik an der axiomatischen Methode – Gleichheit und Abstraktion – Konstruktive Begründung der Mathematik – Zur Rechtfertigung der deduktiven Methode – Zur Definition von »Wahrscheinlichkeit« – Konstruktive und axiomatische Methode

94 Seminar: Der Regelbegriff in der praktischen Semantik
Herausgegeben von Hans Jürgen Heringer. 161 S. 1974
(3-518-27694-8▸)
Keller, Rudi: Zum Begriff der Regel – Caillieux, Michel: Bemerkungen zum Gebrauch von »Regel« – Heringer, Hans Jürgen: Eine Regel beschreiben – Öhlschläger, Günther: Einige Unterschiede zwischen Naturgesetzen und sozialen Regeln – Strecker, Bruno: Die Unerbittlichkeit der Logik – Wimmer, Rainer: Die Bedeutung des Regelbegriffs der praktischen Semantik für den kommunikativen Sprachunterricht

95 Winch, Peter: Die Idee der Sozialwissenschaft und ihr Verhältnis zur Philosophie
(The Idea of a Social Science). Übersetzt von Roland Pelzer. 176 S. 1974. (3-518-27695-6)

96 Foucault, Michel: Die Ordnung der Dinge
(Les mots et les choses). Eine Archäologie der Humanwissenschaften. Übersetzt von Ulrich Köppen. 470 S. 1974
(3-518-27696-4)

97 Kojève, Alexandre: Hegel
Eine Vergegenwärtigung seines Denkens. Kommentar zur ›Phänomenologie des Geistes‹. (Introduction à la lecture de Hegel. Leçons sur la phénoménologie de l'esprit). Herausgegeben von Iring Fetscher. Übersetzt von Iring Fetscher und Gerhard Lehmbruch. Mit einem Anhang: Hegel, Marx und das Christentum. Übersetzt von Traugott König. 340 S. 1975. (3-518-27697-2)

98 Seminar: Geschichte und Theorie
Umrisse einer Historik. Herausgegeben von Hans Michael Baumgartner und Jörn Rüsen. 403 S. 1976. (3-518-27698-0)
Baumgartner, Hans Michael/Rüsen, Jörn: Einleitung – Koselleck, Reinhart: Wozu noch Historie? – Meier, Christian: Der Alltag des Historikers und die historische Theorie – Rüsen, Jörn: Ursprung und Aufgabe der Historik – Furet, François: Die quantitative Ge-

schichte und die Konstruktion der geschichtlichen Tatsache – Lepsius, M. Rainer: Zum Verhältnis von Geschichtswissenschaft und Soziologie – Hobsbawm, Eric J.: Karl Marx' Beitrag zur Geschichtsschreibung – Stegmüller, Wolfgang: Historisch-genetische Erklärungen – Donagan, Alan: Neue Überlegungen zur Popper-Hempel-Theorie – Berlin, Isaiah: Geschichte als Wissenschaft – Rickert, Heinrich: Individualisierende Methode und historische Wertbeziehung – Baumgartner, Hans Michael: Thesen zur Grundlegung einer transzendentalen Historik – Popper, Karl: Hat die Weltgeschichte einen Sinn? – Luhmann, Niklas: Weltzeit und Systemgeschichte. Über Beziehungen zwischen Zeithorizonten und sozialen Strukturen gesellschaftlicher Systeme – Habermas, Jürgen: Über das Subjekt der Geschichte. Diskussionsbemerkung zu falsch gestellten Alternativen

99 **Cicourel, Aaron V.: Methode und Messung in der Soziologie**
(Method and Measurement in Sociology). Übersetzt von Frigga Haug. 317 S. 1974. (3-518-27699-9)

100 **Erikson, Erik H.: Dimensionen einer neuen Identität**
(Dimensions of a New Identity). Übersetzt von Friedhelm Herborth. 141 S. 1975. (3-518-27700-6)

101 **Oppitz, Michael: Notwendige Beziehungen**
Abriß der strukturalen Anthropologie. 431 S. 1975 (3-518-27701-4)

102 **Seminar: Familie und Familienrecht**
Band 1. Herausgegeben von Spiros Simitis und Gisela Zenz. 340 S. 1975. (3-518-27702-2▸)
Simitis, Spiros: Zur Situation des Familienrechts – Über einige Prämissen – Goode, William J.: Die Familie als Element der Sozialstruktur – Mitscherlich, Alexander: Vorläufiges zur Dynamik der Anpassung – Lidz, Theodore: Familienorganisation und Persönlichkeitsstruktur – Horkheimer, Max: Autorität und Familie –

Mayntz, Renate: Der Wandel zur modernen Gesellschaft und seine Auswirkungen auf die Familie – Marcuse, Herbert: Die Dialektik der Kultur – Habermas, Jürgen: Die bürgerliche Familie und die Institutionalisierung einer publikumsbezogenen Privatheit – Schelsky, Helmut: Privatisierung und politische Neutralisierung – Simitis, Spiros: Familienstruktur und Familienverfassung – Müller-Freienfels, Wolfram: Zur Kodifikation des Familienrechts – Simitis, Spiros: Zum Strukturwandel des Familienrechts – Bundesverfassungsgericht: Beschluß vom 17.1.1957 – Bundesverfassungsgericht: Beschluß vom 29.7.1959 – Bundesverfassungsgericht: Beschluß vom 4.5.1971 – Murdock, George P.: Die Regulierung des Geschlechtslebens – Müller-Freienfels, Wolfram: Ehehindernisse – Neuhaus, Paul H.: Verhältnis von Auflösung und Annullierung der Ehe – Bundesverfassungsgericht: Beschluß vom 14.11.1973 (1) – Maisch, Herbert: Inzest-Tabu – Bundesverfassungsgericht: Beschluß vom 14.11.1973 (2) – Bundesgerichtshof: Urteil vom 29.4.1959 – Dahlström, Edmund: Familie und Arbeit der Ehefrau – Entwurf eines Ersten Gesetzes zur Reform des Ehe- und Familienrechts, § 1356 – Pfeil, Elisabeth: Familiengründung und Vorstellungen vom Familienleben – Kahn-Freund, Otto: Einige Bemerkungen zur Entwicklung des ehelichen Güterrechts – Sperling, Hans-Joachim: Ausgaben, Besitz und Ersparnisse im Arbeiterhaushalt – Müller-Freienfels, Wolfram: Gleichberechtigungsprinzip und eheliches Güterrecht – Zacher, Hans F.: Zur »sozialen Biographie« der Frau – Pappai, Friedrich: Eigenständige soziale Sicherung der Frau – Statistik der Ehescheidungen in Deutschland – Rheinstein, Max: Auf dem Weg zu einer Liberalisierung des Scheidungsrechts – Unterhalt und Erwerbstätigkeit nach dem Entwurf eines 1. Eherechtsgesetzes – Eherechtskommission beim Bundesjustizministerium: Zur sozialen Lage der geschiedenen Ehegatten, insbesondere der geschiedenen Frau – Pross, Helge: Zur Stellung der Frau in den Arbeitshierarchien – Pross, Helge: Zur Ausbildungssituation der Frau – Simitis, Spiros: Schwerpunkt Unterhalt

103 Seminar: Familie und Familienrecht
Band 2. Herausgegeben von Spiros Simitis und Gisela Zenz. 343 S. 1975. (3-518-27703-0▸)
Bundesverfassungsgericht: Beschluß vom 29.9.1968 – Erikson, Erik H.: Phasen der frühkindlichen Entwicklung – Neidhardt, Friedhelm: Strukturbedingungen und Probleme familialer Sozialisation – Fromm, Erich: Theoretische Entwürfe über Autorität und Familie – Simitis, Spiros: Zur Situation der elterlichen Gewalt – Schleswig-Holsteinisches Oberlandesgericht: Beschluß vom 19.8.1957 – Oberlandesgericht Köln: Beschluß vom 20.11.1972 – Blos, Peter: Adoleszenz. Eine psychoanalytische Interpretation – Zenz, Gisela: Die Entscheidung in Ausbildungs- und Berufsangelegenheiten. Zur beabsichtigten Neuregelung des § 1626 Abs. 2 Satz 2 – Bundesverfassungsgericht: Beschluß vom 15.6.1971 – Statistik über geschiedene Ehen mit Kindern – Goode, William J.: Kinder aus geschiedenen Ehen – Lempp, Reinhart: Die Rechtsstellung des Kindes aus geschiedener Ehe, aus kinder- und jugendpsychiatrischer Sicht – Richter, Horst E.: Das Kind als umstrittener Bundesgenosse. Genese und Merkmale der Rolle – Oberlandesgericht Frankfurt: Beschluß vom 10.6.1968 – Landgericht Tübingen: Beschluß vom 13.11.1973 – Zenz, Gisela: Kindeswohl und Elternrechte nach der Scheidung. Zur beabsichtigten Neuregelung der §§ 1634, 1671, 1681 BGB – Bundesverfassungsgericht: Beschluß vom 29.1.1969 – Roberts, Robert W.: Theoretische Ansätze zur Erklärung von Illegitimität – Winter, Gerd: Zum Wandel von Erziehung und Ausbildung unehelicher Kinder – Simitis, Spiros: Elterliche Sorge im neuen Nichtehelichenrecht – Landgericht Offenburg: Beschluß vom 4.3.1971 – Bayerisches Oberstes Landesgericht: Beschluß vom 6.6.1972 – Zenz, Gisela: Volle elterliche Gewalt für die Mutter, die den Vater ihres Kindes nicht nennen oder feststellen lassen will? Zur Bestimmung des Kindeswohls im Rahmen des § 1707 BGB – Kellmer Pringle, Mia L.: Prävention – Realität oder Illusion – Wahl, Klaus: Die Nachfrage nach Ehe- und Familienberatung – Richter, Horst E.: Familientherapie und Familienberatung – Entwicklung, Aufgaben, Arrangement – Muss, Barbara: Elternberatung und Heimerziehung

– Müller-Freienfels, Wolfram: Über »Familiengerichte«, insbesondere in den USA – Bundesjustizministerium, Eherechtskommission: Stellungnahme zu den Vorschlägen, ein Familiengericht einzuführen – Das »Familiengericht« nach dem Entwurf eines 1. Eherechtsgesetzes – Schlotheim, Hans-Hartmann Frhr. von: Das Kindeswohl vor dem Familiengericht – Freud, Anna: Richter Streit im Gespräch mit den Kindern der Familie Lesser

104 Malinowski, Bronislaw: Eine wissenschaftliche Theorie der Kultur

(A Scientific Theory of Culture). Und andere Aufsätze. Mit einer Einleitung von Paul Reiwald: Malinowski und die Ethnologie. Übersetzt von Fritz Levi. 269 S. 1975. (3-518-27704-9)
Die Funktionaltheorie (1939) – Eine wissenschaftliche Theorie der Kultur (1941) – Sir James George Frazer: Eine biographische Würdigung (1942) – Mutterrechtliche Familie und Ödipuskomplex (1924)

105 Merleau-Ponty, Maurice: Die Abenteuer der Dialektik

(Les aventures de la dialectique). Übersetzt von Alfred Schmidt und Herbert Schmitt. 281 S. 1974. (3-518-27705-7)

106 Parsons, Talcott: Gesellschaften

Evolutionäre und komparative Perspektiven. (Societies. Evolutionary and Comparative Perspectives). Übersetzt von Nils Thomas Lindquist. 197 S. 1975. (3-518-27706-5)

107 Bourdieu, Pierre: Zur Soziologie der symbolischen Formen

Übersetzt von Wolfgang Fietkau. 201 S. 1974. (3-518-27707-3)
Strukturalismus und soziologische Wissenschaftstheorie. Die Unerläßlichkeit der Objektivierung und die Gefahr des Objektivismus – Klassenstellung und Klassenlage – Künstlerische Konzeption und intellektuelles Kräftefeld – Der Habitus als Vermittlung zwischen Struktur und Praxis – Elemente zu einer soziologischen Theorie der Kunstwahrnehmung

108 Pontalis, J.-B.: Nach Freud
(Après Freud). Übersetzt von Peter Assion, Hermann Lang, Eva Moldenhauer, Annette und Georg Roellenbleck. 332 S. 1974 (3-518-27708-1▸)
Freuds Entdeckung – Das Problem des Unbewußten bei Merleau-Ponty – Die Freudsche Utopie – Homo Psychoanalyticus – Vom Vokabular der Psychoanalyse zur Sprache des Psychoanalytikers – Wortfragen – Unser Eintritt ins Leben nach Melanie Klein – Die falschen Wege der Psychoanalyse oder Karen Horneys Kritik an Freud – Ein neuer Heiler: J.-L. Moreno – Die Gruppentechniken: Von der Ideologie zu den Phänomenen – Die kleine Gruppe als Objekt – Flauberts Krankheit – Michel Leiris oder die unendliche Psychoanalyse – Der Leser und sein Autor – Analyse eines Wunders. Gespräch mit Françoise Dolto

109 Strauss, Anselm L.: Spiegel und Masken
Die Suche nach Identität. (Mirrors and Masks. The Search for Identity). Übersetzt von Heidi Munscheid. 195 S. 1974 (3-518-27709-X▸)

110 Adorno, Theodor W.: Drei Studien zu Hegel
138 S. 1974. (3-518-27710-3)
Aspekte – Erfahrungsgehalt – Skoteinos oder Wie zu lesen sei

111 Materialien zu Ernst Blochs ›Prinzip Hoffnung‹
Herausgegeben und eingeleitet von Burghart Schmidt. 669 S. 1978. (3-518-27711-1)
Schmidt, Burghart: Einleitung. Ein Bericht: Zu Entstehung und Wirkungsgeschichte des »Prinzips Hoffnung« – Schmidt, Burghart: Die Stellungnahme: Ernst Bloch als Marxist. Ausarbeitung eines Vortrags, gehalten in Cerisy La Salle 1975 – Bahr, Hermann: Gesamtblick und Detail (1919) – Schmalenbach, Hermann: Ausbruch aus der Schulphilosophie (1919) – Blaß, Ernst: Geist der Utopie (1919) – Adorno, Theodor W.: Zum Charakter von Blochs Terminologie (1973) – Bense, Max: Ernst Blochs Prosa und die neue Seinsthematik (1956) – Schwonke, Martin: Das Wünschen

(1957) – Brüggemann, Heinz: Ernst Bloch und Hanns Eisler: Die Kunst zu erben (1973) – Raulet, Gérard: Der dritte Hiob. Zu Ernst Blochs dialektisch-materialistischer Hermeneutik – Holz, Hans Heinz: Der Philosoph Ernst Bloch und sein Werk »Das Prinzip Hoffnung«. Ernst Bloch zum siebzigsten Geburtstag (1955) – Sternberger, Dolf: Vergiß das Beste nicht! (1960) – Rühle, Jürgen: Die Dämmerung nach vorn (1960) – Hobsbawm, Eric J.: »Das Prinzip Hoffnung« (1960) – Fetscher, Iring: Kritik des technischen Verstands (1967) – Massuh, Victor: Die utopische Funktion und der Mythos (1968) – Steiner, George: Träume nach vorwärts (1975) – Münster, Arno: Ernst Bloch, Philosoph der Hoffnung (1973) – Dutschke, Rudi: Im gleichen Gang und Feldzugsplan (1975) – Petrović, Gajo: Ernst Blochs Hegelverständnis und der Systemgedanke (1975) – Fergnani, Franco: Der Bann der Anamnesis. Bloch über Hegel (1971) – Holz, Hans Heinz: Einsatzstellen der »Ontologie des Noch-Nicht-Seins« (1967) – Bahr, Hans Dieter: Ontologie und Utopie (1968) – Jäger, Alfred: Materie und Prozeß (1969) – Schmidt, Alfred: Kritik der Mitproduktivität der Natur (1962) – Widmer, Peter: »S ist noch nicht P« (1974) – Vranicki, Predrag: Das Woher und Wohin des militanten Optimismus (1974) – Kempski, Jürgen von: Bloch, Recht und Marxismus (1964) – Valdes, Ernesto Garzon: Die Polis ohne Politik (1963) – Solomon, Maynard: Vorwärtsblickender Rückblick in künstlerischem Gestalten (1973) – Jameson, Frederic: Die Ontologie des Noch-Nicht-Seins im Übergang zum allegorisch-symbolischen Antizipieren: Kunst als Organon kritisch-utopischer Philosophie (1971) – Holländer, Hans: Der Bildcharakter des »Vor-Scheins«, auch in der Sprache (1975) – Ueding, Gert: Schein und Vor-Schein in der Kunst. Zur Ästhetik Ernst Blochs (1969) – Mayer, Hans: Musik als Luft von anderen Planeten. Ernst Blochs »Philosophie der Musik« und Ferruccio Busonis »Neue Ästhetik der Tonkunst« (1974) – Heer, Friedrich: Ein Denker des Menschen (1960) – Moltmann, Jürgen: Die Apokalyptik im Messianismus (1967) – Marsch, Wolf-Dieter: Nach-idealistische Erneuerung von Teleologie. Bloch: Der homo absconditus auf der Suche nach Identität (1969) – Cox, Harvey: Eschatologie und Anthropologisierung im Christentum (1970) – Pasterk, Ursula: Utopie und Religion (1970) – Hurbon, Laënnec: Der Thomas-Münzer-Ton im »Prinzip Hoffnung« (1974) – Kempski, Jürgen von: Hoffnung als Kritik (1964) – Furter, Pierre: Ernst Blochs »Prinzip Hoffnung« in der Diskussion übers utopische Denken (1966) – Bodei, Remo: Ernst Blochs utopischer Marxismus gegen einen »zu weiten Fortschritt des Sozialismus von der Utopie zur Wissenschaft« (1972) – Gross, David: Bewußtseinsveränderung durch revolutionäre Phantasie. Statt Ende der Philosophie Ausreifung der praktischen Leitbilder im Novum (1973) – Ernst Blochs Wirkung. Eine Bibliographie

112 Miliband, Ralph: Der Staat in der kapitalistischen Gesellschaft
(The State in Capitalist Society). Eine Analyse des westlichen Machtsystems. Übersetzt von Nele Einsele. 376 S. 1975 (3-518-27712-X▶)

113 Adorno, Theodor W.: Negative Dialektik
412 S. 1975. (3-518-27713-8)

114 Becker, Oskar: Grundlagen der Mathematik
in geschichtlicher Entwicklung. X + 428 S. 1975. (3-518-27714-6)

115 Childe, V. Gordon: Soziale Evolution
(Social Evolution). Übersetzt von Hans Werner Saß. 196 S. 1975 (3-518-27715-4)

116 Holenstein, Elmar: Roman Jakobsons phänomenologischer Strukturalismus
214 S. 1975. (3-518-27716-2)

117 Erikson, Erik H.: Der junge Mann Luther
Eine psychoanalytische und historische Studie. (Young Man Luther. A Study in Psychoanalysis and History). Übersetzt von Johanna Schiche. 308 S. 1975. (3-518-27717-0)

118 **Broué, Pierre/Témime, Émile: Revolution und Krieg in Spanien**
(La révolution et la guerre d'Espagne). Geschichte des spanischen Bürgerkrieges. Deutsche Übersetzung und Bearbeitung von A. R. L. Gurland. 2 Bände. 721 S. 1975. (3-518-27718-9)

119 **Leclaire, Serge: Der psychoanalytische Prozeß**
Versuch über das Unbewußte und den Aufbau einer buchstäblichen Ordnung. (Psychanalyser. Essai sur l'ordre de l'inconscient et la pratique de la lettre). Übersetzt von Norbert Haas. 174 S. 1975. (3-518-27719-7▶)

120 **Sprache, Denken, Kultur**
(Language, Thought, and Culture). Von Roger W. Brown, Irving M. Copi, Don E. Dulaney, William K. Frankena, Paul Henle, Charles L. Stevenson. Herausgegeben von Paul Henle. Übersetzt von Roland Pelzer und Friedhelm Herborth. 337 S. 1975 (3-518-27720-0▶)
Henle, Paul: Sprache, Denken und Kultur – Copi, Irving M.: Die Bildung von Begriffen – Brown, Roger W./Dulaney, Don E.: Eine Analyse von Sprache und Bedeutung im Rahmen von Reiz und Reaktion – Copi, Irving M.: Künstliche Sprachen – Frankena, William K.: Einige Aspekte der Sprache – Frankena, William K.: »Kognitiv« und »Nichtkognitiv« – Henle, Paul: Die Metapher – Stevenson, Charles L.: Symbolik in den nichtdarstellenden Künsten – Stevenson, Charles L.: Symbolik in den darstellenden Künsten

121 **Materialien zu Benjamins Thesen ›Über den Begriff der Geschichte‹**
Beiträge und Interpretationen. Herausgegeben von Peter Bulthaup. 356 S. 1975. (3-518-27721-9▶)
Schweppenhäuser, Hermann: Praesentia praeteritorum. Zu Benjamins Geschichtsbegriff – Marcuse, Herbert: Revolution und Kritik der Gewalt. Zur Geschichtsphilosophie Walter Benjamins – Kittsteiner, Heinz-Dieter: Die »Geschichtsphilosophischen The-

sen« – Kaiser, Gerhard: Walter Benjamins »Geschichtsphilosophische Thesen« – Tiedemann, Rolf: Historischer Materialismus oder politischer Messianismus? Politische Gehalte in der Geschichtsphilosophie Walter Benjamins – Bulthaup, Peter: Parusie. Zur Geschichtstheorie Walter Benjamins – Adorno, Theodor W.: Fortschritt – Mensching, Günther: Zeit und Fortschritt in den geschichtsphilosophischen Thesen Walter Benjamins – Greffrath, Krista R.: Der historische Materialist als dialektischer Historiker. Zum Motiv der Rettung in Walter Benjamins Thesen »Über den Begriff der Geschichte« – Sonnemann, Ulrich: Geschichte gegen den Strich gebürstet. Die Aporien des Historismus und die Thesen Walter Benjamins über den Begriff der Geschichte – Pfotenhauer, Helmut: ›Eine Puppe in türkischer Tracht‹. Zur Verbindung von historischem Materialismus und Theologie beim späten Benjamin – Engelhardt, Hartmut: Der historische Gegenstand als Monade. Zu einem Motiv Benjamins – Missac, Pierre: Es sind Thesen! Sind es Thesen? – Haselberg, Peter von: Benjamins Engel

122 Materialien zur ästhetischen Theorie

Theodor W. Adornos Konstruktion der Moderne. Herausgegeben von Burkhardt Lindner und W. Martin Lüdke. 557 S. 1980. (3-518-27722-7▸)

Lindner, Burkhardt/Lüdke, W. Martin: Kritische Theorie und ästhetisches Interesse: Notwendige Hinweise zur Adorno-Diskussion – Michel, Karl Markus: Versuch, die »Ästhetische Theorie« zu verstehen – Bubner, Rüdiger: Kann Theorie ästhetisch werden? Zum Hauptmotiv der Philosophie Adornos – Jauß, Hans Robert: Negativität und ästhetische Erfahrung. Adornos ästhetische Theorie in der Retrospektive – Bürger, Peter: Das Vermittlungsproblem in der Kunstsoziologie Adornos – Lypp, Bernhard: Selbsterhaltung und ästhetische Erfahrung. Zur Geschichtsphilosophie und ästhetischen Theorie Adornos – Kliche, Dieter: Kunst gegen Verdinglichung. Berührungspunkte im Gegensatz von Adorno und Lukács – Lindner, Burkhardt: »Il faut être absolument moderne«. Adornos Ästhetik: Ihr Konstruktionsprinzip und ihre Historizität – Wohlfarth, Irving: Dialektischer Spleen. Zur Ortsbestimmung der Adornoschen Ästhetik – Scheible, Hartmut: Die Kunst im Garten Gethsemane. Ästhetik zwischen Konstruktion und Theologie – Bolz, Norbert W.: Nietzsches Spur in der Ästhetischen Theorie – Hörisch, Jochen: Herrscherwort, Geld und geltende Sätze. Adornos Aktualisierung der Frühromantik und ihre Affinität zur poststrukturalistischen Kritik des Subjekts – Lüdke, W. Martin: Zur ›Logik des Zerfalls‹. Ein Versuch, mit Hilfe der ›gezähmten Wildsau von Ernsttal‹ die Lektüre der Ästhetischen Theorie zu erleichtern – Schwarz, Ullrich: Entfesselung der Produktivkräfte und ästhetische Utopie. Zu Adornos geschichtsphilosophischer Fundierung der ästhetischen Theorie – Fontaine, Michael de la: Künstlerische Erfahrung bei Arnold Schönberg. Zur Dialektik des musikalischen Materials – Dahlhaus, Carl: Zu Adornos Beethoven-Kritik – Lang, Christian Peter: Kommentierte Auswahlbibliographie

123 Sprachanalyse und Soziologie

Die sozialwissenschaftliche Relevanz von Wittgensteins Sprachphilosophie. Herausgegeben von Rolf Wiggershaus. 350 S. 1975 (3-518-27723-5)

Wiggershaus, Rolf: Einleitung – Wittgenstein, Ludwig: Bemerkungen über Frazers »The Golden Bough«. Mit einer Vorbemerkung von Rush Rhees – Winch, Peter: Was heißt »Eine primitive Gesellschaft verstehen?« – MacIntyre, Alasdair: Die Idee der Sozialwissenschaft – Roche, Maurice: Die philosophische Schule der Begriffsanalyse (Conceptual Analysis) – Cicourel, Aaron V.: Methode und Messung in der Soziologie und die Struktur von Common-sense-Akten (Auszüge aus: Cicourel, Methode und Messung in der Soziologie) – Cicourel, Aaron V.: Generative Semantik und die Struktur der sozialen Interaktion – Berger, Hartwig: Ansätze einer soziolinguistischen Basistheorie – Searle, John R.: Theorie der menschlichen Kommunikation und Philosophie der Sprache. Einige Bemerkungen – Habermas, Jürgen: Sprachspiel, Intention und Bedeutung. Zu Motiven bei Sellars und Wittgenstein

124 **Szondi, Peter: Einführung in die literarische Hermeneutik**
Studienausgabe der Vorlesungen Band 5. Herausgegeben von Jean Bollack und Helen Stierlin. 455 S. 1975. (3-518-27724-3)

125 **Kohut, Heinz: Die Zukunft der Psychoanalyse**
Aufsätze zu allgemeinen Themen und zur Psychologie des Selbst. 287 S. 1975. (3-518-27725-1)
Die Zukunft der Psychoanalyse – Der Psychoanalytiker in der Gemeinschaft der Wissenschaftler – Ist das Studium des menschlichen Innenlebens heute noch relevant? – Kreativität, Charisma, Gruppenpsychologie. Gedanken zu Freuds Selbstanalyse – Formen und Umformungen des Narzißmus – Die psychoanalytische Behandlung narzißtischer Persönlichkeitsstörungen – Überlegungen zum Narzißmus und zur narzißtischen Wut – Bemerkungen zur Bildung des Selbst (Brief an einen Schüler bezüglich einiger Prinzipien der psychoanalytischen Forschung)

126 **Eliade, Mircea: Schamanismus und archaische Ekstasetechnik**
(Le chamanisme et les techniques archaïques de l'extase). Übersetzt von Inge Köck. VIII + 472 S. 1975. (3-518-27726-X)

127 **Kierkegaard, Sören: Über den Begriff der Ironie**
Mit ständiger Rücksicht auf Sokrates. (Om Begrebet Ironi med stadigt Hensyn til Socrates). Unter Mitarbeit von Rose Hirsch übersetzt von Emanuel Hirsch. 365 S. 1976. (3-518-27727-8▶)

128 **Der Fall Rivière**
Materialien zum Verhältnis von Psychiatrie und Strafjustiz. (Moi, Pierre Rivière, ayant égorgé ma mère, ma sœur et mon frère...). Herausgegeben von Michel Foucault. Übersetzt von Wolf Heinrich Leube. 316 S. 1975. (3-518-27728-6▶)
Foucault, Michel: Einführung – Dossier – Peter, Jean-Pierre/Favret, Jeanne: Das Tier, der Wahnsinnige, der Tod – Foucault, Michel: Der Mord, den man erzählt – Moulin, Patricia: Die mil-

dernden Umstände – Barret-Kriegel, Blandine: Königsmord – Vatermord – Riot, Philippe: Das Doppelleben des Pierre Rivière – Castel, Robert: Die Ärzte und die Richter – Fontana, Alexandre: Die Intermittenz der Vernunft

130 Seminar: Die Entstehung der antiken Klassengesellschaft
Herausgegeben von Hans G. Kippenberg. 393 S. 1977 (3-518-27730-8▸)
Kippenberg, Hans G.: Einleitung – Kippenberg, Hans G.: Die Typik antiker Entwicklung – Hahn, István: Die Anfänge der antiken Gesellschaftsformation in Griechenland und das Problem der sogenannten asiatischen Produktionsweise – Will, Édouard: Die ökonomische Entwicklung und die antike Polis – Woodhouse, William John: Vom freien Bauern zum Hörigen – Günther, Rigobert: Die Entstehung der Schuldsklaverei im Alten Rom – Finley, Moses I.: Die Schuldknechtschaft – Will, Édouard: Überlegungen und Hypothesen zur Entstehung des Münzgeldes – Thomson, George: Demokratische Ideologie – Fuks, Alexander: Die Neuverteilung von Land und Häusern 356 v. Chr. in Syrakus und ihre ideologischen Aspekte – Metzler, Dieter: Reichsbildung und Geschichtsbild bei den Achämeniden – Smith, Morton: Die Entwicklungen im Judäa des 5. Jh. v. Chr. aus griechischer Sicht – Eddy, Samuel K.: Gründe für den Widerstand gegen den Hellenismus in Asien

131 Propp, Vladimir: Morphologie des Märchens
(Morfologija skazki). Herausgegeben von Karl Eimermacher. 295 S. 1975. (3-518-27731-6▸)
Propp, Vladimir: Morphologie des Märchens – Propp, Vladimir: Transformationen von Zaubermärchen – Lévi-Strauss, Claude: Die Struktur und die Form. Reflexionen über ein Werk von Vladimir Propp – Propp, Vladimir: Die Bedeutung von Struktur und Geschichte bei der Untersuchung des Märchens – Meletinskij, Eleasar: Zur strukturell-typologischen Erforschung des Volksmärchens

133 Touraine, Alain: Was nützt die Soziologie?
(Pour la sociologie). Übersetzt von Bernd Schwibs. 241 S. 1976
(3-518-27733-2▶)

135 Bachofen, Johann Jakob: Das Mutterrecht
Eine Untersuchung über die Gynaikokratie der alten Welt nach ihrer religiösen und rechtlichen Natur. Eine Auswahl, herausgegeben von Hans-Jürgen Heinrichs. XL + 465 S. 1975
(3-518-27735-9)

136 Materialien zu Bachofens ›Das Mutterrecht‹
Herausgegeben von Hans-Jürgen Heinrichs. 457 S. 1975
(3-518-27736-7▶)
Benjamin, Walter: Johann Jakob Bachofen – Kelles-Krauz, Casimir von: J. J. Bachofen – Howald, Ernst: Wider Johann Jakob Bachofen – Burckhardt, Max: Johann Jakob Bachofen und die Politik – Klages, Ludwig: Vom kosmogonischen Eros – Klages, Ludwig: Die Magna Mater – Schuler, Alfred: Mutterdunkel – Bernoulli, Carl Albrecht: Symbolpsychologie – Bäumler, Alfred: Chthonisch, dionysisch, apollinisch – Bäumler, Alfred: Korrekturen – Salin, Edgar: Bachofen als Mythologe der Romantik – Deubel, Werner: Der Kampf um Johann Jakob Bachofen – Friedrich, Heinz: Ein Paläontologe der menschlichen Seele – Flake, Otto: Johann Jakob Bachofen – Fehrle, Eugen: Johann Jakob Bachofen und das Mutterrecht – Kerényi, Karl: Bachofen und die Zukunft des Humanismus – Plumpe, Gerhard: Das Interesse am Anfang – Turel, Adrien: Bachofen und Freud – zwei gleichartige Sphinxe – Muschg, Walter: Bachofen als Schriftsteller – Wahr, F. B.: Hauptmann und Bachofen – Peltre, Monique: Thomas Mann und J. J. Bachofen – Krämer, Rudolf: Rilke und Bachofen – Bachofen, J. J.: Brief an Joseph Kohler – Kohler, Joseph: Nachruf an J. J. Bachofen – Bachofen, J. J.: Fragment zum Übergang vom Matriarchat zum Patriarchat (Nachlaß, unveröffentlicht) – Morgan, Lewis H.: Hinweis auf Bachofens »Mutterrecht« – Aus dem Briefwechsel zwischen Bachofen und Morgan – Dörmann, Johannes: Bachofens »Antiquarische Briefe« und die zweite Bearbei-

tung des »Mutterrechts« – Schmidt, Wilhelm: Geschichte der Theorien über Mutterrecht – Malinowski, Bronislaw: Die Grundlagen des Mutterrechts – Starcke, C. N.: Die Ehe und ihre Entwicklung – Cunow, Heinrich: Die matriarchalische Familie – Engels, Friedrich: Ursprung der Familie, des Privateigentums und des Staates – Bebel, August: Die Frau und der Sozialismus – Horkheimer, Max: Autorität und Familie – Bloch, Ernst: Bachofen, Gaia-Themis und Naturrecht – Giraud-Teulon, Alexis: Die Ursprünge der Familie – Steinmetz, S. R.: Die neueren Forschungen zur Geschichte der menschlichen Familie – Cunow, Heinrich: Zur Ursprungsgeschichte der Ehe und Familie – Vaerting, Mathilde und Mathias: Frauenstaat und Männerstaat – Krische, Paul: Die Bedeutung der Mutterrechtsepoche in der Entwicklung der Menschheit – Fromm, Erich: Die Bedeutung der Mutterrechtstheorie für die Gegenwart – Reich, Wilhelm: Ur-Arbeitsdemokratie, Mutterrecht, Privateigentum der Produktionsmittel, Vaterrecht

137 Lacan, Jacques: Schriften I

Ausgewählt und herausgegeben von Norbert Haas. Übersetzt von Rodolphe Gasché, Norbert Haas, Klaus Laermann, Peter Stehlin, unter Mitwirkung von Chantal Creusot. 240 S. 1975 (3-518-27737-5▶)

Das Seminar über E. A. Poes »Der entwendete Brief« – Das Spiegelstadium als Bildner der Ichfunktion, wie sie uns in der psychoanalytischen Erfahrung erscheint – Funktion und Feld des Sprechens und der Sprache in der Psychoanalyse – Die Ausrichtung der Kur und die Prinzipien ihrer Macht

138 Schelling, Friedrich Wilhelm Joseph: Philosophische Untersuchungen über das Wesen der menschlichen Freiheit und die damit zusammenhängenden Gegenstände

Mit einem Essay von Walter Schulz: Freiheit und Geschichte in Schellings Philosophie. 112 S. 1975. (3-518-27738-3)

139 **Materialien zu Schellings philosophischen Anfängen**
Herausgegeben von Manfred Frank und Gerhard Kurz. 476 S. 1975. (3-518-27739-1)
Frank, Manfred/Kurz, Gerhard: Einleitung – Fuhrmans, Horst: Schelling im Tübinger Stift Herbst 1790 bis Herbst 1795 – Kant, Immanuel: Aus der ›Kritik der Urteilskraft‹ – Hölderlin, Friedrich: Urtheil und Seyn – Das sogenannte ›Älteste Systemprogramm‹ – Briefe von, an und über Schelling. Epikurisch Glaubenbekenntnis – Tilliette, Xavier: Schelling als Verfasser des Systemprogramms? – Holz, Harald: Die Struktur der Dialektik in den Frühschriften von Fichte und Schelling – Wieland, Wolfgang: Die Anfänge der Philosophie Schellings und die Frage nach der Natur – Merleau-Ponty, Maurice: Der Naturbegriff – Bloch, Ernst: Natur als organisierendes Prinzip – Materialismus beim frühen Schelling – Hollerbach, Alexander: Schellings Rechts- und Staatsbegriff in den Jahren 1796-1800 – Jähnig, Dieter: Die Schlüsselstellung der Kunst bei Schelling – Marquard, Odo: Über einige Beziehungen zwischen Ästhetik und Therapeutik in der Philosophie des neunzehnten Jahrhunderts – Hegel, Georg Wilhelm Friedrich: Vergleichung des Schellingschen Prinzips der Philosophie mit dem Fichteschen – Feuerbach, Ludwig: Kritik der Schellingschen Philosophie – Marquet, Jean-François: Das Zeitproblem der Identitätsphilosophie – Plessner, Helmuth: Das Identitätssystem – Leroux, Pierre: Über Schellings philosophische Vorlesung. Aperçu zur Lage der Philosophie in Deutschland

140 **Goffman, Erving: Stigma**
Über Techniken der Bewältigung beschädigter Identität. (Stigma. Notes on the Management of Spoiled Identity). Übersetzt von Frigga Haug. 180 S. 1975
(3-518-27740-5)

141 **Apel, Karl-Otto: Der Denkweg von Charles Sanders Peirce**
Eine Einführung in den amerikanischen Pragmatismus. 371 S. 1975. (3-518-27741-3)

142 **Adorno, Theodor W.: Einleitung in die Musiksoziologie**
Zwölf theoretische Vorlesungen. 269 S. 1975. (3-518-27742-1)

143 **Fetscher, Iring: Rousseaus politische Philosophie**
Zur Geschichte des demokratischen Freiheitsbegriffs. Dritte, überarbeitete Auflage. 384 S. 1975. (3-518-27743-X)

144 **Seminar: Philosophische Hermeneutik**
Herausgegeben von Hans-Georg Gadamer und Gottfried Boehm. 339 S. 1976. (3-518-27744-8▸)
Gadamer, Hans-Georg: Einleitung – Illyricus, Matthias Flacius: Anweisungen, wie man die Heilige Schrift lesen soll, die wir nach unserem Urteil gesammelt oder ausgedacht haben – Spinoza, Baruch de: Von der Auslegung der Schrift – Rambach, Johann Jacob: Erläuterungen über seine eigenen »Institutiones Hermeneuticae Sacrae« (1723) – Chladenius, Johann Martin: Von der Auslegung Historischer Nachrichten und Bücher – Moritz, Karl Philipp: Grundlinien zu einer Gedankenperspektive – Baumgarten, Siegmund Jacob: Vom Verstande der Heiligen Schrift – Herder, Johann Gottfried: Kritische Wälder, oder: Betrachtungen, die Wissenschaft und Kunst des Schönen betreffend, nach Maßgabe unserer Schriften – Thibaut, Anton Friedrich Justus: Über die logische Auslegung nach dem Grunde des Gesetzes – Ast, Friedrich: Hermeneutik – Schleiermacher, Friedrich: Über den Begriff der Hermeneutik mit Bezug auf F. A. Wolfs Andeutungen und Asts Lehrbuch – Steinthal, Heymann: Die Arten und Formen der Interpretation – Droysen, Johann Gustav: Die Interpretation – Dilthey, Wilhelm: Entwürfe zur Kritik der historischen Vernunft – Rothacker, Erich: Der Begriff der dogmatischen Denkform – Bultmann, Rudolf: Das Problem der Hermeneutik – Heidegger, Martin: Sein und Zeit – Lipps, Hans: Formale und hermeneutische Logik – Gadamer, Hans-Georg: Die philosophischen Grundlagen des 20. Jahrhunderts – Gadamer, Hans-Georg: Das hermeneutische Problem der Anwendung

145 **Hegel, Georg Wilhelm Friedrich: Grundlinien der Philosophie des Rechts oder Naturrecht und Staatswissenschaft im Grundrisse**
Mit Hegels eigenhändigen Notizen und den mündlichen Zusätzen. 531 S. 1976. (3-518-27745-6▸, *jetzt: stw 607*)

146 **Avineri, Shlomo: Hegels Theorie des modernen Staates**
(Hegel's Theory of the Modern State). Übersetzt von R. und R. Wiggershaus. 332 S. 1976. (3-518-27746-4▸)

147 **Kierkegaard, Sören: Philosophische Brocken**
De omnibus dubitandum est. Übersetzt von Emanuel Hirsch. 191 S. 1975. (3-518-27747-2▸)
Philosophische Brocken oder Ein Bröckchen Philosophie von Johannes Climacus – Johannes Climacus oder De omnibus dubitandum est. Eine Erzählung

148 **Redlich, Fredrick C./Freedman, Daniel X.: Theorie und Praxis der Psychiatrie**
(The Theory and Practice of Psychiatry). Übersetzt von Hermann Schultz und Hilde Weller. 2 Bände. 1202 S. 1976 (3-518-27748-0)

149 **Jaeggi, Urs: Theoretische Praxis**
Probleme eines strukturalen Marxismus. 213 S. 1976 (3-518-27749-9▸)
Ordnung und Chaos, revidiert – Ordnung und Chaos – Französischer Strukturalismus und das Echo in Deutschland – Geschichte der Theorie, Theorie der Geschichte – Nachtrag: Althussers Selbstkritik – Die Kunst aneinander vorbeizureden. Thesen zum Verhältnis von Soziologie und Geschichte – Evolution und Struktur

150 **Freiheitliche demokratische Grundordnung**
Materialien zum Staatsverständnis und zur Verfassungswirklichkeit in der Bundesrepublik. Herausgegeben von Erhard Dennin-

ger unter Mitarbeit von Gerhard Böhme, Heide Erd-Küchler, Jürgen Fischer, Michael Hofferbert und Harald Russig. 2 Bände. 1031 S. 1977. (3-518-27750-2)
Denninger, Erhard: Einführung – Das Problem: »Keine Freiheit für die Feinde der Freiheit« – Zur juristischen Dogmatik der freiheitlichen demokratischen Grundordnung – Staatliche Grundordnung und »Wirtschaftsverfassung« – Theorien zur Krise des freiheitlich-demokratischen Rechtsstaats – Recht des öffentlichen Dienstes und Berufsverbote – Innere Sicherheit (Verfassungsschutz) – Innere Sicherheit (Polizei) – Politisches Strafrecht und politische Justiz – Strafprozeß

151 Lugowski, Clemens: Die Form der Individualität im Roman
Mit einer Einleitung von Heinz Schlaffer: Clemens Lugowskis Beitrag zur Disziplin der Literaturwissenschaft. XXIV + 213 S. 1976. (3-518-27751-0)

152 Zilsel, Edgar: Die sozialen Ursprünge der neuzeitlichen Wissenschaft
Herausgegeben und übersetzt von Wolfgang Krohn. Mit einer biobibliographischen Notiz von Jörn Behrmann und einem Beitrag von Wolfgang Krohn: Zur soziologischen Interpretation der neuzeitlichen Wissenschaft. 279 S. 1976. (3-518-27752-9)
Die sozialen Ursprünge der neuzeitlichen Wissenschaft – Die Entstehung des Begriffs des physikalischen Gesetzes – Die Ursprünge der wissenschaftlichen Methode William Gilberts – Die Entstehung des Begriffes des wissenschaftlichen Fortschritts – Kopernikus und die Mechanik – Probleme des Empirismus – Die Physik und das Problem der historisch-soziologischen Gesetze – Die Geschichte und die biologische Evolution

153 Seminar: Angewandte Sozialforschung
Studien über Voraussetzungen und Bedingungen der Produktion, Diffusion und Verwertung sozialwissenschaftlichen Wissens. Hg. Bernhard Badura. 517 S. 1976. (3-518-27753-7▶)

Badura, Bernhard: Prolegomena zu einer Soziologie der angewandten Sozialforschung – Horowitz, Irving L.: Wissenschaftliche Gemeinschaft und politisches System: Beziehungskonflikte zwischen Sozialwissenschaftlern und politischen Praktikern – Cronin, Thomas E./Thomas, Norman C.: Bildungspolitische Beratung im Rahmen der Great-Society-Programme – Hippel, Frank v./Primack, Joel: Wissenschaftliche Beratung im Bereich der Technologiepolitik – Perl, Martin L.: Das wissenschaftliche Beratungssystem: einige Beobachtungen – Bodemann, Michael Y.: Überlegungen zu praxisbezogener Soziologie am Beispiel der teilnehmenden Beobachtung – Landfried, Christine: Wissenschaft und Politik in der Krise um 1930 in Deutschland – Archibald, Kathleen A.: Drei Ansichten über die Rolle des Experten im politischen Entscheidungsprozeß: Systemanalyse, Inkrementalismus und klinischer Ansatz – Dror, Yehezkel: Angewandte Sozialwissenschaft und Systemanalyse – Gans, Herbert J: Sozialwissenschaft und Sozialpolitik – Schmid, Herman: Über die Voraussetzungen einer angewandten Sozialwissenschaft: das Beispiel der Friedensforschung – Weiss, Carol H.: Die Politisierung der Evaluationsforschung – Badura, Bernhard: Umsetzung von Prognosen als kommunikations- und organisationssoziologisches Problem – Biderman, Albert D.: Über den Zusammenhang von Einfluß, Forderung und Erklärungskraft in den Sozialwissenschaften – Mansfield, Edwin: Der Anteil von Forschung und Entwicklung am wirtschaftlichen Wachstum der Vereinigten Staaten – Spengler, Joseph J.: Wie anwendungsfähig sind die Sozialwissenschaften? – Goldthorpe, John H.: Theorien der industriellen Gesellschaft: Überlegungen zum Wiederaufleben des Historizismus und über die Zukunft der Futurologie – Lane, Robert E.: Politik und Ideologie in der verwissenschaftlichten Gesellschaft – Tannenbaum, Percy H.: Die Verbreitung wissenschaftlicher Informationen – Gabriel, Gottfried: Wissenschaftliche Begriffsbildung und Theoriewahldiskurse – Schneider, Hans J.: Die Bedeutung von Grundlagenfragen für die Wissenschaftssoziologie. Zu Georg Henrik von Wrights ›Erklären und Verstehen‹ – Allison, Graham T.: Drei Modelle zur Analyse politischer Prozesse – Ganslandt, Herbert

R.: Einige Anmerkungen zu Graham T. Allisons methodischen Vorschlägen zur Analyse politischer Prozesse

154 Habermas, Jürgen: Zur Rekonstruktion des Historischen Materialismus

346 S. 1976. (3-518-27754-5)

Einleitung: Historischer Materialismus und die Entwicklung normativer Strukturen – Die Rolle der Philosophie im Marxismus – Moralentwicklung und Ich-Identität – Können komplexe Gesellschaften eine vernünftige Identität ausbilden? – Zum Theorienvergleich in der Soziologie: am Beispiel der Theorie der sozialen Evolutionstheorie – Zur Rekonstruktion des Historischen Materialismus – Geschichte und Evolution – Überlegungen zum evolutionären Stellenwert des modernen Rechts – Legitimationsprobleme im modernen Staat – Was heißt heute Krise? Legitimationsprobleme im Spätkapitalismus – Stichworte zum Legitimationsbegriff – eine Replik – Zwei Bemerkungen zum praktischen Diskurs

155 Weingart, Peter: Wissensproduktion und soziale Struktur

241 S. 1976. (3-518-27755-3)

156 Seminar: Kommunikation, Interaktion, Identität

Herausgegeben von Manfred Auwärter, Edit Kirsch und Klaus Schröter. XXVII + 405 S. 1976. (3-518-27756-1▸)

Auwärter, Manfred/Kirsch, Edit/Schröter, Klaus: Einleitung – Luhmann, Niklas: Einfache Sozialsysteme – Goffman, Erving: Der bestätigende Austausch – Scott, Marvin B./Lyman, Stanford M.: Praktische Erklärungen – Turner, Ralph H.: Rollenübernahme: Prozeß versus Konformität – Turner, Roy: Einige formale Eigenschaften des therapeutischen Gesprächs – Fillmore, Charles J.: Pragmatik und die Beschreibung der Rede – Scheflen, Albert E.: Die Bedeutung der Körperhaltung in Kommunikationssystemen – Stryker, Sheldon: Die Theorie des symbolischen Interaktionismus – Gross, Edward/Stone, Gregory P.: Verlegenheit und die Analyse der Voraussetzungen des Rollenhandelns – Krappmann, Lothar: Neuere Rollenkonzepte als Erklärungsmöglichkeit für Sozialisationsprozesse – Habermas, Jürgen: Universalpragmatische Hinweise auf das System der Ich-Abgrenzungen – Cicourel, Aaron V.: Repräsentation und Bedeutung und die Untersuchung gehörloser Kinder – Oevermann, Ulrich/Allert, Tilman/Gripp, Helga/Konau, Elisabeth/Krambeck, Jürgen/Schröder-Caesar, Erna/Schütze, Yvonne: Beobachtungen zur Struktur der sozialisatorischen Interaktion. Theoretische und methodologische Fragen der Sozialisationsforschung

157 **Kohut, Heinz: Narzißmus**
Eine Theorie der psychoanalytischen Behandlung narzißtischer Persönlichkeitsstörungen. (The Analysis of the Self. A Systematic Approach to the Psychoanalytic Treatment of Narcissistic Personality Disorders). Übersetzt von Lutz Rosenkötter. 385 S. 1976 (3-518-27757-X)

158 **Elias, Norbert: Über den Prozeß der Zivilisation**
Soziogenetische und psychogenetische Untersuchungen. Erster Band: Wandlungen des Verhaltens in den weltlichen Oberschichten des Abendlandes. 334 S. 1976. (3-518-27758-8)

159 **Elias, Norbert: Über den Prozeß der Zivilisation**
Soziogenetische und psychogenetische Untersuchungen. Zweiter Band: Wandlungen der Gesellschaft. Entwurf zu einer Theorie der Zivilisation. 492 S. 1976. (3-518-27759-6)

160 **Furth, Hans G.: Intelligenz und Erkennen**
Die Grundlagen der genetischen Erkenntnistheorie Piagets. (Piaget and Knowledge. Theoretical Foundations). Übersetzt von Friedhelm Herborth. 375 S. 1976. (3-518-27760-X)

162 **Jakobson, Roman: Hölderlin – Klee – Brecht**
Zur Wortkunst dreier Gedichte. Eingeleitet und herausgegeben von Elmar Holenstein. 128 S. 1976. (3-518-27762-6)

Holenstein, Elmar: Einführung: Linguistische Poetik – Jakobson, Roman/Lübbe-Grothues, Grete: Ein Blick auf »Die Aussicht« von Hölderlin – Jakobson, Roman: Der Maler Paul Klee als Dichter – Jakobson, Roman: Der grammatische Bau des Gedichts von Bertolt Brecht »Wir sind sie«

163 Böckenförde, Ernst-Wolfgang: Staat, Gesellschaft, Freiheit

Studien zur Staatstheorie und zum Verfassungsrecht. 352 S. 1976 (3-518-27763-4▸, *jetzt in: stw 914/953*)

Die Historische Rechtsschule und das Problem der Geschichtlichkeit des Rechts – Die Entstehung des Staates als Vorgang der Säkularisation – Entstehung und Wandel des Rechtsstaatsbegriffs – Verfassungsprobleme und Verfassungsbewegung des 19. Jahrhunderts – Der deutsche Typ der konstitutionellen Monarchie – Lorenz von Stein als Theoretiker der Bewegung von Staat und Gesellschaft zum Sozialstaat – Die Bedeutung der Unterscheidung von Staat und Gesellschaft im demokratischen Sozialstaat der Gegenwart – Grundrechtstheorie und Grundrechtsinterpretation – Das Grundrecht der Gewissensfreiheit – Eigentum, Sozialbindung des Eigentums, Enteignung – Freiheitssicherung gegenüber gesellschaftlicher Macht. Aufriß eines Problems

164 Apel, Karl-Otto: Transformation der Philosophie

Band 1. Sprachanalytik, Semiotik, Hermeneutik. 379 S. 1976 (3-518-27764-2)

Einleitung: Transformation der Philosophie – Die beiden Phasen der Phänomenologie in ihrer Auswirkung auf das philosophische Vorverständnis von Sprache und Dichtung in der Gegenwart – Der philosophische Wahrheitsbegriff als Voraussetzung einer inhaltlich orientierten Sprachwissenschaft – Sprache und Wahrheit in der gegenwärtigen Situation der Philosophie. Zur Semiotik von Ch. Morris – Sprache und Ordnung: Sprachanalytik versus Sprachhermeneutik – Arnold Gehlens »Philosophie der Institutionen« und die Metainstitution der Sprache – Wittgenstein und Heidegger: Die Frage nach dem Sinn von Sein und der Sinnlosigkeitsverdacht gegen alle Metaphysik – Heideggers philosophische Radikalisierung der »Hermeneutik« und die Frage nach dem »Sinnkriterium« der Sprache – Wittgenstein und das Problem des hermeneutischen Verstehens

165 Apel, Karl-Otto: Transformation der Philosophie
Band 2. Das Apriori der Kommunikationsgemeinschaft. 447 S. 1976. (3-518-27765-0)
Reflexion und materielle Praxis: Zur erkenntnisanthropologischen Begründung der Dialektik zwischen Hegel und Marx – Die Entfaltung der »sprachanalytischen« Philosophie und das Problem der »Geisteswissenschaften« – Szientistik, Hermeneutik, Ideologiekritik. Entwurf einer Wissenschaftslehre in erkenntnisanthropologischer Sicht – Wissenschaft als Emanzipation? Eine kritische Würdigung der Wissenschaftskonzeption der »Kritischen Theorie« – Von Kant zu Peirce: Die semiotische Transformation der Transzendentalen Logik – Szientismus oder transzendentale Hermeneutik? Zur Frage nach dem Subjekt der Zeicheninterpretation in der Semiotik des Pragmatismus – Die Kommunikationsgemeinschaft als transzendentale Voraussetzung der Sozialwissenschaften – Noam Chomskys Sprachtheorie und die Philosophie der Gegenwart – Sprache als Thema und Medium der transzendentalen Reflexion – Der transzendentalhermeneutische Begriff der Sprache – Das Apriori der Kommunikationsgemeinschaft und die Grundlagen der Ethik

166 Seminar: Theorien der künstlerischen Produktivität
Entwürfe mit Beiträgen aus Literaturwissenschaft, Psychoanalyse und Marxismus. Herausgegeben von Mechthild Curtius unter Mitarbeit von Ursula Böhmer. 459 S. 1976. (3-518-27766-9▸)
Curtius, Mechthild: Theoria in nuce – Böhmer, Ursula: Zur Situation in Frankreich – Ehrenzweig, Anton: Die drei Phasen der Kreativität – Bergler, Edmund: Der Impuls zu schreiben – Kris, Ernst/Kaplan, Abraham: Ästhetische Mehrdeutigkeit – Mehlman, Jeffrey: Zwischen Psychoanalyse und »Psychocritique« – M'Uzan, Michel de: Zum Prozeß des literarischen Schaffens –

Guillaumin, Jean: Das poetische Schaffen und die bewußte Bearbeitung des Unbewußten – Moltschanow, W.: Der Mythos von der »gesellschaftsfähigen« Psychoanalyse – Runin, B.: Der schöpferische Prozeß in evolutionärer Sicht – Kagan, M.: Die Arten und Unterarten des wortkünstlerischen Schaffens – Meilach, B.: Die Psychologie des künstlerischen Schaffens. Einige Worte über die Literaturwissenschaft in der Reihe der anderen Wissenschaften – Paustowski, K.: Der Blitz, Gedanken über die Arbeit des Schriftstellers – Schulz, Christiane: Der künstlerische Schaffensprozeß. Zu den Arbeiten des Leningrader Literaturwissenschaftlers Boris Mejlach – Lehmann, Günther K.: Phantasie und künstlerische Arbeit – Wyatt, Frederick: Anwendung der Psychoanalyse auf die Literatur: Phantasie, Deutung, klinische Erfahrung – Mattenklott, Gert: Der »subjektive Faktor« in Musils »Törleß«. Mit einer Vorbemerkung über die Historizität der sinnlichen Wahrnehmung – Curtius, Mechthild: Kreativität und Antizipation. Thomas Mann, Freud und das Schaffen des Künstlers

167 Lévi-Strauss, Claude: Mythologica I
Das Rohe und das Gekochte. (Mythologiques I. Le cru et le cuit). Übersetzt von Eva Moldenhauer. 493 S. 1976. (3-518-27767-7)

168 Lévi-Strauss, Claude: Mythologica II
Vom Honig zur Asche. (Mythologiques II. Du miel aux cendres). Übersetzt von Eva Moldenhauer. 567 S. 1976. (3-518-27768-5)

169 Lévi-Strauss, Claude: Mythologica III
Der Ursprung der Tischsitten. (Mythologiques III. L'origine des manières de table). Übersetzt von Eva Moldenhauer. 601 S. 1976 (3-518-27769-3)

170 Lévi-Strauss, Claude: Mythologica IV
Der nackte Mensch. (Mythologiques IV. L'homme nu). Übersetzt von Eva Moldenhauer. 2 Bände. 885 S. 1976. (3-518-27770-7)

171 Materialien zu Kants Rechtsphilosophie

Herausgegeben von Zwi Batscha. 457 S. 1976. (3-518-27771-5)

Batscha, Zwi: Einleitung – Kant, Immanuel: (Auswahl aus den Reflexionen, Vorarbeiten und Briefen Kants) – Bien, Günther: Revolution, Bürgerbegriff und Freiheit. Über die neuzeitliche Transformation der alteuropäischen Verfassungstheorie in politische Geschichtsphilosophie – Buhr, Manfred/Irrlitz, Gerd: Immanuel Kant – Riedel, Manfred: Herrschaft und Gesellschaft. Zum Legitimationsproblem des Politischen in der Philosophie – Beyerhaus, Gisbert: Kants ›Programme‹ der Aufklärung aus dem Jahre 1784 – Schneiders, Werner: Emanzipation und Kritik: Kant – Habermas, Jürgen: Publizität als Prinzip der Vermittlung von Politik und Moral (Kant) – Kaulbach, Friedrich: Naturrecht und Erfahrungsbegriff im Zeichen der Anwendung der kantischen Rechtsphilosophie. Dargestellt an den Thesen von P. J. A. Feuerbach – Saage, Richard: Naturzustand und Eigentum – Burg, Peter: Die Französische Revolution als Heilsgeschehen – Fetscher, Iring: Immanuel Kant und die Französische Revolution – Mandt, Hella: Historisch-politische Traditionselemente im politischen Denken Kants – Gurwitsch, Alexander: Immanuel Kant und die Aufklärung – Spaemann, Robert: Kants Kritik des Widerstandsrechts – Henrich, Dieter: Kant über die Revolution – Bloch, Ernst: Widerstand und Friede – Sydow, Eckart von: Der Gedanke des Ideal-Reichs bei Kant – Euchner, Walter: Kant als Philosoph des politischen Fortschritts – Oertzen, Peter von: Kants ›Über den Gemeinspruch‹ und das Verhältnis von Theorie und Praxis in der Politik – Vorländer, Karl: Kant und Marx

172 Wunderlich, Dieter: Studien zur Sprechakttheorie

417 S. 1976. (3-518-27772-3▸)

Thesen zur Sprachwissenschaft – Handlungstheorie und Sprache – Skizze zu einer integrierten Theorie der grammatischen und pragmatischen Bedeutung – Probleme, Grundsätze und Entwicklungen der Sprechakttheorie – Fragesätze und Fragen – Behauptungen, konditionale Sprechakte und praktische Schlüsse – Entwicklungen der Diskursanalyse

173 Lorenzer, Alfred: Die Wahrheit der psychoanalytischen Erkenntnis

Ein historisch-materialistischer Entwurf. 319 S. 1976 (3-518-27773-1▶)

174 Blumenberg, Hans: Aspekte der Epochenschwelle: Cusaner und Nolaner

Erweiterte und überarbeitete Neuausgabe von »Die Legitimität der Neuzeit«, vierter Teil. 187 S. 1976. (3-518-27774-X▶, *jetzt in: »Die Legitimität der Neuzeit«, Erneuerte Ausgabe, Ln., 1988. 3-518-57837-5)*

175 Condorcet: Entwurf einer historischen Darstellung der Fortschritte des menschlichen Geistes

(Esquisse d'un tableau historique des progrès de l'esprit humain). Herausgegeben von Wilhelm Alff. Übersetzt von Wilhelm Alff in Zusammenarbeit mit Hermann Schweppenhäuser. 231 S. 1976 (3-518-27775-8)

176 Durkheim, Emile: Soziologie und Philosophie

(Sociologie et philosophie). Mit einer Einleitung von Theodor W. Adorno. Übersetzt von Eva Moldenhauer. 157 S. 1976 (3-518-27776-6)

177 Derrida, Jacques: Die Schrift und die Differenz

(L'écriture et la différence). Übersetzt von Rodolphe Gasché. 452 S. 1976. (3-518-27777-4)

Kraft und Bedeutung – Cogito und die Geschichte des Wahnsinns (Übers. von U. Köppen) – Edmond Jabès und die Frage nach dem Buch – Gewalt und Metaphysik. Essay über das Denken Emmanuel Lévinas – »Genesis und Struktur« und die Phänomenologie – Die soufflierte Rede – Freud und der Schauplatz der Schrift – Das Theater der Grausamkeit und die Geschlossenheit der Repräsentation – Von der beschränkten zur allgemeinen Ökonomie. Ein rückhaltloser Hegelianismus – Die Struktur, das Zeichen und das Spiel im Diskurs der Wissenschaften vom Menschen – Ellipse

178 Adorno, Theodor W.: Prismen
Kulturkritik und Gesellschaft. 345 S. 1976. (3-518-27778-2)
Kulturkritik und Gesellschaft – Das Bewußtsein der Wissenssoziologie – Spengler nach dem Untergang – Veblens Angriff auf die Kultur – Aldous Huxley und die Utopie – Zeitlose Mode. Zum Jazz – Bach gegen seine Liebhaber verteidigt – Arnold Schönberg (1874-1951) – Valéry Proust Museum – George und Hofmannsthal. Zum Briefwechsel – Charakteristik Walter Benjamins – Aufzeichnungen zu Kafka

179 Morris, Charles W.: Pragmatische Semiotik und Handlungstheorie
Mit einer Einleitung herausgegeben von Achim Eschbach. Übersetzt von Achim Eschbach und Stefan Eschbach. 423 S. 1977 (3-518-27779-0)
Eschbach, Achim: Einleitung: Pragmatische Semiotik und Handlungstheorie – Morris, Charles W.: Der Neopragmatismus und die Möglichkeiten des Erkennens (1928) – Der Pragmatismus und die Krise der Demokratie (1934) – Pragmatismus und Metaphysik (1934) – Professor Schiller und der Pragmatismus (1936) – Pragmatismus und logischer Empirismus (1963) – Alfred Adler und George H. Mead (1965) – George Herbert Mead. Die Wissenschaftstheorie eines Pragmatisten (1965) – Über die Einheit der pragmatischen Bewegung (1965) – Die pragmatische Bewegung in der amerikanischen Philosophie (1970) – Anhang: John Dewey als Erzieher – Pragmatismus und die Verhaltenswissenschaften – »Die Chicagoer Schule«

181 Schelling, Friedrich Wilhelm Joseph: Philosophie der Offenbarung
1841/42. Herausgegeben und eingeleitet von Manfred Frank. 507 S. 1977. (3-518-27781-2)

182 Theorien des Historischen Materialismus
Herausgegeben von Urs Jaeggi und Axel Honneth. 579 S. 1977 (3-518-27782-0)

Sandkühler, Hans Jörg: Plädoyer für den Historischen Materialismus als Philosophie – Engelberg, Ernst: Ereignis, Struktur und Entwicklung in der Geschichte – Eifler, Rudolf: Vorkapitalistische Klassengesellschaft und aufsteigende Folge von Gesellschaftsformationen im Werk von Karl Marx – Jaeggi, Urs: Einige Bemerkungen zur Orthodoxie und zum Dogmatismus im Historischen Materialismus – Fleischer, Helmut: Warum eigentlich Materialismus? – Wildt, Andreas: Produktivkräfte und soziale Umwälzung. Ein Versuch zur Transformation des Historischen Materialismus – Berger, Hartwig: Produktivkräfte und Produktionsverhältnisse. Eine Klärung am Beispiel »Entstehung des Kapitalismus« – Balibar, Etienne: Über historische Dialektik. Kritische Anmerkungen zu »Lire le Capital« – Vilar, Pierre: Marxistische Geschichtstheorie? Versuch eines Dialogs mit Althusser – Honneth, Axel: Geschichte und Interaktionsverhältnisse. Zur strukturalistischen Deutung des Historischen Materialismus – Wellmer, Albrecht: Kommunikation und Emanzipation. Überlegungen zur »sprachanalytischen Wende« der kritischen Theorie – Eder, Klaus: Zum Problem der logischen Periodisierung von Produktionsweisen. Ein Beitrag zu einer evolutionstheoretischen Rekonstruktion des Historischen Materialismus – Döbert, Rainer: Methodologische und forschungsstrategische Implikationen von evolutionstheoretischen Stadienmodellen

183 Lenski, Gerhard: Macht und Privileg
Eine Theorie der sozialen Schichtung. (Power and Privilege. A Theory of Social Stratification). Übersetzt von Hanne Herkommer. 650 S. 1977. (3-518-27783-9)

184 Foucault, Michel: Überwachen und Strafen
Die Geburt des Gefängnisses. (Surveiller et punir. La naissance de la prison). Übersetzt von Walter Seitter. 396 S. 1977 (3-518-27784-7)

185 Chomsky, Noam: Reflexionen über die Sprache
(Reflections on Language). Übersetzt von Georg Meggle und Maria Ulkan. 314 S. 1977. (3-518-27785-5)

186-193, 55-57 Kant, Immanuel: Werkausgabe
12 Bände in Kassette, 1977. (3-518-09243-X)

186 Kant, Immanuel: Vorkritische Schriften bis 1768/1
Werkausgabe I. Herausgegeben von Wilhelm Weischedel. 524 S. 1977. (3-518-27786-3)
Gedanken von der wahren Schätzung der lebendigen Kräfte und Beurteilung der Beweise, derer sich Herr von Leibniz und andere Mechaniker in dieser Streitsache bedienet haben, nebst einigen vorhergehenden Betrachtungen, welche die Kraft der Körper überhaupt betreffen – Allgemeine Naturgeschichte und Theorie des Himmels, oder Versuch von der Verfassung und dem mechanischen Ursprunge des ganzen Weltgebäudes nach Newtonischen Grundsätzen abgehandelt – Principiorum primorum cognitionis metaphysicae nova dilucidatio. Neue Erhellung der ersten Grundsätze metaphysischer Erkenntnis

187 Kant, Immanuel: Vorkritische Schriften bis 1768/2
Werkausgabe II. Herausgegeben von Wilhelm Weischedel. 519 S. 1977. (3-518-27787-1)
Metaphysicae cum geometria inuctae usus in philosophia naturali, cuius specimen I. continet monadologiam physicam. Der Gebrauch der Metaphysik, sofern sie mit der Geometrie verbunden ist, in der Naturphilosophie, dessen erste Probe die physische Monadologie enthält – Neuer Lehrbegriff der Bewegung und Ruhe, und der damit verknüpften Folgerungen in den ersten Gründen der Naturwissenschaft, wodurch zugleich seine Vorlesungen in diesem halben Jahre angekündigt werden – Versuch einiger Betrachtungen über den Optimismus von M. Immanuel Kant, wodurch er zugleich seine Vorlesungen auf das bevorstehende halbe Jahr ankündigt – Die falsche Spitzfindigkeit der vier syllogistischen Figuren – Der einzig mögliche Beweisgrund zu

einer Demonstration des Daseins Gottes – Untersuchung über die Deutlichkeit der Grundsätze der natürlichen Theologie und der Moral. Zur Beantwortung der Frage, welche die Königl. Akademie der Wissenschaften zu Berlin auf das Jahr 1763 aufgegeben hat – Versuch, den Begriff der negativen Größen in die Weltweisheit einzuführen – Beobachtungen über das Gefühl des Schönen und Erhabenen – Versuch über die Krankheiten des Kopfes – Nachricht von der Einrichtung seiner Vorlesungen in dem Winterhalbenjahre, von 1765-1766 – Träume eines Geistersehers, erläutert durch Träume der Metaphysik – Von dem ersten Grunde des Unterschiedes der Gegenden im Raume

55 Kant, Immanuel: Kritik der reinen Vernunft
Werkausgabe III/IV. Herausgegeben von Wilhelm Weischedel. 2 Bände. Zusammen 724 S. 1974. (3-518-27655-7)

188 Kant, Immanuel: Schriften zur Metaphysik und Logik 1
Werkausgabe V. Herausgegeben von Wilhelm Weischedel. 384 S. 1977. (3-518-27788-X)
De mundi sensibilis atque intelligibilis forma et principiis. Von der Form der Sinnen- und Verstandeswelt und ihren Gründen – Prolegomena zu einer jeden künftigen Metaphysik, die als Wissenschaft wird auftreten können – Was heißt: sich im Denken orientieren? – Einige Bemerkungen von Herrn Professor Kant (aus Ludwig Heinrich Jakobs Prüfung der Mendelssohnschen Morgenstunden oder aller spekulativen Beweise für das Dasein Gottes) – Über eine Entdeckung, nach der alle neue Kritik der reinen Vernunft durch eine ältere entbehrlich gemacht werden soll

189 Kant, Immanuel: Schriften zur Metaphysik und Logik 2
Werkausgabe VI. Herausgegeben von Wilhelm Weischedel. 327 S. 1977. (3-518-27789-8)
Von einem neuerdings erhobenen vornehmen Ton in der Philosophie – Ausgleichung eines auf Mißverstand beruhenden mathema-

tischen Streits – Verkündigung des nahen Abschlusses eines Traktats zum ewigen Frieden in der Philosophie – Logik – Über die von der Königl. Akademie der Wissenschaften zu Berlin für das Jahr 1791 ausgesetzte Preisfrage: Welches sind die wirklichen Fortschritte, die die Metaphysik seit Leibnizens und Wolffs Zeiten in Deutschland gemacht hat?

56 Kant, Immanuel: Kritik der Praktischen Vernunft. Grundlegung zur Metaphysik der Sitten
Werkausgabe VII. Herausgegeben von Wilhelm Weischedel, 310 S. 1974. (3-518-27656-5)

190 Kant, Immanuel: Die Metaphysik der Sitten
Werkausgabe VIII. Herausgegeben von Wilhelm Weischedel. 599 S. 1977. (3-518-27790-1)
Die Metaphysik der Sitten – Über ein vermeintes Recht aus Menschenliebe zu lügen – Die Religion innerhalb der Grenzen der bloßen Vernunft

191 Kant, Immanuel: Schriften zur Naturphilosophie
Werkausgabe IX. Herausgegeben von Wilhelm Weischedel. 172 S. 1977. (3-518-27791-X)
Metaphysische Anfangsgründe der Naturwissenschaft – Über den Gebrauch teleologischer Prinzipien in der Philosophie

57 Kant, Immanuel: Kritik der Urteilskraft
Werkausgabe X. Herausgegeben von Wilhelm Weischedel. 468 S. 1974. (3-518-27657-3)

192 Kant, Immanuel: Schriften zur Anthropologie, Geschichtsphilosophie, Politik und Pädagogik 1
Werkausgabe XI. Herausgegeben von Wilhelm Weischedel. 404 S. 1977. (3-518-27792-8)
Von den verschiedenen Rassen der Menschen – Idee zu einer allgemeinen Geschichte in weltbürgerlicher Absicht – Beantwortung der Frage: Was ist Aufklärung? – Bestimmung des Begriffs einer

Menschenrasse – Mutmaßlicher Anfang der Menschengeschichte – Über das Mißlingen aller philosophischen Versuche in der Theodizee – Über den Gemeinspruch: Das mag in der Theorie richtig sein, taugt aber nicht für die Praxis – Das Ende aller Dinge – Zum ewigen Frieden. Ein philosophischer Entwurf – Aus Sömmering, über das Organ der Seele – Der Streit der Fakultäten

193 Kant, Immanuel: Schriften zur Anthropologie, Geschichtsphilosophie, Politik und Pädagogik 2
Werkausgabe XII. Herausgegeben von Wilhelm Weischedel. Mit einem Register zur Werkausgabe. 531 S. 1977.
(3-518-27793-6)
Anthropologie in pragmatischer Hinsicht – Über Pädagogik – Rezensionen zu: Peter Moscati; Von dem körperlichen wesentlichen Unterschiede zwischen der Struktur der Tiere und Menschen – Johann Heinrich Schulz; Versuch einer Anleitung zur Sittenlehre für alle Menschen, ohne Unterschied der Religion – Johann Gottfried Herder; Ideen zur Philosophie der Geschichte der Menschheit. Erster Teil – Erinnerungen des Rezensenten der Herderschen Ideen zu einer Philosophie der Geschichte der Menschheit über ein im Februar des Teutschen Merkur gegen diese Rezension gerichtetes Schreiben – Johann Gottfried Herder: Ideen zur Philosophie der Geschichte der Menschheit. Zweiter Teil – Gottlieb Hufeland: Versuch über den Grundsatz des Naturrechts – Register zur Werkausgabe

195 Phänomenologie und Marxismus
Band 1. Konzepte und Methoden. Herausgegeben von Bernhard Waldenfels, Jan M. Broekman und Ante Pažanin. 257 S. 1977
(3-518-27795-2)
Dallmayr, Winfried: Phänomenolgie und Marxismus in geschichtlicher Perspektive – Siemek, Marek J.: Marxismus und hermeneutische Tradition – Landgrebe, Ludwig: Das Problem der Theologie und der Leiblichkeit in der Phänomenologie und im Marxismus – Pažanin, Ante: Überwindung des Gegensatzes von Idealismus und Materialismus bei Husserl und Marx – Sutlić,

Vanja: Die Überwindung der Philosophie und die Gewandtheit des geschichtlichen Denkens – Waldenfels, Bernhard: Möglichkeiten einer offenen Dialektik – Broekman, Jan M.: Die Einheit von Theorie und Praxis als Problem von Marxismus, Phänomenologie und Strukturalismus – Rovatti, Pier Aldo: Bruch und Grundlegung. Zu einer phänomenologischen Kritik an Althusser – Ricœur, Paul: Ideologie und Ideologiekritik – O'Neill, John: Kann Phänomenologie kritisch sein?

196 Phänomenologie und Marxismus
Band 2. Praktische Philosophie. Herausgegeben von Bernhard Waldenfels, Jan M. Broekman und Ante Pažanin. 238 S. 1977 (3-518-27796-0)
Landgrebe, Ludwig: Lebenswelt und Geschichtlichkeit des menschlichen Daseins – Siemek, Marek J.: Dialektik als Epistemologie der Praxis – Urbančič, Ivan: Marx' Kritik der Moral als ein Weg zum Problem seiner Philosophie im Ganzen – Waldenfels, Bernhard: Verhaltensnorm und Verhaltenskontext – Broekman, Jan M.: »Meaning in the use« oder die praktisch-philosophische Bedeutungslosigkeit der Theorie der Bedeutung – Beerling, Reinier F.: Jean-Jacques und Jean-Paul. Rousseau, Sartre und die Zwangsidee der vollkommenen Transparenz – O'Neill, John: Merleau-Pontys Kritik am marxistischen Szientismus

197 Körner, Stephan: Erfahrung und Theorie
(Experience and Theory). Ein wissenschaftstheoretischer Versuch. Übersetzt von Eberhard Bubser. 304 S. 1977 (3-518-27797-9▸, *lieferbar in Ln. 3-518-57063-3*)

198 Seminar: Die juristische Methode im Staatsrecht
Über Grenzen von Verfassungs- und Gesetzesbindung. Herausgegeben von Hans-Joachim Koch. 561 S. 1977. (3-518-27798-7)
Koch, Hans-Joachim: Einleitung: Über juristisch-dogmatisches Argumentieren im Staatsrecht – Jellinek, Georg: Die Aufgabe der Staatslehre – Kelsen, Hans: Die Zwei-Seiten-Theorie des Staates – Heller, Hermann: Die Krisis der Staatslehre – Laun, Rudolf von:

Der Staatsrechtslehrer und die Politik – Triepel, Heinrich: Staatsrecht und Politik – Hippel, Ernst von: Über Objektivität im öffentlichen Recht – Smend, Rudolf: Verfassung und Verfassungsrecht – Schmitt, Carl: Über die drei Arten des rechtswissenschaftlichen Denkens – Heck, Philipp: Rechtserneuerung und juristische Methodenlehre – Forsthoff, Ernst: Die Umbildung des Verfassungsgesetzes – Hollerbach, Alexander: Auflösung der rechtsstaatlichen Verfassung? – Ehmke, Horst: Prinzipien der Verfassungsinterpretation – Müller, Friedrich: Arbeitsmethoden des Verfassungrechts

199 Ritter, Joachim: Metaphysik und Politik
Studien zu Aristoteles und Hegel. 356 S. 1977. (3-518-27799-5)

200 Seminar: Gesellschaft und Homosexualität
Von Rüdiger Lautmann. Mit Beiträgen von Hanno Beth, Jürgen Blandow, Gisela Bleibtreu-Ehrenberg, Jürgen Brockmann, Rolf Gindorf, Günther Gollner, Winfried Grikschat, Manfred Herzer, Ina Kuckuc, Dieter Runze, Egbert Schmidt, Erhard Vismar, Hanns Wienold. 570 S. 1977. (3-518-27800-2▸)
Lautmann, Rüdiger: Homosexualität – individuelle Krankheit oder gesellschaftlicher Konflikt? – Lautmann, Rüdiger: Viktimisierung durch und trotz Recht – Bleibtreu-Ehrenberg, Gisela: Antihomosexuelle Strafgesetze – Lautmann, Rüdiger: Die doppelte Konfliktfront – Gollner, Günther: Disziplinarsanktionen gegenüber Homosexuellen im öffentlichen Dienst – Lautmann, Rüdiger: Kontrolle durch Pathologisierung – Lautmann, Rüdiger: Homosexuelle Männer bei Verhaltenstherapeuten – Lautmann, Rüdiger: Erziehung und Kontrolle – Blandow, Jürgen: Sexualpädagogik und Homosexualität – Lautmann, Rüdiger: Verzerrte Botschaften – Beth, Hanno: Massenmedien und Homosexualität – Lautmann, Rüdiger: Religion mit und ohne Homophobie – Schmidt, Egbert: Evangelische Theologen im Zwiespalt – Lautmann, Rüdiger: Zu einem sexualethischen Dokument des Vatikans – Lautmann, Rüdiger: Homophobie als Herrschaftstechnik in der Krise – Vismar, Erhard: Perversion und Verfolgung unter

dem deutschen Faschismus – Lautmann, Rüdiger/Grikschat, Winfried/Schmidt, Egbert: Der rosa Winkel in den nationalsozialistischen Konzentrationslagern – Lautmann, Rüdiger: Nutznießer des Pluralismus – Lautmann, Rüdiger/Wienold, Hanns: Antihomosexualität und demokratische Kultur in der BRD – Lautmann, Rüdiger: Konservatismus und Homophobie – Lautmann, Rüdiger: Praxis versus Theorie – Brockmann, Jürgen: Antihomosexualität in Osteuropa – Lautmann, Rüdiger: Ein Symposium – Kuckuc, Ina: Gesellschaftspolitische Arbeit und Emanzipation von Lesbierinnen – Gindorf, Rolf: Normenwandel durch Öffentlichkeitsarbeit. Strategien zur Entdiskriminierung der Homosexualität – Herzer, Manfred: Homosexuellenemanzipation und Arbeiterbewegung – Am Beispiel der Gewerkschaften – Runze, Dieter: Warum ist Homosexualität ein »soziales Problem« – Lautmann, Rüdiger: Bewegung und Organisation. Versuche homosexueller Emanzipation

201 Fichte, Johann Gottlieb: Ausgewählte Politische Schriften

Herausgegeben von Zwi Batscha und Richard Saage. Eingeleitet von Zwi Batscha. Mit einem Nachwort von Richard Saage. 416 S. 1977. (3-518-27801-0)
Batscha, Zwi: Einleitung – Fichte, Johann Gottlieb: – Der Geschloßne Handelsstaat – Vorlesungen über die Freimauerei – Das System der Rechtslehre (1812) – Saage, Richard: Zur neueren Rezeption der politischen Philosophie Johann Gottlieb Fichtes

202 Schütz, Alfred/Parsons, Talcott: Zur Theorie sozialen Handelns

Ein Briefwechsel. Herausgegeben und eingeleitet von Walter M. Sprondel. 144 S. 1977. (3-518-27802-9)

203 Wittgenstein, Ludwig: Philosophische Untersuchungen

414 S. 1977. (3-518-27803-7▸, *jetzt in: stw 501*)

204 **Weimann, Robert: Literaturgeschichte und Mythologie**
Methodologische und historische Studien. Mit einer neuen Einleitung. XXXVI + 451 S. 1977. (3-518-27804-5)
Einleitung zur westdeutschen Ausgabe – Zur Einführung: Geschichtliche Wirklichkeit und geschichtliches Bewußtsein – Gegenwart und Vergangenheit in der Literaturgeschichte – Tradition als literar-geschichtliche Kategorie – Literaturkritik und Literaturgeschichte als Einheit – Theater und Gesellschaft in der Shakespeare-Kritik – Wandlungen und Krisen Amerikanischer Literaturhistorie – Literaturgeschichte und Strukturalismus – Literaturkritik als historisch-mythologisches System – Literaturwissenschaft und Mythologie – Anhang: »Rezeptionsästhetik« und die Krise der Literaturgeschichte

205 **Böhme, Gernot/Daele, Wolfgang van den/Krohn, Wolfgang: Experimentelle Philosophie**
Ursprünge autonomer Wissenschaftsentwicklung. 263 S. 1977 (3-518-27805-3)
Krohn, Wolfgang: Die »Neue Wissenschaft« der Renaissance – Daele, Wolfgang van den: Die soziale Konstruktion der Wissenschaft. Institutionalisierung und Definition der positiven Wissenschaft in der zweiten Hälfte des 17. Jahrhunderts – Böhme, Gernot/Daele, Wolfgang van den: Erfahrung als Programm. Über Strukturen vorparadigmatischer Wissenschaft – Böhme, Gernot: Die kognitive Ausdifferenzierung der Naturwissenschaft. Newtons mathematische Naturphilosophie

206 **Theorietechnik und Moral**
Herausgegeben von Niklas Luhmann und Stephan H. Pfürtner. 267 S. 1978. (3-518-27806-1)
Luhmann, Niklas: Soziologie der Moral – Bluhm, Rudolf: Zum Problem moralischen Argumentierens: Sartre – Ziegert, Klaus A.: Nach der Emanzipation des Rechts von der Moral: gesellschaftliche Wirkungschancen der Moral – Pfürtner, Stephan H.: Zur wissenschaftstheoretischen Begründung der Moral

207 **Kohut, Heinz: Introspektion, Empathie und Psychoanalyse**

Aufsätze zur psychoanalytischen Theorie, zu Pädagogik und Forschung und zur Psychologie der Kunst. 245 S. 1977
(3-518-27807-X)

Introspektion, Empathie und Psychoanalyse. Zur Beziehung zwischen Beobachtungsmethoden und Theorie – Narzißmus als Widerstand und Antriebskraft in der Psychoanalyse – Begriffe und Theorien der Psychoanalyse – Die Begutachtung von Bewerbern um die psychoanalytische Ausbildung – Die Beendigung der Lehranalyse. Ein Vergleich von Standpunkten – Forschung in der Amerikanischen Psychoanalytischen Vereinigung. Ein Memorandum – Jenseits der Grenzen der Grundregel. Einige neuere Beiträge zur angewandten Psychoanalyse – Thomas Manns ›Tod in Venedig‹. Zerfall einer künstlerischen Sublimierung – Über den Musikgenuß – Betrachtungen über die psychologischen Funktionen der Musik

209 **Scholem, Gershom: Von der mystischen Gestalt der Gottheit**

Studien zu Grundbegriffen der Kabbala. 324 S. 1977
(3-518-27809-6)

210 **Wahrheitstheorien**

Eine Auswahl aus den Diskussionen über Wahrheit im 20. Jahrhundert. Herausgegeben und eingeleitet von Gunnar Skirbekk. 532 S. 1977. (3-518-27810-X)

Skirbekk, Gunnar: Einleitung – James, William: Der Wahrheitsbegriff des Pragmatismus (1907) – Russell, Bertrand: William James (Auszug, 1946) – Russell, Bertrand: Wahrheit und Falschheit (1912) – Carnap, Rudolf: Die alte und die neue Logik (1930) – Carnap, Rudolf: Bemerkungen des Autors (zu: Die alte und die neue Logik) (1957) – Carnap, Rudolf: Wahrheit und Bewährung (1936) – Hempel, Carl G.: Zur Wahrheitstheorie des logischen Positivismus (1935) – Popper, Karl R.: Grundprobleme der Erkenntnislogik. Zum Problem der Methodenlehre (1934) – Tarski,

Alfred: Die semantische Konzeption der Wahrheit und die Grundlagen der Semantik (1944) – Tugendhat, Ernst: Tarskis semantische Definition der Wahrheit und ihre Stellung innerhalb der Geschichte des Wahrheitsproblems im logischen Positivismus (1960) – Ramsey, Frank P.: Tatsachen und Propositionen (1927) – Austin, John L.: Wahrheit (1950) – Strawson, Peter F.: Wahrheit (1950) – Ayer, Alfred J.: Wahrheit (1963) – Sellars, Wilfried: Wahrheit und »Korrespondenz« (1963) – Rescher, Nicholas: Die Kriterien der Wahrheit (1973) – Næss, Arne: Kann man Wissen erreichen? (1961) – Husserl, Edmund: Das Ideal der Adäquation. Evidenz und Wahrheit (Auszug, 1901) – Heidegger, Martin: Dasein, Erschlossen und Wahrheit (Auszug, 1927) – Tugendhat, Ernst: Heideggers Idee von Wahrheit (1969) – Skirbekk, Gunnar: Wahrheit und Voraussetzungen (1969) – Kamlah, Wilhelm/Lorenzen, Paul: Wahrheit und Wirklichkeit. »Wahr« und »falsch« (die interpersonale Verifizierung) (1973)

211 Schleiermacher, Friedrich Daniel Ernst: Hermeneutik und Kritik
Mit einem Anhang sprachphilosophischer Texte Schleiermachers. Herausgegeben und eingeleitet von Manfred Frank. 469 S. 1977 (3-518-27811-8)

212 Leach, Edmund: Kultur und Kommunikation
Zur Logik symbolischer Zusammenhänge. (Culture and Communication. The Logic by Which Symbols are Connected). Übersetzt von Eberhard Bubser. 129 S. 1978.
(3-518-27812-6▸)

213 Locke, John: Zwei Abhandlungen über die Regierung
(Two Treatises of Government). Übersetzt von Hans Jörn Hoffmann. Herausgegeben und eingeleitet von Walter Euchner. 361 S. 1977. (3-518-27813-4)

214 **Schumann, Karl F.: Der Handel mit Gerechtigkeit**
Funktionsprobleme der Strafjustiz und ihre Lösungen – am Beispiel des amerikanischen plea bargaining. 264 S. 1977 (3-518-27814-2)

215 **Küppers, Günter/Lundgreen, Peter/Weingart, Peter: Umweltforschung – die gesteuerte Wissenschaft?**
Eine empirische Studie zum Verhältnis von Wissenschaftsentwicklung und Wissenschaftspolitik. 294 S. 1978 (3-518-27815-0)

216 **Strauss, Leo: Naturrecht und Geschichte**
(Natural Right and History). Übersetzt von Horst Boog. XII + 339 S. 1977. (3-518-27816-9)

217 **Lenneberg, Eric H.: Biologische Grundlagen der Sprache**
(Biological Foundations of Language). Anhang: Noam Chomsky, Die formale Natur der Sprache; Otto Marx, Die Geschichte der Ansichten über die biologische Grundlage der Sprache. Übersetzt von Friedhelm Herborth. 597 S. 1977. (3-518-27817-7)

218 **Schadewaldt, Wolfgang: Die Anfänge der Philosophie bei den Griechen**
Die Vorsokratiker und ihre Voraussetzungen. Tübinger Vorlesungen Band 1. Unter Mitwirkung von Maria Schadewaldt herausgegeben von Ingeborg Schudoma. 521 S. 1978. (3-518-27818-5)

219 **Szondi, Peter: Schriften I**
Theorie des modernen Dramas (1880-1950). Versuch über das Tragische. Hölderlin-Studien. Mit einem Traktat über philologische Erkenntnis. 422 S. 1978. (3-518-27819-3)

220 **Szondi, Peter: Schriften II**
Essays: Satz und Gegensatz. Lektüren und Lektionen. Celan-Studien. Anhang: Frühe Aufsätze. 462 S. 1978. (3-518-27820-7)

Friedrich Schlegel und die romantische Ironie. Mit einer Beilage über Tiecks Komödien – Friedrich Schlegels Theorie der Dichtarten. Versuch einer Rekonstruktion auf Grund der Fragmente aus dem Nachlaß – Das Naive ist das Sentimentalische – Zur Begriffsdialektik in Schillers Abhandlung. Schleiermachers Hermeneutik heute – Über einen Vers aus »Romeo und Julia« – Der tragische Weg von Schillers Demetrius – Amphitryon, Kleists »Lustspiel nach Molière« – Fünfmal Amphitryon. Plautus, Molière, Kleist, Giraudoux, Kaiser – Der Mythos im modernen Drama und das Epische Theater. Ein Nachtrag zur »Theorie des modernen Dramas« – Tableau und coup de théâtre. Zur Sozialpsychologie des bürgerlichen Trauerspiels bei Diderot. Mit einem Exkurs über Lessing – Thomas Manns Gnadenmär von Narziß – Lyrik und lyrische Dramatik in Hofmannsthals Frühwerk – Hofmannsthals »Weißer Fächer« – Intention und Gehalt. Hofmannsthal ad se ipsum – Tizians letztes Bild – Hoffnung im Vergangenen. Über Walter Benjamin – Benjamins Städtebilder – Brechts Jasager und Neinsager – Poetry of Constancy. Poetik der Beständigkeit. Celans Übertragung von Shakespeares Sonett 105 – Durch die Enge geführt. Versuch über die Verständlichkeit des modernen Gedichts – Eden – Anhang: Drei Lustspiele. Notizen zu Goldoni, Molière und Kleist – Über Alkestis – Quant aux hommes ... »Les mains sales« – »Zone«. Marginalien zu einem Gedicht Apollinaires. Anleihe oder Verleumdung? Zu einer Auseinandersetzung über Paul Celan – Zu: Durch die Enge geführt – Zu: Eden – Zu: Es war Erde in ihnen – Zu: Blume

221 Tugendhat, Ernst: Selbstbewußtsein und Selbstbestimmung

Sprachanalytische Interpretationen. 365 S. 1979.
(3-518-27821-5)

222 Eco, Umberto: Das offene Kunstwerk

(Opera aperta). Übersetzt von Günter Memmert. 442 S. 1977
(3-518-27822-3)
Das offene Kunstwerk. Form und Unbestimmtheit in gegenwär-

tigen Poetiken – Die Poetiken von Joyce. Von der Summa zu Finnegans Wake

223 Goudsblom, Johan: Soziologie auf der Waagschale
(Balans van de sociologie). Übersetzt von Frank Heider und Bernhard Wirth. 238 S. 1979. (3-518-27823-1)

224 Deleuze, Gilles/Guattari, Félix: Anti-Ödipus
(L'Anti-Œdipe). Kapitalismus und Schizophrenie I. Übersetzt von Bernd Schwibs. 529 S. 1977. (3-518-27824-X)

225 Benjamin, Walter: Ursprung des deutschen Trauerspiels
Herausgegeben von Rolf Tiedemann. 234 S. 1978 (3-518-27825-8)

226 Lévi-Strauss, Claude: Strukturale Anthropologie I
(Anthropologie structurale). Übersetzt von Hans Naumann. 453 S. 1978. (3-518-27826-6)

227 Lepenies, Wolf: Das Ende der Naturgeschichte
Wandel kultureller Selbstverständlichkeiten in den Wissenschaften des 18. und 19. Jahrhunderts. 277 S. 1978. (3-518-27827-4▸)

228 Denninger, Erhard/Lüderssen, Klaus: Polizei und Strafprozeß im demokratischen Rechtsstaat
323 S. 1978. (3-518-27828-2)
Denninger, Erhard/Lüderssen, Klaus: Einleitung – Denninger, Erhard: Rechtsstaat – Lüderssen, Klaus: Was ist das – ein »Rechtsstaat«? – Denninger, Erhard: Polizei in der freiheitlichen Demokratie – Denninger, Erhard: Demonstrationsfreiheit und Polizeigewalt – Denninger, Erhard: Polizei und demokratische Politik – Denninger, Erhard: Menschenrecht und das Problem politischer Gewalt. Sieben Thesen – Denninger, Erhard: Gewalt, innere Sicherheit und demokratischer Rechtsstaat – Lüderssen, Klaus: Grenzen des Legalitätsprinzips im effizienzorientierten modernen Rechtsstaat. Schluckt das Verfahrensrecht die sichernden

Funktionen des materiellen Rechts? – Lüderssen, Klaus: Verbrechensprophylaxe durch Verbrechensprovokation? – Lüderssen, Klaus: Prävention – Konflikt zwischen öffentlichem und privatem Interesse? – Denninger, Erhard: Strafverfahren und Polizeibefugnisse – Denninger, Erhard: Wo lag das extreme Risiko? Anmerkungen zum Fall Traube

229 Geplante Forschung

Vergleichende Studien über den Einfluß politischer Programme auf die Wissenschaftsentwicklung. Herausgegeben von Wolfgang van den Daele, Wolfgang Krohn und Peter Weingart. 361 S. 1979 (3-518-27829-0)

Daele, Wolfgang van den/Krohn, Wolfgang/Weingart, Peter: Die politische Steuerung der wissenschaftlichen Entwicklung – Buchholz, Klaus: Die gezielte Förderung und Entwicklung der Biotechnologie – Mainzer, Klaus: Entwicklungsfaktoren der Informatik in der Bundesrepublik Deutschland – Hohlfeld, Rainer: Strategien gegen den Krebs. Die Planung der Krebsforschung – Küppers, Günter/Lundgreen, Peter/Weingart, Peter: Umweltprogramm und Umweltforschung. Zum Versuch der politischen Integration eines Forschungsfeldes – Küppers, Günter: Fusionsforschung. Zur Zielorientierung im Bereich der Grundlagenforschung – Prüß, Karsten: Die Schwerionenforschung. Ein Beispiel für multidisziplinäre Nutzung von Großgeräten

230 Hörmann, Hans: Meinen und Verstehen

Grundzüge einer psychologischen Semantik. 553 S. 1978 (3-518-27830-4)

231 Peukert, Helmut: Wissenschaftstheorie – Handlungstheorie – Fundamentale Theologie

Analysen zu Ansatz und Status theologischer Theoriebildung. 406 S. 1978. (3-518-27831-2)

232 **Phänomenologie und Marxismus**
Band 3. Sozialphilosophie. Herausgegeben von Bernhard Waldenfels, Jan M. Broekman und Ante Pažanin. 245 S. 1978 (3-518-27832-0)
Broekman, Jan M.: Sozialphilosophie in Phänomenologie und Marxismus – statt eines Vorworts – Waldenfels, Bernhard: Im Labyrinth des Alltags – O'Neill, John: Vom Wechselbezug zwischen alltäglicher und wissenschaftlicher Erklärung – Broekman, Jan M.: Sprechakt und Intersubjektivität – Vajda, Mihály: Phänomenologie und bürgerliche Gesellschaft – Siemek, Marek J.: Die Gesellschaft als philosophisches Problem bei Marx – Srubar, Ilja: Konstruktion sozialer Lebens-Welten bei Marx – Ricœur, Paul: Rückfrage und Reduktion der Idealitäten in Husserls »Krisis« und Marx' »Deutscher Ideologie«

233 **Materialien zu Norbert Elias' Zivilisationstheorie**
Herausgegeben von Peter Gleichmann, Johan Goudsblom und Hermann Korte. 436 S. 1979. (3-518-27833-9▸)
Goudsblom, Johan: Aufnahme und Kritik der Arbeiten von Norbert Elias in England, Deutschland, den Niederlanden und Frankreich – Rehberg, Karl-Siegbert: Form und Prozeß. Zu den katalysatorischen Wirkungschancen einer Soziologie aus dem Exil: Norbert Elias – Blok, Anton: Hinter Kulissen – Krumrey, Volker: Strukturwandlungen und Funktionen von Verhaltensstandards – analysiert mit Hilfe eines Interdependenzmodells zentraler sozialer Beziehungstypen – Goudsblom, Johan: Zivilisation, Ansteckungsangst und Hygiene. Betrachtungen über einen Aspekt des europäischen Zivilisationsprozesses – Gleichmann, Peter Reinhart: Die Verhäuslichung körperlicher Verrichtungen – Wouters, Cas: Informalisierung und der Prozeß der Zivilisation – Brinkgreve, Christien/Korzec, Michel: Verhaltensmuster in der niederländischen Gesellschaft (1938-1977). Analyse und Interpretation der Ratgeber-Rubrik einer Illustrierten – Berger, Gerhard: Ungeplante Aspekte einer Industrieansiedlung – eine Fallstudie – Dunning, Eric: Macht und Herrschaft in den public schools (1700-1850). Eine Fallstudie und Begriffsdiskussion – Swaan, Ab-

ram de: Zur Soziogenese des psychoanalytischen Settings – Korte, Hermann: Bevölkerungsbewegungen als Beispiel ungeplanter Prozesse – Bibliographie: Veröffentlichungen von Norbert Elias

234 Seminar: Dialektik in der Philosophie Hegels

Herausgegeben und eingeleitet von Rolf-Peter Horstmann. 427 S. 1978. (3-518-27834-7)

Horstmann, Rolf-Peter: Einleitung: Schwierigkeiten und Voraussetzungen der dialektischen Philosophie Hegels – Fulda, Hans Friedrich: Unzulängliche Bemerkungen zur Dialektik – Ruben, Peter: Von der »Wissenschaft der Logik« und dem Verhältnis von Dialektik und Logik – Bubner, Rüdiger: Die »Sache selbst« in Hegels System – Fulda, Hans Friedrich: Hegels Dialektik als Begriffsbewegung und Darstellungsweise – Peirce, Charles Sanders/Harris, William Torrey: Nominalismus versus Realismus – Wieland, Wolfgang: Bemerkungen zum Anfang von Hegels Logik – Henrich, Dieter: Formen der Negation in Hegels Logik – Guyer, Paul: Hegel, Leibniz und der Widerspruch im Endlichen – Gueroult, Martial: Hegels Urteil über die Antithetik der Reinen Vernunft – Lypp, Bernhard: Über die Wurzeln dialektischer Begriffsbildung in Hegels Kritik an Kants Ethik – Erdei, László: Die Hegelsche Grundform der Erkenntnisarbeit – Theunissen, Michael: Begriff und Realität. Hegels Aufhebung des metaphysischen Wahrheitsbegriffs – Cramer, Konrad: Bemerkungen zu Hegels Begriff vom Bewußtsein in der Einleitung zur Phänomenologie des Geistes – Colletti, Lucio: Hegel und die »Dialektik der Materie«

235 Parin, Paul/Morgenthaler, Fritz/Parin-Matthèy, Goldy: Fürchte deinen Nächsten wie dich selbst

Psychoanalyse und Gesellschaft am Modell der Agni in Westafrika. 582 S. 1978. (3-518-27835-5)

236 Kuhn, Thomas S.: Die Entstehung des Neuen

Studien zur Struktur der Wissenschaftsgeschichte. Herausgegeben von Lorenz Krüger. Übersetzt von Hermann Vetter. 473 S. 1978. (3-518-27836-3)

237 **Gombrich, Ernst H.: Meditationen über ein Steckenpferd**
(Meditations on a Hobby Horse). Von den Wurzeln und Grenzen der Kunst. Übersetzt von Lisbeth Gombrich. 296 S. + Bildteil mit 135 Abb. 1978. (3-518-27837-1)

238 **Seminar: Die Hermeneutik und die Wissenschaften**
Herausgegeben von Hans-Georg Gadamer und Gottfried Boehm. 487 S. 1978. (3-518-27838-X▸)
Boehm, Gottfried: Einleitung: Die Hermeneutik und die Wissenschaften. Zur Bestimmung des Verhältnisses – Whitehead, Alfred North: Verstehen – Ricœur, Paul: Der Text als Modell: hermeneutisches Verstehen – Polanyi, Michael: Sinngebung und Sinndeutung – Plessner, Helmuth: Der Aussagewert einer philosophischen Anthropologie – Mead, George H.: Die objektive Realität der Perspektiven – Taylor, Charles: Interpretation und die Wissenschaften vom Menschen – Esser, Josef: Dogmatik zwischen Theorie und Praxis – Lang, Hermann: Sprache – das Medium psychoanalytischer Therapie – Seeberg, Erich: Zum Problem der pneumatischen Exegese – Pannenberg, Wolfhart: Hermeneutik und Universalgeschichte – Ebeling, Gerhard: Hermeneutische Theologie? – Faber, Karl-Georg: Grundzüge einer historischen Hermeneutik – Koselleck, Reinhart: Über die Theoriebedürftigkeit der Geschichtswissenschaft – Perelman, Chaim: Philosophie, Rhetorik, Gemeinplätze – Madison, G. B.: Eine Kritik an Hirschs Begriff der »Richtigkeit« – Kaiser, Gerhard: Nachruf auf die Interpretation – Boehm, Gottfried: Zu einer Hermeneutik des Bildes

239 **Adorno, Theodor W.: Philosophie der neuen Musik**
200 S. 1978. (3-518-27839-8)

240 **Lévi-Strauss, Claude: Traurige Tropen**
(Tristes Tropiques). Übersetzt von Eva Moldenhauer. 416 S. 1978 (3-518-27840-1)

241 Materialien zur Philosophie Søren Kierkegaards
Herausgegeben und eingeleitet von Michael Theunissen und Wilfried Greve. 624 S. 1979. (3-518-27841-X)
Theunissen, Michael/Greve, Wilfried: Einleitung: Kierkegaards Werk und Wirkung – Hagen, Johan Frederik: »Entweder/Oder« – Kierkegaard, Søren: Post-Scriptum zu »Entweder/Oder« – Hagen, Johan Frederik: »Furcht und Zittern« – Kierkegaard, Søren: Eingestreute Bemerkung hinsichtlich der Besprechung von »Furcht und Zittern« – Anonymus: »Philosophische Brocken oder ein Bißchen Philosophie« – Kierkegaard, Søren: Zur deutschen Rezension der »Philosophischen Brocken« – Trojel, Hans Jørgen: Die Besprechung der »Abschließenden unwissenschaftlichen Nachschrift« in der »Kopenhagener Post« – Kierkegaard, Søren: Zur Rezeption der »Nachschrift« – Nicolaus, Theophilus (Eiríksson, Magnus): Ist der Glaube ein Paradox oder »in kraft des Absurden«? – Kierkegaard, Søren: Entgegnungen auf Eiríkssons Kritik – Greve, Wilfried: Das erste Stadium der Existenz und seine Kritik. Zur Analyse des Ästhetischen in Kierkegaards »Entweder/Oder II« – Fahrenbach, Helmut: Kierkegaards ethische Existenzanalyse (als »Korrektiv« der Kantisch-idealistischen Moralphilosophie) – Sløk, Johannes: Das Verhältnis des Menschen zu seiner Zukunft. Eine Studie über »Zwei erbauliche Reden« von S. Kierkegaard, herausgegeben am 16. Mai 1843 – Duncan, Elmer: Kierkegaards teleologische Suspension des Ethischen. Eine Studie über Ausnahmefälle – Sløk, Johannes: Die griechische Philosophie als Bezugsrahmen für Constantin Constantius und Johannes de Silentio – Reimer, Louis: Die Wiederholung als Problem der Erlösung bei Kierkegaard – Schulz, Walter: Die Dialektik von Geist und Leib bei Kierkegaard. Bemerkungen zum »Begriff Angst« – Garelick, Herbert: Gegenvernunft und Übervernunft in Kierkegaards Paradox – Perkins, Robert: Kierkegaards erkenntnistheoretische Präferenzen – Thomas, J. Heywood: Logik und Existenz bei Kierkegaard – Kroner, Richard: Kierkegaards Hegelverständnis – Anderson, Raymond: Kierkegaards Theorie der Mitteilung – Malantschuk, Gregor: Die Begriffe Immanenz und Transzendenz bei Søren Kierkegaard – Theunissen,

Michael: Das Menschenbild in der »Krankheit zum Tode« – Hügli, Anton: Kierkegaard und der Kommunismus – Löwith, Karl: Jener Einzelne: Kierkegaard – Adorno, Theodor W.: Kierkegaard noch einmal – Ricœur, Paul: Philosophieren nach Kierkegaard

242 Jacobson, Edith: Das Selbst und die Welt der Objekte
(The Self and the Object World). Übersetzt von Klaus Kennel. 267 S. 1978. (3-518-27842-8)

243 Habermas, Jürgen: Theorie und Praxis
Sozialphilosophische Studien. 473 S. 1978. (3-518-27843-6)

244 Seminar: Familie und Gesellschaftsstruktur
Materialien zu den sozioökonomischen Bedingungen von Familienformen. Herausgegeben und eingeleitet von Heidi Rosenbaum. 511 S. 1978. (3-518-27844-4)
Rosenbaum, Heidi: Einleitung – Weber, Max: Die Familien- und Arbeitsgemeinschaften – Mitterauer, Michael: Zur Problematik des Begriffs »Familie« im 17. Jahrhundert – Brunner, Otto: Vom »ganzen Haus« zur »Familie« – Egner, Erich: Epochen im Wandel des Familienhaushalts – Mitterauer, Michael: Der Mythos von der vorindustriellen Großfamilie – Elias, Norbert: Zum Zusammenhang von Triebkontrolle und Familienform bzw. Gesellschaftsstruktur – Hausen, Karin: Die Polarisierung der »Geschlechtscharaktere«. Eine Spiegelung der Dissoziation von Erwerbs- und Familienleben – Planck, Ulrich: Die Eigenart der Bauernfamilie und die bäuerliche Familienverfassung – Linde, Hans: Persönlichkeitsbildung in der Landfamilie – Pinchbeck, Ivy: Der Einfluß der »agrarian revolution« auf Art und Umfang der produktiven Tätigkeit von Frauen verschiedener Bevölkerungsgruppen in der englischen Landwirtschaft zwischen 1750 und 1850 – Shorter, Edward: Bäuerliches Heiratsverhalten und Ehebeziehungen in der vorindustriellen Gesellschaft – Schneider, Lothar: Arbeits- und Familienverhältnisse in der Hausindustrie (Heimarbeiterfamilie) – Medick, Hans: Haushalts- und Familienstruktur als Momente des

Produktions- und Reproduktionsprozesses – Mehner, H.: Der Haushalt und die Lebenshaltung einer Leipziger Arbeiterfamilie – Schneider, Lothar: Charakteristika des Haushalts der Fabrikarbeiter – Freudenthal, Margarete: Strukturelle Merkmale proletarischen Familienlebens zwischen 1880 und 1900 – Schlösser, Manfred: Die Familiensituation der Arbeiter – Freudenthal, Margarete: Bürgerlicher Haushalt und bürgerliche Familie vom Ende des 18. bis zum Ende des 19. Jahrhunderts – Boudet, Robert: Die bürgerliche Familie – Hobsbawm, Eric J.: Vom Zusammenhang von Erwerbsleben und bürgerlicher Familienstruktur – Engelsing, Rolf: Zur Stellung der Dienstboten in der bürgerlichen Familie im 18. und 19. Jahrhundert – Horkheimer, Max: Die Erziehungsleistung der bürgerlichen Familie – Stone, Lawrence: Die Familie des englischen Adels – Stone, Lawrence: Heirat und Ehe im englischen Adel des 16. und 17. Jahrhunderts – Elias, Norbert: Wohn- und Lebensform der höfischen »Familie« im Frankreich des 18. Jahrhunderts – Pinchbeck, Ivy/Hewitt, Margaret: Kindheit und Familie im vor-restaurativen England

245 Seminar: Literatur- und Kunstsoziologie
Herausgegeben von Peter Bürger. 486 S. 1978. (3-518-27845-2)
Bürger, Peter: Kunstsoziologische Aspekte der Brecht-Benjamin-Adorno-Debatte der 30er Jahre – Leithäuser, Gerhard: Kunstwerk und Warenform – Lenk, Kurt: Zur Methodik der Kunstsoziologie – Lukács, Georg: Erzählen oder beschreiben? Zur Diskussion über Naturalismus und Formalismus – Goldmann, Lucien: Der genetische Strukturalismus in der Literatursoziologie – Köhler, Erich: Einige Thesen zur Literatursoziologie – Honigsheim, Paul: Kunstsoziologie – Adorno, Theodor W.: Vermittlung – Silbermann, Alphons: Kunstsoziologie – Adorno, Theodor W.: Thesen zur Kunstsoziologie – Lehmann, Günther K.: Grundfragen einer marxistischen Soziologie der Kunst – Hahn, Peter: Kunst als Ideologie und Utopie – Bürger, Peter: Institution Kunst als literatursoziologische Kategorie – Sanders, Hans: Einleitung zu: Kommunikationssoziologische und systemtheoretische Ansätze – Albrecht, Milton C.: Kunst als Institution – Neumann,

Thomas: Der Künstler in der bürgerlichen Gesellschaft – Francastel, Pierre: Die Zerstörung des plastischen Bildraums – Haug, Wolfgang Fritz: Zur Kritik der Warenästhetik – Bourdieu, Pierre: Elemente zu einer soziologischen Theorie der Kunstwahrnehmung

246 Die gesellschaftliche Organisierung psychischen Leidens
Zum Arbeitsfeld klinischer Psychologen. Herausgegeben von Heinrich Keupp und Manfred Zaumseil. 627 S. 1978
(3-518-27846-0▶)
Zaumseil, Manfred: Institutionelle Aspekte klinisch-psychologischer Arbeit – Riedmüller, Barbara: Psychosoziale Versorgung und System sozialer Sicherheit – Kühn, Hagen: Gesellschaftliche Bedingungen der Finanzierung professioneller Gesundheitsleistungen – Wolff, Stephan: Klinisch-psychologische Tätigkeit in sozialpsychiatrischen Institutionen – Administrative Bedingungen und Möglichkeiten ihrer »alternativen« Gestaltung – Keupp, Heinrich: Gemeindepsychologie als Widerstandsanalyse des professionellen Selbstverständnisses – Psychologinnengruppe München: Spezifische Probleme von Frauen und ein Selbsthilfe-Ansatz – Cramer, Manfred: Zum Problem der Interessenvertretungen im Bereich der Klinischen Psychologie – Schwartz, Cornelia: Professionalisierung im Bereich Klinische Psychologie – Bolz, Waltraud/Stuhr, Ulrich: Die gewerkschaftliche Perspektive: Solidargemeinschaft und Reformen – Kleiber, Dieter: Berufliche Sozialisation zum Klinischen Psychologen durch Hochschule und Praxis – Wilkening, Hans Joachim: Das Psychotherapeut-Patient-Verhältnis als berufliche Beziehung – Winkler, Barbara: Humanistische Psychologie und Gruppenbewegung in der Psychoszene – Bromme, Reiner: Wissen als Grundlage und Gegenstand therapeutischen Handelns – Gleiss, Irma: Probleme und Perspektiven der sozialen Epidemiologie psychischer Störungen – Kardorff, Ernst von: Modellvorstellungen über psychische Störungen: Gesellschaftliche Entstehung, Auswirkungen, Probleme

247 Das geschlagene Kind
(The Battered Child). Herausgegeben von Ray E. Helfer und C. Henry Kempe. Mit einer Einleitung von Gisela Zenz. Übersetzt von Udo Rennert. 360 S. 1978. (3-518-27847-9)
Zenz, Gisela: Einleitung zur deutschen Ausgabe – Radbill, Samuel X.: Mißhandlung und Kindestötung in der Geschichte – Helfer, Ray E.: Die Verantwortung und Rolle des Arztes – Silverman, Frederic N.: Röntgenologische Aspekte – Weston, James Tuthill: Die Pathologie von Kindesmißhandlungen – Steale, Brandt F./Pollock, Carl B.: Eine psychiatrische Untersuchung von Eltern, die Säuglinge und Kleinkinder mißhandelt haben – Davoren, Elizabeth: Die Rolle des Sozialarbeiters – Paulsen, Monrad G.: Mißhandelte Kinder als juristisches Problem – Collins, Jack G.: Die Rolle der Polizeibehörden

249 Menninger, Karl: Selbstzerstörung
(Man Against Himself). Psychoanalyse des Selbstmords. Übersetzt von Hilde Weller. 526 S. 1978. (3-518-27849-5)

250 Bloch, Ernst: Naturrecht und menschliche Würde
367 S. 1977. (3-518-27850-9▸, *jetzt: stw 555*)

251 Bloch, Ernst: Subjekt-Objekt
Erläuterungen zu Hegel. Erweiterte Ausgabe. 525 S. 1977 (3-518-27851-7▸, *jetzt: stw 557*)

252 Bloch, Ernst: Vorlesungen zur Philosophie der Renaissance
159 S. 1977. (3-518-27852-5, *auch in: stw 561*)

253 Bloch, Ernst: Tübinger Einleitung in die Philosophie
381 S. 1977. (3-518-27853-3▸, *jetzt: stw 562*)

254 Bloch, Ernst: Atheismus im Christentum
Zur Religion des Exodus und des Reichs. 362 S. 1980 (3-518-27854-1▸, *jetzt: stw 563*)

255 Cremerius, Johannes: Zur Theorie und Praxis der Psychosomatischen Medizin

360 S. 1978. (3-518-27855-X)

Freuds Konzept über die Entstehung psychogener Körpersymptome – Freud als Begründer der psychosomatischen Medizin – Ist die »psychosomatische Struktur« der französischen Schule krankheitsspezifisch? – Funktionelle Pathologie und Psychosomatische Medizin – Ätiologische Gedanken zur Entstehung psychosomatischer Krankheiten – Ergebnisse der psychosomatischen Diabetes-Forschung – Psychosomatische Konzepte des Diabetes mellitus – Beitrag der Psychosomatischen Medizin zur Therapie des Diabetes – Psychosomatische Untersuchungen über die Ätiologie des Altersdiabetes – Die Bedeutung der Oralität für den Altersdiabetes und die mit ihm verbundenen depressiven Phasen – Rheumatische Muskel- und Gelenkerkrankungen als funktionelles Geschehen – Zur Dynamik des Krankenhausaufenthaltes von Ulkuskranken – Prognose und Spätschicksale unbehandelter funktioneller Syndrome – Zur Prognose unbehandelter Neurosen – Zur Prognose der Anorexia nervosa – Die Situation der Psychosomatischen Medizin und Psychoanalyse an den Universitäten der Bundesrepublik Deutschland 1976

256 Groethuysen, Bernhard: Die Entstehung der bürgerlichen Welt- und Lebensanschauung in Frankreich

Band 1: Das Bürgertum und die katholische Weltanschauung. Band 2: Die Soziallehren der katholischen Kirche und das Bürgertum. 357 und 322 S. 1978. (3-518-27856-8)

257 Seminar: Freies Handeln und Determinismus

Herausgegeben und eingeleitet von Ulrich Pothast. 508 S. 1978 (3-518-27857-6)

Pothast, Ulrich: Einleitung – Sartre, Jean-Paul: Sein und Machen: Die Freiheit – Chisholm, Roderick M.: Die menschliche Freiheit und das Selbst – Hospers, John: Die Reichweite menschlicher Freiheit – Ginet, Carl: Könnte es sein, daß wir keine Wahl haben? – Moore, George Edward: Freier Wille – Schlick, Moritz: Wann ist der Mensch verantwortlich? – Austin, John L.: »Falls« und »Können« – Strawson, Peter F.: Freiheit und Übelnehmen – White, Morton: Positive Freiheit, negative Freiheit und Möglichkeit – Inwagen, Peter van: Die Unvereinbarkeit von freiem Willen und Determinismus – Planck, Max: Vom Wesen der Willensfreiheit – Ginet, Carl: Kann der Wille verursacht sein? – MacKay, Donald M.: Freiheit des Handelns in einem mechanistischen Universum – Melden, Abraham I.: Freies Handeln – Davidson, Donald: Handlungen, Gründe und Ursachen – Kenny, Anthony: Zwischen Grund und Handlung – Bloch, Ernst: Über Freiheit und objektive Gesetzlichkeit, im Prozeß gesehen – Rubinstein, Sergej L.: Aus: Sein und Bewußtsein – Hampshire, Stuart: Handlung und Selbstbewußtsein

258 Dubiel, Helmut: Wissenschaftsorganisation und politische Erfahrung
Studien zur frühen Kritischen Theorie. 233 S. 1978 (3-518-27858-4)

259 d'Holbach, Paul Thiry: System der Natur
oder von den Gesetzen der physischen und der moralischen Welt. (Système de la nature). Übersetzt von Fritz-Georg Voigt. 667 S. 1978. (3-518-27859-2)

260 Polanyi, Karl: The Great Transformation
(The Great Transformation). Politische und ökonomische Ursprünge von Gesellschaften und Wirtschaftssystemen Übersetzt von Heinrich Jelinek. 394 S. 1978. (3-518-27860-6)

261 Autor und Täter
Herausgegeben von Klaus Lüderssen und Thomas-Michael Seibert. 294 S. 1978. (3-518-27861-4▶)
Lüderssen, Klaus: Autobiographische Texte und Kriminalpolitik. Authentizität und Repräsentativität durch »Formwillen« und »Theorie«, befreiende oder erdrückende Situationsdefinitionen des »Täters«? Bemerkungen zu Heine Schoof, Erklärung – Sei-

bert, Thomas-Michael: Gerechtigkeit als Kampf um Sprachzugang. Bemerkungen zu Ernst S. Steffen, Rattenjagd, und Peter Handke, Die Angst des Tormanns beim Elfmeter – Seibert, Thomas-Michael: Einleitung – Kunze, Roland: Fallstudie Volker H. (Analyse) – Schlötelburg, Horst: Meine Mutter und ich (Erzählung) – Erny, Hansjörg: (Protokoll eines Selbstberichts: Peter, 26) – Klee, Ernst/Lehmann, Christa: Das triebhafte Leben und der Pralinenmord (Interview) – Livrozet, Serge: Über die Berechtigung, in fremde Taschen zu greifen. Auszug (Selbstbericht) – Dostojewskij, Fjodor M.: Schuld und Sühne: Rodion Raskolnikow. Auszug (Roman) – Döblin, Alfred: Am Alexanderplatz steht das Polizeipräsidium. Auszug (Roman) – Werner, Wolfgang: Vom Waisenhaus ins Zuchthaus. Auszug (Selbstbericht) – Kessler, Helmut: Der Schock. Auszug (Selbstbericht) – Eppendorfer, Hans: Der Ledermann spricht mit Hubert Fichte. Auszug (Interview) – Jackson, George: In die Herzen ein Feuer. Auszug (Briefe) – Uthoff, Reiner: Über die Unverhältnismäßigkeit von Verbrechen und Strafe in einem sozialen Rechtsstaat. Der Fall Rudolf G. Auszug (Bericht) – Witter, Ben: Diese drei da – Klee, Ernst: Nach der Fahne geguckt und gerichtet (Tonbandprotokoll) – Driest, Burkhard: Der Sportverein. Auszug (Bericht) – Burgess, Anthony: Uhrwerk Orange. Auszug (Roman)

262 Jakobson, Roman: Poetik
Ausgewählte Aufsätze 1921-1971. Herausgegeben von Elmar Holenstein und Tarcisius Schelbert. 327 S. 1979. (3-518-27862-2)
Holenstein, Elmar: Einführung: Von der Poesie und der Plurifunktionalität der Sprache – Roman Jakobson: – Probleme der Literatur und Sprachforschung (Strukturalistisches Manifest, Mitautor: Jurij Tynjanov, 1928) – Was ist Poesie? (1934) – Linguistik und Poetik (1960) – Rückblick auf den Beginn einer Wissenschaft der Dichtkunst (1965) – Über den Realismus in der Kunst (1921) – Die Folklore als eine besondere Form des Schaffens (Mitautor: Petr Bogatyrev, 1929) – Von einer Generation, die ihre Dichter vergeudet hat (Zum Freitod Majakovskijs, 1930) – Randbemerkungen zur Prosa des Dichters Pasternak (1935) – Die Dominante

(1935) – Dichtung und Gesellschaft (am Beispiel der Hussitendichtung, 1936) – Poesie der Grammatik und Grammatik der Poesie (Originalfassung, 1961) – Der grammatische Parallelismus und seine russische Spielart (1966) – Unterbewußte sprachliche Gestaltung in der Dichtung (mit einem zusätzlichen Beispiel aus der Guslaren-Dichtung als Anhang, 1970/71)

263 Oelmüller, Willi: Die unbefriedigte Aufklärung
Beiträge zu einer Theorie der Moderne von Lessing, Kant und Hegel. Mit einer neuen Einleitung. 330 S. 1979. (3-518-27863-0)

264 Needham, Joseph: Wissenschaftlicher Universalismus
Über Bedeutung und Besonderheit der chinesischen Wissenschaft. Herausgegeben, eingeleitet und übersetzt von Tilman Spengler. 413 S. 1979. (3-518-27864-9)

265 Erikson, Erik H.: Gandhis Wahrheit
(Gandhi's Truth). Über die Ursprünge der militanten Gewaltlosigkeit. Übersetzt von Jürgen Behrens. 551 S. 1978 (3-518-27865-7)

266 Höffe, Otfried: Ethik und Politik
Grundmodelle und -probleme der praktischen Philosophie. 489 S. 1979. (3-518-27866-5)

267 Friedensutopien
Kant/Fichte/Schlegel/Görres. Herausgegeben und eingeleitet von Zwi Batscha und Richard Saage. 176 S. 1979. (3-518-27867-3)
Batscha, Zwi/Saage, Richard: Einleitung – Kant, Immanuel: Zum ewigen Frieden. Ein philosophischer Entwurf – Fichte, Johann Gottlieb: Zum ewigen Frieden. Ein philosophischer Entwurf von Immanuel Kant – Schlegel, Friedrich: Versuch über den Begriff des Republikanismus. Veranlaßt durch die Kantische Schrift zum ewigen Frieden – Görres, Joseph: Der allgemeine Frieden. Ein Ideal

268 Seminar: Zur Philosophie Ernst Blochs
Herausgegeben und eingeleitet von Burghart Schmidt. 328 S. 1983. (3-518-27868-1)
Schmidt, Burghart: Einleitung – Ueding, Gert: Die Rückkehr des Fremden – Raulet, Gérard: Subversive Hermeneutik des »Atheismus im Christentum« – Fahrenbach, Helmut: Ernst Bloch und das Problem der Einheit von Philosophie und marxistischer Theorie – Braun, Eberhard: Antizipation des Seins wie Utopie. Zur Grundlegung der Ontologie des Noch-Nicht-Seins im »Prinzip Hoffnung« – Lévinas, Emmanuel: Über den Tod im Denken Ernst Blochs – Dietschy, Beat: »Experimentum Mundi«: Prinzip und System gelingender Praxis – Markovits, Francine: Ein zweideutiger Materialismus – Schmidt, Burghart: Vom teleologischen Prinzip in der Materie – Schmidt, Burghart: Die Aktualität einer Naturpolitik des Sozialismus in Blochscher Perspektive – Bloch, Jan Robert: Ein alter Tisch aus London – Piron-Audard, Catherine: Marxistische Anthropologie und Psychoanalyse nach Ernst Bloch – Binder, Klaus: Falsche Anamnesis in der Frage, was in uns antreibt und wohin. Zu Blochs Freudkritik

269 Schlick, Moritz: Allgemeine Erkenntnislehre
461 S. 1979. (3-518-27869-X)

270 Methodenprobleme der Wissenschaften vom gesellschaftlichen Handeln
Hg. Jürgen Mittelstraß. 456 S. 1979 (3-518-27870-3)
Mittelstraß, Jürgen: Einleitung – Schwemmer, Oswald: Verstehen als Methode. Vorüberlegungen zu einer Theorie der Handlungsdeutung – Gethmann, Carl Friedrich: Zur formalen Pragmatik der Normenbegründung – Nastansky, Heinz-Ludwig: Über die Möglichkeit eines interessenhermeneutischen Einstiegs in praktische Diskurse – Wohlrapp, Harald R.: Handlungsforschung – Schneider, Hans J.: Zum Begriff der Ursache in den Sozialwissenschaften – Koppe, Franz: Hermeneutik der Lebensformen – Hermeneutik als Lebensform. Zur Sozialphilosophie Peter Winchs – Nanninga, Joachim: Zur Kritik der konstruktiven Ethik und

Theorie des praktischen Wissens – Kambartel, Friedrich: Ist rationale Ökonomie als empirisch-quantitative Wissenschaft möglich? – Backhaus, Jürgen: Praktische Philosophie und politische Ökonomie. Eine Auseinandersetzung mit Friedrich Kambartels Idee einer normativen Ökonomie – Janich, Peter: Möglichkeiten und Grenzen quantitativer Methoden – Mittelstraß, Jürgen: Beratung und Kontrolle. Bemerkungen zur Rolle des unabhängigen Sachverstandes im System wirtschaftlichen Handelns – Kötter, Rudolf: Zu einigen methodologischen Problemen der mikroökonomischen Gleichgewichtstheorie – Nanninga, Joachim: Mit Marx auf der Suche nach dem Dritten. Kritik des Abstraktionsschrittes vom Tauschwert zum Wert im »Kapital«

271 Rawls, John: Eine Theorie der Gerechtigkeit
(A Theory of Justice). Übersetzt von Hermann Vetter. 674 S. 1979. (3-518-27871-1)

272 Kindliche Kommunikation
Theoretische Perspektiven, empirische Analysen, methodologische Grundlagen. Herausgegeben von Karin Martens. 267 S. 1979. (3-518-27872-X)
Bruner, Jerome S.: Von der Kommunikation zur Sprache. Überlegungen aus psychologischer Sicht – Miller, Max/Weissenborn, Jürgen: Pragmatische Voraussetzungen für den Erwerb lokaler Referenz – Martens, Karin: Zur Herausbildung kommunikativer Handlungsmuster zwischen Kind und Bezugsperson: Unterstützung herstellen – Jochens, Birgit: »Fragen« im Mutter-Kind-Dialog: Zur Strategie der Gesprächsorganisation von Müttern – Garvey, Catherine: Aufforderungen und ihre Beantwortung im kindlichen Sprachgebrauch – Keenan, Elinor O.: Gesprächskompetenz bei Kindern – Cicourel, Aaron V.: Interpretieren und Zusammenfassen: Probleme bei der kindlichen Aneignung der Sozialstruktur – Auwärter, Manfred/Kirsch, Edit: Zur Interdependenz von kommunikativen und interaktiven Fähigkeiten in der Ontogenese. Einige methodische Erwägungen zur Analyse von Gesprächsprotokollen

273 Phänomenologie und Marxismus
Band 4. Erkenntnis- und Wissenschaftstheorie. Herausgegeben von Bernhard Waldenfels, Jan M. Broekman und Ante Pažanin. 262 S. 1979. (3-518-27873-8)
Waldenfels, Bernhard: Wider eine reine Erkenntnis- und Wissenschaftstheorie – Vajda, Mihály: Die Kritik der Tatsachenwissenschaften bei Lukács und Husserl – Broekman, Jan M.: Zweite Gegenwart. Über die Referenz im Diskurs – Srubar, Ilja: Die Ebene der Lebens-Welt im Aufbau der Marxschen Theorie. Konstruktion sozialer Lebens-Welten bei Marx (II) – Nowak, Leszek: Ist der Erkenntnisprozeß ein dialektischer Prozeß? – Newton-Smith, William: Wandel in der Wissenschaft – Routila, Lauri: Teleologie und das Problem der historischen Erklärungen – ein phänomenologischer Entwurf – Orth, Ernst Wolfgang: Von der Ideologie zur Ideologie-Kritik. Phänomenologische Erörterung der Beziehungen zwischen Bewußtseinsphilosophie und Marxismus – Broekman, Jan M.: Fetisch und Erkenntnis

274 Weizenbaum, Joseph: Die Macht der Computer und die Ohnmacht der Vernunft
(Computer Power and Human Reason. From Judgement to Calculation). Übersetzt von Udo Rennert. 369 S. 1978 (3-518-27874-6)

275 Claessens, Dieter/Claessens, Karin: Kapitalismus als Kultur
Entstehung und Grundlagen der bürgerlichen Gesellschaft. 220 S. 1979. (3-518-27875-4▶)

276 Sprechakttheorie und Semantik
Herausgegeben von Günther Grewendorf. 417 S. 1979 (3-518-27876-2)
Grewendorf, Günther: Einleitung – Meggle, Georg: Eine kommunikative Handlung verstehen – Kemmerling, Andreas: Was Grice mit »Meinen« meint – Bierwisch, Manfred: Wörtliche Bedeutung – eine pragmatische Gretchenfrage – Searle, John R.:

Intentionalität und der Gebrauch der Sprache – Grewendorf, Günther: Haben explizit performative Äußerungen einen Wahrheitswert? – Grewendorf, Günther: Explizit performative Äußerungen und Feststellungen – Bartsch, Renate: Die Rolle von pragmatischen Korrektheitsbedingungen bei der Interpretation von Äußerungen – Ballmer, Thomas T: Probleme der Klassifikation von Sprechakten – Wunderlich, Dieter: Was ist das für ein Sprechakt? – Franck, Dorothea: »Ein Mann – ein Wort«. Überlegungen zu aufhebenden Sprechakten – Posner, Roland: Bedeutung und Gebrauch der Satzverknüpfer in den natürlichen Sprachen – Zaefferer, Dietmar: Sprechakttypen in einer Montague-Grammatik. Ein modelltheoretischer Ansatz zur Behandlung illokutionärer Rollen

277 Ullrich, Otto: Technik und Herrschaft
Vom Hand-Werk zur verdinglichten Blockstruktur industrieller Produktion. 484 S. 1979. (3-518-27877-0)

278 Entfremdete Wissenschaft
Herausgegeben von Gernot Böhme und Michael von Engelhardt. 308 S. 1979. (3-518-27878-9)
Böhme, Gernot/Engelhardt, Michael von: Einleitung: Zur Kritik des Lebensweltbegriffs – Ferber, L. von: Sozialdialekte in der Medizin. Das Sprachverhalten von Laien, Praktikern und Wissenschaftlern – Harenburg, Jan/Seeliger, Gerd: Transformationsprozesse in der Rechtspraxis. Eine Untersuchung von Rechtsanwalt/Klienten-Gesprächen – Engelhardt, Michael von: Das gebrochene Verhältnis zwischen wissenschaftlichem Wissen und pädagogischer Praxis – Böhme, Gernot: Die Verwissenschaftlichung der Erfahrung. Wissenschaftsdidaktische Konsequenzen – Hieber, Lutz: Möglichkeiten zur Verbindung naturwissenschaftlichen und lebensweltlich-praktischen Wissens im genetischen Lernen – Schäfer, Wolf: Proletarisches Denken und Kritische Wissenschaft (I) – Dubiel, Helmut: Proletarisches Wissen und Kritische Wissenschaft (II) – Hoffmann, Rainer-W.: Die Verwissenschaftlichung der Produktion und das Wissen der Arbeiter –

Hoffmann, Rainer-W./Engelhardt, Michael von: Entfremdete Wissenschaftler? Das Verhältnis der naturwissenschaftlich-technischen Intelligenz zu anderen Gruppen von Lohnabhängigen

279 Seebaß, Gottfried: Das Problem von Sprache und Denken
495 S. 1981. (3-518-27879-7)

280 Euchner, Walter: Naturrecht und Politik bei John Locke
316 S. 1979. (3-518-27880-0)

281 Neurath, Otto: Wissenschaftliche Weltauffassung, Sozialismus und Logischer Empirismus
Herausgegeben von Rainer Hegselmann. Mit einem einleitenden Beitrag von Rainer Hegselmann: Otto Neurath – Empiristischer Aufklärer und Sozialreformer. 311 S. 1979. (3-518-27881-9)

282 Leuninger, Helen: Reflexionen über die Universalgrammatik
198 S. 1979. (3-518-27882-7)

283 Ich möchte ein solcher werden wie...
Materialien zur Sprachlosigkeit des Kaspar Hauser. Herausgegeben von Jochen Hörisch. 310 S. 1979. (3-518-27883-5)

284 Schütz, Alfred/Luckmann, Thomas: Strukturen der Lebenswelt
Band 1. 396 S. 1979. (3-518-27884-3)

286 Canguilhem, Georges: Wissenschaftsgeschichte und Epistemologie
Gesammelte Aufsätze. Übersetzt von Michael Bischoff und Walter Seitter. Herausgegeben von Wolf Lepenies. 155 S. 1979 (3-518-27886-X)
Die Geschichte der Wissenschaften im epistemologischen Werk Gaston Bachelards – Der Gegenstand der Wissenschaftsgeschichte – Die Rolle der Epistemologie in der heutigen Historio-

graphie der Wissenschaften – Die epistemologische Funktion des »Einzigartigen« in der Wissenschaft vom Leben – Theorie und Technik des Experimentierens bei Claude Bernard – Die Herausbildung des Konzeptes der biologischen Regulation im 18. und 19. Jahrhundert – Der Beitrag der Bakteriologie zum Untergang der »medizinischen Theorien« im 19. Jahrhundert – Zur Geschichte der Wissenschaften vom Leben seit Darwin

288 Bürger, Peter: Vermittlung – Rezeption – Funktion
Ästhetische Theorie und Methodologie der Literaturwissenschaft. 233 S. 1979. (3-518-27888-6)
Einleitung: Theorie der Avantgarde und Theorie der Literatur – Was leistet der Widerspiegelungsbegriff in der Literaturwissenschaft? – Althussers Reformulierung des Basis-Überbau-Theorems – Ästhetische Theorie und Methodologie. Zur Problematik des literatursoziologischen Ansatzes von Lucien Goldmann – Das Vermittlungsproblem in der Kunstsoziologie Adornos – Formalismus – nomologische Wissenschaft oder hermeneutische Theorie? – Probleme der Rezeptionsforschung – Hermeneutik – Ideologiekritik – Funktionsanalyse. Vorüberlegungen zu einer kritischen Literaturwissenschaft – Benjamins »rettende Kritik«. Vorüberlegungen zum Entwurf einer kritischen Hermeneutik – Institution Kunst als literatursoziologische Kategorie. Skizze einer Theorie des historischen Wandels der gesellschaftlichen Funktion der Literatur

289 Blumenberg, Hans: Schiffbruch mit Zuschauer
Paradigma einer Daseinsmetapher. 93 S. 1979. (3-518-27889-4)

290 Nowotny, Helga: Kernenergie: Gefahr oder Notwendigkeit
Anatomie eines Konflikts. Mit einer Einleitung von Peter Weingart: Das »Harrisburg-Syndrom« oder die De-Professionalisierung der Experten. 291 S. 1979. (3-518-27890-8)

291 Bourdieu, Pierre: Entwurf einer Theorie der Praxis
auf der ethnologischen Grundlage der kabylischen Gesellschaft. (Esquisse d'une théorie de la pratique, précédé de trois études d'ethnologie kabyle). Übersetzt von Cordula Pialoux und Bernd Schwibs. 494 S. 1979. (3-518-27891-6)

292 Kindeswohl
Eine interdisziplinäre Untersuchung über seine Verwirklichung in der vormundschaftsgerichtlichen Praxis. Von Spiros Simitis, Lutz Rosenkötter, Rudolf Vogel, Barbara Boost-Muss, Matthias Frommann, Jürgen Hopp, Hartmut Koch, Gisela Zenz. Mit einer Einleitung von Lore Maria Peschel-Gutzeit. 440 S. 1979 (3-518-27892-4)

293 Holton, Gerald: Thematische Analyse der Wissenschaft
Die Physik Einsteins und seiner Zeit. (Thematic Origins of Scientific Thought. Kepler to Einstein). Übersetzt von Horst Huber. 418 S. 1981. (3-518-27893-2)

294 Dreeben, Robert: Was wir in der Schule lernen
(On What is Learned in School). Übersetzt von Thomas Lindquist. Mit einer Einleitung von Helmut Fend. 179 S. 1980 (3-518-27894-0)

295 Polanyi, Karl: Ökonomie und Gesellschaft
Mit einer Einleitung von S. C. Humphreys: Geschichte, Volkswirtschaft und Anthropologie: das Werk Karl Polanyis. Übersetzt von Heinrich Jelinek. 448 S. 1979. (3-518-27895-9)

296 Die Rezeption der Psychoanalyse in der Soziologie, Psychologie und Theologie im deutschsprachigen Raum bis 1940
Herausgegeben von Johannes Cremerius. Mit Beiträgen von Hans-Dieter Brauns, Heike Brodthage und S. O. Hoffmann, Joachim Scharfenberg. 340 S. 1981. (3-518-27896-7)
Cremerius, Johannes: Einleitung – Brauns, Hans-Dieter: Die Re-

zeption der Psychoanalyse in der Soziologie – Brodthage, Heike/Hoffmann, Sven Olaf: Die Rezeption der Psychoanalyse in der Psychologie – Scharfenberg, Joachim: Die Rezeption der Psychoanalyse in der Theologie

297 Kracauer, Siegfried: Der Detektiv-Roman
Ein philosophischer Traktat. 135 S. 1979. (3-518-27897-5)

298 Mannheim, Karl: Strukturen des Denkens
Herausgegeben von David Kettler, Volker Meja und Nico Stehr. 322 S. 1980. (3-518-27898-3)
Kettler, David/Meja, Volker/Stehr, Nico: Karl Mannheims frühe kultursoziologische Arbeiten – Mannheim, Karl: – Über die Eigenart kultursoziologischer Erkenntnis – Eine soziologische Theorie der Kultur und ihre Erkennbarkeit (Konjunktives und kommunikatives Denken)

299 Hymes, Dell: Soziolinguistik
Zur Ethnographie der Kommunikation. Eingeleitet und herausgegeben von Florian Coulmas. 279 S. 1979. (3-518-27899-1)

300 Mandeville, Bernard: Die Bienenfabel oder Private Laster, öffentliche Vorteile
(The Fable of the Bees or Private Vices, Public Benefits). Mit einer Einleitung von Walter Euchner. 440 S. 1980. (3-518-27900-9)

301 Psychoanalyse und Unterschicht
Soziale Herkunft – ein Hindernis für die psychoanalytische Behandlung? Herausgegeben von Klaus Menne und Klaus Schröter. 225 S. 1980. (3-518-27901-7▸)
Menne, Klaus/Schröter, Klaus: Soziale Herkunft – ein Hindernis für die psychoanalytische Behandlung? – Muck, Mario: Gibt es unterschichtspezifische Persönlichkeitsmerkmale? – Schröter, Klaus: Spezifische Reaktionen auf das Behandlungsverfahren und die soziale Distanz zum Therapeuten – Menne, Klaus: Soziale Deutungsmuster, Realität und psychoanalytischer Prozeß –

Goldschmidt, Otto: Einige behandlungstechnische Schwierigkeiten in der Therapie eines angelernten Arbeiters – Kerz-Rühling, Ingrid: Die Bedeutung der sozialen Realität in einer Fokaltherapie – Zwiebel, Ralf: Psychodynamik einer vorzeitig abgebrochenen Behandlung – Horn, Klaus: Das wissenschaftliche und das reale Problem des Gesundheitsverhaltens von Unterschichtspatienten

302 **Enzensberger, Christian: Literatur und Interesse**
Eine politische Ästhetik mit zwei Beispielen aus der englischen Literatur. Zweite, fortgeschriebene Fassung. 453 S. 1981
(3-518-27902-5)

303 **Naturwissenschaft, Technik und NS-Ideologie**
Beiträge zur Wissenschaftsgeschichte des Dritten Reiches. Herausgegeben von Herbert Mehrtens und Steffen Richter. 289 S. 1980. (3-518-27903-3)
Mehrtens, Herbert: Das »Dritte Reich« in der Naturwissenschaftsgeschichte: Literaturbericht und Problemskizze – Lindner, Helmut: »Deutsche« und »gegentypische« Mathematik. Zur Begründung einer »arteigenen« Mathematik im »Dritten Reich« durch Ludwig Bieberbach – Richter, Steffen: Die »Deutsche Physik« – Bechstedt, Martin: »Gestalthafte Atomlehre«. Zur »Deutschen Chemie« im NS-Staat – Schröder, Gerald: Die »Wiedergeburt« der Pharmazie – 1933 bis 1934 – Kalikow, Theodora J.: Die ethologische Theorie von Konrad Lorenz: Erklärung und Ideologie, 1938-1943 – Troitzsch, Ulrich: Technikgeschichte in der Forschung und in der Sachbuchliteratur während des Nationalsozialismus – Suhling, Lothar: Deutsche Baukunst. Technologie und Ideologie im Industriebau des »Dritten Reiches«

304 **Gouldner, Alvin W.: Reziprozität und Autonomie**
Ausgewählte Aufsätze. (Aus: For Sociology). Übersetzt von Elmar Weingarten und Horst Ebbinghaus. 257 S. 1984
(3-518-27904-1▸)
Anti-Minotaurus. Vom Mythos einer wertfreien Soziologie – Reziprozität und Autonomie im Funktionalismus – Die Norm der

Reziprozität. Eine vorläufige Formulierung – Etwas gegen nichts. Reziprozität und Asymmetrie – Romantisches und klassisches Denken. Tiefenstrukturen in den Sozialwissenschaften – Zweierlei Marxismus

305 Macpherson, C. B.: Nachruf auf die liberale Demokratie (The Life and Times of Liberal Democracy). Übersetzt von Sabine Offe. 150 S. 1983. (3-518-27905-X)

306 Adorno, Theodor W.: Soziologische Schriften I
Herausgegeben von Rolf Tiedemann. 587 S. 1979 (3-518-27906-8)

308 Zeit allein heilt keine Wunden
Psychoanalytische Erstgespräche mit Kindern und Eltern. Herausgegeben von Anita Eckstaedt und Rolf Klüwer. 217 S. 1980 (3-518-27908-4)
Argelander, Hermann: Vorwort – Eckstaedt, Anita/Klüwer, Rolf: Einleitung – Baumann, Willi: Die Party – Eckstaedt, Anita: Warum hast du so große Ohren? – Eckstaedt, Anita: ... und dann gibt es einen Knall – Klüwer, Rolf: Himmel und Hölle – Klüwer, Rolf: Im Stich gelassen – Köhler-Weisker, Angela: Die Dicke – Meyer zur Capellen, Renate: Räume – Müller, Elisabeth: Der kleine Fehlerteufel – Schottlaender, Eva: Der Hilferuf – Widmer-Perrenoud, May: Ein angeborenes Leiden – Schacht, Lore: Der verlorene Garten

309 Kriminologie im Strafprozeß
Zur Bedeutung psychologischer, soziologischer und kriminologischer Erkenntnisse für die Strafrechtspraxis. Herausgegeben von Herbert Jäger. 203 S. 1980. (3-518-27909-2)
Bockelmann, Paul: Bemerkungen über das Verhältnis des Strafrechts zur Moral und zur Psychologie – Opp, Karl-Dieter: Zur Anwendbarkeit der Soziologie im Strafprozeß – Jäger, Herbert: Strafrecht und psychoanalytische Theorie – Krauß, Detlef: Das Prinzip der materiellen Wahrheit im Strafprozeß – Schewe, Gün-

ter: »Subjektiver Tatbestand« und Beurteilung der Zurechnungsfähigkeit – Krauß, Detlef: Der psychologische Gehalt subjektiver Elemente im Strafrecht – Haffke, Bernhard: Strafrechtsdogmatik und Tiefenpsychologie – Jäger, Herbert: Subjektive Verbrechensmerkmale als Gegenstand psychologischer Wahrheitsfindung

310 **Verhalten, Handeln und System**
Talcott Parsons' Beitrag zur Entwicklung der Sozialwissenschaften. Herausgegeben von Wolfgang Schluchter. 171 S. 1980 (3-518-27910-6)
Schluchter, Wolfgang: Statt einer Einleitung. Ansprache zur Eröffnung des wissenschaftlichen Kolloquiums zu Ehren von Talcott Parsons – Graumann, Carl F.: Verhalten und Handeln. Probleme einer Unterscheidung – Luhmann, Niklas: Temporalstrukturen des Handlungssystems. Zum Zusammenhang von Handlungs- und Systemtheorie – Habermas, Jürgen: Handlung und System. Bemerkungen zu Parsons' Medientheorie – Schluchter, Wolfgang: Gesellschaft und Kultur. Überlegungen zu einer Theorie institutioneller Differenzierung – Parsons, Talcott: On the Relation of the Theory of Action to Max Weber's »Verstehende Soziologie« – Anhang: Text der erneuerten Doktorurkunde für Talcott Parsons – Schluchter, Wolfgang: Rede während der Trauerfeier für Talcott Parsons – Lepsius, M. Rainer: Rede nach der Trauerfeier für Talcott Parsons

311 **Waldenfels, Bernhard: Der Spielraum des Verhaltens**
337 S. 1980. (3-518-27911-4)

312 **Fleck, Ludwik: Entstehung und Entwicklung einer wissenschaftlichen Tatsache**
Einführung in die Lehre vom Denkstil und Denkkollektiv. Mit einer Einleitung herausgegeben von Lothar Schäfer und Thomas Schnelle. 190 S. 1980. (3-518-27912-2)

313 Wittgenstein, Ludwig: Das Blaue Buch
(The Blue Book). Eine Philosophische Betrachtung. (Das Braune Buch). Herausgegeben von Rush Rhees. 282 S. 1980
(3-518-27913-0▸, *jetzt: stw 505*)

314 Theunissen, Michael: Sein und Schein
Die kritische Funktion der Hegelschen Logik. 502 S. 1980
(3-518-27914-9)

315 Fulda, Hans Friedrich/Horstmann, Rolf-Peter/ Theunissen, Michael: Kritische Darstellung der Metaphysik
Eine Diskussion über Hegels »Logik«. 147 S. 1980
(3-518-27915-7)

316 Holenstein, Elmar: Von der Hintergehbarkeit der Sprache
Kognitive Unterlagen der Sprache. Mit einem Anhang: Zwei Vorträge von Roman Jakobson. 206 S. 1980. (3-518-27916-5)
Von der Hintergehbarkeit der Sprache (und der Erlanger Schule) – Kognitive Universalien. Determinanten des Verstehens – Prototypische Erfahrung – Introspektion – Anhang: Jakobson, Roman: – Einstein und die Wissenschaft der Sprache – Der grammatische Aufbau der Kindersprache

317 Frank, Manfred: Das Sagbare und das Unsagbare
Studien zur neuesten französischen Hermeneutik und Texttheorie. 218 S. 1980. (3-518-27917-3)
Vorwort – Der Text und sein Stil. Schleiermachers Sprachtheorie – Einverständnis und Vielsinnigkeit oder: Das Aufbrechen der Bedeutungs-Einheit im »eigentlichen Gespräch« – Partialität oder Universalität der »Divination«. Aus Anlaß von kritischen Fragen ans ›Individuelle Allgemeine‹ – Was ist ein literarischer Text, und was heißt es, ihn zu verstehen? – Vieldeutigkeit und Ungleichzeitigkeit. Hermeneutische Fragen an eine Theorie des literarischen Textes – Die Aufhebung der Anschauung im Spiel der Metapher –

Das ›einzelne Allgemeine‹ des Stils. Anmerkungen zur Hermeneutik Jean Starobinskis (Le sens de la critique) – Archäologie des Individuums. Zur Hermeneutik von Sartres »Flaubert« – Das »wahre Subjekt« und sein Doppel. Jacques Lacans Hermeneutik – »Ein Grundelement der historischen Analyse: die Diskontinuität«. Die Epochenwende von 1775 in Foucaults »Archäologie« – Was ist ein ›Diskurs‹? Zur »Archäologie« Michel Foucaults – Eine fundamental-semiologische Herausforderung der abendländischen Wissenschaft – Différance und autonome Negation. Derridas Hegel-Lektüre – Ist Selbstbewußtsein ein Fall von ›présence à soi‹? Zur Meta-Kritik der neueren französischen Metaphysik-Kritik – Die Entropie der Sprache. Überlegungen zur Debatte Searle-Derrida – Die Welt als Wunsch und Repräsentation oder: Gegen ein anarcho-strukturalistisches Zeitalter - J. F. Lyotard und Jürgen Habermas über Dissens und Konsensus – Gibt es rational unentscheidbare Konflikte im Verständigungshandeln?

318 Markis, Dimitrios: Protophilosophie
Zur Rekonstruktion der philosophischen Sprache. 300 S. 1980 (3-518-27918-1▶)

319 Technik-Geschichte
Historische Beiträge und neuere Ansätze. Hg. Ulrich Troitzsch und Gabriele Wohlauf. 460 S. 1980 (3-518-27919-X)
Troitzsch, Ulrich/Wohlauf, Gabriele: Einführung – Troitzsch, Ulrich/Wohlauf, Gabriele: Historische Beiträge der deutschen Technikgeschichtsschreibung: Johann Beckmann, Karl Marx und Friedrich Engels, Theodor Beck, Conrad Matschoß, Friedrich Klemm – Stromer, Wolfgang von: Eine ›Industrielle Revolution‹ des Spätmittelalters? – Suhling, Lothar: Bergbau, Territorialherrschaft und technologischer Wandel. Prozeßinnovationen im Montanwesen der Renaissance am Beispiel der mitteleuropäischen Silberproduktion – Bayerl, Günter: Historische Wasserversorgung. Bemerkungen zum Verhältnis Technik, Mensch und Gesellschaft – Eichberg, Henning: Die Rationalität der Technik ist veränderlich. Festungsbau im Barock – Mayr, Otto: Adam Smith und das

Konzept der Regelung. Ökonomisches Denken und Technik in Großbritannien im 18. Jahrhundert – Mauel, Kurt: Arbeit und Leistung. Ihre Bestimmung und Messung in der Technik seit dem 18. Jahrhundert – Forberger, Rudolf: Theoretische und empirische Bemerkungen zum Thema: Die Industrielle Revolution in der Sicht der Genesis der Produktivkräfte – Zweckbronner, Gerhard: Je besser der Techniker, desto einseitiger sein Blick? Probleme des technischen Fortschritts und Bildungsfragen in der Ingenieurerziehung im Deutschen Kaiserreich – Stahlschmidt, Rainer: Innovation und Berufsbild. Die Einführung des Hartmetalls als Werkzeug der Drahtzieherei – Bönig, Jürgen: Technik und Rationalisierung in Deutschland zur Zeit der Weimarer Republik – Weber, Wolfhard: Von der ›Industriearchäologie‹ über das ›Industrielle Erbe‹ zur ›Industriekultur‹. Überlegungen zum Thema einer handlungsorientierenden Technikhistorie

320 **Koyré, Alexandre: Von der geschlossenen Welt zum unendlichen Universum**
(From the Closed World to the Infinite Universe). Übersetzt von Rolf Dornbacher. 260 S. 1980. (3-518-27920-3)

321 **Arbeit, Handlung, Normativität**
Theorien des Historischen Materialismus 2. Herausgegeben von Axel Honneth und Urs Jaeggi. 451 S. 1980. (3-518-27921-1)
Márkus, György: Die Welt menschlicher Objekte. Zum Problem der Konstitution im Marxismus – Arnason, Johann P.: Marx und Habermas – Honneth, Axel: Arbeit und instrumentales Handeln. Kategoriale Probleme einer kritischen Gesellschaftstheorie – Lohmann, Georg: Gesellschaftskritik und normativer Maßstab. Überlegungen zu Marx – Prucha, Milan: Materialistische Gesellschaftsauffassung angesichts der aktuellen Zivilisationskrise. Zur Umgestaltung der philosophischen Leitbegriffe – Buczkowski, Piotr/Nowak, Leszek: Werte und Gesellschaftsklassen – Fleischer, Helmut: Über die normative Kraft im Wirklichen – Jaeggi, Urs: Denken in der Nische oder Wissenschaft als gesellschaftlicher Motor?

322 Schluchter, Wolfgang: Rationalismus der Weltbeherrschung
Studien zu Max Weber. 320 S. 1980. (3-518-27922-X)

323 Erzählen im Alltag
Herausgegeben von Konrad Ehlich. 436 S. 1980 (3-518-27923-8▶)
Tucholsky, Kurt: Ein Ehepaar erzählt einen Witz – Ehlich, Konrad: Der Alltag des Erzählens – Hoffmann, Ludger: Zur Pragmatik von Erzählformen vor Gericht – Rehbein, Jochen: Sequentielles Erzählen. Erzählstrukturen von Immigranten bei Sozialberatungen in England – Quasthoff, Uta: Gemeinsames Erzählen als Form und Mittel im sozialen Konflikt oder Ein Ehepaar erzählt eine Geschichte – Bliesener, Thomas: Erzählen unerwünscht. Erzählversuche von Patienten in der Visite – Wodak-Leodolter, Ruth: Problemdarstellungen in gruppentherapeutischen Situationen – Flader, Dieter/Giesecke, Michael: Erzählen im psychoanalytischen Erstinterview – Klein, Klaus-Peter: Erzählen im Unterricht. Erzähltheoretische Aspekte einer Erzähldidaktik – Hurrelmann, Bettina: Erzähltextverarbeitung im schulischen Handlungskontext – Gülich, Elisabeth: Konventionelle Muster und kommunikative Funktionen von Alltagserzählungen – Stempel, Wolf-Dieter: Alltagsfiktion – Gumbrecht, Hans Ulrich: Erzählen in der Literatur/Erzählen im Alltag

324 Harman, Gilbert: Das Wesen der Moral
Eine Einführung in die Ethik. Übersetzt von Ursula Wolf. 187 S. 1981. (3-518-27924-6)

325 Bachelard, Gaston: Die Philosophie des Nein
(La philosophie du non). Versuch einer Philosophie des neuen wissenschaftlichen Geistes. Mit einem Essay von Joachim Kopper und einer Einleitung von Gerhard Schmidt und Manfred Tietz. Übersetzt von Gerhard Schmidt und Manfred Tietz. 188 S. 1980 (3-518-27925-4)

326 Bürger, Christa: Tradition und Subjektivität
208 S. 1980. (3-518-27926-2)

327 Vom Nutzen und Nachteil der Sozialwissenschaften für das Strafrecht
Herausgegeben von Klaus Lüderssen und Fritz Sack. 2 Bände. Zusammen 765 S. 1980. (3-518-27927-0)
Erster Teilband Lüderssen, Klaus/Sack, Fritz: Einleitung – Lüderssen, Klaus: Erfolgszurechnung und ›Kriminalisierung‹. Die Jurisprudenz vor den Toren der Soziologie – Forschungsfragen an die Adresse der Kriminologen – Sack, Fritz: Kriminologie auf fremdem Boden. Sozialwissenschaftlicher Kommentar – Marxen, Klaus: Die Grenzen der Notwehr bei Auseinandersetzungen in der Ehe – Zenz, Gisela: Notwehr unter Ehegatten – psychodynamische Aspekte. Sozialwissenschaftlicher Kommentar – Burkhardt, Björn: Charaktermängel und Charakterschuld. Überlegungen zu BGHSt NJW 1966 (1871) – Strasser, Peter: Sich beherrschen können. Resignative Bemerkungen zu einem altehrwürdigen Problem. Sozialwissenschaftlicher Kommentar – Schumacher, Willi: Psychologische Mechanismen bei der Manipulation des Rechtsbewußtseins in totalitären Systemen – Zielcke, Andreas: Völkermord ohne Unrechtsbewußtsein? Zur strafrechtlichen Selektion der Ergebnisse empirischer Analysen. Juristischer Kommentar – Hassemer, Winfried: Die Freiwilligkeit beim Rücktritt vom Versuch. Zu Alltagstheorien und Dispositionsbegriffen in der Strafrechtsdogmatik – Stangl, Wolfgang: Scham oder Furcht und die Freiwilligkeit des Rücktritts vom Versuch. Soziologische Überlegungen zur Rechtsdogmatik. Sozialwissenschaftlicher Kommentar – Böllinger, Lorenz: Prognoseprobleme bei der Strafaussetzung zur Bewährung – Kerner, Hans-Jürgen: Können und dürfen Therapeuten prognostizieren? Strafaussetzung zur Bewährung in der Praxis als Konfliktfeld für Vollzugsanstalten und Gerichte. Sozialwissenschaftlicher Kommentar
Zweiter Teilband Geddert, Heinrich: Abtreibungsverbot und Grundgesetz – Kulenkampff, Arend: Zu einigen Grenzfragen der Begründung von Rechtsnormen. Sozialwissenschaftlicher Kom-

mentar – Blankenburg, Erhard/Steinert, Heinz/Treiber, Hubert: Empirische Rechtssoziologie und Strafrechtsdogmatik. Die Beliebigkeit von Ergebnissen empirischer Sozialforschung für die strafrechtsdogmatische Diskussion – am Beispiel der von Juristen geführten Debatte zum Ladendiebstahl – Lüderssen, Klaus: »Zuschreibung« kriminalpolitischer Positionen – ein neuer Zweig des Definitionsansatzes? »Ladendiebstahlssoziologen« formen Juristen nach ihrem Bild. Juristischer Kommentar – Treiber, Hubert: Die Macht der Routine oder: Was geschieht nach dem Inkrafttreten eines (Reform)gesetzes? Zur Implementierungspraxis der §§ 153, 153a StPO beim Bagatelldiebstahl – Düwel, Peter: § 153a StPO – Regelungsinhalt und Anwendungsmöglichkeiten. Juristischer Kommentar – Grünwald, Gerald: Billigung von Straftaten (§140 StGB). Der Prozeß um das Buch »Wie alles anfing« von Michael »Bommi« Baumann – Fetscher, Iring: Zum Prozeß um das Buch »Wie alles anfing« von Michael (Bommi) Baumann. Sozialwissenschaftlicher Kommentar – Giehring, Heinz: Verkehrsblockierende Demonstration und Strafrecht – Narr, Wolf-Dieter: Wer darf wann und wo und in welcher Form demonstrieren? Sozialwissenschaftlicher Kommentar – Gollner, Günther: »Zurüstungen« bei § 330a StGB – Lautmann, Rüdiger: Wie hermetisch denkt die Strafrechtsdogmatik? Sozialwissenschaftliche Bemerkungen zur Bestrafung des Rauschdelikts. Sozialwissenschaftlicher Kommentar – Winter, Eggert: Schulpflicht und Strafzwang – Brusten, Manfred/Herriger, Norbert: Schulpflichtverletzung und öffentliche Sozialkontrolle. Sozialwissenschaftlicher Kommentar – Bischoff, Michael/Seibert, Thomas-Michael: Die Hauptverhandlung in Strafsachen als Arbeitsfeld. Zur Integration sozialwissenschaftlicher und strafrechtlicher Fragestellungen in forschendem Lernen – Lüderssen, Klaus: Kollektive Zurechnung – individualisierende Haftung. Ein »Grundwiderspruch« der modernen Kriminalpolitik?

328 **Danto, Arthur C.: Analytische Philosophie der Geschichte** (Analytical Philosophy of History). Übersetzt von Jürgen Behrens. 503 S. 1980. (3-518-27928-9)

329 Goffman, Erving: Rahmen-Analyse
Ein Versuch über die Organisation von Alltagserfahrungen. (Frame Analysis. An Essay on the Organization of Experience). Übersetzt von Hermann Vetter. 620 S. 1980. (3-518-27929-7)

330 Scholem, Gershom: Die jüdische Mystik in ihren Hauptströmungen
490 S. 1980. (3-518-27930-0)

331 Schwemmer, Oswald: Philosophie der Praxis
Versuch zur Grundlegung einer Lehre vom moralischen Argumentieren in Verbindung mit einer Interpretation der praktischen Philosophie Kants. Mit einem Nachwort zur Neuausgabe. 278 S. 1980. (3-518-27931-9)

332 Eder, Klaus: Die Entstehung staatlich organisierter Gesellschaften
Ein Beitrag zu einer Theorie sozialer Evolution. 209 S. 1980 (3-518-27932-7)

333 Wesel, Uwe: Der Mythos vom Matriarchat
Über Bachofens Mutterrecht und die Stellung von Frauen in frühen Gesellschaften vor der Entstehung staatlicher Herrschaft. 168 S. 1980. (3-518-27933-5)

334 Böhme, Gernot: Alternativen der Wissenschaft
271 S. 1980. (3-518-27934-3)
Einleitung: Wissenschaftskritik und Wissenschaftsalternativen – Wissenschaftliches und lebensweltliches Wissen am Beispiel der Verwissenschaftlichung der Geburtshilfe – Wissenschaft und Verdrängung. Ansätze zu einer psychoanalytischen Erkenntniskritik – Platonische Wissenschaft. Platons Theorie der exakten Wissenschaften – Aristotelische Wissenschaft. Aristoteles' Chemie: eine Stoffwechselchemie – Naturwissenschaft: Farbenlehre. Ist Goethes Farbenlehre Wissenschaft? – Humanwissenschaft: Psychische Reaktionszeiten. Der Streit zwischen Titchener und Baldwin

über die Messung von Reaktionszeiten – Politische Medizin. 1848 und die Nicht-Entstehung der Sozialmedizin. Über das Scheitern einer wissenschaftlichen Entwicklung und seine politischen Ursachen – Politische Psychologie. Über Brückners politische Psychologie – Ostner, Ilona: Wissenschaft für die Frauen. Wissenschaft im Interesse von Frauen – Böhme, Gernot/Grebe, Joachim: Soziale Naturwissenschaft

335 Oser, Fritz: Moralisches Urteil in Gruppen. Soziales Handeln. Verteilungsgerechtigkeit

Stufen der interaktiven Entwicklung und ihre erzieherische Stimulation. 544 S. 1981. (3-518-27935-1)

336 Wittgenstein, Ludwig: Philosophische Bemerkungen

Aus dem Nachlaß herausgegeben von Rush Rhees. 351 S. 1981 (3-518-27936-X)

337 Galilei, Galileo: Sidereus Nuncius (Nachricht von neuen Sternen)

Dialog über die Weltsysteme (Auswahl). Vermessung der Hölle Dantes. Marginalien zu Tasso. Herausgegeben und eingeleitet von Hans Blumenberg. 267 S. 1980. (3-518-27937-8)

338 Bendix, Reinhard: Könige oder Volk

Machtausübung und Herrschaftsmandat. (Kings or People. Power and the Mandate to Rule). Übersetzt von Holger Fliessbach. 2 Bände. 399 und 637 S. 1980. (3-518-27938-6)

339 Hört ihr die Kinder weinen

Eine psychogenetische Geschichte der Kindheit. (The History of Childhood). Herausgegeben von Lloyd de Mause. Übersetzer: Ute Auhagen, Christel Beier, Helga Herborth, Reinhard Kaiser, Renate und Rolf Wiggershaus. 627 S. 1980. (3-518-27939-4)
Langer, William L.: Vorwort – Mause, Lloyd de: Evolution der Kindheit – Lyman Jr., Richard B.: Barbarei und Religion. Kindheit in spätrömischer und frühmittelalterlicher Zeit – McLaugh-

lin, Mary Martin: Überlebende und Stellvertreter. Kinder und Eltern zwischen dem neunten und dem dreizehnten Jahrhundert – Ross, James Bruce: Das Bürgerkind in den italienischen Stadtkulturen zwischen dem vierzehnten und dem frühen sechzehnten Jahrhundert – Tucker, M. J.: Das Kind als Anfang und Ende. Kindheit in England im fünfzehnten und sechzehnten Jahrhundert – Marvick, Elizabeth Wirth: Natur und Kultur. Trends und Normen der Kindererziehung in Frankreich im siebzehnten Jahrhundert – Illick, Joseph E.: Kindererziehung in England und Amerika im siebzehnten Jahrhundert – Walzer, John F.: Ein Zeitalter der Ambivalenz. Kindheit in Amerika im achtzehnten Jahrhundert – Dunn, Patrick P.: ›Der Feind ist das Kind‹. Kindheit im zaristischen Rußland – Robertson, Priscilla: Das Heim als Nest. Mittelschichten-Kindheit in Europa im neunzehnten Jahrhundert

340 Max Webers Studie über das antike Judentum
Interpretation und Kritik. Herausgegeben von Wolfgang Schluchter. 330 S. 1981. (3-518-27940-8)
Schluchter, Wolfgang: Altisraelitische religiöse Ethik und okzidentaler Rationalismus – Schäfer, Christa: Stadtstaat und Eidgenossenschaft. Max Webers Analyse der vorexilischen Gesellschaft – Malamat, Abraham: Charismatische Führung im Buch der Richter – Eisenstadt, Shmuel N.: Max Webers antikes Judentum und der Charakter der jüdischen Zivilisation – Stemberger, Günter: Das rabbinische Judentum in der Darstellung Max Webers – Kippenberg, Hans G.: Intellektualismus und antike Gnosis – Winckelmann, Johannes: Exkurs zur werkgeschichtlichen Stellung des ›Antiken Judentums‹ – Raphaël, Freddy: Die Juden als Gastvolk im Werk Max Webers – Fleischmann, Eugène: Max Weber, die Juden und das Ressentiment – Guttmann, Julius: ›Max Webers Soziologie des antiken Judentums‹, aus: Monatsschrift für die Geschichte und Wissenschaft des Judentums, 69 (1925), S. 195–223

341 **Benjamin, Walter: Benjamin über Kafka**
Texte, Briefzeugnisse, Aufzeichnungen. Herausgegeben von Hermann Schweppenhäuser. 177 S. 1981. (3-518-27941-6)

342 **Morris, Charles W.: Symbolik und Realität**
Mit einer Einleitung herausgegeben und übersetzt von Achim Eschbach. 368 S. 1981. (3-518-27942-4)

343 **Sprache und Gehirn**
Roman Jakobson zu Ehren. Herausgegeben von Helmut Schnelle. 235 S. 1981. (3-518-27943-2)
Schnelle, Helmut: Einführung – Jakobson, Roman: Gehirn und Sprache. Gehirnhälften und Sprachstruktur in wechselseitiger Beleuchtung – Heeschen, Claus/Reischies, Friedel: Zur Lateralisierung von Sprache. Argumente gegen eine Überbewertung der rechten Hemisphäre – Geest, Ton van der: Neurolinguistische Reifung in entwicklungspsychologischer Sicht – Linke, Detlef: Ganzheit und Teilbarkeit des Gehirns. Aphasie ist keine Störung des Kommunikationsvermögens – Poeck, Klaus: Was verstehen wir unter aphasischen Syndromen? – Harweg, Roland: Aphasie und Linguistik. Zu Roman Jakobsons typologischen Aphasieinterpretationen – Sappok, Christian: Sprechtätigkeit und Bewegungsaufbau – Koch, Walter: Evolution des Kreativen: Symmetrie, Asymmetrie, Integration – Ballmer, Thomas T: Neurobiologie und Lexikon – Holenstein, Elmar: Sprache und Gehirn. Phänomenologische Perspektiven – Jakobson, Roman: Nachwort – Anhang: Koch, Walter A.: Laudatio für Roman Jakobson

344 **Dreier, Ralf: Recht – Moral – Ideologie**
Studien zur Rechtstheorie. 366 S. 1981. (3-518-27944-0)
Einleitung – Was ist und wozu Allgemeine Rechtstheorie? – Zum Selbstverständnis der Jurisprudenz als Wissenschaft – Zur Theoriebildung in der Jurisprudenz – Zur Problematik und Situation der Verfassungsinterpretation – Verfassung und Ideologie. Bemerkungen zum Radikalenproblem – Recht und Moral – Sein und Sollen. Bemerkungen zur Reinen Rechtslehre Kelsens – Reine

Rechtslehre und marxistische Rechtstheorie. Aspekte eines Theorievergleichs – Zu Luhmanns systemtheoretischer Neuformulierung des Gerechtigkeitsproblems – Zur Einheit der praktischen Philosophie Kants. Kants Rechtsphilosophie im Kontext seiner Moralphilosophie – Bemerkungen zur Rechtsphilosophie Hegels

345 Dahmer, Helmut: Libido und Gesellschaft
Studien über Freud und die Freudsche Linke. Zweite, erweiterte Auflage. 574 S. 1982. (3-518-27945-9)

346 Descombes, Vincent: Das Selbe und das Andere
(Le même et l'autre). Fünfundvierzig Jahre Philosophie in Frankreich. 1933-1978. Übersetzt von Ulrich Raulff. 226 S. 1981 (3-518-27946-7)

347 Lüderssen, Klaus: Kriminalpolitik auf verschlungenen Wegen
Aufsätze zur Vermittlung von Theorie und Praxis. 483 S. 1981 (3-518-27947-5)
Vergeltung und Sühne vor dem Forum der christlichen Ethik – kein Platz mehr für absolute Strafzwecke? – Karl Joseph Anton Mittermaier und der Empirismus in der Strafrechtswissenschaft – Recht, Strafrecht und Sozialmoral – Der Universalitätsanspruch der modernen Rechtssoziologie. Betrachtungen aus Anlaß der Festschrift für Helmut Schelsky – Dialektik, Topik und »konkretes Ordnungsdenken« in der Jurisprudenz – Politische Grenzen des Rechts – rechtliche Grenzen der Politik – Der freie Zugang zum Recht. Analyse fragwürdig gewordener gesetzlicher Hürden – Das faire Verfahren – die letzte Auskunft auf der Suche nach der Gerechtigkeit? Nachlese zu einem Centenarium – Kriminalpolitik und wissenschaftliche Beratung – Zweierlei Maß in der Strafjustiz. Zum Prozeß gegen die ungetreuen Bundesbankbeamten. Zum Prozeß gegen Astrid Proll – Alltagskriminalität und »Grenzmoral« – Abhängigkeit von Drogen – verspricht das Gesetz zur Neuordnung des Betäubungsmittelrechts Abhilfe? – Aus der grauen

Zone zwischen staatlichen und individuellen Interessen – zur Funktion der Strafverteidigung in einer freien Gesellschaft – Gespräche mit Strafgefangenen und Entlassenen. Tagebuchnotizen aus einer fünfjährigen Arbeitsgruppe mit Studenten – Studieneinführung Rechtswissenschaft – Wie rechtsstaatlich und solide ist ein sozialwissenschaftlich-juristisches Grundstudium? – Der Weg in die »Verrechtlichung«. Zum formalisierten Umgang mit sozialen Konflikten – anschaulich gemacht durch Fälle aus der Strafrechtspraxis. Konzept einer rechtswissenschaftlichen Grundlagenveranstaltung für Studienanfänger – Universitäre Projekte im Justizvollzug – Welche Funktion hat Theater in der Strafanstalt für eine Gruppenarbeit mit Gefangenen? – Biko – eine Untersuchung (The Biko Inquest). Dokumentationsspiel des Schiller-Theaters Berlin – Böse Geheimnisse? Anmerkungen zu Rolf Hochhuths neuestem Stück »Juristen« – Zwischenfall oder Verbrechen. Juristisch-kriminologische Entdeckungen vor dem Bildschirm – Im Abgrund der Verletzlichkeit. (Nicht nur) kriminologische Anmerkungen zu Fassbinder/Döblins »Berlin Alexanderplatz« – Mord als Beziehung. Zu Patricia Highsmith' Ripley-Romanen

348 Perspektivenübernahme und soziales Handeln
Texte zur sozial-kognitiven Entwicklung. Herausgegeben von Dieter Geulen. 544 S. 1982. (3-518-27948-3)
Geulen, Dieter: Einführung – Geulen, Dieter: Soziales Handeln und Perspektivenübernahme – Piaget, Jean: Das In-Beziehung-Setzen der Perspektiven – Coie, John D./Costanzo, Philip R./Farnhill, Douglas: Spezifische Entwicklungsschritte der räumlichen Perspektivenübernahme – Borke, Helene: Interpersonelle Wahrnehmung bei kleinen Kindern: Egozentrismus oder Empathie? – Rothenberg, Barbara B.: Soziale Sensibilität bei Kindern und ihr Zusammenhang mit interpersoneller Kompetenz, subjektivem Wohlbefinden und intellektuellem Niveau – Mossler, Daniel G./Marvin, Robert S./Greenberg, Mark T.: Informationsbezogene Perspektivenübernahme bei 2- bis 6jährigen Kindern – Miller, Patricia H./Kessel, Frank S./Flavell, John H.: Denken

über Leute, die über Leute denken, die über Leute denken ... Eine Studie zur sozial-kognitiven Entwicklung – Urberg, Kathryn A./Docherty, Edward M.: Die Entwicklung von Fähigkeiten zur Perspektivenübernahme bei 3- bis 5jährigen Kindern – Edelstein, Wolfgang/Keller, Monika/Wahlen, Karl: Entwicklung sozial-kognitiver Prozesse. Eine theoretische und empirische Rekonstruktion – Feffer, Melvin H./Gourevitch, Vivian: Kognitive Aspekte der Perspektivenübernahme bei Kindern – Selman, Robert L.: Sozial-kognitives Verständnis. Ein Weg zu pädagogischer und klinischer Praxis – Rubin, Kenneth H.: Perspektivenübernahme im Kindesalter. Einige methodische Überlegungen – Valtin, Renate: Probleme der Erfassung sozial-kognitiver Fähigkeiten. Analysiert am Beispiel der Perspektivenübernahme und der verbalen Kommunikation – Oppenheimer, Louis: Die Mehrdimensionalität der Fähigkeit zur sozialen Perspektivenübernahme – Glucksberg, Sam/Krauss, Robert M.: Was sagen die Menschen, nachdem sie sprechen gelernt haben? Untersuchungen zur Entwicklung gegenstandsbezogener Kommunikation – Ratner, Stanley C./Rice, F. Edward: Der Einfluß des Hörers auf die verbale Interaktion – Feffer, Melvin H./Suchotliff, Leonhard: In sozialer Interaktion implizierte Dezentrierungen – Moir, D. John: Egozentrismus und die Entwicklung konventioneller Moral bei Mädchen in der Voradoleszenz – Rubin, Kenneth H./Schneider, Frank W.: Die Beziehung zwischen moralischem Urteil, Egozentrismus und altruistischem Verhalten – Clark, Ruth Anne/Delia, Jesse G.: Die Entwicklung von Überzeugungsstrategien in der Kindheit und frühen Adoleszenz – DeVries, Rheta: Die Entwicklung der Perspektivenübernahme am Verhalten von überdurchschnittlich intelligenten, durchschnittlichen und retardierten Kindern bei einem sozialen Rate-Spiel – Leahy, Robert L./Huard, Carolyn: Perspektivenübernahme und Disparität der Selbstbilder bei Kindern – Hollos, Marida/Cowan, Philip A.: Soziale Isolierung und kognitive Entwicklung: Logische Operationen und Fähigkeiten zur Perspektivenübernahme in drei sozialen Milieus in Norwegen – Bearison, David J./Cassel, Thomas Z.: Kognitive Dezentrierung und soziale Codes: Kommunikative Effizienz bei Kindern aus verschiedenen familialen Kontexten – Chandler, Michael J.: Egozentrismus und antisoziales Verhalten: Erfassen und Fördern der Fähigkeiten zur sozialen Perspektivenübernahme – Silbereisen, Rainer K.: Untersuchungen zur Frage sozialkognitiv anregender Interaktionsbedingungen

349 Searle, John R.: Ausdruck und Bedeutung
Untersuchungen zur Sprechakttheorie. (Expression and Meaning. Studies in the Theory of Speech Acts). Übersetzt von Andreas Kemmerling. 212 S. 1982. (3-518-27949-1)

350 Schütz, Alfred: Theorie der Lebensformen
(Frühe Manuskripte aus der Bergson-Periode). Herausgegeben und eingeleitet von Ilja Srubar. 341 S. 1981. (3-518-27950-5)
Srubar, Ilja: Schütz' Bergson-Rezeption – Schütz, Alfred: – Theorie der Lebensformen – Erleben, Sprache, Begriff (Spracharbeit) – Sinnstruktur der Novelle: Goethe – Sinn einer Kunstform (Musik) – Anhang: Entwürfe

351 Chomsky, Noam: Regeln und Repräsentationen
(Rules and Representations). Übersetzt von Helen Leuninger. 301 S. 1981. (3-518-27951-3)

352 Blumenberg, Hans: Die Genesis der kopernikanischen Welt
3 Bände in Kassette. Zusammen 803 S. 1981. (3-518-27952-1)

353 Douglas, Mary: Ritual, Tabu und Körpersymbolik
Sozialanthropologische Studien in Industriegesellschaft und Stammeskultur. (Natural Symbols. Explorations in Cosmology). Übersetzt von Eberhard Bubser. 254 S. 1981. (3-518-27953-X) ▸

354 Dilthey, Wilhelm: Der Aufbau der geschichtlichen Welt in den Geisteswissenschaften
Einleitung von Manfred Riedel. 403 S. 1981. (3-518-27954-8)

355 Adorno, Theodor W.: Noten zur Literatur
Herausgegeben von Rolf Tiedemann. 708 S. 1981
(3-518-27955-6)
Der Essay als Form – Über epische Naivetät – Standort des Erzählers im zeitgenössischen Roman – Rede über Lyrik und Gesellschaft – Zum Gedächtnis Eichendorffs – Die Wunde Heine – Rückblickend auf den Surrealismus – Satzzeichen – Der Artist als Statthalter – Zur Schlußszene des Faust – Balzac-Lektüre – Valérys Abweichungen – Kleine Proust-Kommentare – Wörter aus der Fremde – Blochs Spuren – Erpreßte Versöhnung – Versuch, das Endspiel zu verstehen – Titel – Zu einem Porträt Thomas Manns – Bibliographische Grille – Rede über ein imaginäres Feuilleton – Sittlichkeit und Kriminalität – Der wunderliche Realist – Engagement – Voraussetzungen – Parataxis – Zum Klassizismus von Goethes Iphigenie – Rede über den ›Raritätenladen‹ von Charles Dickens – George – Die beschworene Sprache – Henkel, Krug und frühe Erfahrung – Einleitung zu Benjamins ›Schriften‹ – Benjamin, der Briefeschreiber – Offener Brief an Rolf Hochhuth – Ist die Kunst heiter? – Anhang: Expressionismus und künstlerische Wahrhaftigkeit – ›Platz‹. Zu Fritz von Unruhs Spiel – Frank Wedekind und sein Sittengemälde ›Musik‹ – Über den Nachlaß Frank Wedekinds – Physiologische Romantik – Wirtschaftskrise als Idyll – Über den Gebrauch von Fremdwörtern – Theses Upon Art and Religion Today – Ein Titel – Unrat und Engel – Zur Krisis der Literaturkritik – Bei Gelegenheit von Wilhelm Lehmanns ›Bemerkungen zur Kunst des Gedichts‹ – Zu Proust – Aus einem Brief über die ›Betrogene‹ an Thomas Mann – Benjamins ›Einbahnstraße‹ – Zu Benjamins Briefbuch ›Deutsche Menschen‹ – Reflexion über das Volksstück

356 Foucault, Michel: Archäologie des Wissens
(L'archéologie du savoir). Übersetzt von Ulrich Köppen. 301 S. 1981. (3-518-27956-4)

357 Métral, Marie-Odile: Die Ehe
(Le mariage). Analyse einer Institution. Mit einem Vorwort von Philippe Ariès. Übersetzt von Max Looser. 345 S. 1981 (3-518-27957-2)

358 Toulmin, Stephen E.: Voraussicht und Verstehen
Ein Versuch über die Ziele der Wissenschaft. (Foresight and Understanding. An Inquiry into the Aims of Science). Übersetzt von Eberhard Bubser. 138 S. 1981. (3-518-27958-0)

359 Evans-Pritchard, Edward E.: Theorien über primitive Religion
(Theories of Primitive Religion). Einleitung: Sozialanthropologie gestern und heute. Übersetzt von Karin Monte. 178 S. 1981 (3-518-27959-9)

360 Sorel, Georges: Über die Gewalt
(Réflexions sur la violence). Übersetzt von Ludwig Oppenheimer (1928). Mit einem Nachwort von George Lichtheim. 393 S. 1981 (3-518-27960-2)

361 Der Streit um die Wissenssoziologie
2 Bände. Herausgegeben von Volker Meja und Nico Stehr. Zusammen 975 S. 1982. (3-518-27961-0)
Erster Band: Die Entwicklung der deutschen Wissenssoziologie: Meja, Volker/Stehr, Nico: Zum Streit um die Wissenssoziologie – Jerusalem, Wilhelm: Die soziologische Bedingtheit des Denkens und der Denkformen – Scheler, Max: Die positivistische Geschichtsphilosophie des Wissens und die Aufgaben einer Soziologie der Erkenntnis – Scheler, Max: Wissenschaft und soziale Struktur – Adler, Max: Wissenschaft und soziale Struktur – Adler, Max: Soziologie und Erkenntniskritik – Dunkmann, Karl: Eine soziologische Begründung der Wissenschaft – Mannheim, Karl: Ideologische und soziologische Interpretation der geistigen Gebilde – Ziegler, Heinz O.: Ideologienlehre – Eppstein, Paul: Die Fragestellung nach der Wirklichkeit im historischen Materialis-

mus – Mannheim, Karl: Die Bedeutung der Konkurenz im Gebiete des Geistigen – Diskussion über »Die Konkurrenz«: Auszüge aus den Diskussionsbeiträgen von Alfred Weber, Werner Sombart, Robert Wilbrandt, Kurt Singer, Emil Lederer, Adolph Löwe, Alfred Meusel, Norbert Elias, Hans Jonas und Paul Eppstein. Karl Mannheims Schlußwort – Meusel, Alfred: Die Konkurrenz in soziologischer Betrachtung. Gedanken zum 6. Deutschen Soziologentag

Zweiter Band: Rezeption und Kritik der Wissenssoziologie: Curtius, Ernst Robert: Soziologie – und ihre Grenzen – Mannheim, Karl: Zur Problematik der Soziologie in Deutschland – Marck, Siegfried: Zum Problem des ›seinsverbundenen‹ Denkens – Tillich, Paul: Ideologie und Utopie – Marcuse, Herbert: Zur Wahrheitsproblematik der soziologischen Methode – Horkheimer, Max: Ein neuer Ideologiebegriff? – Stern, Günther: Über die sogenannte ›Seinverbundenheit‹ des Bewußtseins – Arendt, Hannah: Philosophie und Soziologie – Speier, Hans: Soziologie oder Ideologie? – Lewalter, Ernst: Wissenssoziologie und Marxismus – Neurath, Otto: Bürgerlicher Marxismus – Wittfogel, Karl: Wissen und Gesellschaft – Grüneberg, Horst: Das Ende der Wissenschaft? – Spranger, Eduard: Ideologie und Wissenschaft – Plessner, Helmuth: Abwandlungen des Ideologiegedankens – Barth, Hans: Geist und Gesellschaft – Grünwald, Ernst: Systematische Analyse wissenssoziologischer Theorien – Grünwald, Ernst: Wissenssoziologie und Erkenntniskritik – Schelting, Alexander von: Die Grenzen der Soziologie des Wissens – Stehr, Nico/Meja, Volker: Zur gegenwärtigen Lage wissenssoziologischer Konzeptionen

362 **Zenz, Gisela: Kindesmißhandlung und Kindesrechte**
Erfahrungswissen, Normstruktur und Entscheidungsrationalität. 452 S. 1981. (3-518-27962-9)

363 Von der ständischen zur bürgerlichen Gesellschaft
Politisch-soziale Theorien im Deutschland der zweiten Hälfte des 18. Jahrhunderts. Herausgegeben von Zwi Batscha und Jörn Garber. 413 S. 1981. (3-518-27963-7)
Batscha, Zwi/Garber, Jörn: Einleitung – Wolff, Christian: Einleitung in das Natur- und Völkerrecht – Martini, Karl Anton von: Von der Gesellschaft überhaupt – Justi, Johann Heinrich Gottlob von: Abhandlung von der Anordnung und dem Gleichgewichte der Hauptzweige der obersten Gewalt, worauf die Glückseligkeit und Freiheit des Staats hauptsächlich ankommt – Möser, Justus: Der Staat mit einer Pyramide verglichen. Eine erbauliche Betrachtung – Moser, Johann Jakob: Die deutschen Reichsstände – Pütter, Johann Stephan: Die Stände – Schlosser, Johann Georg: Die Staats-, Geburts- und Berufsstände – Dohm, Christian Wilhelm: Die drei produktiven Stände – Bahrdt, Carl Friedrich: Der Bürger – Campe, Joachim Heinrich: Der Bürger – Reinhold, Karl Leonhard: Die drei Stände. Ein Dialog – Iselin, Isaac: Über die bürgerliche Ordnung – Schlettwein, Johann August: Von dem unzertrennlichen Zusammenhange der Freiheit mit der Gerechtigkeit – Hennings, August: Die Freiheit der Produktion und der Distribution – Svarez, Carl Gottlieb: Grundsätze des allgemeinen Staatsrechts – Klein, Ernst Ferdinand: Über die Natur der bürgerlichen Gesellschaft – Ascher, Saul: Der Naturzustand – Anonym: Über den gesellschaftlichen Vertrag – Rehberg, August Wilhelm: Kritik des naturrechtlichen Gesellschaftsbegriffs – Stuve, Johann: Über die Rechte der Menschheit – Eberhard, Johann August: Über die Rechte der Menschheit in der bürgerlichen Gesellschaft. In Beziehung auf das bekannte Dekret der Französischen Nationalversammlung – Rebmann, Georg Friedrich: Mein System – Moser, Friedrich Carl von: Der deutsche Nationalgeist – Sonnenfels, Josef von: Über die Liebe des Vaterlandes – Müller, Drost von: Gedanken über Kosmopolitismus und Patriotismus – Villaume, Peter: Patriotismus und Konstitutionalismus – Wekhrlin, Wilhelm Ludwig: Preßfreiheit – Garve, Christian: Clubs – Albrecht, Heinrich Christoph: Gedanken über die Preßfreiheit in Deutschland – Kant, Immanuel: Eigentumsrecht –

Fichte, Johann Gottlieb: Über den Geist des Zivil- oder Eigentumsvertrags – Würzer, Heinrich: Konstitution – Knigge, Adolph Freiherr von: Entwurf der neuen Staatsverfassung – Bergk, Johann Adam: Die Konstitution der demokratischen Republik – Cotta, Friedrich: Von der Staatsverfassung in Frankreich. Zum Unterrichte für die Bürger und Bewohner im Erzbistum Mainz und den Bistümern Worms und Speyer – Wieland, Christoph Martin: Über die Revolution – Tieftrunk, Johann Heinrich: Evolution von »oben« – Hendrich, Franz Josias von: Vergleichung der Reformation mit der Französischen Revolution – Weitzel, Johannes: Die Revolution – Forster, Georg: Brief an Heyne über die Revolution vom 5. Juni 1792 – Riedel, Andreas: Aufruf an alle Deutsche zu einem antiaristokratischen Gleichheitsbund – Souveränitätserklärung des Volkes zwischen Maas, Rhein und Mosel

364 Perspektivität und Interpretation

Beiträge zur Entwicklung des sozialen Verstehens. Herausgegeben von Wolfgang Edelstein und Monika Keller. 467 S. 1982 (3-518-27964-5)

Edelstein, Wolfgang/Keller, Monika: Perspektivität und Interpretation. Zur Entwicklung des sozialen Verstehens – Secord, Paul F./Peevers, Barbara H.: Genese und Attribuierung von Person-Konzepten – Youniss, James: Die Entwicklung und Funktion von Freundschaftsbeziehungen – Damon, William: Zur Entwicklung der sozialen Kognition des Kindes. Zwei Zugänge zum Verständnis von sozialer Kognition – Turiel, Elliot: Die Entwicklung sozial-konventionaler und moralischer Konzepte – Furth, Hans G.: Das Gesellschaftsverständnis des Kindes und der Äquilibrationsprozeß – Voyat, Gilbert: Entwicklung in der kognitiven und in der sozialen Dimension. Eine neue Perspektive – Peters, Richard S.: Personales Verstehen und persönliche Beziehungen – Keller, Monika: Die soziale Konstitution sozialen Verstehens: Universelle und differentielle Aspekte – Blasi, Augusto: Kognition, Erkenntnis und das Selbst – Döbert, Rainer/Nunner-Winkler, Gertrud: Formale und materiale Rollenübernahme. Das Verstehen von Selbstmordmotiven im Jugendalter – Selman, Robert L./Lavin, Debra R./Brion-Meisels, Steven: Entwicklung der Fähigkeit zur Selbstreflexion bei Kindern. Forschungen zum reflexiven Verstehen und die Untersuchung praktischer Verständnisleistungen verhaltensgestörter Kinder – Noam, Gil/Kegan, Robert: Soziale Kognition und Psychodynamik: Auf dem Weg zu einer klinischen Entwicklungspsychologie

365 Soziale Struktur und Vernunft
Jean Piagets Modell entwickelten Denkens in der Diskussion kulturvergleichender Forschung. Herausgegeben von Traugott Schöfthaler und Dietrich Goldschmidt. 530 S. 1984.
(3-518-27965-3)
Goldschmidt, Dietrich: Vorwort – Schöfthaler, Traugott: Einleitung: Wissen oder Weisheit? Die kulturelle Relativierung von Piagets Modell formaler Denkoperationen als Problem der Bildungsforschung – Piaget, Jean: Die intellektuelle Entwicklung im Jugend- und im Erwachsenenalter – Piaget, Jean: Notwendigkeit und Bedeutung der vergleichenden Forschung in der Entwicklungspsychologie – Ashton, Patricia T.: Kulturvergleichende Piaget-Forschung: Eine empirische Perspektive – Greenfield, Patricia M.: Kulturvergleichende Forschung und Piagets Theorie: Paradox und Fortschritt – Ember, Carol R.: Kulturvergleichende Kognitionsforschung– Wolfram, Sybil: Grundlegende Unterschiede des Denkens – Bloor, David: Die Logik der Zande und die westliche Wissenschaft – Lee, Dorothy: Lineare und nicht-lineare Wirklichkeits-Kodierungen – Gladwin, Thomas: Logik auf Puluwat und in der Bronx – Shweder, Richard A.: Ähnlichkeit und Korrelation im Alltagsdenken: Magisches Denken in Persönlichkeitsbeurteilungen – Wober, Mallory: Zum Verständnis des Kiganda-Intelligenzbegriffs – Müller-Schwefe, Rudolf: Versuch einer anthropologischen Relativierung von Piagets Zeitbegriff – Paredes, J. Anthony/Hepburn, Marcus J.: Die ›split brain‹-Forschung und das Kultur-Kognitions-Paradox – Cole, Michael: Eine ethnographische Psychologie der Kognition – Scribner, Sylvia: Denkweisen und Sprechweisen. Neue Überlegungen zu Kultur und Logik – Müller, Rudolf W.: Unterentwicklung der Rationalität bei ›Einge-

borenen‹: Die rassistische und die liberale Variante der Erklärung – Inkeles, Alex: Was heißt »individuelle Modernität«? – Bosse, Hans: Zur Ethno-Hermeneutik von Modernisierungskrisen und selbstbestimmten Bildungsprozessen – Edelstein, Wolfgang: Entwicklung, kulturelle Zwänge und die Problematik des Fortschritts – Osterloh, Karl-Heinz: Traditionelle Lernweisen und europäischer Bildungstransfer. Zur Begründung einer adaptierten Pädagogik in den Entwicklungsländern – Goldschmidt, Dietrich/Schöfthaler, Traugott: Bildung als gleichzeitige Entwicklung von Vernunft und kultureller Identität

367 Geschichte der Soziologie
Studien zur kognitiven, sozialen und historischen Identität einer Disziplin. Herausgegeben von Wolf Lepenies. Übersetzungen von Wolf-Hagen Krauth. 4 Bände in Kassette. Zusammen 1811 S. 1981. (3-518-27967-X)
Band 1: Lepenies, Wolf: Einleitung. Studien zur kognitiven, sozialen und historischen Identität der Soziologie – Merton, Robert K.: Zur Geschichte und Systematik der soziologischen Theorie – Abrams, Philip: Das Bild der Vergangenheit und die Ursprünge der Soziologie – Giddens, Anthony: Die klassische Gesellschaftstheorie und der Ursprung der modernen Soziologie – Jones, Robert Alun: Einen soziologischen Klassiker verstehen – Kuklick, Henrika: Vergangenheit und Zukunft der Soziologie – Kronus, Sidney/Jones, Robert Alun: Professionelle Soziologen und die Geschichte der Soziologie. Eine Meinungsumfrage – Baker, Paul J.: Die Lebensgeschichte von W. I. Thomas und R. E. Park – Heberle, Rudolf: Soziologische Lehr- und Wanderjahre – Adorno, Theodor W.: Wissenschaftliche Erfahrungen in Amerika – Lazarsfeld, Paul F.: Mit Merton arbeiten – Lipset, Seymor Martin: Sozialismus und Soziologie – Kohli, Martin: ›Von uns selber schweigen wir‹. Wissenschaftsgeschichte aus Lebensgeschichten
Band 2: Szacki, Jerzy: ›Schulen‹ in der Soziologie – Tiryakian, Edward A.: Die Bedeutung von Schulen für die Entwicklung der Soziologie – Mullins, Nicholas C.: Ein Modell der Entwicklung soziologischer Theorien – Mullins, Nicholas C.: Ethnomethodo-

logie: Das Spezialgebiet, das aus der Kälte kam – Geiger, Robert L.: Die Institutionalisierung soziologischer Paradigmen. Drei Beispiele aus der Frühzeit der französischen Soziologie – Clark, Terry N.: Die Durkheim-Schule und die Universität – Karady, Victor: Strategien und Vorgehensweisen der Durkheim-Schule im Bemühen um die Anerkennung der Soziologie – Besnard, Philippe: Die Bildung des Mitarbeiterstabs der Année sociologique – Durkheim, Emile/Lapie, Paul/Parodi, Dominique/Fauconnet, Paul: Briefe an Célestin Bouglé – Alemann, Heine von: Leopold von Wiese und das Forschungsinstitut für Sozialwissenschaften in Köln 1919-1934 – Kluke, Paul: Das Institut für Sozialforschung – Dubiel, Helmut: Soziale Strukturen der Forschungsorganisation der frühen Kritischen Theorie

Band 3: Oberschall, Anthony R.: Paul F. Lazarsfeld und die Geschichte der empirischen Sozialforschung – Cole, Stephen: Kontinuität und Institutionalisierung in der Wissenschaft. Eine Fallstudie des Scheiterns – Clark, Terry N.: Diskontinuität in der Sozialforschung. Der Fall des *Cours élémentaire de statistique administrative*. Eine Fallstudie – Selvin, Hanan C.: Durkheim, Booth und Yule: Die unterbliebene Diffusion einer intellektuellen Innovation – Pollak, Michael: Paul F. Lazarsfeld – Gründer eines multinationalen Wissenschaftskonzerns – Canguilhem, Georges: Auguste Comtes Philosophie der Biologie und ihr Einfluß im Frankreich des 19. Jahrhunderts – Lepenies, Wolf: Normalität und Anormalität. Wechselwirkungen zwischen den Wissenschaften vom Leben und den Sozialwissenschaften im 19. Jahrhundert – Keylor, William R.: Die Herausforderung der Wissenschaft von der Gesellschaft – Vogt, W. Paul: Über den Nutzen des Studiums primitiver Gesellschaften. Eine Anmerkung zur Durkheim-Schule 1890-1940 – Craig, John E.: Die Durkheim-Schule und die *Annales* – Russett, Cynthia Eagle: Die Zähmung des Tigers. Der Darwinismus in der amerikanischen Gesellschaft und Gesellschaftslehre – Halliday, R. J.: Die soziologische Bewegung, die Sociological Society und die Entstehung der akademischen Soziologie in Großbritannien – Anderson, Perry: Großbritannien: Soziologische Gründe für das Ausbleiben der Soziologie – Torrance,

John: Die Entstehung der Soziologie in Österreich, 1885-1935 – Bourdieu, Pierre/Passeron, Jean-Claude: Soziologie und Philosophie in Frankreich seit 1945. Tod und Wiederauferstehung einer Philosophie ohne Subjekt

Band 4: Tiryakian, Edward A.: Ein Problem für die Wissenssoziologie: Die gegenseitige Nichtbeachtung von Emile Durkheim und Max Weber – Durkheim, Emile/Lukes, Steven: Ein Briefwechsel – Levine, Donald N. u.a.: Simmels Einfluß auf die amerikanische Soziologie – Cahnman, Werner J.: Tönnies in Amerika – König, René: Die Situation der emigrierten deutschen Soziologen in Europa – Riemer, Svend: Die Emigration der deutschen Soziologen nach den Vereinigten Staaten – Sprondel, Walter M.: Erzwungene Diffusion. Die »University in Exile« und Aspekte ihrer Wirkung – Wagner, Helmut R.: Der Einfluß der deutschen Phänomenologie auf die amerikanische Soziologie – Coser, Lewis A.: Merton und die europäische Tradition der Soziologie – Sutherland, David Earl: Wer rezipiert heute die europäische Soziologie? Bemerkungen über die Beziehungen zwischen europäischer und amerikanischer Soziologie

368 Wesel, Uwe: Aufklärungen über Recht
Zehn Beiträge zur Entmythologisierung. 160 S. 1981
(3-518-27968-8)

369 Reck, Siegfried: Identität, Rationalität und Verantwortung
Grundbegriffe und Grundzüge einer soziologischen Identitätstheorie. 196 S. 1981. (3-518-27969-6▸)

370 Dux, Günter: Die Logik der Weltbilder
Sinnstrukturen im Wandel der Geschichte. 361 S. 1982
(3-518-27970-X)

371 Schütz, Alfred: Das Problem der Relevanz
Herausgegeben und erläutert von Richard M. Zaner. Mit einer Einleitung von Thomas Luckmann (1971). 234 S. 1982
(3-518-27971-8)

372 **Münster, Arno: Utopie, Messianismus und Apokalypse im Frühwerk von Ernst Bloch**
319 S. 1982. (3-518-27972-6▸)

373 **Kohut, Heinz: Die Heilung des Selbst**
(The Restoration of the Self). Übersetzt von Elke vom Scheidt. 331 S. 1981. (3-518-27973-4)

374 **Rosenbaum, Heidi: Formen der Familie**
Untersuchungen zum Zusammenhang von Familienverhältnissen, Sozialstruktur und sozialem Wandel in der deutschen Gesellschaft des 19. Jahrhunderts. 634 S. 1982. (3-518-27974-2)

375 **Sprachpragmatik und Philosophie**
Herausgegeben von Karl-Otto Apel. 488 S. 1982 (3-518-27975-0)
Apel, Karl-Otto: Vorwort – Apel, Karl-Otto: Sprechakttheorie und transzendentale Sprachpragmatik zur Frage ethischer Normen – Habermas, Jürgen: Was heißt Universalpragmatik? – Kanngießer, Siegfried: Sprachliche Universalien und diachrone Prozesse – Schnelle, Helmut: Empirische und transzendentale Sprachgemeinschaften – Wunderlich, Dieter: Über die Konsequenzen von Sprechhandlungen – Wunderlich, Dieter: Sprechakttheorie und Diskursanalyse

376 **Mittelstraß, Jürgen: Wissenschaft als Lebensform**
Reden über philosophische Orientierungen in Wissenschaft und Universität. 234 S. 1982. (3-518-27976-9)
Wissenschaft als Lebensform. Zur gesellschaftlichen Relevanz und zum bürgerlichen Begriff der Wissenschaft – Technik und Vernunft. Orientierungsprobleme in der Industriegesellschaft – Aneignung und Verlust der Natur – Forschungsplanung aus wissenschaftstheoretischer Sicht – Wissenschaft, Bildung und Region – Universitätsreform als Wissenschaftsreform – Versuch über den Sokratischen Dialog – Was heißt: sich im Denken orientieren? – Theorie und Empirie der Wissenschaftsforschung

377 Psychoanalyse als Gespräch
Interaktionsanalytische Untersuchungen über Therapie und Supervision. Herausgegeben von Dieter Flader, Wolf-Dietrich Grodzicki und Klaus Schröter. 304 S. 1982. (3-518-27977-7)
Flader, Dieter/Schröter, Klaus: Interaktionsanalytische Ansätze der Therapiegesprächsforschung – Flader, Dieter: Die psychoanalytische Therapie als Gegenstand sprachwissenschaftlicher Forschung – Flader, Dieter/Grodzicki, Wolf-Dietrich: Hypothesen zur Wirkungsweise der psychoanalytischen Grundregel – Koerfer, Armin/Neumann, Christoph: Alltagsdiskurs und psychoanalytischer Diskurs. Aspekte der Sozialisierung des Patienten in einen ›ungewohnten‹ Diskurstyp – Flader, Dieter/Grodzicki, Wolf-Dietrich: Die psychoanalytische Deutung – eine diskursanalytische Fallstudie – Schröter, Klaus: Zur Rekonstruktion der Bedeutungsstruktur von Gesprächssequenzen – Giesecke, Michael/Rappe, Kornelia: Setting und Ablaufstrukturen in Supervisions- und Balintgruppen. Ergebnisse einer kommunikationswissenschaftlichen Untersuchung

378 Coulmas, Florian: Über Schrift
153 S. 1981. (3-518-27978-5)

379 Techniksoziologie
Herausgegeben von Rodrigo Jokisch. XIV + 530 S. 1982 (3-518-27979-3)
Jokisch, Rodrigo: Einleitung – Linde, Hans: Soziale Implikationen technischer Geräte, ihrer Entstehung und Verwendung – Rammert, Werner: Soziotechnische Revolution: Sozialstruktureller Wandel und Strategien der Technisierung. Analytische Perspektiven einer Soziologie der Technik – Balla, Bálint: Technik – Gesellschaft – Knappheit. Theoretische Perspektiven einer Techniksoziologie – Weingart, Peter: Strukturen technologischen Wandels. Zu einer soziologischen Analyse der Technik – Ludwig, Karl-Heinz: Historische Aspekte des Zusammenhangs von Arbeit, Technik und Arbeitszeit – Jokisch, Rodrigo/Lindner, Helmut: Technologischer Wandel in Gesamtdarstellungen. Probleme

seiner Strukturierung für die Frühindustrialisierung – Ullrich, Otto: Erkenntnisinteresse und Gegenstand einer kritischen Techniksoziologie – Axt, Heinz-Jürgen: Herrschaft – »Sachzwang« der Technik? Zur Auseinandersetzung mit Otto Ullrichs Technik- und Industriekritik – Strasser, Johano/Traube, Klaus: Technik und Herrschaft – Gonzales, Norman Rolando: Technik, Weltsystem und Entwicklung – Kern, Horst/Schumann, Michael: Rationalisierung und Arbeiterverhalten. Gedanken zu einer Folgestudie zu »Industriearbeit und Arbeiterbewußtsein« – Lindner, Helmut: Technische Entwicklung und das Problem der Mehrfacherfindung – Deters, Magdalene: Geschlechtsspezifisches Arbeitsvermögen und Technikentwicklung. Determinanten der beruflichen Benachteiligung von Frauen – Helten, Frank: Technik – Verstädterung – Stadtplanung – Sens, Eberhard: Techniksoziologie und Ingenieure. Zu einigen Aspekten von Qualifikation, Beruf und Bewußtsein von Ingenieuren – Mackensen, Rainer: Wirkungschancen praktischer Techniksoziologie

380 Höffe, Otfried: Sittlich-politische Diskurse
Philosophische Grundlagen. Politische Ethik. Biomedizinische Ethik. 289 S. 1981. (3-518-27980-7)

381 Drews, Sibylle/Brecht, Karen: Psychoanalytische Ich-Psychologie
Grundlagen und Entwicklung. 323 S. 1982. (3-518-27981-5)

382 Bubner, Rüdiger: Handlung, Sprache und Vernunft
Grundbegriffe praktischer Philosophie. Neuausgabe mit einem Anhang. 319 S. 1982. (3-518-27982-3)

383 Goldstein, Joseph/Freud, Anna/Solnit, Albert J.: Diesseits des Kindeswohls
(Before the Best Interests of the Child). Übersetzt von Reinhard Herborth. Mit einem Beitrag von Spiros Simitis: Kindeswohl – eine Diskussion ohne Ende? 260 S. 1982 (3-518-27983-1)

384 Wollheim, Richard: Objekte der Kunst
(Art and its Objects. Second Edition. With Six Supplementary Essays). Übersetzt von Max Looser. 256 S. 1982 (3-518-27984-X)

386 Jakobson, Roman/Pomorska, Krystyna: Poesie und Grammatik
Dialoge. (Dialogues). Mit einem Verzeichnis der Veröffentlichungen Roman Jakobsons in deutscher Sprache 1921-1982. Übersetzt von Horst Brühmann. 193 S. 1982. (3-518-27986-6)

387 Historische Familienforschung
Herausgegeben von Michael Mitterauer und Reinhard Sieder. 374 S. 1982. (3-518-27987-4▸)
Rosenbaum, Heidi: Die Bedeutung historischer Forschung für die Erkenntnis der Gegenwart – dargestellt am Beispiel der Familiensoziologie – Hareven, Tamara K.: Family Time and Historical Time – Goody, Jack: Erbschaft, Eigentum und Frauen. Einige vergleichende Betrachtungen – Reif, Heinz: Zum Zusammenhang von Sozialstruktur, Familien- und Lebenszyklus im westfälischen Adel in der Mitte des 18. Jahrhunderts – Gaunt, David: Formen der Altersversorgung in Bauernfamilien Nord- und Mitteleuropas – Czap jun., Peter: »Eine zahlreiche Familie – des Bauern größter Reichthum«. Leibeigenenhaushalte in Mišino, Rußland 1814-1858 – Mitterauer, Michael: Auswirkungen der Agrarrevolution auf die bäuerliche Familienstruktur in Österreich – Medick, Hans: Familienwirtschaft als Kategorie einer historisch-politischen Ökonomie. Die hausindustrielle Familienwirtschaft in der Übergangsphase zum Kapitalismus – Ehmer, Josef: Familie und Klasse. Zur Entstehung der Arbeiterfamilie in Wien – Pirhofer, Gottfried/Sieder, Reinhard: Zur Konstitution der Arbeiterfamilie im Roten Wien. Familienpolitik, Kulturreform, Alltag und Ästhetik

388 Jäger, Herbert: Verbrechen unter totalitärer Herrschaft
Studien zur nationalsozialistischen Gewaltkriminalität. Mit einem Nachwort zur Neuauflage von Adalbert Rückerl. III + 410 S. 1982. (3-518-27988-2)

389 Schadewaldt, Wolfgang: Die Anfänge der Geschichtsschreibung bei den Griechen
Herodot · Thukydides. Tübinger Vorlesungen Band 2. Unter Mitwirkung von Maria Schadewaldt herausgegeben von Ingeborg Schudoma. 413 S. 1982. (3-518-27989-0)

390 Bendix, Reinhard: Freiheit und historisches Schicksal
Heidelberger Max Weber-Vorlesungen 1981. 149 S. 1982 (3-518-27990-4)

391 Zwischen Technologie und Selbstreferenz
Fragen an die Pädagogik. Herausgegeben von Niklas Luhmann und Karl Eberhard Schorr. 261 S. 1982. (3-518-27991-2)
Luhmann, Niklas/Schorr, Karl Eberhard: Einleitung – Luhmann, Niklas/Schorr, Karl Eberhard: Das Technologiedefizit der Erziehung und die Pädagogik – Luhmann, Niklas: Die Voraussetzung der Kausalität – Diederich, Jürgen: Bemessene Zeit als Bedingung pädagogischen Handelns – Markowitz, Jürgen: Relevanz im Unterricht – eine Modellskizze – Uhle, Reinhard: Unterricht als komplementäre Interaktion selbstreferentieller Subjekte. Überlegungen zu einem handlungstheoretischen Pädagogikverständnis – Oelkers, Jürgen: Intention und Wirkung: Vorüberlegungen zu einer Theorie pädagogischen Handelns – Schmalt, Heinz-Dieter: Über das Handeln in Unterrichtssituationen – Luhmann, Niklas/Schorr, Karl Eberhard: Personale Identität und Möglichkeiten der Erziehung

392 Grunberger, Béla: Vom Narzißmus zum Objekt
(Le narcissisme. Essais de psychanalyse). Übersetzt von Peter Canzler. 335 S. 1982. (3-518-27992-0)

393 Europäische Bauernrevolten der frühen Neuzeit
Herausgegeben von Winfried Schulze. 375 S. 1982 (3-518-27993-9)
Schulze, Winfried: Europäische und deutsche Bauernrevolten der frühen Neuzeit. Probleme der vergleichenden Betrachtung –

Reinhard, Wolfgang: Theorie und Empirie bei der Erforschung frühneuzeitlicher Volksaufstände – Mousnier, Roland: Untersuchungen zu den Volksaufständen in Frankreich von 1483 bis 1787. Ein Fragenkatalog – Kamen, Henry: Die europäischen Volksaufstände 1550-1660 und die Struktur der Revolten – Heitz, Gerhard: Der Zusammenhang zwischen den Bauernbewegungen und der Entwicklung des Absolutismus in Mitteleuropa – Sabean, David W.: Die Dorfgemeinde als Basis der Bauernaufstände in Westeuropa bis zu Beginn des 19. Jahrhunderts – Jacquart, Jean: Das Scheitern der bäuerlichen Widerstandsbewegungen in Frankreich – Davies, Clifford S. L.: Bauernrevolten in Frankreich und England. Ein Vergleich – Schulze, Winfried: Die veränderte Bedeutung sozialer Konflikte im 16. und 17. Jahrhundert – Hoffmann, Alfred: Zur Typologie der Bauernaufstände in Oberösterreich – Petran, Josef: Der Höhepunkt der Bewegungen der untertänigen Bauern in Böhmen

394 Marquard, Odo: Schwierigkeiten mit der Geschichtsphilosophie

Aufsätze. 249 S. 1982. (3-518-27994-7)

Schwierigkeiten mit der Geschichtsphilosophie – Hegel und das Sollen – Idealismus und Theodizee – Wie irrational kann Geschichtsphilosophie sein? – Über einige Beziehungen zwischen Ästhetik und Therapeutik in der Philosophie des neunzehnten Jahrhunderts – Weltanschauungstypologie. Bemerkungen zu einer anthropologischen Denkform des neunzehnten und zwanzigsten Jahrhunderts – Zur Geschichte des philosophischen Begriffs »Anthropologie« seit dem Ende des achtzehnten Jahrhunderts

395 Devereux, Georges: Normal und anormal

Aufsätze zur allgemeinen Ethnopsychiatrie. (Aus: Essai d'ethnopsychiatrique général). Übersetzt von Nils Thomas Lindquist. 372 S. 1982. (3-518-27995-5)

Normal und anormal – Die Ethnopsychiatrie als Bezugsrahmen in der klinischen Forschung und Praxis – Sozialer Negativismus und kriminelle Psychopathie – Eine soziologische Theorie der Schizophrenie – Die Schizophrenie als ethnische Psychose, oder Schizophrenie ohne Tränen – Die Diagnose in der primitiven Psychiatrie: Allgemeine Theorie der Diagnose – Kulturelle Faktoren in der psychoanalytischen Therapeutik – Die Psychoanalyse als Instrument der ethnologischen Forschung: Bestandsaufnahme und theoretische Implikationen

396 Goffman, Erving: Das Individuum im öffentlichen Austausch

Mikrostudien zur öffentlichen Ordnung. (Relations in Public. Microstudies of the Public Order). Übersetzt von R. und R. Wiggershaus. 512 S. 1982. (3-518-27996-3)

397 Natur und geschichtlicher Prozeß

Studien zur Naturphilosophie F. W. J. Schellings. Mit einem Quellenanhang als Studientext und einer Bibliographie. Herausgegeben und eingeleitet von Hans Jörg Sandkühler. 448 S. 1984 (3-518-27997-1)

Sandkühler, Hans Jörg: Natur und geschichtlicher Prozeß. Von Schellings Philosophie der Natur und der Zweiten Natur zur Wissenschaft der Geschichte – Hartkopf, Werner: Denken und Naturentwicklung. Zur Aktualität der Philosophie des jungen Schelling – Černý, Jiří: Von der ›natura naturans‹ zum »unvordenklichen Seyn«. Eine Linie des Materialismus bei Schelling? – Schmied-Kowarzik, Wolfdietrich: Zur Dialektik des Verhältnisses von Mensch und Natur – Förster, Wolfgang: Schelling als Theoretiker der Dialektik der Natur – Holz, Hans Heinz: Der Begriff der Natur in Schellings spekulativem System. Zum Einfluß von Leibniz auf Schelling – Buhr, Manfred: Geschichtliche Vernunft und Naturgeschichte. »Neue« Anmerkungen zur Differenz des Fichteschen und Schellingschen Systems der Philosophie – Dietzsch, Steffen: Geschichtsphilosophische Dimensionen der Naturphilosophie Schellings – Pälike, Dieter: Wissenschaftstheoretische Aspekte in Schellings naturphilosophischer Interpretation der Chemie – Nolte, Peter: Bemerkungen zum Verhältnis des

Chemikers Schönbein zu Schelling. (Mit Briefen Schellings an Schönbein) – Engelhardt, Dietrich von: Schellings philosophische Grundlegung der Medizin – Treder, Hans-Jürgen: Zum Einfluß von Schellings Naturphilosophie auf die Entwicklung der Physik – Ehrhardt, Walter E.: Die Naturphilosophie *und* die Philosophie der Offenbarung. Zur Kritik materialistischer Schelling-Forschung – Schelling, F. W. J.: Ideen zu einer Philosophie der Natur als Einleitung in das Studium dieser Wissenschaft (1797) (Auszug) – Schelling, F. W. J.: Einleitung zu dem Entwurf eines Systems der Naturphilosophie. Oder über den Begriff der speculativen Physik und die innere Organisation eines Systems dieser Wissenschaft (1799) (Auszug) – Schelling, F. W. J.: System des transcendentalen Idealismus (1800) – Schelling, F. W. J.: Ueber den wahren Begriff der Naturphilosophie und die richtige Art ihre Probleme aufzulösen (1801) – Auswahlbibliographie zur Naturphilosophie Schellings

398 Wahl, Klaus/Honig, Michael-Sebastian/Gravenhorst, Lerke: Wissenschaftlichkeit und Interessen

Zur Herstellung subjektivitätsorientierter Sozialforschung. 319 S. 1982. (3-518-27998-X)

399 Logik und Pragmatik

Zum Rechtfertigungsproblem logischer Sprachregeln. Herausgegeben von Carl Friedrich Gethmann. 245 S. 1982 (3-518-27999-8)

Lenk, Hans: Zur Frage der apriorischen Begründbarkeit und Kennzeichnung der logischen Partikeln – Kambartel, Friedrich: Formalistische und sophistische Elemente in der »dialogischen Logik« – Gethmann, Carl Friedrich: Zur methodischen Ordnung regellogischer Kalkültypen – Lorenz, Kuno: Die irreführende Gleichsetzung von Begründungen und Argumentationen. Bemerkungen zu einem monologischen Mißverständnis in der dialogischen Logik – Grewendorf, Günther: Logische Kommunikation und kommunikative Logik. Zur Kritik einer formalen Pragmatik von Begründungsdiskursen – Grewendorf, Günther: Behaupten und Zustimmen – Schneider, Hans J.: Dient der Subjunktor der Diskursabkürzung? Zu C.F. Gethmanns *Protologik* – Hegselmann, Rainer/Raub, Werner: Protologik und formale Logik – Hinst, Peter: Pragmatische Regeln des logischen Argumentierens – Zahn, Peter: Die Semantik der Sprache der Prädikatenlogik in argumentativ-pragmatischer Sicht

400 Sozialforschung als Kritik
Zum sozialwissenschaftlichen Potential der Kritischen Theorie. Herausgegeben von Wolfgang Bonß und Axel Honneth. 518 S. 1982. (3-518-28000-7)
Bonß, Wolfgang/Honneth, Axel: Einleitung: Zur Reaktualisierung der Kritischen Theorie – Bonß, Wolfgang/Schindler, Norbert: Kritische Theorie als interdisziplinärer Materialismus – Jay, Martin: Positive und negative Totalität. Adornos Alternativentwurf zur interdisziplinären Forschung – Honneth, Axel: Von Adorno zu Habermas. Zum Gestaltwandel kritischer Gesellschaftstheorie – Benhabib, Seyla: Das Moderne und die Aporien der Kritischen Theorie – Brick, Barbara/Postone, Moishe: Kritischer Pessimismus und die Grenzen des traditionellen Marxismus – Marramao, Giacomo: Die Formveränderung des politischen Konflikts im Spätkapitalismus. Zur Kritik des politiktheoretischen Paradigmas der Frankfurter Schule – Kallscheuer, Otto: Morphologie des Spätkapitalismus und Strategiediskussion der Linken in Italien. Nachbemerkung zum politischen Kontext des Artikels von Giacomo Marramao – Söllner, Alfons: Politische Dialektik der Aufklärung. Zum Spätwerk von Franz Neumann und Otto Kirchheimer – Cohen, Jean: Warum noch politsche Theorie? Anmerkungen zu Jürgen Habermas – Bonß, Wolfgang: Psychoanalyse als Wissenschaft und Kritik. Zur Freudrezeption der Frankfurter Schule – Benjamin, Jessica: Die Antinomien des patriarchalischen Denkens. Kritische Theorie und Psychoanalyse – Dubiel, Helmut: Die Aufhebung des Überbaus. Zur Interpretation der Kultur in der Kritischen Theorie – Kellner, Douglas: Kulturindustrie und Massenkommunikation. Die Kritische Theorie und ihre Folgen

401 Schnädelbach, Herbert: Philosophie in Deutschland 1831-1933
337 S. 1983. (3-518-28001-5)

402 Max Webers Studie über Konfuzianismus und Taoismus
Interpretation und Kritik. Herausgegeben von Wolfgang Schluchter. 416 S. 1983. (3-518-28002-3)
Schluchter, Wolfgang: Einleitung. Max Webers Konfuzianismusstudie. Versuch einer Einordnung – Eberhard, Wolfram: Die institutionelle Analyse des vormodernen China. Eine Einschätzung von Max Webers Ansatz – Sprenkel, Sybille van der: Die politische Ordnung Chinas auf lokaler Ebene: Dörfer und Städte – Elvin, Mark: Warum hat das vormoderne China keinen industriellen Kapitalismus entwickelt? Eine Auseinandersetzung mit Max Webers Ansatz – Bünger, Karl: Das chinesische Rechtssystem und das Prinzip der Rechtsstaatlichkeit – Zingerle, Arnold: Max Webers Analyse des chinesischen Präbendalismus. Zu einigen Problemen der Verständigung zwischen Soziologie und Sinologie – Weber-Schäfer, Peter: Die konfuzianischen Literaten und die Grundwerte des Konfuzianismus – Metzger, Thomas: Max Webers Analyse der konfuzianischen Tradition. Eine Kritik – Tu Wei-Ming: Die neokonfuzianische Ontologie – Schmidt-Glintzer, Helwig: Viele Pfade oder ein Weg? Betrachtungen zur Durchsetzung der konfuzianischen Orthopraxie – Sivin, Nathan: Chinesische Wissenschaft. Ein Vergleich der Ansätze von Max Weber und Joseph Needham – Eisenstadt, Shmuel N.: Innerweltliche Transzendenz und die Strukturierung der Welt. Max Webers Studie über China und die Gestalt der chinesischen Zivilisation

403 Freimaurer und Geheimbünde im 18. Jahrhundert in Mitteleuropa
Herausgegeben von Helmut Reinalter. 404 S. 1983
(3-518-28003-1)
Reinalter, Helmut: Einleitung. Zur Aufgabenstellung der gegenwärtigen Freimaurerforschung – Reinalter, Helmut: Die Freimaurerei zwischen Josephinismus und frühfranziszeischer Reak-

tion. Zur gesellschaftlichen Rolle und indirekt politischen Macht der Geheimbünde im 18. Jahrhundert – Bieberstein, Johannes Rogalla von: Die These von der freimaurerischen Verschwörung – Vierhaus, Rudolf: Aufklärung und Freimaurerei in Deutschland – Dotzauer, Winfried: Freimaurergesellschaften im Rheingebiet. Die Anfänge der Freimaurerei im Westen des Alten Reiches – Krivanec, Ernest: Die Anfänge der Freimaurerei in Österreich – Möller, Horst: Die Bruderschaft der Gold- und Rosenkreuzer. Struktur, Zielsetzung und Wirkung einer anti-aufklärerischen Geheimgesellschaft – Katz, Jacob: Der Orden der Asiatischen Brüder – Schindler, Norbert: Der Geheimbund der Illuminaten: Aufklärung, Geheimnis und Politik – Mühlpfordt, Günter: Europarepublik im Duodezformat. Die internationale Geheimgesellschaft »Union«. Ein radikalaufklärerischer Bund der Intelligenz (1786-1796)

404 Fleck, Ludwik: Erfahrung und Tatsache
Gesammelte Aufsätze. Mit einer Einleitung herausgegeben von Lothar Schäfer und Thomas Schnelle. 195 S. 1983
(3-518-28004-X)
Schäfer, Lothar/Schnelle, Thomas: Die Aktualität Ludwik Flecks in Wissenschaftssoziologie und Erkenntnistheorie – Fleck, Ludwik: Erfahrung und Tatsache: – Über einige besondere Merkmale des ärztlichen Denkens (1927) – Zur Krise der »Wirklichkeit« (1929) – Über die wissenschaftliche Beobachtung und die Wahrnehmung im allgemeinen (1935) – Das Problem einer Theorie des Erkennens (1936) – Wissenschaftstheoretische Probleme (1946) – Schauen, sehen, wissen (1947) – Krise in der Wissenschaft. Zu einer freien und menschlichen Wissenschaft (1960) – Vollständige Bibliographie der Publikationen Ludwik Flecks

405 Gert, Bernard: Die moralischen Regeln
Eine neue rationale Begründung der Moral. (The Moral Rules. A New Rational Foundation for Morality). Übersetzt von Walter Rosenthal. 316 S. 1983. (3-518-28005-8)

406 Vranicki, Predrag: Geschichte des Marxismus
(Historija marksizma). Erweiterte Ausgabe. 2 Bände. Übersetzt von Stanislava Rummel, Vjekoslava Wiedmann und Jens Reuter. 1162 S. 1983. (3-518-28006-6)

407 Luhmann, Niklas: Funktion der Religion
324 S. 1982. (3-518-28007-4)

408 Kommunikation und Reflexion
Zur Diskussion der Transzendentalpragmatik. Antworten auf Karl-Otto Apel. Herausgegeben von Wolfgang Kuhlmann und Dietrich Böhler. 786 S. 1982. (3-518-28008-2)
Öfsti, Audun: Die Verabsolutierung des Begriffs der empirischen Theorie – Baumgartner, Hans Michael: Geltung durch Antizipation? Eine kritische Anfrage zur Möglichkeit einer hermeneutisch orientierten und pragmatisch unterlegten Transformation der Kantischen Transzendentalphilosophie – Skirbekk, Gunnar: Rationaler Konsens und Ideale Sprechsituation als Geltungsgrund? Über Recht und Grenze eines transzendentalpragmatischen Geltungskonzepts – Böhler, Dietrich: Transzendentalpragmatik und kritische Moral. Über die Möglichkeit und die moralische Bedeutung einer Selbstaufklärung der Vernunft – Paetzold, Heinz: Ernst Cassirer und die Idee einer transformierten Transzendentalphilosophie – Kuhlmann, Wolfgang: Die Kommunikationsgemeinschaft als Bedingung der Möglichkeit sinnvoller Argumentation – Dallmayr, Winfried: Kommunikation und Gemeinschaft – Gipper, Helmut: Das Sprachapriori. Ein Ergänzungsvorschlag zur Erkenntnistheorie Karl-Otto Apels – Schmitz, Hermann: Die transzendentale Kommunikationsgemeinschaft bei Kant – Berlich, Alfred: Elenktik des Diskurses. Karl-Otto Apels Ansatz einer transzendentalpragmatischen Letztbegründung – Becker, Werner: Philosophischer Absolutismus und lebenspraktische Gewißheit – Bubner, Rüdiger: Selbstbezüglichkeit als Struktur transzendentaler Argumente – Essler, Wilhelm K.: Einige Anmerkungen zur Grundlegung der Transzendentalpragmatik – Schnädelbach, Herbert: Bemerkungen über Rationalität und Sprache –

Krings, Hermann: Kann man die Natur verstehen? – Rohs, Peter: Eine neue Hypothese zur Einheit von Gehirn und Geist – Frey, Gerhard: Verstehen als schöpferischer Prozeß. Zur künstlerischen Interpretation – Prange, Klaus: Motivation als theoretisches Konstrukt und als Handlungskonzept. Ein Beitrag – Klüver, Jürgen: Transzendentalphilosophie versus Wissenschaftskritik. Rekonstruktion und Kritik des erkenntnisanthropologischen Aprioris – Nordenstam, Tore: Vom »Sein« zum »Sollen«. Deduktion oder Artikulation? – Höffe, Otfried: Kantische Skepsis gegen die transzendentale Kommunikationsethik – Ebeling, Hans: Das Faktum der Vernunft. Die Basis-Fiktionen des Handelns – Kreft, Jürgen: Vom möglichen Umschlag sozialwissenschaftlicher Theorie in Praxis und Ontogenese. Ein Versuch über Kohlberg – Kulenkampff, Arend: Hypothetische und kategorische Imperative. Zu einer offenen Frage der praktischen Philosophie – Ilting, Karl-Heinz: Der Geltungsgrund moralischer Normen – Kockelmans, Joseph J.: Hermeneutik und Ethik – Perpeet, Wilhelm: Der Humanist Francesco Petrarca (1304-1374) – Tietgens, Hans: Studieren in Bonn nach 1945. Versuch einer Skizze des Zeitgeistes – Lorenzen, Paul: Die kantische Revolution der Denkungsart in den technischen und politischen Wissenschaften – Fetscher, Iring: Ethik und Naturbeherrschung. Eine Problemskizze

409 Duby, Georges/Lardreau, Guy: Geschichte und Geschichtswissenschaft

Dialoge. (Dialogues). Übersetzt von Wolfram Bayer. 193 S. 1982 (3-518-28009-0)

410 Thompson, D'Arcy Wentworth: Über Wachstum und Form

(On Growth and Form). In gekürzter Fassung neu herausgegeben von John Tyler Bonner. Übersetzt von Ella M. Fountain und Magdalena Neff. Mit einem Geleitwort von Adolf Portmann. 412 S. 1983. (3-518-28010-4)

411 Der Diskurs der Literatur- und Sprachhistorie
Wissenschaftsgeschichte als Innovationsvorgabe. Herausgegeben von Bernard Cerquiglini und Hans Ulrich Gumbrecht. Unter Mitarbeit von Armin Biermann, Friederike J. Hassauer-Roos, Sabine Schirra. 631 S. 1983. (3-518-28011-2)
Luckmann, Thomas: Lebensweltliche Zeitkategorien, Zeitstrukturen des Alltags und der Ort des historischen Bewußtseins – Rüsen, Jörn: Die Kraft der Erinnerung im Wandel der Kultur. Zur Innovations- und Erneuerungsfunktion der Geschichtsschreibung – Fuhrmann, Manfred: Die Geschichte der Literaturgeschichtsschreibung von den Anfängen bis zum 19. Jahrhundert – Steinwachs, Burkhart: Epistemologie und Kunsthistorie. Zum Verhältnis von »arts et sciences« im aufklärerischen und positivistischen Enzyklopädismus – Lüsebrink, Hans-Jürgen: »Cours de Littérature« und »Education Nationale«. Zur Genesis und Konzeption von Literaturunterricht und Literaturwissenschaft in Institutionen der Spätaufklärung, der Französischen Revolution und der napoleonischen Ära – Hültenschmidt, Erika: Tendenzen und Entwicklungen der Sprachwissenschaft um 1800: Ein Vergleich zwischen Frankreich und Deutschland – Oesterreicher, Wulf: »Historizität« und »Variation« in der Sprachforschung der französischen Spätaufklärung, auch: ein Beitrag zur Entstehung der Sprachwissenschaft – Guilhaumou, Jacques: Die Rezeption der Französischen Revolution in den Texten des jungen Marx (1843-1848). Ein vernachlässigter Aspekt der jakobinischen Tradition im Marxismus: das Problem der politischen (jakobinischen) Sprache – Link, Jürgen: Die mythische Konvergenz Goethe–Schiller als diskurskonstitutives Prinzip deutscher Literaturgeschichtsschreibung im 19. Jahrhundert – Link-Heer, Ursula: Literaturhistorische Periodisierungsprobleme und kultureller Bruch: das Beispiel Rousseau – Günther, Hans: Literarische Evolution und Literaturgeschichte: zum Beitrag des russischen Formalismus – Schulz-Buschhaus, Ulrich: Benedetto Croce und die Krise der Literaturgeschichte – Blanchard, Marc Eli: Friedrich, Auerbach, Curtius, Spitzer über: Montaigne, das Subjekt in der Literaturgeschichte, Tradition, Verrat – Gumbrecht, Hans Ul-

rich/Sánchez, Juan-José: Geschichte als Trauma/Literaturgeschichte als Kompensation: Ein Versuch, die Geschichte spanischer Literaturgeschichtsschreibung (vornehmlich des 19. Jahrhunderts) als Problemgeschichte zu erzählen – Costa Lima, Luiz: Literaturkritik und Literaturgeschichte in der brasilianischen Kultur des 19. Jahrhunderts – Matvejevitch, Predrag: Begriffe von »Nationalkultur« und Diskurse der »Nationalliteratur« – Hassauer-Roos, Friederike J.: Das Weib und die Idee der Menschheit. Überlegungen zur neueren Geschichte der Diskurse über die Frau – Cerquiglini, Bernard: Für ein neues Paradigma der historischen Linguistik: am Beispiel des Altfranzösischen – Schlieben-Lange, Brigitte: Geschichte der Sprachwissenschaft und Geschichte der Sprachen – Galsterer, Hartmut: Petrons »Gastmahl des Trimalchio« und die römische Sozialgeschichte – Costa Lima, Luiz: Soziales Wissen und Mimesis: der »Wirklichkeitsgehalt« literarischer Texte als Grundproblem der Literaturgeschichte – Fuhrmann, Manfred: Die Epochen der griechischen und der römischen Literatur – Neuschäfer, Hans-Jörg: Das Autonomiestreben und die Bedingungen des Literaturmarktes. Zur Stellung des »freien Schriftstellers« im 19. Jahrhundert – Gumbrecht, Hans Ulrich: Rekurs/Distanznahme/Revision: Klio bei den Philologen

412 Hare, R. M.: Die Sprache der Moral
(The Language of Morals). Übersetzt von Petra von Morstein. 243 S. 1983. (3-518-28012-0)

413 Mythologie der Vernunft
Hegels »ältestes Systemprogramm des deutschen Idealismus«. Herausgegeben von Christoph Jamme und Helmut Schneider. 270 S. 1984. (3-518-28013-9)
Das »älteste Systemprogramm des deutschen Idealismus« – Jamme, Christoph/Schneider, Helmut: Einleitung – Rosenzweig, Franz: Das älteste Systemprogramm des deutschen Idealismus. Ein handschriftlicher Fund – Pöggeler, Otto: Hegel, der Verfasser des ältesten Systemprogramms des deutschen Idealismus – Henrich, Dieter: Aufklärung der Herkunft des Manuskriptes »Das

älteste Systemprogramm des deutschen Idealismus« – Pöggeler, Otto: Das Menschenwerk des Staates – Gethmann-Siefert, Annemarie: Die geschichtliche Funktion der »Mythologie der Vernunft« und die Bestimmung des Kunstwerks in der »Ästhetik«

414 Lenk, Hans: Zur Sozialphilosophie der Technik
300 S. 1982. (3-518-28014-7)

415 Bruder, Klaus-Jürgen: Psychologie ohne Bewußtsein
Die Geburt der behavioristischen Sozialtechnologie. 195 S. 1982 (3-518-28015-5)

416 Taylor, Charles: Hegel
(Hegel). Übersetzt von Gerhard Fehn. 773 S. 1983 (3-518-28016-3)

417 Derrida, Jacques: Grammatologie
(De la grammatologie). Übersetzt von Hans-Jörg Rheinberger und Hanns Zischler. 541 S. 1983. (3-518-28017-1)

418 Macht und Zivilisation
Materialien zu Norbert Elias' Zivilisationstheorie 2. Herausgegeben von Peter Gleichmann, Johan Goudsblom und Hermann Korte. 322 S. 1984. (3-518-28018-X▸)
Gleichmann, Peter/Goudsblom, Johan/Korte, Hermann: Einleitung – Elias, Norbert: Notizen zum Lebenslauf – Goudsblom, Johan: Die Erforschung von Zivilisationsprozessen – Ferber, Christian von: Zur Zivilisationstheorie von Norbert Elias – heute – Goudsblom, Johan: Zum Hintergrund der Zivilisationstheorie von Norbert Elias: Das Verhältnis zu Huizinga, Weber und Freud – Schröter, Michael: Staatsbildung und Triebkontrolle. Zur gesellschaftlichen Regulierung des Sexualverhaltens vom 13. bis 16. Jahrhundert – Zwaan, Ton: Öffentliche Gewaltanwendung, gesellschaftliche Struktur und bürgerliche Zivilisation. Ein Exkurs über die innerstaatliche Gewaltanwendung in der Entwicklung der niederländischen Gesellschaft (1648-1965) – Benthem

van den Bergh, Godfried van: Dynamik von Rüstung und Staatenbildungsprozessen – Stolk, Bram van/Wouters, Cas: Die Gemütsruhe des Wohlfahrtsstaates – Korte, Hermann: Die etablierten Deutschen und ihre ausländischen Außenseiter – Wilterdink, Nico: Die Zivilisationstheorie im Kreuzfeuer der Diskussion. Ein Bericht vom Kongreß über Zivilisationsprozesse in Amsterdam – Goudsblom, Johan: Aufnahme und Kritik der Arbeiten von Norbert Elias. Kurze Ergänzung der Rezeptionsgeschichte – Bibliographie der Veröffentlichungen von Norbert Elias sowie der Schriften mit Hinweisen auf Arbeiten von Norbert Elias

419 Bürger, Peter: Zur Kritik der idealistischen Ästhetik
223 S. 1983. (3-518-28019-8)

421 Christentum und modernes Recht
Beiträge zum Problem der Säkularisation. Herausgegeben von Gerhard Dilcher und Ilse Staff. 409 S. 1984. (3-518-28021-X)
Dilcher, Gerhard: Zum Projekt – Lombardi Vallauri, Luigi: Philosophisch-theologischer Prolog. Der Problemhorizont »Christentum, Säkularisation und modernes Recht« – Staff, Ilse: Zum Thema – Heckel, Martin: Das Säkularisierungsproblem in der Entwicklung des deutschen Staatskirchenrechts – Stolleis, Michael: Säkularisation und Staatsräson in Deutschland um 1600 – Link, Christoph: Christentum und moderner Staat. Zur Grundlegung eines freiheitlichen Staatskirchenrechts im Aufklärungszeitalter – Diesselhorst, Malte: Zur Zwei-Reiche-Lehre Martin Luthers – Staff, Ilse: Zum Begriff der Politischen Theologie bei Carl Schmitt – Naucke, Wolfgang: Christliche, aufklärerische und wissenschaftstheoretische Begründung des Strafrechts (Luther–Beccaria–Kant) – Lüderssen, Klaus: Vergeltung und Sühne vor dem Forum der christlichen Ethik. Kein Platz mehr für absolute Strafzwecke? – Hassemer, Winfried: Religionsdelikte in der säkularisierten Rechtsordnung – Behrends, Okko: Treu und Glauben. Zu den christlichen Grundlagen der Willenstheorie im heutigen Vertragsrecht – Dilcher, Gerhard: Ehescheidung und Säkularisation – Coing, Helmut: Die Auseinandersetzung um

kirchliches und staatliches Eherecht im Deutschland des 19. Jahrhunderts – Wiethölter, Rudolf: Pluralismus und soziale Identität

422 Habermas, Jürgen: Moralbewußtsein und kommunikatives Handeln
208 S. 1983. (3-518-28022-8)

423 Elias, Norbert: Die höfische Gesellschaft
Untersuchungen zur Soziologie des Königtums und der höfischen Aristokratie. Mit einer Einleitung: Soziologie und Geschichtswissenschaft. 456 S. 1983. (3-518-28023-6)

425 Peirce, Charles Sanders: Phänomen und Logik der Zeichen
Herausgegeben und übersetzt von Helmut Pape. Mit einer Einleitung von Helmut Pape: Phänomen und Logik des Zeichens (Syllabus) und Peirces Zeichentheorie. 182 S. 1983. (3-518-28025-2)

426 Merton, Robert K.: Auf den Schultern von Riesen
Ein Leitfaden durch das Labyrinth der Gelehrsamkeit. (On the Shoulders of Giants. A Shandean Postscript). Übersetzt und eingeleitet von Reinhard Kaiser. 243 S. 1983. (3-518-28026-0▸)

427 Meier, Christian: Die Entstehung des Politischen bei den Griechen
514 S. 1983. (3-518-28027-9)

428 Schütz, Alfred/Luckmann, Thomas: Strukturen der Lebenswelt
Band 2. 414 S. 1984. (3-518-28028-7)

429 Kernberg, Otto F.: Borderline-Störungen und pathologischer Narzißmus
(Borderline Conditions and Pathological Narcissism). Übersetzt von Hermann Schultz. 439 S. 1983. (3-518-28029-5)

430 **Williams, Raymond: Innovationen**
Über den Prozeßcharakter von Literatur und Kultur. Herausgegeben und übersetzt von H. Gustav Klaus. 230 S. 1983 (3-518-28030-9▸)
Kreativität – Wahrnehmung – Kommunikation. Zu einigen grundlegenden Vorgängen in Kunst und Literatur – Theorie und Verfahren der Kulturanalyse – Was heißt »gemeinsame Kultur«? – Über den Sinn des Tragischen heute – Arkadische und gegenarkadische Dichtung. Über englische Landhausgedichte – Städte der Dunkelheit und des Lichts. Zur Londonliteratur des 19. Jahrhunderts – Lucien Goldmanns Beitrag zur Literatursoziologie – Zur Basis-Überbau-These in der marxistischen Kulturtheorie – Klaus, H. Gustav: Über Raymond Williams

431 **Durkheim, Emile: Der Selbstmord**
(Le suicide). Übersetzt von Sebastian und Hanne Herkommer. 485 S. 1983. (3-518-28031-7)

433 **Ribeiro, Darcy: Der zivilisatorische Prozeß**
(O Processo Civilizatório). Herausgegeben, übersetzt und mit einem Nachwort von Heinz Rudolf Sonntag. Anhang: Heinz Rudolf Sonntag: Gespräch mit Darcy Ribeiro. 286 S. 1983 (3-518-28033-3)

434 **Simmel, Georg: Schriften zur Soziologie**
Eine Auswahl. Herausgegeben und eingeleitet von Heinz-Jürgen Dahme und Otthein Rammstedt. 310 S. 1983. (3-518-28034-1)
Dahme, Heinz-Jürgen/Rammstedt, Otthein: Einleitung – Simmel, Georg: Das Gebiet der Soziologie (1917) – »Die Ausdehnung der Gruppe und die Ausbildung der Individualität« (1888) – Die Differenzierung und das Prinzip der Kraftersparnis (1890) – Das Geld in der modernen Kultur (1896) – »Die Arbeitsteilung als Ursache für das Auseinandertreten der subjektiven und der objektiven Kultur« (1900) – Zur Psychologie der Mode. Soziologische Studie (1895) – Zur Psychologie der Scham (1901) – Psychologie der Diskretion (1906) – Psychologie des Schmuckes (1908) – Ro-

sen. Eine soziale Hypothese (1897) – Soziologie der Konkurrenz (1903) – Zur Philosophie der Herrschaft. Bruchstück aus einer Soziologie (1907) – Dankbarkeit. Ein soziologischer Versuch (1907) – Soziologie des Raumes (1903) – Die quantitative Bestimmtheit der Gruppe (1908) – Individualismus (1917) – Exkurs über das Problem: Wie ist Gesellschaft möglich? (1908) – Auswahlbibliographie der Schriften Simmels sowie der Sekundärliteratur

435 Castoriadis, Cornelius: Durchs Labyrinth
Seele, Vernunft, Gesellschaft. (Les carrefours du labyrinthe). Übersetzt von Horst Brühmann. 305 S. 1983. (3-518-28035-X)

436 Alexy, Robert: Theorie der juristischen Argumentation
Die Theorie des rationalen Diskurses als Theorie der juristischen Begründung. 397 S. 1983. 2. Auflage 1991 mit einem neuen Nachwort: Antwort auf einige Kritiker. 435 S. (3-518-28036-8)

437 Toulmin, Stephen: Kritik der kollektiven Vernunft
(Human Understanding, Volume I, General Introduction and Part I: The Collective Use and Evolution of Concepts). Übersetzt von Hermann Vetter. 603 S. 1983. (3-518-28037-6)

438 Hoffmann, S. O.: Charakter und Neurose
Ansätze zu einer psychoanalytischen Charakterologie. 360 S. 1984. (3-518-28038-4)

439 Materialien zur Philosophie Wilhelm Diltheys
Herausgegeben und eingeleitet von Frithjof Rodi und Hans-Ulrich Lessing. 386 S. 1984. (3-518-28039-2)
Rodi, Frithjof/Lessing, Hans-Ulrich: Einleitung – Ebbinghaus, Hermann: Über erklärende und beschreibende Psychologie – Scheler, Max: Dilthey. Versuch einer Philosophie des Lebens – Rickert, Heinrich: Probleme einer Philosophie des Lebens – Dilthey – Husserl, Edmund: Historizismus und Weltanschauungsphilosophie – Der Briefwechsel Dilthey–Husserl – Misch, Georg:

Die Auseinandersetzung zwischen Dilthey und Husserl – Misch, Georg: Die Idee der Lebensphilosophie in der Theorie der Geisteswissenschaften – Husserl, Edmund: Einleitung zur Vorlesung über Phänomenologische Psychologie – Heidegger, Martin: Der Zusammenhang der vorstehenden Exposition des Problems der Geschichtlichkeit mit den Forschungen W. Diltheys und den Ideen des Grafen Yorck – Misch, Georg: Das Problem der Methode: Hermeneutik und Ontologie – Landgrebe, Ludwig: Wilhelm Diltheys Theorie der Geisteswissenschaften. Einleitung und Schlußbemerkung – Marcuse, Herbert: Wilhelm Dilthey – Plessner, Helmuth: Diltheys Idee einer Philosophie des Lebens – Bollnow, Otto Friedrich: Der Ausdruck und das Verstehen – Nohl, Herman: Zur Neuausgabe der Werke Wilhelm Diltheys – Gadamer, Hans-Georg: Diltheys Verstrickung in die Aporien des Historismus – Habermas, Jürgen: Diltheys Theorie des Ausdruckverstehens: Ich-Identität und sprachliche Kommunikation – Krausser, Peter: Versuch einer systematischen Extrapolation zur Gewinnung eines hypothetischen Vorgriffs auf die zu erwartende »neue Kritik« – Riedel, Manfred: Hermeneutik und Erkenntniskritik. Zum Verhältnis von theoretischem Wissen und praktischer Lebensgewißheit bei Wilhelm Dilthey

440 Jakobson, Roman/Gadamer, Hans-Georg/Holenstein, Elmar: Das Erbe Hegels II

149 S. 1984. (3-518-28040-6)
Jakobson, Roman: Zur Dialektik der Sprache – Gadamer, Hans-Georg: Hegel und der Sprachforscher Roman Jakobson – Holenstein, Elmar: »Die russische ideologische Tradition« und die deutsche Romantik

441 Eine illegitime Kunst

Die sozialen Gebrauchsweisen der Photographie. (Un art moyen. Essai sur les usages sociaux de la photographie). Von Pierre Bourdieu, Luc Boltanski, Robert Castel, Jean-Claude Chamboredon, Gérard Lagneau und Dominique Schnapper. Übersetzt von Udo Rennert. 334 S. 1983. (3-518-28041-4)

Bourdieu, Pierre: Einleitung – Bourdieu, Pierre: Kult der Einheit und kultivierte Unterschiede – Bourdieu, Pierre: Die gesellschaftliche Definition der Photographie – Castel, Robert/Schnapper, Dominique: Ästhetische Ambition und gesellschaftliche Ansprüche – Boltanski, Luc: Die Rhetorik des Bildes – Lagneau, Gérard: Optische Tricks und Gaukelspiel – Chamboredon, Jean-Claude: Mechanische, unkultivierte Kunst – Boltanski, Luc/Chamboredon, Jean-Claude: Fachwissen oder Begabung? – Castel, Robert: Bilder und Phantasiebilder

442 **Baxandall, Michael: Die Wirklichkeit der Bilder**
Malerei und Erfahrung im Italien des 15. Jahrhunderts. (Painting and Experience in 15th Century Italy. A Primer in the Social History of Pictorial Style). Übersetzt von Hans Günter Holl. 212 S. 1984. (3-518-28042-2▸)

443 **Luhmann, Niklas: Legitimation durch Verfahren**
261 S. 1983. (3-518-28043-0)

444 **Materialien zu Schopenhauers ›Die Welt als Wille und Vorstellung‹**
Herausgegeben, kommentiert und eingeleitet von Volker Spierling. 443 S. 1984. (3-518-28044-9)
Spierling, Volker: Einleitung: Die Drehwende der Moderne. Schopenhauer zwischen Skeptizismus und Dogmatismus – Schopenhauer, Arthur: An Friedrich Arnold Brockhaus (28.3.1818) – Schopenhauer, Arthur: An Friedrich Arnold Brockhaus (3.4.1818) – Schopenhauer, Arthur: An Johann Wolfgang Goethe (23.6.1818) – Goethe, Johann Wolfgang: An Arthur Schopenhauer (9.8.1818) – Schopenhauer, Adele: An Arthur Schopenhauer (März 1819) – Schopenhauer, Arthur: An die Firma Friedrich Arnold Brockhaus – Herbart, Johann Friedrich: (Rezension des ersten Bandes der ›Welt als Wille und Vorstellung‹) – Jean Paul: (Rezension des ersten Bandes der ›Welt als Wille und Vorstellung‹) – Fortlage, Carl: (Rezension des zweiten Bandes der ›Welt als Wille und Vorstellung‹) – Seydel, Rudolf: Schopenhauers

philosophisches System dargestellt und beurtheilt – Bähr, Carl Georg: Briefe an Johann K. Bähr und Gespräche mit Arthur Schopenhauer – Bähr, Carl Georg: Die Schopenhauersche Philosophie in ihren Grundzügen dargestellt und kritisch beleuchtet – Urteil der Leipziger Philosophischen Fakultät – Schopenhauer, Arthur: An Carl Georg Bähr – Zeller, Eduard: Schopenhauer – Fischer, Kuno: Die Welt als Erkenntnissystem – Volkelt, Johannes: Phänomenalismus – Cassirer, Ernst: Die Physiologie als Grundlage der Erkenntnistheorie – Schopenhauer, Arthur: Das Wunder des Kohlkopfs – Frauenstädt, Julius: Schopenhauers Weg ins Innere der Natur – Nietzsche, Friedrich: Zu Schopenhauer. Philosophische Notizen – Simmel, Georg: Der Mensch und sein Wille – Heinrich, Hans: Darstellung des Willens – Hasse, Heinrich: Die Metaphysik. Zur Würdigung Schopenhauers – Gehlen, Arnold: Die Resultate Schopenhauers – Schopenhauer Arthur: An Julius Frauenstädt – Schopenhauer, Arthur: Eine letzte Frage – Cornill, Adolph: Materialistische Weltanschauung Schopenhauers bei idealistischen Principien – Frauenstädt, Julius: Schopenhauers Stellung zum Materialismus – Volkelt, Johannes: Korrelativismus und Materialismus – Schmidt, Alfred: Schopenhauer und der Materialismus – Schopenhauer, Arthur: Vom Verhältnis zwischen Subjekt und Objekt: demnach über Idealismus, Realismus und Materialismus (Vorlesung 1820)

445 Tiedemann, Rolf: Dialektik im Stillstand
Versuche zum Spätwerk Walter Benjamins. 195 S. 1983
(3-518-28045-7)

446 Soziale Interaktion und soziales Verstehen
Beiträge zur Entwicklung der Interaktionskompetenz. Herausgegeben von Wolfgang Edelstein und Jürgen Habermas. 394 S. 1984
(3-518-28046-5)
Thorlindsson, Thorolfur: Gesellschaftliche Organisation und Erkenntnis – Youniss, James: Moral, kommunikative Beziehungen und die Entwicklung der Reziprozität – Damon, William: Struktur, Veränderlichkeit und Prozeß in der sozial-kognitiven Ent-

wicklung des Kindes – Selman, Robert: Interpersonale Verhandlungen. Eine entwicklungstheoretische Analyse, unter Mitarbeit von A. P. Demorest und M. P. Krupa – Auwärter, Manfred/Kirsch, Edit: Zur Ontogenese der sozialen Interaktion. Eine strukturtheoretische Analyse – Miller, Max: Zur Ontogenese des koordinierten Dissens – Keller, Monika: Rechtfertigungen. Zur Entwicklung praktischer Erklärungen – Blasi, Augusto: Autonomie im Gehorsam. Der Erwerb von Distanz im Sozialisationsprozeß – Döbert, Rainer/Nunner-Winkler, Gertrud: Die Bewältigung von Selbstmordimpulsen im Jugendalter. Motiv-Verstehen als Dimension der Ichentwicklung

447 **Meillassoux, Claude: »Die wilden Früchte der Frau«**
(Femmes, greniers et capitaux). Über häusliche Produktion und kapitalistische Wirtschaft. Übersetzt von Eva Moldenhauer. 208 S. 1983. (3-518-28047-3)

448 **Foucault, Michel: Sexualität und Wahrheit**
Erster Band. Der Wille zum Wissen. (Histoire de la sexualité, I: La volonté de savoir). Übersetzt von Ulrich Raulf und Walter Seitter. 190 S. 1983. (3-518-28048-1▶, *jetzt: stw 716*)

449 **Rationalität**
Philosophische Beiträge. Herausgegeben von Herbert Schnädelbach. 238 S. 1984. (3-518-28049-X▶)
Schnädelbach, Herbert: Einleitung – Apel, Karl-Otto: Das Problem einer philosophischen Theorie der Rationalitätstypen – Acham, Karl: Über einige Rationalitätskonzeptionen in den Sozialwissenschaften – Specht, Rainer: Die Vernunft des Rationalismus – Scheibe, Erhard: Zur Rehabilitierung des Rekonstruktionismus – Mittelstraß, Jürgen: Forschung, Begründung, Rekonstruktion. Wege aus dem Begründungsstreit – Höffe, Otfried: Sittlichkeit als Rationalität des Handelns? – Schwemmer, Oswald: Aspekte der Handlungsrationalität. Überlegungen zur historischen und dialogischen Struktur unseres Handelns – Bubner, Rüdiger: Rationalität, Lebensform und Geschichte – Habermas, Jür-

gen: Über Moralität und Sittlichkeit. Was macht eine Lebensform ›rational‹?

450 Gesellschaftlicher Zwang und moralische Autonomie
Herausgegeben von Hans Bertram. 359 S. 1986. (3-518-28050-3)
Bertram, Hans: Einleitung – Durkheim, Émile: Einführung in die Moral – Durkheim, Émile: Der Individualismus und die Intellektuellen – Müller, Hans-Peter: Gesellschaft, Moral und Individualismus. Émile Durkheims Moraltheorie – Piaget, Jean: Die moralische Regel beim Kind – Piaget, Jean: Die moralische Entwicklung von Jugendlichen in primitiven und »modernen« Gesellschaften – Piaget, Jean: Die Entwicklung des Solidaritätsgeistes und des Gerechtigkeitsbegriffs beim Kind – Colby, Ann/Kohlberg, Lawrence: Das moralische Urteil: Der kognitionszentrierte entwicklungspsychologische Ansatz – Wallwork, Ernest: Moralentwicklung bei Durkheim und Kohlberg – Keller, Monika: Freundschaft und Moral: Zur Entwicklung der moralischen Sensibilität in Beziehungen – Lempert, Wolfgang: Moralische Entwicklung und berufliche Sozialisation – Garbarino, James/Bronfenbrenner, Urie: Die Sozialisation von moralischem Urteil und Verhalten aus interkultureller Sich – Döbert, Rainer/Nunner-Winkler, Gertrud: Wertwandel und Moral – Oser, Fritz/Althof, Wolfgang: Der moralische Kontext als Sumpfbeet möglicher Entwicklung. Erziehung angesichts der Individuum-Umwelt-Verschränkung

451 Castel, Robert: Die psychiatrische Ordnung
Das goldene Zeitalter des Irrenwesens. (L'ordre psychiatrique. L'âge d'or de l'aliénisme). Übersetzt von Ulrich Raulf. 351 S. 1983. (3-518-28051-1)

452 Giddens, Anthony: Die Klassenstruktur fortgeschrittener Gesellschaften
(The Class Structure of the Advanced Societies). Übersetzt von Cora Stephan. 398 S. 1984. (3-518-28052-X)

453 **Räuber, Volk und Obrigkeit**
Studien zur Geschichte der Kriminalität in Deutschland seit dem 18. Jahrhundert. Herausgegeben von Heinz Reif. 260 S. 1984 (3-518-28053-8)
Reif, Heinz: Einleitung – Küther, Carsten: Räuber, Volk und Obrigkeit. Zur Wirkungsweise und Funktion staatlicher Strafverfolgung im 18. Jahrhundert – Mooser, Josef: »Furcht bewahrt das Holz«. Holzdiebstahl und sozialer Konflikt in der ländlichen Gesellschaft 1800-1850 an westfälischen Beispielen – Schulte, Regina: Feuer im Dorf – Grüttner, Michael: Unterklassenkriminalität in Hamburg. Güterberaubungen im Hamburger Hafen 1888-1923 – Evans, Richard J.: Öffentlichkeit und Autorität. Zur Geschichte der Hinrichtungen in Deutschland vom Allgemeinen Landrecht bis zum Dritten Reich

454 **Duby, Georges: Krieger und Bauern**
Die Entwicklung der mittelalterlichen Wirtschaft und Gesellschaft bis um 1200. (Guerriers et paysans. VII-XIIe siècle. Premier essor de l'économie européenne). Übersetzt von Grete Osterwald. Für die vorliegende Taschenbuchausgabe wurde die Übersetzung durchgesehen von Ekkehart Rotter. 370 S. 1984 (3-518-28054-6)

455 **Heinsohn, Gunnar: Privateigentum, Patriarchat, Geldwirtschaft**
Eine sozialtheoretische Rekonstruktion zur Antike. 219 S. 1984 (3-518-28055-4)

456 **Jacobson, Edith: Depression**
Eine vergleichende Untersuchung normaler, neurotischer und psychotisch-depressiver Zustände. (Depression. Comparative Studies of Normal, Neurotic and Psychotic Conditions). Übersetzt von Heinrich Deserno. 448 S. 1983. (3-518-28056-2)

457 **Hare, R. M.: Freiheit und Vernunft**
(Freedom and Reason). Übersetzt von Georg Meggle. 254 S. 1983 (3-518-28057-0)

458 **Searle, John R.: Sprechakte**
(Speech Acts). Ein sprachphilosophischer Essay. Übersetzt von R. und R. Wiggershaus. 306 S. 1983. (3-518-28058-9)

459 **Bloch, Ernst: Spuren**
220 S. 1983. (3-518-28059-7▸, *jetzt: stw 550*)

460 **Adorno-Konferenz 1983**
Herausgegeben von Ludwig von Friedeburg und Jürgen Habermas. 471 S. 1983. (3-518-28060-0)
Friedeburg, Ludwig von: Eröffnung – Naucke, Wolfgang: Begrüßung im Namen der Johann Wolfgang Goethe-Universität – Schmidt, Alfred: Begriff des Materialismus bei Adorno – Bubner, Rüdiger: Adornos Negative Dialektik – Theunissen, Michael: Negativität bei Adorno – Schnädelbach, Herbert: Dialektik als Vernunftkritik. Zur Konstruktion des Rationalen bei Adorno – Jauß, Hans Robert: Der literarische Prozeß des Modernismus von Rousseau bis Adorno – Dahlhaus, Carl: Vom Altern einer Philosophie – Wellmer, Albrecht: Wahrheit, Schein, Versöhnung. Adornos ästhetische Rettung der Modernität – Bürger, Peter: Das Altern der Moderne – Bonß, Wolfgang: Empirie und Dechiffrierung von Wirklichkeit. Zur Methodologie bei Adorno – Ritsert, Jürgen: Indizienparadigma und Totalitätsempirie – Oevermann, Ulrich: Zur Sache. Die Bedeutung von Adornos methodologischem Selbstverständnis für die Begründung einer materialen soziologischen Strukturanalyse – Dubiel, Helmut: Die Aktualität der Gesellschaftstheorie Adornos – Brunkhorst, Hauke: Mehr als eine Flaschenpost. Kritische Theorie und Sozialwissenschaften – Deutschmann, Christoph: Naturbeherrschung und Arbeitsgesellschaft – Söllner, Alfons: Angst und Politik. Zur Aktualität Adornos im Spannungsfeld von Politikwissenschaft und Sozialpsychologie – Habermas, Jürgen: Einleitung zum Vortrag von Martin Jay

– Jay, Martin: Adorno in Amerika – Löwenthal, Leo: Erinnerungen an Theodor W. Adorno – Görtzen, René: Theodor W. Adorno: Vorläufige Bibliographie

461 Devereux, Georges: Angst und Methode in den Verhaltenswissenschaften
(From Anxiety to Method in the Behavioral Sciences). Übersetzt von Caroline Neubaur und Karin Kersten. 408 S. 1984 (3-518-28061-9)

462 Hobbes, Thomas: Leviathan
oder Stoff, Form und Gewalt eines kirchlichen und bürgerlichen Staates. Herausgegeben und eingeleitet von Iring Fetscher. Übersetzt von Walter Euchner. 579 S. 1984. (3-518-28062-7)

463 Bubner, Rüdiger: Geschichtsprozesse und Handlungsnormen
Untersuchungen zur praktischen Philosophie. 303 S. 1984 (3-518-28063-5)

464 Durkheim, Emile: Die Regeln der soziologischen Methode
(Les règles de la méthode sociologique). Herausgegeben und eingeleitet von René König. 247 S. 1984. (3-518-28064-3)

465 Erdheim, Mario: Die gesellschaftliche Produktion von Unbewußtheit
Eine Einführung in den ethnopsychoanalytischen Prozeß. 475 S. 1984. (3-518-28065-1)

466 Lenhardt, Gero: Schule und bürokratische Rationalität
282 S. 1984. (3-518-28066-X)

467 Wesel, Uwe: Juristische Weltkunde
Eine Einführung in das Recht. 213 S. 1984. (3-518-28067-8)

468 Warnke, Martin: Bau und Überbau
Soziologie der mittelalterlichen Architektur nach den Schriftquellen. 239 S. 1984. (3-518-28068-6▸)

469 Georg Simmel und die Moderne
Neue Interpretationen und Materialien. Herausgegeben von Heinz-Jürgen Dahme und Otthein Rammstedt. 486 S. 1984 (3-518-28069-4)
Frisby, David P.: Georg Simmels Theorie der Moderne – Coser, Lewis A.: Georg Simmels vernachlässigter Beitrag zur Soziologie der Frau – Nedelmann, Birgitta: Georg Simmel als Klassiker soziologischer Prozeßanalysen – Accarino, Bruno: Vertrauen und Versprechen. Kredit, Öffentlichkeit und individuelle Entscheidung bei Simmel – Landmann, Michael: Georg Simmel und Stefan George – Wolff, Kurt H.: Ein Zugang zu Simmel – Böhringer, Hannes: Die »Philosophie des Geldes« als ästhetische Theorie. Stichworte zur Aktualität Georg Simmels für die moderne bildende Kunst – Hübner-Funk, Sibylle: Die ästhetische Konstituierung gesellschaftlicher Erkenntnis am Beispiel der »Philosophie des Geldes« – Dahme, Heinz-Jürgen: Das »Abgrenzungsproblem« von Philosophie und Wissenschaft bei Georg Simmel. Zur Genese und Systematik einer Problemstellung – Lichtblau, Klaus: Das »Pathos der Distanz«. Präliminarien zur Nietzsche-Rezeption bei Georg Simmel – Schnabel, Peter-Ernst: Positivismus, Ästhetizismus, Impressionismus, Hegelianismus. Simmel-Renaissance in der Sackgasse? – Levine, Donald N.: Ambivalente Begegnungen: »Negationen« Simmels durch Durkheim, Weber, Lukács, Park und Parsons – Köhnke, Klaus Christian: Von der Völkerpsychologie zur Soziologie. Unbekannte Texte des jungen Georg Simmel – Simmel, Georg: Briefe an Stefan George und Friedrich Gundolf. Zusammengestellt von Michael Landmann – Dahme, Heinz-Jürgen/Rammstedt, Otthein: Die zeitlose Modernität der soziologischen Klassiker. Überlegungen zur Theoriekonstruktion von Emile Durkheim, Ferdinand Tönnies, Max Weber und besonders Georg Simmel

470 **Goldmann, Lucien: Soziologie des Romans**
(Pour une sociologie du roman). Übersetzt von Lucien Goldmann und Ingeborg Fleischhauer. 258 S. 1984. (3-518-28070-8)

471 **Wirtschaft, Recht und Staat im Nationalsozialismus**
Analysen des Instituts für Sozialforschung 1939-1942 von Max Horkheimer, Friedrich Pollock, Franz. L. Neumann, A. R. L. Gurland, Otto Kirchheimer und Herbert Marcuse. Herausgegeben von Helmut Dubiel und Alfons Söllner. 368 S. 1984 (3-518-28071-6▸)
Dubiel, Helmut/Söllner, Alfons: Die Nationalsozialismusforschung des Instituts für Sozialforschung – ihre wissenschaftsgeschichtliche Stellung und ihre gegenwärtige Bedeutung – Horkheimer, Max: Die Juden und Europa – Horkheimer, Max: Autoritärer Staat – Pollock, Friedrich: Staatskapitalismus – Pollock, Friedrich: Ist der Nationalsozialismus eine neue Ordnung? – Neumann, Franz L.: Die Wirtschaftsstruktur des Nationalsozialismus – Gurland, A. R. L.: Technologische Entwicklung und Wirtschaftsstruktur im Nationalsozialismus – Kirchheimer, Otto: Strukturwandel des politischen Kompromisses – Kirchheimer, Otto: Die Rechtsordnung des Nationalsozialismus – Marcuse, Herbert: Einige gesellschaftliche Folgen moderner Technologie

472 **Volkelt, Johannes: Das ästhetische Bewußtsein**
Prinzipienfragen der Ästhetik. Mit einer Einleitung von Dieter Henrich. ca. 240 S. 1992 (3-518-28072-4)

473 **Max Webers Studie über Hinduismus und Buddhismus**
Interpretation und Kritik. Herausgegeben von Wolfgang Schluchter. 382 S. 1984. (3-518-28073-2)
Schluchter, Wolfgang: Weltflüchtiges Erlösungsstreben und organische Sozialethik. Überlegungen zu Max Webers Analysen der indischen Kulturreligionen – Heesterman, Jan C.: Kaste und Karma. Max Webers Analyse der indischen Sozialstruktur – O'Flaherty, Wendy: Emotion und Karma. Überlegungen zu Max

Webers Interpretation der indischen Theodizee – Shulman, David: Die Integration der hinduistischen Kultur durch die Brahmanen: »Große«, »mittlere« und »kleine« Versionen des Paraśurāma-Mythos – Gupta, Krishna Prakash: Probleme der Bestimmung des Hinduismus in Max Webers Indienstudie – Derrett, J. Duncan M.: Die Entwicklung des indischen Rechts – Tambiah, Stanley J.: Max Webers Untersuchung des frühen Buddhismus. Eine Kritik – Obeyesekere, Gananath: Exemplarische Prophetie oder ethisch geleitete Askese? Überlegungen zur frühbuddhistischen Reform – Bechert, Heinz: Max Webers Darstellung der Geschichte des Buddhismus in Süd- und Südostasien – Kulke, Hermann: Orthodoxe Restauration und hinduistische Sektenreligiosität im Werk Max Webers – Eisenstadt, Shmuel N.: Die Paradoxie von Zivilisationen mit außerweltlichen Orientierungen. Überlegungen zu Max Webers Studie über Hinduismus und Buddhismus – Golzio, Karl-Heinz: Zur Verwendung indologischer Literatur in Max Webers Studie über Hinduismus und Buddhismus

474 **Bauriedl, Thea: Beziehungsanalyse**
Das dialektisch-emanzipatorische Prinzip der Psychoanalyse und seine Konsequenzen für die psychoanalytische Familientherapie. 256 S. 1984. (3-518-28074-0)

475 **Fend, Helmut: Die Pädagogik des Neokonservatismus**
278 S. 1984. (3-518-28075-9)

476 **Gombrich, Ernst H.: Aby Warburg**
Eine intellektuelle Biographie. (Aby Warburg. An Intellectual Biography). Übersetzt von Matthias Fienbork. 478 S. 1984 (3-518-28076-7▶)

477 **Schlick, Moritz: Fragen der Ethik**
Herausgegeben und eingeleitet von Rainer Hegselmann. 208 S. 1984. (3-518-28077-5)

478 Mannheim, Karl: Konservatismus
Ein Beitrag zur Soziologie des Wissens. Herausgegeben und eingeleitet von David Kettler, Volker Meja und Nico Stehr. 288 S. 1984. (3-518-28078-3)

479 Kracauer, Siegfried: Von Caligari zu Hitler
Eine psychologische Geschichte des deutschen Films. (From Caligari to Hitler. A Psychological History of the German Film). Übersetzt von Ruth Baumgarten und Karsten Witte. 632 S. Mit 64 Abbildungen. 1984. (3-518-28079-1)

480 Bloch, Ernst: Literarische Aufsätze
581 S. 1984. (3-518-28080-5▸, *jetzt: stw 558*)

481 Bühler-Studien
Herausgegeben von Achim Eschbach. Band 1. 367 S. 1984 (3-518-28081-3)
Eschbach, Achim: Einleitung – Bühler, Charlotte: Karl Bühler. Eine biographische Skizze – Kardos, Lajos: Erinnerungen an Karl Bühler – Kamp, Rudolf: Axiomatische Leitfäden statt dogmatischer Gängelbänder. Karl Bühlers Beitrag zur Wissenschaftstheorie der Einzelwissenschaften – Camhy, Daniela G.: Sematologie als Grundlagenwissenschaft – Gutterer, Dietrich: Die kleine Vollform und die große Leerform. Zu Karl Bühlers Theorie der sprachlichen Begriffszeichen – Kaplan, Bernard/Werner, Heinz: Über den Charakter der Sprache als autonomes Medium – Veltruský, Jiří: Bühlers Organon-Modell und die Semiotik der Kunst – Doležel, Lubomír: Ein Schema der literarischen Kommunikation – Fónagy, Iván: Sprachfunktionen und Sprachentwicklung. Variationen über Karl Bühlers Funktionsmodell – Péter, Mihály: Das Problem des sprachlichen Gefühlsausdrucks in besonderem Hinblick auf das Bühlersche Organon-Modell – Brekle, Herbert E.: Eine Neueinschätzung der wortbildungstheoretischen Ansätze in Karl Bühlers ›Sprachtheorie‹ – Trost, Pavel: Die Satzlehre Karl Bühlers – Pléh, Csaba: Die Sprachtheorie Karl Bühlers und die moderne Psycholinguistik – Luelsdorff, Philip A.: Einstellung

als ein Faktor des erweiterten Organon-Modells der Sprache – Forster, Oswald: Zu einem Organon-Modell pathologisch verzerrter Sprache

482 Bühler-Studien

Herausgegeben von Achim Eschbach. Band 2. 296 S. 1984 (3-518-28082-1)

Ungeheuer, Gerold: Bühler und Wundt – Palek, Bohumil: Bühler und Peirce – Koerner, Konrad: Karl Bühlers Sprachtheorie und Ferdinand de Saussures ›Cours‹ – Innis, Robert E.: Bühler und Gardiner: Von der Indikation zur Prädikation – Baer, Eugen: Das Symptom bei Bühler und Freud – Eschbach, Achim: Verstehen und Interpretation. Karl Bühlers synchytische Begriffe und Ludwig Wittgensteins Familienähnlichkeiten – Kaplan, Bernard: Einige Bemerkungen zu Einflüssen auf Wittgenstein – Eschbach-Szabó, Viktória: Karl Bühler und Sakuma Kanae – Vachek, Josef: Karl Bühler und die Prager Linguistenschule – Horálek, Karel: Karl Bühler und die Phonologie der Prager Schule – Leška, Oldřich: Karl Bühler und die Prager Schule. Bemerkungen zu einem Kapitel aus der Geschichte der tschechischen Sprachwissenschaft – Kamp, Rudolf: Bibliographie der Veröffentlichungen von und über Karl Bühler

483 Millar, John: Vom Ursprung des Unterschieds in den Rangordnungen und Ständen der Gesellschaft

(The Origin of the Distinction of Ranks). Übersetzt von Herbert Zirker. Mit einer Einleitung von William C. Lehmann. 273 S. 1985. (3-518-28083-X)

484 Richards, Ivor Armstrong: Prinzipien der Literaturkritik

(Principles of Literary Criticism). Übersetzt und eingeleitet von Jürgen Schlaeger. 349 S. 1985. (3-518-28084-8)

485 **Schizophrenie und Familie**
Beiträge zu einer neuen Theorie von Gregory Bateson, Don D. Jackson, Jay Haley, John H. Weakland, Lyman C. Wynne, Irving M. Ryckoff, Juliana Day, Stanley J. Hirsch, Theodore Lidz, Alice Cornelison, Stephen Fleck, Dorothy Terry, Harold F. Searles, Murray Bowen, Ezra F. Vogel, Norman W. Bell, Ronald D. Laing und J. Foudrain. Übersetzt von Hans-Werner Saß. 422 S. 1984. (3-518-28085-6)
Bateson, Gregory/Jackson, Don D./Haley, Jay/Weakland, John H.: Auf dem Weg zu einer Schizophrenie-Theorie – Wynne, Lyman C./Ryckoff, Irving M./Day, Juliana/Hirsch, Stanley J.: Pseudo-Gemeinschaft in den Familienbeziehungen von Schizophrenen – Haley, Jay: Die Interaktion von Schizophrenen – Lidz, Theodore/Cornelison, Alice/Fleck, Stephen/Terry, Dorothy: Spaltung und Stukturverschiebung in der Ehe – Searles, Harold F.: Das Bestreben, den anderen verrückt zu machen – ein Element in der Ätiologie und Psychotherapie der Schizophrenie – Wynne, Lyman C./Day, Juliana/Ryckoff, Irving M.: Die Verteidigung stereotyper Rollen in den Familien von Schizophrenen – Bowen, Murray: Die Familie als Bezugsrahmen für die Schizophrenieerforschung – Weakland, John H.: »Double-Bind«-Hypothese und Dreier-Beziehung – Vogel, Ezra F./Bell, Norman W.: Das gefühlsgestörte Kind als Sündenbock der Familie – Laing, Ronald D.: Mystifizierung, Konfusion und Konflikt – Foudrain, J.: Schizophrenie und Familie. Überblick über die Literatur zur Ätiologie der Schizophrenie aus den Jahren 1956-1960 – Jackson, Don D.: Kritik der Literatur über die Erblichkeit von Schizophrenie

486 **Epochenschwellen und Epochenstrukturen im Diskurs der Literatur- und Sprachhistorie**
Herausgegeben von Hans Ulrich Gumbrecht und Ursula Link-Heer. Unter Mitarbeit von Friederike Hassauer, Armin Biermann, Ulrike Müller-Charles, Barbara Ullrich. 536 S. 1985 (3-518-28086-4)
Luhmann, Niklas: Das Problem der Epochenbildung und die

Evolutionstheorie – Gumbrecht, Hans Ulrich: Posthistoire Now – Hahn, Alois: Soziologische Aspekte des Fortschrittsglaubens – Link-Heer, Ursula: Giorgio Vasari oder der Übergang von einer Biographien-Sammlung zur Geschichte einer Epoche – Schwanitz, Dietrich: Verselbständigung von Zeit und Strukturwandel von Geschichten. Zum Zusammenhang zwischen temporalem Paradigmawechsel und Literaturgeschichte – Blanchard, Marc Eli: Geschichte, Theater und das Problem der »Sitten« im 18. Jahrhundert – Dirscherl, Klaus: Diderot auf der Suche nach einem Diskurs über den Menschen – Kahr, Johanna: Umbruchbewußtsein und regressive Schreibweise in der französischen Revolutionshistoriographie des 19. Jahrhunderts – Flaker, Aleksandar: Zum Übergang von der Moderne zur Avantgarde. Am Material der slawischen Literaturen – Vidan, Ivo: Anfänge im Fin de siècle – Neuschäfer, Hans-Jörg: Das anthropologische Paradigma der Affektenlehre und seine Krise im klassischen Drama Spaniens und Frankreichs. Zur funktionsgeschichtlichen Bestimmung einer Epoche – Schulz-Buschhaus, Ulrich: Gattungsmischung – Gattungskombination – Gattungsnivellierung. Überlegungen zum Gebrauch des literarhistorischen Epochenbegriffs »Barock« – Link, Jürgen: Was heißt »Es hat sich nichts geändert«? Ein Reproduktionsmodell literarischer Evolution mit Blick auf Geibel – Plumpe, Gerhard: Systemtheorie und Literaturgeschichte. Mit Anmerkungen zum deutschen Realismus im 19. Jahrhundert – Pfeiffer, Karl Ludwig: Präsuppositionen kulturellen Schaffens. Studien zu einer Verarbeitungsgeschichte der englischen Literatur im 19. Jahrhundert – Lachmann, Renate: Text und Gedächtnis. Bemerkungen zur Kulturosophie des Akmeismus – Günther, Hans: Literarische Dynamik und Mechanismen der Stabilisierung in der sowjetischen Kultursemiotik – Steinwachs, Burkhart: Was leisten (literarische) Epochenbegriffe? Forderungen und Folgerungen – Schlieben-Lange, Brigitte: Wie kann man eine Geschichte der (Minderheiten-)Sprachen schreiben? Überlegungen zu ›Décadence‹ und ›Renaissance‹ des Okzitanischen und des Katalanischen – Hültenschmidt, Erika: Wissenschaftshistoriographie und soziologische Theorie. F. A. Wolf und die Entstehung der modernen Philologie und Sprachwissenschaft – Zumthor, Paul: Die orale Dichtung. Raum, Zeit, Periodisierungsproblem – Chartier, Roger: Volkskultur und Gelehrtenkultur. Überprüfung einer Zweiteilung und einer Periodisierung – Duggan, Joseph J.: Die zwei »Epochen« der Chansons de geste – Hassauer, Friederike: Eine Straße durch die Zeit. Die mittelalterlichen Pilgerwege nach Santiago de Compostela – Costa Lima, Luiz: Die Akklimatisierung des Sinnhorizonts der Romantik in Brasilien – Ventura, Roberto: »Unsere Vendée«. Der Mythos von der Französischen Revolution und die Konstitution nationalkultureller Identität in Brasilien (1897-1902) – Lüsebrink, Hans-Jürgen: Die ›Wiederkehr des Verdrängten‹. Zur Wahrnehmung und Verarbeitung oraler Literatur in kulturellen Umbruchsperioden. Das Paradigma des frankophonen Westafrika – Assmann, Jan: Die Entdeckung der Vergangenheit. Innovation und Restauration in der ägyptischen Literaturgeschichte – Gumbrecht, Hans Ulrich/Spangenberg, Peter-Michael/Link-Heer, Ursula: Gespräch über Epochen am Freitag, dem 13., 1984

487 Durkheim, Emile: Erziehung, Moral und Gesellschaft
Vorlesung an der Sorbonne 1902/1903. (L'Éducation morale). Mit einer Einleitung von Paul Fauconnet: Das pädagogische Werk Durkheims. Übersetzt von Ludwig Schmidts. 339 S. 1984 (3-518-28087-2)

488 Analytische Handlungstheorie
Band 1. Handlungsbeschreibungen. Herausgegeben von Georg Meggle. 428 S. 1985. (3-518-28088-0)
Meggle, Georg: Einleitung – Rescher, Nicholas: Handlungsaspekte – Austin, John L.: Ein Plädoyer für Entschuldigungen – Forguson, L. W.: Austins Handlungstheorie – Rayfield, David: Handlung – Danto, Arthur C.: Basis-Handlungen – Martin, Jane R.: Basis-Handlungen und einfache Handlungen – Baier, Annette: Auf der Suche nach Basis-Handlungen – Anscombe, G. E. M.: Natürliche Tatsachen – Hampshire, Stuart/Hart, H. L. A.: Entscheidung, Absicht und Gewißheit – Feinberg, Joel:

Handlung und Verantwortung – Pitcher, George: Handlung und Verantwortung bei Hart – Geach, Peter T.: Der Askriptivismus – Hare, R. M.: Wollen: Einige Fallen – Kenny, Anthony: Handlungen und Relationen – Davidson, Donald: Handeln – Davidson, Donald: Die logische Form von Handlungssätzen – Goldman, Alvin I.: Die Identität von Handlungen – Chisholm, Roderick M.: Freiheit und Handeln – Hempel, Carl G.: Rationales Handeln – Meggle, Georg: Grundbegriffe der rationalen Handlungstheorie

489 Analytische Handlungstheorie
Band 2. Handlungserklärungen. Herausgegeben von Ansgar Beckermann. 448 S. 1985. (3-518-28089-9)
Beckermann, Ansgar: Handeln und Handlungserklärungen – Hamlyn, David W.: Verhalten – Peters, Richard S.: Typen der Erklärung in psychologischen Theorien – Melden, Abraham I.: Freie Handlungen – MacIntyre, Alasdair C.: Was dem Handeln vorhergeht – Gean, William D.: Gründe und Ursachen – Chihara, Charles S./Fodor, Jerry A.: Operationalismus und normale Sprache: eine Wittgenstein-Kritik – Brandt, Richard/Kim, Jaegwon: Wünsche als Erklärungen von Handlungen – Dray, William: Der Sinn von Handlungen – Churchland, Paul M.: Der logische Status von Handlungserklärungen – Malcolm, Norman: Ist der Mechanismus vorstellbar? – Putnam, Hilary: Geist und Maschine – Lewis, David K.: Eine Argumentation für die Identitätstheorie – Fodor, Jerry A.: Erklärungen in der Psychologie

490 Lebenserfahrung und kollektives Gedächtnis
Die Praxis der »Oral History«. Herausgegeben von Lutz Niethammer unter Mitarbeit von Werner Trapp. Mit einem neuen Vorwort zur Taschenbuchausgabe von Lutz Niethammer. 510 S. 1985. (3-518-28090-2)
Niethammer, Lutz: Einführung – Starr, Louis M.: Oral History in den USA. Probleme und Perspektiven – Samuel, Raphael: Oral History in Großbritannien – Ranger, Terence: Persönliche Erinnerung und Volkserfahrung in Ost-Afrika – Bertaux, Daniel/Ber-

taux-Wiame, Isabelle: Autobiographische Erinnerungen und kollektives Gedächtnis – Ortu, Giangiacomo: Historische Subjektivität und revolutionäres Subjekt. Arbeit mit mündlichen Quellen in Italien – Colman, Gould P.: Abschluß nach zehn Jahren – Grele, Ronald J.: Ziellose Bewegung. Methodologische und theoretische Probleme der Oral History – Frisch, Michael/Watts, Dorothy L.: Oral History und die Darstellung von Klassenbewußtsein. Die »New York Times« und die Arbeitslosen von Buffalo – Hochhuth, Rolf: Wer eine Geschichte erzählt ... – Brüggemeier, Franz: Soziale Vagabundage oder revolutionärer Heros? Zur Sozialgeschichte der Ruhrbergarbeiter 1880-1920 – Passerini, Luisa: Arbeitersubjektivität und Faschismus. Mündliche Quellen und deren Impulse für die historische Forschung – Lequin, Yves/Métral, Jean: Auf der Suche nach einem kollektiven Gedächtnis. Die Rentner der Metallindustrie von Givors – Thompson, Paul: Das Problem der Repräsentativität am Beispiel eines Familienprojektes – Montell, William Lynwood: Der »Oral Historian« als Volkskundler – Steinbach, Lothar: Lebenslauf, Sozialisation und »erinnerte Geschichte« – Fuchs, Werner: Möglichkeiten der biographischen Methode – Niethammer, Lutz: Postskript. Über Forschungstrends unter Verwendung diachroner Interviews in der Bundesrepublik

491 Goldmann, Lucien: Der verborgene Gott

Studie über die tragische Weltanschauung in den ›Pensées‹ Pascals und im Theater Racines. (Le dieu caché. Étude sur la vision tragique dans les ›Pensées‹ de Pascal et dans le théâtre de Racine). Übersetzt von Hermann Baum unter Mitwirkung von Karl-Heinz Klär. 605 S. 1985. (3-518-28091-0)

492 Schluchter, Wolfgang: Aspekte bürokratischer Herrschaft

Studien zur Interpretation der fortschreitenden Industriegesellschaft. 360 S. 1985. (3-518-28092-9)

494 **Lorenzen, Paul: Grundbegriffe technischer und politischer Kultur**

Zwölf Beiträge. 213 S. 1985. (3-518-28094-5)

Rationale Grammatik – Praktische und theoretische Modalitäten – Eine konstruktive Deutung des Dualismus in der Wahrscheinlichkeitstheorie – Protogeometrische Sprachspiele und geometrische Theorie – Konstruktive Analysis und das geometrische Kontinuum – Geometrie als meßtheoretisches Apriori der Physik – Autonomie und empirische Sozialforschung – Konstruktive Wissenschaftstheorie und politische Vernunft – Versuch einer wissenschaftlichen Grundlegung des Demokratischen Sozialismus – Politische Anthropologie – Marx heute – Politische Vernunft und der Begriff Sozialismus

495 **Theologie und funktionale Systemtheorie**

Luhmanns Religionssoziologie in theologischer Diskussion. Herausgegeben von Michael Welker. 144 S. 1985. (3-518-28095-3)

Geisthardt, Günter: Skizze der Religionstheorie Niklas Luhmanns – Kasprzik, Brigitta: Der Anspruch von Luhmanns Theorie und einige Probleme der Theorieanlage – Raden, Matthias J.: Die chiffrierte Einheit einer expansiven Welt: Die heimliche »religiöse Funktion« der Weltgesellschaft in der funktionalen Systemtheorie Luhmanns – Cornelius, Jochen: Die Wirklichkeit der Weltgesellschaft – Kasprzik, Wolfgang: Die Funktion der Religion für Luhmanns Theorie – Welker, Michael: Die neue »Aufhebung der Religion« in Luhmanns Systemtheorie – Schloz, Adelbert: Dekomposition und Heil. Die Komplexität einer theologisch verantwortlichen Gottes- und Rechtfertigungslehre als ungelöstes Problem der religionssoziologischen Theorie Luhmanns – Möller, Ulrich/Niedermeier, Helmut/Werner, Dietrich: Zur Grundlagendifferenz und zu den Bedingungen der Kommunikation zwischen Theologie und funktionaler Systemtheorie

496 Berkeley, George: Schriften über die Grundlagen der Mathematik und Physik

Eingeleitet und übersetzt von Wolfgang Breidert. 252 S. 1985 (3-518-28096-1)

Breidert, Wolfgang: Einleitung – Berkeley, George: – Vom Unendlichen – Der Analytiker – Eine Verteidigung des freien Denkens in der Mathematik – Gründe gegen eine Erwiderung auf Herrn Waltons ›Vollständige Antwort‹ – Über die Bewegung

497 Briegleb, Klaus: Opfer Heine?

Versuche über Schriftzüge der Revolution. 458 S. 1986 (3-518-28097-X)

Heine Eulenspiegel. Tanzverbot und Mutterschuld – Heine und Preußen. Notierungen zur »Vorrede« vom 18. Oktober 1832 – General Marx – Hund Heine. Eine Text-Spiegelung – Heines »Naturlaute« zwischen Goethe und Courbet – Melancholischer Realismus. Hypothese zum Weg Heines an die Seite Baudelaires – Die Perspektive: Heines Weg an die Seite Baudelaires. Ähnlichkeit als methodisches Problem – Wir als echte Flaneurs · Vorspann – »Er hat den schlechten Judencharakter«. Diskurs der Ausgrenzung – »... die Trommel müsse gerührt werden« – Jakobiner oder Enragé? · Figuren-Agitation – Das schärfste Paradox: Paris du teure – Enttäuschung – »Dort müssen Sie schreiben, für hier« – Transzendentaler Sarkasmus – Shylock-Buonarroti – Ce sarcasme plein de mélancolie. Zwischenkapitel 1 – Melancholie im Exil. Zwischenkapitel 2 – Im Zwiespalt der Wünsche – Not-Wendigkeit – Krisenschrift – Die politische »Lutetia«-Hypothese: »Jene neue Doktrin« – Trauer am Rand des Diskurses. Cancan – Der Napoleonzug – Napoleon-Mythos und Cancan – Heimkehr gegen die Zeit – Perspektive des Todes. Hindeutungen – Der paradoxe Appell an den Staat. Resümee – Hiobs einsamer Triumph – Anhang: Rede wider das Hamburger Heine-Denkmal am 15. Mai 1982

498 Transformation und Entwicklung

Grundlagen der Moralerziehung. Herausgegeben von Fritz Oser, Reinhard Fatke und Otfried Höffe. 357 S. 1986 (3-518-28098-8)

Oser, Fritz/Fatke, Reinhard/Höffe, Otfried: Einleitung – Kohlberg, Lawrence: Der »Just Community«-Ansatz der Moralerziehung in Theorie und Praxis – Höffe, Otfried: Autonomie und Verallgemeinerung als Moralprinzipien. Eine Auseinandersetzung mit Kohlberg, dem Utilitarismus und der Diskursethik – Berkowitz, Marvin W.: Die Rolle der Diskussion in der Moralerziehung – Keller, Monika/Reuss, Siegfried: Der Prozeß moralischer Entscheidungsfindung. Normative und empirische Voraussetzungen einer Teilnahme am moralischen Diskurs – Noam, Gil G.: Stufe, Phase und Stil: Die Entwicklungsdynamik des Selbst – Nisan, Mordecai: Begrenzte Moralität. Ein Konzept und seine erzieherischen Implikationen – Oser, Fritz/Schlaefli, André: Und sie bewegt sich doch. Zur Schwierigkeit der stufenmäßigen Veränderung des moralischen Urteils am Beispiel von Schweizer Banklehrlingen – Higgins, Ann/Gordon, Frederick M.: Arbeitsklima und sozio-moralische Entwicklung in zwei arbeitereigenen und selbstverwalteten Betrieben – Power, Clark: Demokratische und moralische Erziehung in einer großen öffentlichen High School – Edelstein, Wolfgang: Moralische Intervention in der Schule. Skeptische Überlegungen

499 Sextus Empiricus: Grundriß der pyrrhonischen Skepsis
Eingeleitet und übersetzt von Malte Hossenfelder. 310 S. 1985 (3-518-28099-6)

500 Bourdieu, Pierre: Sozialer Raum und »Klassen«. Leçon sur la leçon
Zwei Vorlesungen. Übersetzt von Bernd Schwibs. Mit einer Bibliographie der Schriften Pierre Bourdieus von Yvette Delsaut. 106 S. 1985. (3-518-28100-3)

501-508 Wittgenstein, Ludwig: Werkausgabe
8 Bände in Kassette. 1984. (3-518-09988-4)

501 **Wittgenstein, Ludwig: Tractatus logico-philosophicus. Tagebücher 1914-1916. Philosophische Untersuchungen**
Werkausgabe Band 1. Für die vorliegende Ausgabe wurde der Text durchgesehen von Joachim Schulte. 621 S. 1984 (3-518-28101-1)

502 **Wittgenstein, Ludwig: Philosophische Bemerkungen**
Werkausgabe Band 2. Aus dem Nachlaß herausgegeben von Rush Rhees. Für die vorliegende Ausgabe wurde der Text neu durchgesehen von Heikki Nyman und Joachim Schulte. 319 S. 1984 (3-518-28102-X)

503 **Ludwig Wittgenstein und der Wiener Kreis**
Gespräche, aufgezeichnet von Friedrich Waismann. Werkausgabe Band 3. Aus dem Nachlaß herausgegeben von B. F. McGuinness. 266 S. 1984. (3-518-28103-8)

504 **Wittgenstein, Ludwig: Philosophische Grammatik**
Werkausgabe Band 4. Herausgegeben von Rush Rhees. 491 S. 1984. (3-518-28104-6)

505 **Wittgenstein, Ludwig: Das Blaue Buch. (The Blue Book). Eine Philosophische Betrachtung (Das Braune Buch)**
Werkausgabe Band 5. Herausgegeben von Rush Rhees. 282 S. 1984. (3-518-28105-4)

506 **Wittgenstein, Ludwig: Bemerkungen über die Grundlagen der Mathematik**
Werkausgabe Band 6. Herausgegeben von G. E. M. Anscombe, Rush Rhees, G. H. von Wright. 446 S. 1984. (3-518-28106-2)

507 **Wittgenstein, Ludwig: Bemerkungen über die Philosophie der Psychologie. Letzte Schriften über die Philosophie der Psychologie**
Werkausgabe Band 7. Herausgegeben von G. E. M. Anscombe, G. H. von Wright und Heikki Nyman. Für die vorliegende Aus-

gabe wurde der Text neu durchgesehen von Joachim Schulte. 500 S. 1984. (3-518-28107-0)

508 Wittgenstein, Ludwig: Bemerkungen über die Farben. Über Gewißheit. Zettel. Vermischte Bemerkungen
Werkausgabe Band 8. Herausgegeben von G.E.M. Anscombe, G.H. von Wright. Unter Mitarbeit von Heikki Nyman. Für die vorliegende Arbeit wurde der Text neu durchgesehen von Joachim Schulte. 575 S. 1984. (3-518-28108-9)

517 Habermas, Jürgen: Zur Logik der Sozialwissenschaften
Erweiterte Ausgabe. 607 S. 1985. (3-518-28117-8)
Nachtrag zu einer Kontroverse (1963): Analytische Wissenschaftstheorie und Dialektik – Eine Polemik (1964): Gegen einen positivistisch halbierten Rationalismus – Eine Diskussionsbemerkung (1964): Wertfreiheit und Objektivität – Ein Literaturbericht (1967): Zur Logik der Sozialwissenschaften – Der Universalitätsanspruch der Hermeneutik (1970) – Eine Auseinandersetzung mit Niklas Luhmann (1971): Systemtheorie der Gesellschaft oder Kritische Gesellschaftstheorie? – Nachwort (1968): Zu Nietzsches Erkenntnistheorie – Eine Diskussionsbemerkung (1972): Das Subjekt der Geschichte – Ein Fragment (1977): Objektivismus in den Sozialwissenschaften

518 Granet, Marcel: Die chinesische Zivilisation
(La civilisation chinoise). Familie. Gesellschaft. Herrschaft. Von den Anfängen bis zur Kaiserzeit. Übersetzt und eingeleitet von Claudius C. Müller. Mit einem Vorwort von Wolfgang Bauer. 315 S. 1985. (3-518-28118-6)

519 Granet, Marcel: Das chinesische Denken
(La pensée chinoise). Inhalt. Form. Charakter. Übersetzt und eingeleitet von Manfred Porkert. Mit einem Vorwort von Herbert Franke. 405 S. 1985. (3-518-28119-4)

520 Frank, Manfred: Eine Einführung in Schellings Philosophie

132 S. 1985. (3-518-28120-8)

521-526 Schelling, Friedrich Wilhelm Joseph von: Ausgewählte Schriften

6 Bände in Kassette. 1985. (3-518-09670-2)

521 Schelling, Friedrich Wilhelm Joseph von: Ausgewählte Schriften Band 1

1794-1800. 710 S. 1985. (3-518-28121-6)

Frank, Manfred: Vorbemerkung des Herausgebers – Schelling, F. W. J.: Ueber die Möglichkeit einer Form der Philosophie überhaupt (1794) – Vom Ich als Princip der Philosophie oder über das Unbedingte im menschlichen Wissen (1795) – Abhandlungen zur Erläuterung des Idealismus der Wissenschaftslehre (1796/1797) – Einleitung zu: Ideen zu einer Philosophie der Natur als Einleitung in das Studium dieser Wissenschaft (1797) – Ist eine Philosophie der Geschichte möglich? (1797/1798) – Ueber Offenbarung und Volksunterricht (1798) – Erster Entwurf eines Systems der Naturphilosophie (1799) – Einleitung zu dem Entwurf eines Systems der Naturphilosophie (1799) – System des transcendentalen Idealismus (1800)

522 Schelling, Friedrich Wilhelm Joseph von: Ausgewählte Schriften Band 2

1801-1803. 628 S. 1985. (3-518-28122-4)

Frank, Manfred: Vorbemerkung des Herausgebers – Schelling, F. W. J.: Ueber den wahren Begriff der Naturphilosophie und die richtige Art ihre Probleme aufzulösen (1801) – Darstellung meines Systems der Philosophie (1801) (Auszug) – Fernere Darstellungen aus dem System der Philosophie (1802) (Auszug) – Ueber das Studium der Philosophie insbesondere. Aus: Vorlesungen über die Methode des akademischen Studiums (1803) – Philosophie der Kunst (1802/1803) – Ueber Wissenschaft der Kunst, in Bezug auf das akademische Studium. Aus: Vorlesungen über die

Methode des akademischen Studiums (1803) – Ueber das Verhältniß der bildenden Künste zu der Natur (1807)

523 Schelling, Friedrich Wilhelm Joseph von: Ausgewählte Schriften Band 3
1804-1806. 744 S. 1985. (3-518-28123-2)
Frank, Manfred: Vorbemerkung des Herausgebers – Schelling, F. W. J.: Immanuel Kant (1804) – Philosophie und Religion (1804) – Propädeutik der Philosophie (1804) – System der gesammten Philosophie und der Naturphilosophie insbesondere (1804) – Ueber das Verhältniß des Realen und Idealen in der Natur oder Entwicklung der ersten Grundsätze der Naturphilosophie an den Principien der Schwere und des Lichts (1806) – Darlegung des wahren Verhältnisses der Naturphilosophie zu der verbesserten Fichteschen Lehre (1806) (Auszug) – Aphorismen zur Einleitung in die Naturphilosophie (1806) – Aphorismen über die Naturphilosophie (1806)

524 Schelling, Friedrich Wilhelm Joseph von: Ausgewählte Schriften Band 4
1807-1834. 648 S. 1985. (3-518-28124-0)
Frank, Manfred: Vorbemerkung des Herausgebers – Schelling, F. W. J.: Ueber das Wesen deutscher Wissenschaft (1807) – Stuttgarter Privatvorlesungen (1810) – Ueber den Zusammenhang der Natur mit der Geisterwelt (Wohl zwischen 1809 und 1812) – Entwurf zur Fortsetzung des Gesprächs »Clara«. Der Frühling. Die Weltalter. Erstes Buch. Die Vergangenheit. Druck I (1811) – Briefwechsel mit Eschenmayer (1810) – Ueber die Natur der Philosophie als Wissenschaft (1821) – Ueber den Werth und die Bedeutung der Bibelgesellschaften (1822) – Zur Geschichte der neueren Philosophie (Wohl 1833/1834) – Vorrede zu einer philosophischen Schrift des Herrn Victor Cousin (1834)

525 Schelling, Friedrich Wilhelm Joseph von: Ausgewählte Schriften Band 5
1842-1852. Erster Teilband. 806 S. 1985. (3-518-28125-9)

Frank, Manfred: Vorbemerkung des Herausgebers – Schelling, F. W. J.: Erstes Buch. Historisch-kritische Einleitung in die Philosophie der Mythologie (1842) – Zweites Buch. Philosophische Einleitung in die Philosophie der Mythologie oder Darstellung der reinrationalen Philosophie (Zwischen 1847 und 1852) – Abhandlung über die Quelle der ewigen Wahrheiten (1850) – Erstes Buch. Einleitung in die Philosophie der Offenbarung oder Begründung der positiven Philosophie (Berliner Vorlesung, vermutlich Wintersemester 1842/43) – Andere Deduktion der Principien der positiven Philosophie (Vermutlich aus einer Münchener Vorlesung von 1839)

526 **Schelling, Friedrich Wilhelm Joseph von: Ausgewählte Schriften Band 6**
1842-1852. Zweiter Teilband. 694 S. 1985. (3-518-28126-7)
Frank, Manfred: Vorbemerkung des Herausgebers – Schelling, F. W. J.: Philosophie der Mythologie (1842)

531 **Tibi, Bassam: Der Islam und das Problem der kulturellen Bewältigung sozialen Wandels**
325 S. 1985. (3-518-28131-3)

532 **Wellmer, Albrecht: Zur Dialektik von Moderne und Postmoderne**
Vernunftkritik nach Adorno. 166 S. 1985. (3-518-28132-1)
Wahrheit, Schein, Versöhnung. Adornos ästhetische Rettung der Modernität – Zur Dialektik von Moderne und Postmoderne. Vernunftkritik nach Adorno – Kunst und industrielle Produktion. Zur Dialektik von Moderne und Postmoderne – Adorno, Anwalt des Nicht-Identischen. Eine Einführung

534 **Holenstein, Elmar: Menschliches Selbstverständnis**
Ichbewußtsein – Intersubjektive Verantwortung – Interkulturelle Verständigung. 219 S. 1985. (3-518-28134-8)
Die Richtung der phänomenologischen Bewegung. Von der reinen Logik der Menschlichkeit – Der Nullpunkt der Orientierung.

Die Plazierung des Ich im wahrgenommenen Raum – Die eigenartige Grammatik des Wortes ›ich‹. Die Plazierung des Ich in der Rede – Gewissen und rationale Verantwortung – Intersubjektive Verantwortung. Phänomenologische Rechtfertigung eines ethischen Rechtfertigungsprinzips – Interkulturelle Beziehungen – Multikulturelle Verhältnisse. ›Siamo barbarissimi‹. Geschichtliche Wurzeln des intellektuellen Ethnozentrismus. Zehn tentative Thesen

535 Absolutismus
Herausgegeben von Ernst Hinrichs. 399 S. 1986
(3-518-28135-6)
Hinrichs, Ernst: Zum Stand und zu den Aufgaben gegenwärtiger Absolutismusforschung. Einleitung – Vierhaus, Rudolf: Absolutismus – Krüger, Kersten: Absolutismus in Dänemark – ein Modell für Begriffsbildung und Typologie – Hinrichs, Carl: Zur Selbstauffassung Ludwigs XIV. in seinen ›Mémoires‹ – Vierhaus, Rudolf: Höfe und Höfische Gesellschaft in Deutschland im 17. und 18. Jahrhundert – Lippe, Rudolf zur: Hof und Schloß – Bühne des Absolutismus – Lundgreen, Peter: Gegensatz und Verschmelzung von ›alter‹ und ›neuer‹ Bürokratie im Ancien Régime: Ein Vergleich von Frankreich und Preußen – Schumpeter, Joseph: Die Krise der Dämonenwirtschaft am Ausgang des Mittelalters – Schremmer, Eckart: Die Finanzwirtschaft des absoluten Staates: Bayern im 18. Jahrhundert – Reinhard, Wolfgang: Staatsmacht als Kreditproblem. Zur Struktur und Funktion des frühneuzeitlichen Ämterhandels – Bien, David D.: Die »Sécretaires du roi«. Absolutismus, Korporationen und Privilegien im französischen Ancien Régime – Roberts, Michael: Die militärische Revolution 1560-1660 – Raeff, Marc: Der wohlgeordnete Polizeistaat und die Entwicklung der Moderne im Europa des 17. und 18. Jahrhunderts. Versuch eines vergleichenden Ansatzes – Hinrichs, Ernst: Merkantilismus in Europa: Konzepte, Ziele, Praxis – Hintze, Otto: Der Absolutismus im Kirchenregiment und die Entstehung einer preußischen Landeskirche (Territorialismus)

536 **Devereux, Georges: Träume in der griechischen Tragödie**
Eine ethnopsychoanalytische Untersuchung. (Dreams in Greek Tragedy. An Ethno-Psycho-Analytical Study). Übersetzt von Klaus Staudt. 551 S. 1985. (3-518-28136-4)

537 **Verrechtlichung von Wirtschaft, Arbeit und sozialer Solidarität**
Vergleichende Analysen. Herausgegeben von Friedrich Kübler. Mit Beiträgen von Hans F. Zacher, Spiros Simitis, Friedrich Kübler, Klaus Hopt und Gunther Teubner. 345 S. 1985 (3-518-28137-2)
Kübler, Friedrich: Einleitung – Zacher, Hans F.: Verrechtlichung im Bereich des Sozialrechts – Simitis, Spiros: Zur Verrechtlichung der Arbeitsbeziehungen – Kübler, Friedrich: Verrechtlichung von Unternehmensstrukturen – Hopt, Klaus: Wettbewerbsbeschränkungen und Verrechtlichung – Teubner, Gunther: Verrechtlichung. Begriffe, Merkmale, Grenzen, Auswege

538 **Halbwachs, Maurice: Das Gedächtnis und seine sozialen Bedingungen**
(Les cadres sociaux de la mémoire). Übersetzt von Lutz Geldsetzer. 399 S. 1985. (3-518-28138-0)

539 **Piaget, Jean: Weisheit und Illusionen der Philosophie**
(Sagesse et illusions de la philosophie). Übersetzt von Friedhelm Herborth. 286 S. 1985. (3-518-28139-9)

540 **Höffe, Otfried: Strategien der Humanität**
Zur Ethik öffentlicher Entscheidungsprozesse. 373 S. 1985 (3-518-28140-2)

541 **Duerr, Hans Peter: Ni Dieu – ni mètre**
Anarchische Bemerkungen zur Bewußtseins- und Erkenntnistheorie. 239 S. 1985. (3-518-28141-0)

542 Böhme, Hartmut/Böhme, Gernot: Das Andere der Vernunft
Zur Entwicklung von Rationalitätsstrukturen am Beispiel Kants. 516 S. 1985. (3-518-28142-9)

543 Polanyi, Michael: Implizites Wissen
(The Tacit Dimension). Übersetzt von Horst Brühmann. 94 S. 1985. (3-518-28143-7)

544 Frank, Manfred: Das individuelle Allgemeine
Textstrukturierung und -interpretation nach Schleiermacher. 383 S. 1985. (3-518-28144-5)

545 Waldenfels, Bernhard: In den Netzen der Lebenswelt
248 S. 1985. (3-518-28145-3)
Die Abgründigkeit des Sinnes. Kritik an Husserls Idee der Grundlegung – Die verachtete Doxa. Husserl und die fortdauernde Krisis der abendländischen Vernunft – Phänomen und Struktur bei Merleau-Ponty – Das Geregelte und das Ungebärdige. Funktionen und Grenzen institutioneller Regelungen – Rationalisierung der Lebenswelt – ein Projekt. Kritische Überlegungen zu Habermas' Theorie des kommunikativen Handelns – Vernunftordnung und positive Ordnungen. Anmerkungen zu dem nicht ausgetragenen Streit zwischen Habermas und Foucault – Die Herkunft der Normen aus der Lebenswelt – Im Labyrinth des Alltags – Gänge durch die Landschaft – Heimat in der Fremde – Horizonte des Meßbaren – Fiktion und Realität

546 Kracauer, Siegfried: Theorie des Films
Die Errettung der äußeren Wirklichkeit. (Theory of Film. The Redemption of Physical Reality). Vom Verfasser revidierte Übersetzung von Friedrich Walter und Ruth Zellschan. Herausgegeben von Karsten Witte. 456 S. 1985. (3-518-28146-1)

547 **Staatslehre in der Weimarer Republik**
Hermann Heller zu ehren. Herausgegeben von Christoph Müller und Ilse Staff. 223 S. 1985. (3-518-28147-X)
Staff, Ilse: Staatslehre in der Weimarer Republik – Schluchter, Wolfgang: Hermann Heller. Ein wissenschaftliches und politisches Portrait – Abendroth, Wolfgang: Die Funktion des Politikwissenschaftlers und Staatsrechtslehrers Hermann Heller in der Weimarer Republik und in der Bundesrepublik Deutschland – Bolaffi, Angelo: Verfassungskrise und Sozialdemokratie. Hermann Heller und die Kritiker der Weimarer Verfassung am Vorabend der Krise der Republik – Luthardt, Wolfgang: Staat, Demokratie, Arbeiterbewegung. Hermann Hellers Analysen im Kontext der zeitgenössischen sozialdemokratischen Diskussion – Hennig, Eike: Nationalismus, Sozialismus und die ›Form aus Leben‹: Hermann Hellers politische Hoffnung auf soziale Integration und staatliche Einheit – Pasquino, Pasquale: Politische Einheit, Demokratie und Pluralismus. Bemerkungen zu Carl Schmitt, Hermann Heller und Ernst Fraenkel – Müller, Christoph: Kritische Bemerkungen zur Kelsen-Rezeption Hermann Hellers – Schefold, Dian: Hellers Ringen um den Verfassungsbegriff – Schneider, Hans-Peter: Positivismus, Nation und Souveränität. Über die Beziehungen zwischen Heller und Radbruch – Maus, Ingeborg: Hermann Heller und die Staatsrechtslehre der Bundesrepublik

548 **Max Webers Sicht des antiken Christentums**
Interpretation und Kritik. Herausgegeben von Wolfgang Schluchter. 568 S. 1985. (3-518-28148-8)
Schluchter, Wolfgang: Einleitung: Max Webers Analyse des antiken Christentums. Grundzüge eines unvollendeten Projekts – Deininger, Jürgen: Die politischen Strukturen des mittelmeerisch-vorderorientalischen Altertums in Max Webers Sicht – Breuer, Stefan: Stromuferkultur und Küstenkultur. Geographische und ökologische Faktoren in Max Webers ›ökonomischer Theorie der antiken Staatenwelt‹ – Kippenberg, Hans G.: Agrarverhältnisse im antiken Vorderasien und die mit ihnen verbunde-

nen politischen Mentalitäten – Crüsemann, Frank: Israel in der Perserzeit. Eine Skizze in Auseinandersetzung mit Max Weber – Talmon, Shemaryahu: Jüdische Sektenbildung in der Frühzeit der Periode des Zweiten Tempels. Ein Nachtrag zu Max Webers Studie über das antike Judentum – Wasserstein, Abraham: Die Hellenisierung des Frühjudentums. Die Rabbinen und die griechische Philosophie – Derrett, J. Duncan M.: Recht und Religion im Neuen Testament (bis zum Jahr 135) – Meeks, Wayne A.: Die Rolle des paulinischen Christentums bei der Entstehung einer rationalen ethischen Religion – Gager, John G.: Paulus und das antike Judentum. Eine Kritik an Max Webers Interpretation – Bendix, Reinhard: Umbildungen des persönlichen Charismas. Eine Anwendung von Max Webers Charismabegriff auf das Frühchristentum – Drijvers, Han J. W.: Askese und Mönchtum im frühen Christentum – Frend, William H. C.: Die Bedeutung von Max Webers Ansatz für die Untersuchung der frühen christlichen Sektenbewegungen – Stroumsa, Gedaliahu G.: Die Gnosis und die christliche ›Entzauberung der Welt‹ – Eisenstadt, Shmuel N.: Max Webers Sicht des frühen Christentums und die Entstehung der westlichen Zivilisation. Einige vergleichende Überlegungen – Schluchter, Wolfgang: Max Webers Religionssoziologie. Eine werkgeschichtliche Rekonstruktion

549 Kern, Horst/Schumann, Michael: Industriearbeit und Arbeiterbewußtsein

Eine empirische Untersuchung über den Einfluß der aktuellen technischen Entwicklung auf die industrielle Arbeit und das Arbeiterbewußtsein. Mit einem Nachwort von Klaus Peter Wittemann (1985). 350 S. 1985. (3-518-28149-6)

550-566 Bloch, Ernst: Werkausgabe

16 Bände mit einem Ergänzungsband in Kassette. 1985. (3-518-09949-3)

550 Bloch, Ernst: Spuren

Werkaugabe Band 1. 220 S. 1985. (3-518-28150-X)

551 **Bloch, Ernst: Thomas Münzer als Theologe der Revolution**
Werkausgabe Band 2. 230 S. 1985. (3-518-28151-8)

552 **Bloch, Ernst: Geist der Utopie**
Bearbeitete Neuauflage der zweiten Fassung von 1923. Werkausgabe Band 3. 352 S. 1985. (3-518-28152-6)

553 **Bloch, Ernst: Erbschaft dieser Zeit**
Erweiterte Ausgabe. Werkausgabe Band 4. 415 S. 1985 (3-518-28153-4)

554 **Bloch, Ernst: Das Prinzip Hoffnung**
In fünf Teilen. Werkausgabe Band 5. 3 Teilbände. Zusammen 1656 S. 1985. (3-518-28154-2)

555 **Bloch, Ernst: Naturrecht und menschliche Würde**
Werkausgabe Band 6. 367 S. 1985. (3-518-28155-0)

556 **Bloch, Ernst: Das Materialismusproblem, seine Geschichte und Substanz**
Werkausgabe Band 7. 553 S. 1985. (3-518-28156-9)

557 **Bloch, Ernst: Subjekt – Objekt**
Erläuterungen zu Hegel. Erweiterte Ausgabe. Werkausgabe Band 8. 525 S. 1985. (3-518-28157-7)

558 **Bloch, Ernst: Literarische Aufsätze**
Werkausgabe Band 9. 581 S. 1985. (3-518-28158-5)

559 **Bloch, Ernst: Philosophische Aufsätze zur objektiven Phantasie**
Werkausgabe Band 10. 634 S. 1985. (3-518-28159-3)

560 **Bloch, Ernst: Politische Messungen, Pestzeit, Vormärz**
Werkausgabe Band 11. 498 S. 1985. (3-518-28160-7)

561 **Bloch, Ernst: Zwischenwelten in der Philosophiegeschichte**
Aus Leipziger Vorlesungen. Werkausgabe Band 12. 341 S. 1985 (3-518-28161-5)

562 **Bloch, Ernst: Tübinger Einleitung in die Philosophie**
Werkausgabe Band 13. 381 S. 1985. (3-518-28162-3)

563 **Bloch, Ernst: Atheismus im Christentum**
Zur Religion des Exodus und des Reichs. Werkausgabe Band 14. 362 S. 1985. (3-518-28163-1)

564 **Bloch, Ernst: Experimentum Mundi**
Frage, Kategorien des Herausbringens, Praxis. Werkausgabe Band 15. 267 S. 1985. (3-518-28164-X)

565 **Bloch, Ernst: Geist der Utopie**
Erste Fassung. Faksimile der Ausgabe von 1918. Werkausgabe Band 16. 445 S. 1985. (3-518-28165-8)

566 **Bloch, Ernst: Tendenz – Latenz – Utopie**
Ergänzungsband zur Werkausgabe. 422 S. 1985. (3-518-28166-6)

567-570 **Bloch, Ernst: Leipziger Vorlesungen zur Geschichte der Philosophie 1950-1956**
4 Bände in Kassette. 1985. (3-518-28168-2)

567 **Bloch, Ernst: Antike Philosophie**
Leipziger Vorlesungen zur Geschichte der Philosophie 1950-1956. Herausgegeben von Ruth Römer und Burghart Schmidt. Bearbeitet von Eberhard Braun, Beat R. Dietschy, Hanna Gekle und Uwe Opolka. Band 1. Bearbeitet von Beat Dietschy und Hanna Gekle. 551 S. 1985. (3-518-28167-4)

568 **Bloch, Ernst: Christliche Philosophie des Mittelalters. Philosophie der Renaissance**
Leipziger Vorlesungen zur Geschichte der Philosophie 1950-1956. Herausgegeben von Ruth Römer und Burghart Schmidt. Bearbeitet von Eberhard Braun, Beat R. Dietschy, Hanna Gekle und Uwe Opolka. Band 2. 251 S. 1985. (3-518-28168-2)

569 **Bloch, Ernst: Neuzeitliche Philosophie I: Von Descartes bis Rousseau**
Leipziger Vorlesungen zur Geschichte der Philosophie 1950-1956. Herausgegeben von Ruth Römer und Burghart Schmidt. Bearbeitet von Eberhard Braun, Beat R. Dietschy, Hanna Gekle und Uwe Opolka. Band 3. Bearbeitet von Uwe Opolka. 334 S. 1985. (3-518-28169-0)

570 **Bloch, Ernst: Neuzeitliche Philosophie II: Deutscher Idealismus. Die Philosophie des 19. Jahrhunderts**
Leipziger Vorlesungen zur Geschichte der Philosophie 1950-1956. Herausgegeben von Ruth Römer und Burghart Schmidt. Bearbeitet von Eberhard Braun, Beat R. Dietschy, Hanna Gekle und Uwe Opolka. Band 4. Bearbeitet von Eberhard Braun (Deutscher Idealismus) und Hanna Gekle (Die Philosophie des 19. Jahrhunderts). 468 S. 1985. (3-518-28170-4)

571 **Bateson, Gregory: Ökologie des Geistes**
Anthropologische, psychologische, biologische und epistemologische Perspektiven. (Steps to an Ecology of Mind. Collected Essays in Anthropology, Psychiatry, Evolution and Epistemology). Übersetzt von Hans Günter Holl. Mit einer Einleitung von Helm Stierlin. 675 S. 1985. (3-518-28171-2)

572 **Zwischen Intransparenz und Verstehen**
Fragen an die Pädagogik. Herausgegeben von Niklas Luhmann und Karl Eberhard Schorr. 325 S. 1986. (3-518-28172-0)
Luhmann, Niklas/Schorr, Karl Eberhard: Einleitung – Schorr, Karl Eberhard: Das Verstehensdefizit der Erziehung und die Päd-

agogik – Rusch, Gebhard: ›Verstehen Verstehen‹. Ein Versuch aus konstruktivistischer Sicht – Luhmann, Niklas: Systeme verstehen Systeme – Diederich, Jürgen: Wie der Verstand versteht – Dobrick, Martin: Einige Bedingungen für Mißverstehen – Oelkers, Jürgen: Verstehen als Bildungsziel – Uhle, Reinhard: Verstehen in pädagogischer Hinsicht – Prange, Klaus: Selbstreferenz in pädagogischen Situationen – Tenorth, Heinz-Elmar: »Lehrerberuf s. Dilettantismus«. Wie die Lehrprofession ihr Geschäft verstand

573 **Das Problem der Intersubjektivität**
Neuere Beiträge zum Werk George Herbert Meads. Herausgegeben von Hans Joas. 243 S. 1985. (3-518-28173-9)
Joas, Hans: Einleitung: Neuere Beiträge zum Werk George Herbert Meads – Wenzel, Harald: Mead und Parsons. Die emergente Ordnung des sozialen Handelns – Rehberg, Karl-Siegbert: Die Theorie der Intersubjektivität als eine Lehre vom Menschen. George Herbert Mead und die deutsche Tradition der »Philosophischen Anthropologie« – Bergmann, Werner/Hoffmann, Gisbert: Mead und die Tradition der Phänomenologie – Cook, Gary Allan: Moralität und Sozialität bei Mead – Krappmann, Lothar: Mead und die Sozialisationsforschung – Tenbruck, Friedrich H.: George Herbert Mead und die Ursprünge der Soziologie in Deutschland und Amerika. Ein Kapitel über die Gültigkeit und Vergleichbarkeit soziologischer Theorien

574 **Leiris, Michel: Die eigene und die fremde Kultur**
Ethnologische Schriften. Band 1. Übersetzt von Rolf Wintermeyer. Herausgegeben und mit einer Einleitung von Hans-Jürgen Heinrichs. 253 S. 1985. (3-518-28174-7)
Heinrichs, Hans-Jürgen: Einleitung – Leiris, Michel: Ethnographie und Kolonialismus (1950) – Rasse und Zivilisation (1951) – Kulturelle Aspekte der Revolution (1968) – Graffiti abyssins (1934) – Die Besessenheit und ihre theatralischen Aspekte bei den Äthiopiern von Gondar (1958) – Das Heilige im Alltagsleben (1938) – Anhang: Programm des Collège de Sociologie – Brief an Georges Bataille

575 **Leiris, Michel: Das Auge des Ethnographen**
Ethnologische Schriften. Band 2. Übersetzt von Rolf Wintermeyer. Herausgegeben und mit einer Einleitung von Hans-Jürgen Heinrichs. 301 S. 1985. (3-518-28175-5)
Heinrichs, Hans-Jürgen: Einleitung – Leiris, Michel: Das Auge des Ethnographen (1930) – Die Nereide des Roten Meeres (1936) – Das abenteuerliche Leben des Jean-Arthur Rimbaud (1926) – Durch die »Traurigen Tropen«. Zu Claude Lévi-Strauss (1956) – Für Alfred Métraux (1963) – Von dem unmöglichen Bataille zu den unmöglichen ›Documents‹ (1963) – Georges Batailles Don Juanismus (1958) – Wer ist Aimé Césaire? (1965) – Martinique, Guadeloupe, Haiti (1950) – Ein Stieropfer bei dem Vaudou-Priester Jo Pierre-Gilles (1951) – Zum Gebrauch der katholischen Andachtsbilder im haitianischen Vaudou (1953) – Der Stier für Sayfu Čangar (1933) – Beschneidungsriten der Namchi (1934) – Der Begriff der Arbeit in einer sudanesischen Sprache der Eingeweihten (1952) – Die Neger Afrikas und die plastischen Künste (1953)

576 **Leiris, Michel: Phantom Afrika**
Tagebuch einer Expedition von Dakar nach Djibouti 1931-1933. (L'Afrique fantôme. De Dakar à Djibouti 1931-1933). Erster Teil. Ethnologische Schriften. Band 3. Übersetzt von Rolf Wintermeyer. Herausgegeben und mit einer Einleitung von Hans-Jürgen Heinrichs. 300 S. 1985. (3-518-28176-3)

577 **Leiris, Michel: Phantom Afrika**
Tagebuch einer Expedition von Dakar nach Djibouti 1931-1933. (L'Afrique fantôme. De Dakar à Djibouti 1931-1933). Zweiter Teil. Ethnologische Schriften. Band 4. Übersetzt von Rolf Wintermeyer. Herausgegeben und mit einer Einleitung von Hans-Jürgen Heinrichs. 415 S. 1985. (3-518-28177-1)

578 **Wellmer, Albrecht: Ethik und Dialog**
Elemente des moralischen Urteils bei Kant und in der Diskursethik. 224 S. 1986. (3-518-28178-X)

579 **Haag, Karl Heinz: Der Fortschritt in der Philosophie**
204 S. 1985. (3-518-28179-8)

580 **Schlick, Moritz: Die Probleme der Philosophie in ihrem Zusammenhang**
Vorlesung aus dem Wintersemester 1933/34. Herausgegeben von Henk L. Mulder, Anne J. Kox und Rainer Hegselmann. 258 S. 1986. (3-518-28180-1)

581 **Rammstedt, Otthein: Deutsche Soziologie 1933-1945**
Die Normalität einer Anpassung. 412 S. 1986. (3-518-28181-X)

582 **Alexy, Robert: Theorie der Grundrechte**
548 S. 1986. (3-518-28182-8)

583 **Gould, Stephen Jay: Der falsch vermessene Mensch**
(The Mismeasure of Man). 394 S. 1988. (3-518-28183-6)

584 **Rodinson, Maxime: Islam und Kapitalismus**
(Islam et capitalisme). Übersetzt von Renate Schubert. Mit einer Einleitung von Bassam Tibi: Maxime Rodinson, der Islam und die westlichen Islam-Studien. LI + 366 S. 1986. (3-518-28184-4)

585 **Barthes, Roland: Sade · Fourier · Loyola**
(Sade Fourier Loyola). Übersetzt von Maren Sell und Jürgen Hoch. 213 S. 1986. (3-518-28185-2)

586 **Geulen, Dieter: Das vergesellschaftete Subjekt**
Zur Grundlegung der Sozialisationstheorie. Mit einem Vorwort zur Taschenbuchausgabe. IV + 611 S. 1989. (3-518-28186-0)

587 **Jauß, Hans Robert: Zeit und Erinnerung in Marcel Prousts »A la recherche du temps perdu«**
Ein Beitrag zur Theorie des Romans. 366 S. 1986 (3-518-28187-9)

589 **Scheidt, Carl Eduard: Die Rezeption der Psychoanalyse in der deutschsprachigen Philosophie vor 1940**
218 S. 1986. (3-518-28189-5)

590 **Wie männlich ist die Wissenschaft?**
Herausgegeben von Karin Hausen und Helga Nowotny. 304 S. 1986. (3-518-28190-9)
Hausen, Karin/Nowotny, Helga: Vorwort – Nowotny, Helga: Gemischte Gefühle. Über die Schwierigkeiten des Umgangs von Frauen mit der Institution Wissenschaft – Hausen, Karin: Warum Männer Frauen zur Wissenschaft nicht zulassen wollten – Weigel, Sigrid: Die Verdoppelung des männlichen Blicks und der Ausschluß von Frauen aus der Literaturwissenschaft – Klinger, Cornelia: Das Bild der Frau in der Philosophie und die Reflexion von Frauen auf die Philosophie – Limbach, Jutta: Wie männlich ist die Rechtswissenschaft? – Gerhard-Teuscher, Ute: Die Frau als Rechtsperson. Über die Vergangenheit der Jurisprudenz als dogmatische Wissenschaft – Rudolph, Hedwig: Der männliche Blick in der Nationalökonomie – Krell, Gertraude: Die Diskriminierung des Lebendigen: Arbeitswissenschaft und Maschinenkultur nach Maß des Mannes – Hernes, Helga Maria: Die zweigeteilte Sozialpolitik: Eine Polemik – Vogt, Irmgard: Medizinsoziologie und weibliche Leidensweisen – Piffl-Boniolo, Ellen: Psychiater, Patienten und Angehörige – oder: Vom Leiden der schizophrenogenen Mutter. Zur Interaktion zwischen Männern und Frauen in der Psychiatrie – Geyer-Kordesch, Johanna: Realisierung und Verlust ›weiblicher Identität‹ bei erfolgreichen Frauen: Die erste Ärztinnengeneration und ihre Medizinkritik – Wagner, Ina: Das Erfolgsmodell der Naturwissenschaften. Ambivalenzerfahrungen von Frauen – Dörhöfer, Kerstin: Frauenhaus und Herrensitz. Ergebnisse aus Architektur und Städtebau – Janshen, Doris: Frauen und Technik – Facetten einer schwierigen Beziehung – Honegger, Claudia: Epilog

591 **Searle, John R.: Geist, Hirn und Wissenschaft**
Die Reith Lectures 1984. (Minds, Brains and Science. The 1984 Reith Lectures). Übersetzt von Harvey P. Gavagai. 100 S. 1986 (3-518-28191-7)

592 **Blumenberg, Hans: Die Lesbarkeit der Welt**
415 S. 1986. (3-518-28192-5)

593 **Whitehead, Alfred North/Russell, Bertrand: Principia Mathematica**
Vorwort und Einleitungen. Übersetzt von Hans Mokre. Mit einem Beitrag von Kurt Gödel: Russells mathematische Logik. XXXVI + 169 S. 1986. (3-518-28193-3)

594 **Goffman, Erving: Interaktionsrituale**
Über Verhalten in direkter Kommunikation. (Interaction Ritual. Essays on Face-to-Face Behavior). Übersetzt von Renate Bergsträsser und Sabine Bosse. 292 S. 1986. (3-518-28194-1)

595 **Moralität und Sittlichkeit**
Das Problem Hegels und die Diskursethik. Herausgegeben von Wolfgang Kuhlmann. 300 S. 1986. (3-518-28195-X)
Gargano, Antonio: Das Istituto Italiano per gli Studi Filosofici, Neapel – Habermas, Jürgen: Moralität und Sittlichkeit. Treffen Hegels Einwände gegen Kant auch auf die Diskursethik zu? – Schnädelbach, Herbert: Was ist Neoaristotelismus? – Bubner, Rüdiger: Moralität und Sittlichkeit – die Herkunft eines Gegensatzes – Kambartel, Friedrich: Begründungen und Lebensformen. Zur Kritik des ethischen Pluralismus – Taylor, Charles: Die Motive einer Verfahrensethik – Hösle, Vittorio: Eine unsittliche Sittlichkeit. Hegels Kritik an der indischen Kultur – Honneth, Axel: Diskursethik und implizites Gerechtigkeitskonzept. Eine Diskussionsbemerkung – Kuhlmann, Wolfgang: Moralität und Sittlichkeit. Ist die Idee einer letztbegründeten normativen Ethik überhaupt sinnvoll? – Apel, Karl-Otto: Kann der postkantische Standpunkt der Moralität noch einmal in substantielle Sittlichkeit »auf-

gehoben« werden? Das geschichtsbezogene Anwendungsproblem der Diskursethik zwischen Utopie und Regression – Brumlik, Micha: Über die Ansprüche Ungeborener und Unmündiger. Wie advokatorisch ist die diskursive Ethik?

596 **Duby, Georges: Die drei Ordnungen**
Das Weltbild des Feudalismus. (Les trois ordres ou l'imaginaire du féodalisme). Übersetzt von Grete Osterwald. 511 S. 1986 (3-518-28196-8)

597 **Feyerabend, Paul: Wider den Methodenzwang**
(Against Method. Outline of an Anarchistic Theory of Knowledge). Übersetzt von Hermann Vetter. 423 S. 1986. (3-518-28197-6)

598 **Schlick, Moritz: Philosophische Logik**
Herausgegeben und eingeleitet von Bernd Philippi. XLIII + 310 S. 1986. (3-518-28198-4)
Philippi, Bernd: Protokollsätze versus Konstatierungen. Ein Kernproblem des Wiener Kreises – Schlick, Moritz: Die Grenzen der naturwissenschaftlichen und philosophischen Begriffsbildung – Das Wesen der Wahrheit nach der modernen Logik – Form und Inhalt. Eine Einführung in philosophisches Denken – Tatsachen und Aussagen – Über »Konstatierungen« – Über die Beziehung zwischen den psychologischen und den physikalischen Begriffen – Unbeantwortete Fragen – Bedeutung und Verifikation

599 **Schwemmer, Oswald: Ethische Untersuchungen**
Rückfragen zu einigen Grundbegriffen. 221 S. 1986 (3-518-28199-2)
Das Problem der Normbegründung. Praktische Vernunft und Normbegründung – Die Bildung der Vernunft aus der Erfahrung. Zu den anthropologischen Grundlagen der Ethik – Moralisches Argumentieren und ethischer Pluralismus. Moralische Erfahrung und praktische Vernunft – Moralisches Argumentieren im Wandel der Werte und Normen. Der Universalitätsanspruch der Vernunft

und der Wandel moralischer Erfahrungen – Aspekte der Handlungsrationalität. Überlegungen zur historischen und dialogischen Struktur unseres Handelns – Die Verständlichkeit unseres Handelns. Überlegungen zur sprachlichen Repräsentation unserer Handlungswirklichkeit – Die praktische Ohnmacht der reinen Vernunft. Bemerkungen zum kategorischen Imperativ Kants – Das »Faktum der Vernunft« und die Realität des Handelns. Kritische Bemerkungen zur transzendentalphilosophischen Normbegründung und ihrer handlungstheoretischen Begriffsgrundlage im Blick auf Kant

600 Goody, Jack/Watt, Ian/Gough, Kathleen: Entstehung und Folgen der Schriftkultur

Übersetzt von Friedhelm Herborth. Mit einer Einleitung von Heinz Schlaffer. 162 S. 1986. (3-518-28200-X)
Schlaffer, Heinz: Einleitung – Goody, Jack: Funktionen der Schrift in traditionalen Gesellschaften – Goody, Jack/Watt, Ian: Konsequenzen der Literalität – Gough, Kathleen: Implikationen der Literalität im traditionalen China und Indien

601-621 Hegel, Georg Wilhelm Friedrich: Werke

21 Bände in Kassette. 1986. (3-518-09718-0)

601 Hegel, Georg Wilhelm Friedrich: Frühe Schriften

Werke 1. Redaktion Eva Moldenhauer und Karl Markus Michel. 637 S. 1986. (3-518-28201-8)
Fragmente über Volksreligion und Christentum (1793-1794) – Die Positivität der christlichen Religion (1795/1796). Zusätze. Neufassung des Anfangs (1800) – Eleusis. An Hölderlin (1796) – Das älteste Systemprogramm des deutschen Idealismus (1796 oder 1797) – Entwürfe über Religion und Liebe (1797/1798) – Anmerkungen zu den »Vertraulichen Briefen über das vormalige staatsrechtliche Verhältnis des Wadtlandes zur Stadt Bern« (von J. J. Cart) (1798) – Daß die Magistrate von den Bürgern gewählt werden müssen. (Über die neuesten inneren Verhältnisse Württembergs ...) (1798) – Der Geist des Christentums und sein

Schicksal (1798-1800). Der Geist des Judentums. Grundkonzept zum Geist des Christentums. Der Geist des Christentums – Systemfragment von 1800 – Fragmente historischer und politischer Studien aus der Berner und Frankfurter Zeit (ca. 1795-1798) – Die Verfassung Deutschlands (1800-1802): Erste Entwürfe einer Einleitung zur Verfassungsschrift – Die Verfassung Deutschlands – Parallelstellen zur Verfassungsschrift – Fragmente zur Verfassungsschrift – Über Lessings Briefwechsel mit seiner Frau (ca. 1793) – Auszüge aus dem Tagebuch der Reise in die Berner Oberalpen (1796) – Über Wallenstein (1800/1801)

602 **Hegel, Georg Wilhelm Friedrich: Jenaer Schriften 1801-1807**

Werke 2. Redaktion Eva Moldenhauer und Karl Markus Michel. 593 S. 1986. (3-518-28202-6)

Differenz des Fichteschen und Schellingschen Systems der Philosophie (1801) – Rezensionen aus der Erlanger Literatur-Zeitung (1801/02): – Bouterweks Anfangsgründe der spekulativen Philosophie – Zwei Schriften Werneburgs – Gerstäckers Deduktion des Rechtsbegriffs – Krugs Entwurf eines neuen Organons der Philosophie – Aufsätze aus dem Kritischen Journal der Philosophie (1802/03): –Ankündigung des Kritischen Journals – Einleitung. Über das Wesen der philosophischen Kritik überhaupt und ihr Verhältnis zum gegenwärtigen Zustand der Philosophie insbesondere – Wie der gemeine Menschenverstand die Philosophie nehme, dargestellt an den Werken des Herrn Krug – Notizenblatt. Besonderer Zweck des Blatts – Verhältnis des Skeptizismus zur Philosophie. Darstellung seiner verschiedenen Modifikationen und Vergleichung des neuesten mit dem alten – Notizenblatt. Bayern. Ausbruck der Volksfreude über den endlichen Untergang der Philosophie – [Göttingen]. Aufnahme, welche die durchaus praktische Philosophie in Göttingen gefunden hat. Ansicht des Idealismus daselbst – Notizenblatt. Göttingen – Glauben und Wissen oder Reflexionsphilosophie der Subjektivität in der Vollständigkeit ihrer Formen als Kantische, Jacobische und Fichtesche Philosophie – Über die wissenschaftlichen Behandlungsarten des Naturrechts, seine Stelle in der praktischen Philosophie und sein Verhältnis zu den positiven Rechtswissenschaften – Habilitationsthese (1801) – Rosenkranz' Bericht über das Fragment vom göttlichen Dreieck (1804) – Aphorismus aus Hegels Wastebook (1803-06) – Maximen des Journals der deutschen Literatur (1807) – Wer denkt abstrakt? (1807) – Hegels eigenhändiger Lebenslauf (1804)

603 Hegel, Georg Wilhelm Friedrich: Phänomenologie des Geistes

Werke 3. Redaktion Eva Moldenhauer und Karl Markus Michel. 599 S. 1986. (3-518-28203-4)

604 Hegel, Georg Wilhelm Friedrich: Nürnberger und Heidelberger Schriften 1808-1817

Werke 4. Redaktion Eva Moldenhauer und Karl Markus Michel. 623 S. 1986. (3-518-28204-2)

Philosophische Enzyklopädie für die Oberklasse (1808 ff.) – Bewußtseinslehre für die Mittelklasse (1808/09) – Logik für die Mittelklasse (1808/09) – Bewußtseinslehre für die Mittelklasse (1809 ff.) – Logik für die Unterklasse (1809/10) – Begriffslehre für die Oberklasse (1809/10) – Logik für die Mittelklasse (1810/11) – Rechts-, Pflichten- und Religionslehre für die Unterklasse (1810 ff.) – Religionslehre für die Mittel- und Oberklasse (1811-1813) – Zwei Fragmente – Anhang: Hegels Unterrichtsgegenstände – Rede auf den Amtsvorgänger Rektor Schenk am 10. Juli 1809 – Rede zum Schuljahrabschluß am 29. September 1809 – Rede zum Schuljahrabschluß am 14. September 1810 – Rede zum Schuljahrabschluß am 2. September 1811 – Rede zum Schuljahrabschluß am 2. September 1813 – Rede zum Schuljahrabschluß am 30. August 1815 – Gutachten über die Stellung des Realinstituts zu den übrigen Studienanstalten (1810) – Bericht über das Gymnasialschuljahr 1811/12 (Auszug) – Über den Vortrag der Philosophie auf Gymnasien. Privatgutachten für Immanuel Niethammer (1812) – Über den Vortrag der Philosophie auf Universitäten. Schreiben an Friedrich v. Raumer (1816) – (Über) Friedrich Heinrich Jacobis

Werke. Dritter Band. Aufsatz aus den Heidelbergischen Jahrbüchern der Literatur (1817) – (Beurteilung der) Verhandlungen in der Versammlung der Landstände des Königreichs Württemberg im Jahr 1815 und 1816. Aufsatz aus den Heidelbergischen Jahrbüchern der Literatur (1817)

605 **Hegel, Georg Wilhelm Friedrich: Wissenschaft der Logik I**
Erster Teil. Die objektive Logik. Erstes Buch. Werke 5. Redaktion Eva Moldenhauer und Karl Markus Michel. 457 S. 1986 (3-518-28205-0)

606 **Hegel, Georg Wilhelm Friedrich: Wissenschaft der Logik II**
Erster Teil. Die objektive Logik. Zweites Buch. Zweiter Teil. Die subjektive Logik. Werke 6. Redaktion Eva Moldenhauer und Karl Markus Michel. 575 S. 1986. (3-518-28206-9)

607 **Hegel, Georg Wilhelm Friedrich: Grundlinien der Philosophie des Rechts oder Naturrecht und Staatswissenschaft im Grundrisse**
Mit Hegels eigenhändigen Notizen und den mündlichen Zusätzen. Werke 7. Redaktion Eva Moldenhauer und Karl Markus Michel. 531 S. 1986. (3-518-28207-7)

608 **Hegel, Georg Wilhelm Friedrich: Enzyklopädie der philosophischen Wissenschaften im Grundrisse 1830**
Erster Teil. Die Wissenschaft der Logik. Mit den mündlichen Zusätzen. Werke 8. Redaktion Eva Moldenhauer und Karl Markus Michel. 393 S. 1986. (3-518-28208-5)

609 **Hegel, Georg Wilhelm Friedrich: Enzyklopädie der philosophischen Wissenschaften im Grundrisse 1830**
Zweiter Teil. Die Naturphilosophie. Mit den mündlichen Zusätzen. Werke 9. Redaktion Eva Moldenhauer und Karl Markus Michel. 539 S. 1986. (3-518-28209-3)

610 **Hegel, Georg Wilhelm Friedrich: Enzyklopädie der philosophischen Wissenschaften im Grundrisse 1830**
Dritter Teil. Die Philosophie des Geistes. Mit den mündlichen Zusätzen. Werke 10. Redaktion Eva Moldenhauer und Karl Markus Michel. 432 S. 1986. (3-518-28210-7)

611 **Hegel, Georg Wilhelm Friedrich: Berliner Schriften 1818-1831**
Werke 11. Redaktion Eva Moldenhauer und Karl Markus Michel. 583 S. 1986. (3-518-28211-5)
Über die Einrichtung einer kritischen Zeitschrift der Literatur (1819/20) – Über den Unterricht in der Philosophie auf Gymnasien (1822) – Vorrede zu Hinrichs' Religionsphilosophie (1822) – Über eine Anklage wegen öffentlicher Verunglimpfung der katholischen Religion (1826) – Über die Bekehrten (von Ernst Raupach). (Antikritisches) (1826) – Über die englische Reformbill (1831) – Über die unter dem Namen Bhagavad-Gita bekannte Episode des Mahabharata. Von Wilhelm vom Humboldt (Rezension 1828) – Solgers nachgelassene Schriften und Briefwechsel (Rezension 1828) – Hamanns Schriften (Rezension 1828) – Aphorismen über Nichtwissen und absolutes Wissen im Verhältnisse zur christlichen Glaubenserkenntnis. Von Karl Friedrich Göschel (Rezension 1829) – Über die Hegelsche Lehre oder absolutes Wissen und moderner Pantheismus. Über Philosophie überhaupt und Hegels Enzyklopädie der philosophischen Wissenschaften insbesondere (Rezension 1829) – Der Idealrealismus. Erster Teil. Von A. L. J. Ohlert (Rezension 1831) – Über Grundlage, Gliederung und Zeitenfolge der Weltgeschichte. Von J. Görres (Rezension 1831) – Fragment zur Philosophie des Geistes (1822 ff.) – Notiz zu Hamann (1828) – Zwei Entwürfe zur Reformbill-Schrift (1831) – Notizen und Aphorismen (1818-1831)

612 **Hegel, Georg Wilhelm Friedrich: Vorlesungen über die Philosophie der Geschichte**
Werke 12. Redaktion Eva Moldenhauer und Karl Markus Michel. 568 S. 1986. (3-518-28212-3)

613 **Hegel, Georg Wilhelm Friedrich: Vorlesungen über die Ästhetik I**

Werke 13. Redaktion Eva Moldenhauer und Karl Markus Michel. 546 S. 1986. (3-518-28213-1)

614 **Hegel, Georg Wilhelm Friedrich: Vorlesungen über die Ästhetik II**

Werke 14. Redaktion Eva Moldenhauer und Karl Markus Michel. 462 S. 1986. (3-518-28214-X)

615 **Hegel, Georg Wilhelm Friedrich: Vorlesungen über die Ästhetik III**

Werke 15. Redaktion Eva Moldenhauer und Karl Markus Michel. 578 S. 1986. (3-518-28215-8)

616 **Hegel, Georg Wilhelm Friedrich: Vorlesungen über die Philosophie der Religion I**

Werke 16. Redaktion Eva Moldenhauer und Karl Markus Michel. 442 S. 1986. (3-518-28216-6)

617 **Hegel, Georg Wilhelm Friedrich: Vorlesungen über die Philosophie der Religion II. Vorlesungen über die Beweise vom Dasein Gott**

Werke 17. Redaktion Eva Moldenhauer und Karl Markus Michel. 540 S. 1986. (3-518-28217-4)

618 **Hegel, Georg Wilhelm Friedrich: Vorlesungen über die Geschichte der Philosophie I**

Werke 18. Redaktion Eva Moldenhauer und Karl Markus Michel. 560 S. 1986. (3-518-28218-2)

619 **Hegel, Georg Wilhelm Friedrich: Vorlesungen über die Geschichte der Philosophie II**

Werke 19. Redaktion Eva Moldenhauer und Karl Markus Michel. 600 S. 1986. (3-518-28219-0)

620 **Hegel, Georg Wilhelm Friedrich: Vorlesungen über die Geschichte der Philosophie III**
Werke 20. Redaktion Eva Moldenhauer und Karl Markus Michel. 566 S. 1986. (3-518-28220-4)

621 **Hegel, Georg Wilhelm Friedrich: Werke in zwanzig Bänden · Register**
von Helmut Reinicke. 804 S. 1986. (3-518-28221-2)

624 **Parmenides: Vom Wesen des Seienden**
Die Fragmente griechisch und deutsch. Herausgegeben, übersetzt und erläutert von Uvo Hölscher. Mit einem Nachwort 1986. Für die vorliegende Taschenbuchausgabe hat der Herausgeber den Text erneut durchgesehen. 132 S. 1986. (3-518-28224-7)

625 **Kommunikatives Handeln**
Beiträge zu Jürgen Habermas' »Theorie des kommunikativen Handelns«. Herausgegeben von Axel Honneth und Hans Joas. 420 S. 1986. (3-518-28225-5)
Honneth, Axel/Joas, Hans: Einleitung – Schnädelbach, Herbert: Transformation der Kritischen Theorie – Taylor, Charles: Sprache und Gesellschaft – Seel, Martin: Die zwei Bedeutungen ›kommunikativer Rationalität‹. Bemerkungen zu Habermas' Kritik der pluralen Vernunft – Alexander, Jeffrey: Habermas' neue Kritische Theorie: Anspruch und Probleme – Dux, Günter: Kommunikative Vernunft und Interesse. Zur Rekonstruktion der normativen Ordnung in egalitär und herrschaftlich organisierten Gesellschaften – Joas, Hans: Die unglückliche Ehe von Hermeneutik und Funktionalismus – McCarthy, Thomas: Komplexität und Demokratie – die Versuchungen der Systemtheorie – Krüger, Hans-Peter: Kommunikatives Handeln oder gesamtgesellschaftliche Kommunikationsweise – Berger, Johannes: Der Versprachlichung des Sakralen und die Entsprachlichung der Ökonomie – Arnason, Johann P.: Die Moderne als Projekt und Spannungsfeld – Habermas, Jürgen: Entgegnung – Görtzen, René: Bibliographie zur »Theorie des kommunikativen Handelns«

626 **Lang, Hermann: Die Sprache und das Unbewußte**
Jacques Lacans Grundlegung der Psychoanalyse. XVI + 326 S. 1986. (3-518-28226-3)

627 **Ökonomische Klassik im Umbruch**
Theoretische Aufsätze von David Ricardo, Alfred Marshall, Vladimir K. Dmitriev und Piero Sraffa. Herausgegeben von Bertram Schefold. 244 S. 1986. (3-518-28227-1)
Ricardo, David: Absoluter Wert und Tauschwert – Marshall, Alfred: Die reine Theorie der inländischen Werte – Dmitriev, Vladimir K.: David Ricardos Werttheorie. Versuch einer strengen Analyse – Sraffa, Piero: Über die Beziehungen zwischen Kosten und produzierter Menge – Schefold, Bertram: Nachfrage und Zufuhr in der klassischen Ökonomie.

628 **Zur Bestimmung der Moral**
Philosophische und sozialwissenschaftliche Beiträge zur Moralforschung. Herausgegeben von Wolfgang Edelstein und Gertrud Nunner-Winkler. 476 S. 1986. (3-518-28228-X)
Edelstein, Wolfgang/Nunner-Winkler, Gertrud: Einleitung – Tugendhat, Ernst: Über die Notwendigkeit einer Zusammenarbeit zwischen philosophischer und empirischer Forschung bei der Klärung der Bedeutung des moralischen Sollens – Wren, Thomas E.: Moralpsychologie und Metaethik. Ein Arbeitsbündnis – Blasi, Augusto: Psychologische oder philosophische Definition der Moral. Schädliche Einflüsse der Philosophie auf die Moralpsychologie – Döbert, Rainer: Wider die Vernachlässigung des ›Inhalts‹ in den Moraltheorien von Kohlberg und Habermas. Implikationen für die Relativismus/Universalismus-Kontroverse – Nunner-Winkler, Gertrud: Ein Plädoyer für einen eingeschränkten Universalismus – Vasudev, Jyotsna: Kohlbergs Universalitätspostulat aus indischer Sicht – Boyd, Dwight R.: Die Rekonstruktion der moralischen Entwicklung. Eine Brücke zwischen Sein und Sollen – Kohlberg, Lawrence/Boyd, Dwight R./Levine, Charles: Die Wiederkehr der sechsten Stufe: Gerechtigkeit, Wohlwollen und der Standpunkt der Moral – Puka, Bill: Vom Nutzen und Nachteil

der Stufe 6 – Habermas, Jürgen: Gerechtigkeit und Solidarität. Eine Stellungnahme zur Diskussion über »Stufe 6« – Keller, Monika/Edelstein, Wolfgang: Beziehungsverständnis und moralische Reflexion. Eine entwicklungspsychologische Untersuchung – Nisan, Mordecai: Die moralische Bilanz. Ein Modell moralischen Entscheidens – Weinreich-Haste, Helen: Moralisches Engagement. Die Funktion der Gefühle im Urteilen und Handeln – Ekkensberger, Lutz: Handlung, Konflikt und Reflexion: Zur Dialektik von Struktur und Inhalt im moralischen Urteil – Fetz, Reto Luzius/Oser, Fritz: Weltbildentwicklung, moralisches und religiöses Urteil

629 Demokratische und soziale Protestbewegungen in Mitteleuropa 1815-1848/49
Herausgegeben von Helmut Reinalter. 383 S. 1986
(3-518-28229-8)
Reinalter, Helmut: Einleitung. Schwerpunkte, Tendenzen und Perspektiven der Forschung – Hardtwig, Wolfgang: Protestformen und Organisationsstrukturen der deutschen Burschenschaft 1815-1833 – Reinalter, Helmut: Die bürgerliche und demokratische Opposition in der Habsburgermonarchie nach 1815 – Holzapfel, Kurt: Der Einfluß der Julirevolution von 1830/32 auf Deutschland – Fenske, Hans: Politischer und sozialer Protest in Süddeutschland nach 1830 – Büttner, Wolfgang: Der Weberaufstand in Schlesien 1844 – Klíma, Arnošt: Die Arbeiterunruhen in Böhmen 1844 – Bouvier, Beatrix W.: Die Anfänge der sozialistischen Bewegung – Siemann, Wolfram: Soziale Protestbewegungen in der deutschen Revolution von 1848/49 – Häusler, Wolfgang: Soziale Protestbewegungen in der bürgerlich-demokratischen Revolution der Habsburgermonarchie 1848

631 Die pragmatische Wende
Sprachspielpragmatik oder Transzendentalpragmatik? Herausgegeben von Dietrich Böhler, Tore Nordenstam und Gunnar Skirbekk. Übersetzung Matthias Kaiser. 359 S. 1986
(3-518-28231-X)

Skjervheim, Hans: Der moderne Objektivismus und die Wissenschaft vom Menschen – Tranøy, Knut Erik: Pragmatik der Forschung. Methodologien als normative Systeme – Johannessen, Kjell S.: Sinnkonstitution und Wissenschaftsgeschichte. Zur Formulierung der Grundzüge einer Historiographie der Wissenschaften – Øfsti, Audun: Rationale Argumentation, Erklären und Verstehen. Zum Universalitätsanspruch der hypothetisch-deduktiven Methode – Haga, Ånund: Interaktion und Intentionalität. Bemerkungen zum Versuch, die Sozialwissenschaften spiel- und entscheidungstheoretisch zu rekonstruieren – Meløe, Jakob: Über Sprachspiele und Übersetzungen – Gullvåg, Ingemund: Bedingungen der Rationalität und Objektivität – Måseide, Atle: How To Do Things Without Words. Notizen zum Verhältnis zwischen Pragmatik und Phänomenologie – Hellesnes, Jon: Ethischer Konkretismus und Kommunikationsethik. Versuch einer Vermittlung – Rossvær, Viggo: Transzendentalpragmatik, transzendentale Hermeneutik und die Möglichkeit, Auschwitz zu verstehen – Nordenstam, Tore: Ethische Kompetenz in pragmatischer Sicht – Skirbekk, Gunnar: Pragmatischer Naturbegriff? Anmerkungen zu Habermas – Fjelland, Ragnar: Natur und instrumentelle Vernunft. Bemerkungen zu Marcuse, Habermas und Apel – Böhler, Dietrich: Wohin führt die pragmatische Wende? Norwegische Diskussionsbeiträge in transzendentalpragmatischer Sicht – Johannessen, Kjell S.: Wittgenstein-Pragmatik gegen Frankfurter Pragmatik – Rossvær, Viggo: Ein Kommentar zu Dietrich Böhler – Nordenstam, Tore: Wohlvertrautheit – Gewißheit – Kritische Reflexion. Bemerkungen zur Pragmatik-Diskussion – Auswahlbibliographie: Zur pragmatischen Wende der norwegischen Philosophie seit Arne Næss

632 Kosík, Karel: Die Dialektik des Konkreten
Eine Studie zur Problematik des Menschen und der Welt. Übersetzt aus dem Tschechischen von Marianne Hoffmann. 247 S. 1986. (3-518-28232-8)

633 **Stil**
Geschichten und Funktionen eines kulturwissenschaftlichen Diskurselements. Herausgegeben von Hans Ulrich Gumbrecht und K. Ludwig Pfeiffer. Unter Mitarbeit von Armin Biermann, Thomas Müller, Bernd Schulte, Barbara Ullrich. 803 S. 1986 (3-518-28233-6)
Ernst, Wolfgang: Mit dem Gespür des Stil(ett)s: Klio in den Spuren von Atlantis (Historiograffiti) – Pichon, Brigitte: Stil und Bewußtseinsökologie. Nathanael West und die dreißiger Jahre: ein (de)konstruktives Vorspiel – Strätz, Hans-Wolfgang: Notizen zu ›Stil‹ und Recht – Spangenberg, Peter-Michael: Pragmatische Kontexte als Horizonte von Stilreflexionen im Mittelalter – Link-Heer, Ursula: Maniera. Überlegungen zur Konkurrenz von Manier und Stil (Vasari, Diderot, Goethe) – Pfeiffer, Helmut: Stil und Differenz. Zur Poetik der französischen Renaissance – Assmann, Aleida: »Opting in« und »opting out«. Konformität und Individualität in den poetologischen Debatten der englischen Aufklärung – Dirscherl, Klaus: Stillosigkeit als Stil. Du Bos, Marivaux und Rousseau auf dem Weg zu einer empfindsamen Poetik – Schlieben-Lange, Brigitte: »Athènes éloquente«/»Sparte silencieuse«. Die Dichotomie der Stile in der Französischen Revolution – Trabant, Jürgen: Der Totaleindruck. Stil der Texte und Charakter der Sprachen – Schulz-Buschhaus, Ulrich: Taine und die Historizität des Stils – Gauger, Hans-Martin: Nietzsches Auffassung vom Stil – Bollenbeck, Georg: Stilinflation und Einheitsstil. Zur Funktion des Stilbegriffs in den Bemühungen um eine industrielle Ästhetik – Ventura, Roberto: »Tropischer Stil«. Selbst-Exotisierung, Nationalliteratur und Geschichtsschreibung in Brasilien – Barck, Karlheinz: Stildiskurs und Stilkritik in der Perspektive des französischen Surrealismus – Rosenberg, Rainer: »Wechselseitige Erhellung der Künste«? Zu Oskar Walzels stiltypologischem Ansatz der Literaturwissenschaft – Neuschäfer, Hans-Jörg: Über das Konzept des Stils bei Leo Spitzer – Costa Lima, Luiz: Historie und metahistorische Kategorien bei Erich Auerbach – Soeffner, Hans-Georg: Stil und Stilisierung. Punk oder die Überhöhung des Alltags – Steinwachs, Burkhart: Stilisieren ohne

Stil? Bemerkungen zu ›Design‹ und ›Styling‹ – Kittler, Friedrich: Im Telegrammstil – Fischer, Jens Malte: Imitieren und Sammeln. Bürgerliche Möblierung und künstlerische Selbstinszenierung – Rupp, Gerhard: »In der Anarchie der Sprache eine gar schöne Ordnung« sehen. Ästhetische Schulung durch Stilübungen im Literaturunterricht des 18. und 19. Jahrhunderts – Baxmann, Inge: Stilisierung als Kompensation. Repräsentation von Weiblichkeit auf den Festen der Französischen Revolution – Schwanitz, Dietrich: Natürlichkeit und Lächerlichkeit. Probleme der Verhaltensstilisierung in der englischen Restaurationskomödie – Lüsebrink, Hans-Jürgen: Leonardo da Vinci – ein Individualstil? – Kobrin, Nancy: »Aljamía«. Lebensstil und Gruppenbildung am Rande des christlichen Europa – Ollier, Marie-Louise: Formeln der Wahrheitsbeteuerung und Verschiebungen des Weltbilds im Mittelalter – Zumthor, Paul: Mittelalterlicher ›Stil‹. Plädoyer für eine ›anthropologische‹ Konzeption – Schleich, Thomas: Rhetorischer Stilwandel und die Stiftung politischer Identität in der griechischen Polis – Assmann, Jan: Viel Stil am Nil? Altägypten und das Problem des Kulturstils – Lachmann, Renate: Synkretismus als Provokation von Stil – Blanchard, Marc Eli: Stil und Kunstgeschichte – Fellmann, Ferdinand: Stile gelebter Philosophie und ihre Geschichte – Wuellner, Wilhelm: Stil der Bibel und Lust der Auslegung – Hahn, Alois: Soziologische Relevanzen des Stilbegriffs – Luckmann, Thomas: Soziologische Grenzen des Stilbegriffs – Luhmann, Niklas: Das Kunstwerk und die Selbstreproduktion der Kunst – Watzlawick, Paul: Lebensstile und ›Wirklichkeit‹ – Pfeiffer, K. Ludwig: Produktive Labilität. Funktionen des Stilbegriffs – Gumbrecht, Hans Ulrich: Schwindende Stabilität der Wirklichkeit. Eine Geschichte des Stilbegriffs

634 Greiffenhagen, Martin: Das Dilemma des Konservatismus in Deutschland

Mit einem neuen Text: ›Post-histoire?‹ Bemerkungen zur Situation des ›Neokonservatismus‹ aus Anlaß der Taschenbuchausgabe 1986. 437 S. 1986. (3-518-28234-4)

635 **Scherf, Harald: Marx und Keynes**
165 S. 1986. (3-518-28235-2)

636 **Der Diskurs des Radikalen Konstruktivismus**
Herausgegeben von Siegfried J. Schmidt. 476 S. 1987
(3-518-28236-0)
Schmidt, Siegfried J.: Der Radikale Konstruktivismus. Ein neues Paradigma im interdisziplinären Diskurs – Maturana, Humberto R.: Kognition – Varela, Francisco J.: Autonomie und Autopoiese – Foerster, Heinz von: Erkenntnistheorien und Selbstorganisation – Jantsch, Erich: Erkenntnistheoretische Aspekte der Selbstorganisation natürlicher Systeme – Richards, John/Glasersfeld, Ernst von: Die Kontrolle von Wahrnehmung und die Konstruktion von Realität. Erkenntnistheoretische Aspekte des Rückkoppelungs-Kontroll-Systems – Roth, Gerhard: Erkenntnis und Realität: Das reale Gehirn und seine Wirklichkeit – Roth, Gerhard: Autopoiese und Kognition: Die Theorie H. R. Maturanas und die Notwendigkeit ihrer Weiterentwicklung – Maturana, Humberto R.: Biologie der Sozialität – Hejl, Peter M.: Konstruktion der sozialen Konstruktion: Grundlinien einer konstruktivistischen Sozialtheorie – Köck, Wolfram K.: Kognition – Semantik – Kommunikation – Rusch, Gebhard: Autopoiesis, Literatur, Wissenschaft. Was die Kognitionstheorie für die Literaturwissenschaft besagt – Glasersfeld, Ernst von: Siegener Gespräche über Radikalen Konstruktivismus – Krohn, Wolfgang/Küppers, Günter/Paslack, Rainer: Selbstorganisation – Zur Genese und Entwicklung einer wissenschaftlichen Revolution – Hejl, Peter M./Schmidt, Siegfried J.: Bibliographische Hinweise

637 **Lenk, Hans: Zwischen Wissenschaftstheorie und Sozialwissenschaft**
243 S. 1986. (3-518-28237-9)
Wissenschaftstheorie zwischen Begründungs- und Bewährungsdenken – Keine allgemeine logische Strukturgleichheit von Erklärung und Voraussage – Kritischer Rationalismus und methodologischer Pragmatismus – Wissenschaft zwischen Unbehagen und

Übersteigerung? – Über das Szientismusproblem – Über Rationalitätstypen und Rationalitätskritik – Zu den anthropologischen Grundlagen der Sozialwissenschaften – Zur wissenschaftstheoretischen Situation der deutschen Soziologie – Wertende Vernunft als Sozialwissenschaft? Zur Kritik der »Kritischen« Theorie

638 Max Webers Sicht des Islams
Interpretation und Kritik. Herausgegeben von Wolfgang Schluchter. 365 S. 1987. (3-518-28238-7)
Schluchter, Wolfgang: Einleitung. Zwischen Welteroberung und Weltanpassung. Überlegungen zu Max Webers Sicht des frühen Islams – Lapidus, Ira M.: Die Institutionalisierung der frühislamischen Gesellschaften – Levtzion, Nehemia: Aspekte der Islamisierung: Eine kritische Würdigung der Beobachtungen Max Webers – Eaton, Richard M.: Islamisierung im spätmittelalterlichen Bengalen – Rodinson, Maxime: Islamischer Patrimonialismus – ein Hindernis für die Entstehung des modernen Kapitalismus? – Hardy, Peter: Islamischer Patrimonialismus: die Mogulherrschaft – Peters, Rudolph: Islamischer Fundamentalismus. Glaube, Handeln, Führung – Metcalf, Barbara: Islamische Reformbewegungen – Robinson, Francis: Säkularisierung im Islam – Gellner, Ernest: Warten auf den Imam – Crone, Patricia: Max Weber, das islamische Recht und die Entstehung des Kapitalismus – Cook, Michael: Max Weber und islamische Sekten – Eisenstadt, Shmuel N.: Webers Analyse des Islams und die Gestalt der islamischen Zivilisation

639 Kontroversen um Hitler
Herausgegeben von Wolfgang Wippermann. 306 S. 1986 (3-518-28239-5▸)
Wippermann, Wolfgang: Forschungsgeschichte und Forschungsprobleme – Ruge, Wolfgang: Monopolkapital und Hitler – Fest, Joachim C.: Hitler und die historische Größe – Jäckel, Eberhard: Die Eroberung von Raum in Hitlers Weltanschauung – Petzold, Joachim: Die Entstehung der Naziideologie – Hildebrand, Klaus: Nationalsozialismus oder Hitlerismus? – Mommsen, Hans: Na-

tionalsozialismus oder Hitlerismus? – Hillgruber, Andreas: Die »Endlösung« und das deutsche Ostimperium als Kernstück des rassenideologischen Programms des Nationalsozialismus – Mommsen, Hans: Die Realisierung des Utopischen: Die »Endlösung der Judenfrage« im »Dritten Reich«

640 Adorno, Theodor W.: Die musikalischen Monographien
Herausgegeben von Gretel Adorno und Rolf Tiedemann. 521 S. 1986. (3-518-28240-9)
Versuch über Wagner – Mahler. Eine musikalische Physiognomik – Berg. Der Meister des kleinsten Übergangs

641 Nelson, Benjamin: Der Ursprung der Moderne
Vergleichende Studien zum Zivilisationsprozeß. Übersetzt von Michael Bischoff. 213 S. 1986. (3-518-28241-7)
Einleitung – Wissenschaften und Zivilisationen, ›Osten‹ und ›Westen‹. Joseph Needham und Max Weber – Zivilisatorische Komplexe und interzivilisatorische Begegnungen. Die Anfänge der modernen Revolution in Wissenschaft und Philosophie. Fiktionalismus, Probabilismus, Fideismus und katholisches ›Prophetentum‹ – Eros, logos, nomos, polis. Die wechselnde Gewichtsverteilung zwischen eros, logos, nomos, polis und die Wandlungen von Gemeinschaften und Zivilisationen – ›Probabilisten‹, ›Anti-Probabilisten‹ und die Suche nach Gewißheit im 16. und 17. Jahrhundert – Auf den Schultern der Riesen in der vergleichenden historischen Soziologie der »Wissenschaft« – in zivilisatorischer Perspektive – Der Bruder und der Andere: Ein Epilog

642 Böhme, Gernot: Philosophieren mit Kant
Zur Rekonstruktion der Kantischen Erkenntnis- und Wissenschaftstheorie. 253 S. 1986. (3-518-28242-5)

643 Selbstthematisierung und Selbstzeugnis: Bekenntnis und Geständnis
Herausgegeben von Alois Hahn und Volker Kapp. 330 S. 1987 (3-518-28243-3)

Hahn, Alois/Kapp, Volker: Selbstthematisierung und Selbstzeugnis: Bekenntnis und Geständnis – Hahn, Alois: Identität und Selbstthematisierung – Luhmann, Niklas: Die Autopoiesis des Bewußtseins – Honegger, Claudia: Hexenprozesse und ›Heimlichkeiten der Frauenzimmer‹: Geschlechtsspezifische Aspekte von Fremd- und Selbstthematisierung – Battafarano, Italo Michele: Hexenwahn und Dämonopathie in der frühen Neuzeit am Beispiel von Spees »Cautio Criminalis« – Bennassar, Bartholomé: Die Selbstbezichtigung vor der spanischen Inquisition oder die Zwiespältigkeit des Geständnisses: Vorsichtsmaßnahme, Gewissensbisse oder stillschweigende Komplizenschaft? – Riegel, Klaus-Georg: Öffentliche Schuldbekenntnisse im Marxismus-Leninismus: Die Moskauer Schauprozesse (1936-1938) – Boltanski, Luc: Bezichtigung und Selbstdarstellung: Die Kunst, ein normales Opfer zu sein – Castel, Robert: Die Institutionalisierung des Uneingestehbaren und die Aufwertung des Intimen – Tardits, Annie: Joyce – vom Geständnis zur ›écriture‹ des Vergehens – Armstrong, David: Sagen und Hören: Das Problem der Sicht des Patienten – Assmann, Jan: Sepulkrale Selbstthematisierung im Alten Ägypten – Belmont, Nicole: Das Motiv der Leugnung im Märchentypus »Marienkind« (AaTh 710) – Le Brun, Jacques: Das Geständnis in den Nonnenbiographien des 17. Jahrhunderts – Schulz-Buschhaus, Ulrich: Drei Figuren des Ich in der italienischen Renaissance-Dichtung: Berni – Bembo – Ariost – Schwanitz, Dietrich: Selbstthematisierung im englischen Liebesroman – Kapp, Volker: Von der Autobiographie zum Tagebuch (Rousseau – Constant) – Futterknecht, Franz: »Deprogrammierungen«. Über Versuche der Selbstaufklärung und personalen Neubestimmung in Ernst von Salomons »Der Fragebogen«, Alfred Anderschs »Die Kirschen der Freiheit« und Bernward Vespers »Die Reise«

644 Waldenfels, Bernhard: Phänomenologie in Frankreich
576 S. 1987. (3-518-28244-1)

645 **Hahn, Hans: Empirismus, Logik, Mathematik**
Mit einer Einleitung von Karl Menger. Herausgegeben von Brian McGuinness. 179 S. 1988. (3-518-28245-X)
Überflüssige Wesenheiten (Occams Rasiermesser) – Die Bedeutung der wissenschaftlichen Weltauffassung, insbesondere für Mathematik und Physik – Diskussion zur Grundlegung der Mathematik – Empirismus, Mathematik, Logik – Reflexionen über Max Plancks ›Positivismus und reale Außenwelt‹ – Besprechung von Alfred Pringsheim: ›Vorlesungen über Zahlen- und Funktionslehre‹ – Die Krise der Anschauung – Gibt es Unendliches? – Logik, Mathematik und Naturerkennen – Bibliographie der Schriften Hans Hahns

646 **Erbe und Umwelt**
Zur Natur von Anlage und Selbstbestimmung des Menschen. Herausgegeben von Carsten Niemitz. 399 S. 1987 (3-518-28246-8)
Krüger, Lorenz: Der Streit um das angeborene Wissen – Schurig, Volker: Kaspar Hauser. Erfahrungsentzug in Tierexperimenten und beim Menschen – Scholtz, Harald: Begabung und gesellschaftliche Förderung der Intelligenz. Zur Geschichte der politischen Nutzung des Begabungsbegriffs – Friedrich, Bärbel: Gentechnologie: Mikroorganismen als Werkzeuge im Dienst des Menschen – Niemitz, Carsten: Die Stammesgeschichte des menschlichen Gehirns und der menschlichen Sprache – Merker, Hans-Joachim: Die Wirkung von schädlichen Substanzen auf die vorgeburtliche Entwicklung – Prechtl, Heinz F. R.: Wie entwikkelt sich das Verhalten vor der Geburt? – Schachinger, Harald: Verhaltensausstattung und erste Anpassungsleistungen des Säuglings. 1. Biologische Systeme in der Neugeborenenperiode – Rauh, Hellgard: Verhaltensausstattung und erste Anpassungsleistungen des Säuglings. 2. Anfänge der geistigen Entwicklung – Grossmann, Klaus E.: Die natürlichen Grundlagen zwischenmenschlicher Bindungen. Anthropologische und biologische Überlegungen – Todt, Dietmar: Biologische Grundlagen der Gruppenbildung und Gruppenbeziehung – Ellgring, Heiner: Zur

Entwicklung der Mimik als Verständigungsmittel – Niemitz, Carsten: Die Problematik von Umwelteinflüssen und Erbanlagen im Spiegel der Intelligenzforschung – Obe, Günter: Alkoholismus aus der Sicht des Genetikers – Daugs, Reinhard: Werden Spitzensportler geboren oder gemacht? Zum Einfluß von Anlage und Umwelt auf die sportmotorische Leistungsfähigkeit – Rühl, Hartmut: Das Problem des Erwerbs von Krebskrankheiten – Baltes, Margret M.: Erfolgreiches Altern als Ausdruck von Verhaltenskompetenz und Umweltqualität

648 Postmoderne: Alltag, Allegorie und Avantgarde
Herausgegeben von Christa und Peter Bürger. 214 S. 1987 (3-518-28248-4)
Fehér, Ferenc: Der Pyrrhussieg der Kunst im Kampf um ihre Befreiung. Bemerkungen zum postmodernen Intermezzo – Bürger, Christa: Das Verschwinden der Kunst. Die Postmoderne-Debatte in den USA – Berman, Russell A.: Konsumgesellschaft. Das Erbe der Avantgarde und die falsche Aufhebung der ästhetischen Autonomie – Sanders, Hans: Postmoderne. Alltäglichkeit als Utopie – Kilb, Andreas: Die allegorische Phantasie. Zur Ästhetik der Postmoderne – Bürger, Peter: Die Wiederkehr der Analogie. Ästhetik als Fluchtpunkt in Foucaults »Die Ordnung der Dinge« – Bürger, Christa: Moderne als Postmoderne: Jean François Lyotard – Fues, Wolfram Malte: Kunst und fingierte Gesellschaft. Eine theoretische Miniatur – Roberts, David: Marat/Sade oder die Geburt der Postmoderne aus dem Geist der Avantgarde – Bürger, Peter: Der Alltag, die Allegorie und die Avantgarde. Bemerkungen mit Rücksicht auf Joseph Beuys

649 Kettler, David/Meja, Volker/Stehr, Nico: Politisches Wissen
Studien zu Karl Mannheim. (Karl Mannheim). Übersetzt von Reinhard Blomert. 202 S. 1989. (3-518-28249-2)

650 Tibi, Bassam: Vom Gottesreich zum Nationalstaat
Islam und panarabischer Nationalismus. 313 S. 1987 (3-518-28250-6)

651 Elias, Norbert: Engagement und Distanzierung
Arbeiten zur Wissenssoziologie I. Herausgegeben und übersetzt von Michael Schröter. 272 S. 1987. (3-518-28251-4)
Engagement und Distanzierung – Die Fischer im Mahlstrom – Gedanken über die große Evolution. Zwei Fragmente

652 Blumenberg, Hans: Das Lachen der Thrakerin
Eine Urgeschichte der Theorie. 162 S. 1987. (3-518-28252-2)

653 Kulturen der Achsenzeit
Ihre Ursprünge und ihre Vielfalt. 2 Bände. Herausgegeben von Shmuel N. Eisenstadt. Übersetzt von Ruth Achlama und Gavriella Schalit. Teil 1: Griechenland, Israel, Mesopotamien. Teil 2: Spätantike, Indien, China, Islam. Zusammen 688 S. 1987 (3-518-28253-0)
Teil 1: Eisenstadt, Shmuel Noah: Allgemeine Einleitung: Die Bedingungen für die Entstehung und Institutionalisierung der Kulturen der Achsenzeit – Eisenstadt, Shmuel N.: Einleitung: Der Durchbruch der Achsenzeit im antiken Griechenland – Elkana, Yehuda: Die Entstehung des Denkens zweiter Ordnung im antiken Griechenland – Meier, Christian: Die Entstehung einer autonomen Intelligenz bei den Griechen – Humphreys, Sally C.: Die Dynamik des griechischen Durchbruchs: Der Dialog zwischen Philosophie und Religion – Ferwerda, Rein: Die Bedeutung des Wortes ›ΣΩΜΑ‹ (Leib) in der Achsenzeit. Eine Interpretation von Platons ›Kratylos‹ 400c – Eisenstadt, Shmuel N.: Einleitung: Der Durchbruch zur Achsenzeit im alten Israel – Uffenheimer, Benjamin: Mythos und Realität im alten Israel – Weinfeld, Moshe: Der Protest gegen den Imperialismus in der altisraelitischen Prophetie – Machinist, Peter B.: Über die Selbstbewußtheit in Mesopotamien – Tadmor, Hayim: Monarchie und Eliten in Assyrien und Babylonien: Die Frage der Verantwortlichkeit

Teil 2: Eisenstadt, Shmuel N.: Einleitung: Sekundäre Durchbrüche in der altisraelitischen Zivilisation. Die Zeit des Zweiten Tempels und das Christentum – Stone, Michael E.: Eschatologie, Remythologisierung und kosmische Aporie – Stroumsa, Gedaliahu G.: Alter Wein und neue Schläuche. Über patristische Soteriologie und rabbinisches Judentum – Kippenberg, Hans G.: Das Christentum in der Depolitisierung des Römischen Reiches – Bowersock, Glen W.: Urheber konkurrierender transzendentaler Visionen in der Spätantike – Eisenstadt, Shmuel N.: Einleitung: Der Durchbruch der Achsenzeit in Indien und China – Hsu, Cho-Yun: Historische Bedingungen für die Entstehung und Herauskristallisierung des konfuzianischen Systems – Elvin, Mark: Hat es in China einen transzendentalen Durchbruch gegeben? – Tu Wei-Ming: Struktur und Funktion des konfuzianischen Intellektuellen im alten China – Kulke, Hermann: Die historischen Ursprünge der indischen Achsenzeit – Heesterman, Jan C.: Ritual, Offenbarung und Achsenzeit – Shulman, David: Aśvatthāman und Bṛhannaḍā: Brahmanische und königliche Paradigmen im Sanskrit-Epos – Shils, Edward: Einige Bemerkungen über den Platz des Intellektuellen in Max Webers Soziologie, unter besonderer Berücksichtigung des Hinduismus – Tambiah, Stanley J.: Die reflexiven und institutionellen Leistungen des frühen Buddhismus – Eisenstadt, Shmuel N.: Einführende Bemerkungen (zum Durchbruch des Islams) – Cook, Michael: Die Entstehung der islamischen Kultur

654 Erdheim, Mario: Psychoanalyse und Unbewußtheit in der Kultur
Aufsätze 1980-1987. 384 S. 1988. (3-518-28254-9)
Die Wissenschaften, das Unbewußte und das Irrationale. Vier Tendenzen im ethnologischen und psychiatrischen Denken – Das Erdenken der Neuen Welt im 16. Jahrhundert. Entfremdung, Idealisierung und Verständnis – Exkurs: der ›edle Wilde‹ und die Selbstreflexion – Psychoanalyse und Sozialforschung (Zusammen mit Maya Nadig) – Fritz Morgenthaler und die Entstehung der Ethnopsychoanalyse in Zürich – Die Zerstörung der wissen-

schaftlichen Erfahrung durch das akademische Milieu. Ethnopsychoanalytische Überlegungen zur Aggressivität in der Wissenschaft (Zusammen mit Maya Nadig) – Von der Medizin zur Psychoanalyse. Freuds kulturtheoretische Denkbewegung – Psychoanalyse, Institution und Unbewußtheit – Exkurs zum Problem der gleichschwebenden Aufmerksamkeit – Exkurs über das Lügen und die Unaufrichtigkeit der Psychoanalytiker – Das Ver-enden einer Institution – Das Unbewußte in der Geschichte – Über die vielseitige Verwendung der Sexualität in der Wissenschaft – Adoleszenz zwischen Familie und Kultur – Psychoanalytische Jugendforschung – Die Repräsentanz des Fremden – Mann und Frau. Kultur und Familie. Ethnopsychoanalytische Ansätze zu einer Theorie der Weiblichkeit – Zur Ethnopsychoanalyse von Exotismus und Xenophobie – Der Alltag und das gesellschaftlich Unbewußte – Zum ethnopsychoanalytischen Verständnis der Gewalt. Die Faszination der Gewalt – Spielregeln, Gewalt und Unbewußtheit – Kulturelle Elaboration und Abwehr von Angst – Hexenwahn und Kulturzerstörung – Untergangsphantasien – ›Heiße‹ Gesellschaften und ›kaltes‹ Militär – Zur Problematik kultureller Identität

655 Technik in der Literatur
Ein Forschungsüberblick und zwölf Aufsätze. Herausgegeben von Harro Segeberg. 527 S. 1987. (3-518-28255-7)
Segeberg, Harro: Literaturwissenschaft und interdisziplinäre Technikforschung – Clausen, Bettina/Segeberg, Harro: Technik und Naturbeherrschung im Konflikt. Zur Entzerrung einiger Bilder auch über Kleist und Goethe (1982) – Bayerl, Günter: Herrn Pfisters und anderer Leute Mühlen. Das Verhältnis von Mensch, Technik und Umwelt im Spiegel eines literarischen Topos – Riedel, Manfred: Vom Biedermeier zum Maschinenzeitalter. Zur Kulturgeschichte der ersten Eisenbahnen in Deutschland (1961) – Mahr, Johannes: »Tausend Eisenbahnen hasten ... Um Mich. Ich nur bin die Mitte!«. Eisenbahngedichte aus der Zeit des Deutschen Kaiserreichs – Niemann, Hans-Werner: Der Industrielle in der deutschen Erzählliteratur der Jahre 1890 bis 1945 – Schinkel,

Eckhard: Der Freiballon in der Literatur. Aspekte der Darstellung und Deutung – Ingold, Felix Philipp: Ikarus novus. Zum Selbstverständnis des Autors in der Moderne – Daniels, Karlheinz: Expressionismus und Technik (1969) – Mandelkow, Karl Robert: Orpheus und Maschine (1966) – Segeberg, Harro: Technik-Bilder in der Literatur des zwanzigsten Jahrhunderts (1982) – Link, Jürgen/Reinecke, Siegfried: »Autofahren ist wie das Leben«. Metamorphosen des Autosymbols in der deutschen Literatur – Clausen, Bettina: Ideomotorische Vita Nova. Arbeit, Technik und das Paradies in Romanen Eckhard Henscheids

657 Turgot, Anne Robert Jacques: Über die Fortschritte des menschlichen Geistes

Herausgegeben von Johannes Rohbeck und Lieselotte Steinbrügge. Eingeleitet von Johannes Rohbeck. Übersetzt von Lieselotte Steinbrügge. 231 S. 1990. (3-518-28257-3)
Untersuchungen über die Ursachen der Fortschritte und des Niedergangs der Wissenschaften und Künste oder Überlegungen über die Geschichte der Fortschritte des menschlichen Geistes (Fragmente) – Vortrag über die Vorteile, die die Entstehung des Christentums der Menschheit verschafft hat – Philosophische Darstellung der allmählichen Fortschritte des menschlichen Geistes – Entwurf zu einem Werk über die politische Geographie – Grundriß für zwei Abhandlungen über die Universalgeschichte

658 Bourdieu, Pierre: Die feinen Unterschiede

Kritik der gesellschaftlichen Urteilskraft. (La distinction. Critique sociale du jugement). Übersetzt von Bernd Schwibs und Achim Russer. 910 S. 1987. (3-518-28258-1)

659 Habermas, Jürgen: Philosophisch-politische Profile

Erweiterte Ausgabe. 479 S. 1987. (3-518-28259-X)
Einleitung: Wozu noch Philosophie? (1971) – Der deutsche Idealismus der jüdischen Philosophen (1961) – (Martin Heidegger) Zur Veröffentlichung von Vorlesungen aus dem Jahre 1935 (1953). Die große Wirkung (1959) – (Karl Jaspers) Karl Jaspers über

Schelling (1955). Die Gestalten der Wahrheit (1958). Über den moralischen Notstand in der Bundesrepublik (1966) – (Arnold Gehlen) Der Zerfall der Institutionen (1956). Nachgeahmte Substantialität (1970) – (Helmuth Plessner) Die verspätete Nation (1959). Aus einem Brief (1972) – (Ernst Bloch) Ein marxistischer Schelling (1960) – (Theodor W. Adorno) Ein philosophierender Intellektueller (1963). Urgeschichte der Subjektivität und verwilderte Selbstbehauptung (1969) – (Alexander Mitscherlich) Eine psychoanalytische Konstruktion des Fortschritts (1963). Arzt und Intellektueller (1978) – (Karl Löwith) Stoischer Rückzug vom historischen Bewußtsein (1963) – (Ludwig Wittgenstein) Wittgensteins Rückkehr (1963) – (Hannah Arendt) Die Geschichte von den zwei Revolutionen (1966). Hannah Arendts Begriff der Macht (1976) – (Wolfgang Abendroth) Der Partisanenprofessor (1966) – (Herbert Marcuse) Einleitung zu einer Antifestschrift (1968). Über Kunst und Revolution (1973). Gespräch mit Herbert Marcuse (1977). Psychischer Thermidor und die Wiedergeburt der Rebellischen Subjektivität (1980) – (Walter Benjamin) Bewußtmachende oder rettende Kritik (1972) – (Gershom Scholem) Die verkleidete Thora (1978) – (Hans Georg Gadamer) Urbanisierung der Heideggerschen Provinz (1979) – (Alfred Schütz) Die Graduate Faculty der New School of Social Research (1980) – (Max Horkheimer) Die Frankfurter Schule in New York (1980) – (Leo Löwenthal) Ein Glückwunsch (1980) – Zur Kritik an der Geschichtsphilosophie (1960) – Von der Schwierigkeit, Nein zu sagen (1964) – Verzögerte Moderne (1965) – Die deutschen Mandarine (1971)

660 Simmel, Georg: Das individuelle Gesetz
Philosophische Exkurse. Herausgegeben und eingeleitet von Michael Landmann. Neuausgabe 1987 mit einem Nachwort von Klaus Christian Köhnke. 275 S. 1987. (3-518-28260-3)
Die Probleme der Geschichtsphilosphie – Beiträge zur Philosophie der Geschichte – Das Problem der Soziologie – Religion und Gesellschaft – Der Fremde – Soziologische Ästhetik – Zur Philosophie des Schauspielers – Der Henkel – Bruckstücke aus einer

Philosophie der Kunst – Der Begriff und die Tragödie der Kultur – Der Konflikt der modernen Kultur – Das individuelle Gesetz – Anhang: Die ästhetische Quantität – Die Krisis der Kultur – Zum Fall Schmoller – Simmels Briefe an den Grafen Keyserling – Köhnke, Klaus Christian: Simmel ohne Landmann? Nachwort zur Neuausgabe 1987

661-665 Schopenhauer, Arthur: Sämtliche Werke
5 Bände in Kassette. 1986. (3-518-09737-7)

661 Schopenhauer, Arthur: Die Welt als Wille und Vorstellung I
Sämtliche Werke. Textkritisch bearbeitet und herausgegeben von Wolfgang Frhr. von Löhneysen. Band I. 735 S. 1986 (3-518-28261-1)

662 Schopenhauer, Arthur: Die Welt als Wille und Vorstellung II
Sämtliche Werke. Textkritisch bearbeitet und herausgegeben von Wolfgang Frhr. von Löhneysen. Band II. 853 S. 1986 (3-518-28262-X)

663 Schopenhauer, Arthur: Kleinere Schriften
Sämtliche Werke. Textkritisch bearbeitet und herausgegeben von Wolfgang Frhr. von Löhneysen. Band III. 872 S. 1986 (3-518-28263-8)
Über die vierfache Wurzel des Satzes vom zureichenden Grunde – Über das Sehn und die Farben – Über den Willen in der Natur – Die beiden Grundprobleme der Ethik – Preisschrift Über die Freiheit des Willens – Preisschrift Über die Grundlage der Moral

664 Schopenhauer, Arthur: Parerga und Paralipomena
Kleine philosophische Schriften I. Sämtliche Werke. Textkritisch bearbeitet und herausgegeben von Wolfgang Frhr. von Löhneysen. Band IV. 622 S. 1986. (3-518-28264-6)

Skizze einer Geschichte der Lehre vom Idealen und Realen – Fragmente zur Geschichte der Philosophie – Über die Universitäts-Philosophie – Transzendente Spekulation über die anscheinende Absichtlichkeit im Schicksale des einzelnen – Versuch über das Geistersehn und was damit zusammenhängt – Aphorismen zur Lebensweisheit

665 Schopenhauer, Arthur: Parerga und Paralipomena
Kleine philosophische Schriften II. Sämtliche Werke. Textkritisch bearbeitet und herausgegeben von Wolfgang Frhr. von Löhneysen. Band V. 998 S. 1986. (3-518-28265-4)
Über Philosophie und ihre Methode – Zur Logik und Dialektik – Den Intellekt überhaupt und in jeder Beziehung betreffende Gedanken – Einige Betrachtungen über den Gegensatz des Dinges an sich und der Erscheinung – Einige Worte über den Pantheismus – Zur Philosophie und Wissenschaft der Natur – Zur Farbenlehre – Zur Ethik – Zur Rechtslehre und Politik – Zur Lehre von der Unzerstörbarkeit unseres wahren Wesens durch den Tod – Nachträge zur Lehre von der Nichtigkeit des Daseins – Nachträge zur Lehre vom Leiden der Welt – Über den Selbstmord – Nachträge zur Lehre von der Bejahung und Verneinung des Willens zum Leben – Über Religion – Einiges zur Sanskritliteratur – Einige archäologische Betrachtungen – Einige mythologische Betrachtungen – Zur Metaphysik des Schönen und Ästhetik – Über Urteil, Kritik, Beifall und Ruhm – Über Gelehrsamkeit und Gelehrte – Selbstdenken – Über Schriftstellerei und Stil – Über Lesen und Bücher – Über Sprache und Worte – Psychologische Bemerkungen – Über die Weiber – Über Erziehung – Zur Physiognomik – Über Lärm und Geräusch – Gleichnisse, Parabeln und Fabeln – Einige Verse

666 Luhmann, Niklas: Soziale Systeme
Grundriß einer allgemeinen Theorie. 675 S. 1987
(3-518-28266-2)

667 Sinn, Kommunikation und soziale Differenzierung
Beiträge zu Luhmanns Theorie sozialer Systeme. Herausgegeben von Hans Haferkamp und Michael Schmid. 327 S. 1987
(3-518-28267-0)
Schmid, Michael/Haferkamp, Hans: Einleitung – Schmid, Michael: Autopoiesis und soziales System: Eine Standortbestimmung – Haferkamp, Hans: Autopoietisches soziales System oder konstruktives soziales Handeln? Zur Ankunft der Handlungstheorie und zur Abweisung empirischer Forschung in Niklas Luhmanns Systemtheorie – Teubner, Gunther: Hyperzyklus in Recht und Organisation. Zum Verhältnis von Selbsbeobachtung, Selbstkonstitution und Autopoiese – Berger, Johannes: Autopoiesis: Wie »systemisch« ist die Theorie sozialer Systeme? – Hahn, Alois: Sinn und Sinnlosigkeit – Lohmann, Georg: Autopoiesis und die Unmöglichkeit von Sinnverlust. Ein marginaler Zugang zu Niklas Luhmanns Theorie »Soziale Systeme« – Miller, Max: Selbstreferenz und Differenzerfahrung. Einige Überlegungen zu Luhmanns Theorie sozialer Systeme – Giegel, Hans-Joachim: Interpenetration und reflexive Bestimmung des Verhältnisses von psychischem und sozialem System – Willke, Helmut: Differenzierung und Integration in Luhmanns Theorie sozialer Systeme – Hondrich, Karl Otto: Die andere Seite sozialer Differenzierung – Luhmann, Niklas: Autopoiesis als soziologischer Begriff

668 Bachelard, Gaston: Die Bildung des wissenschaftlichen Geistes
Beitrag zu einer Psychoanalyse der objektiven Erkenntnis. (La formation de l'esprit scientifique. Contribution à une psychanalyse de la connaissance objective). Übersetzt von Michael Bischoff. Mit einer Einleitung von Wolf Lepenies. 366 S. 1987
(3-518-28268-9)

669 Schwemmer, Oswald: Handlung und Struktur
Zur Wissenschaftstheorie der Kulturwissenschaften. 291 S. 1987
(3-518-28269-7)

670 **Hirschman, Albert O.: Leidenschaften und Interessen**
Politische Begründungen des Kapitalismus vor seinem Sieg. (The Passions and the Interests. Political Arguments for Capitalism before its Triumph). Autorisierte Übersetzung von Sabine Offe. 160 S. 1987. (3-518-28270-0)

671 **Interdisziplinarität**
Praxis – Herausforderung – Ideologie. Herausgegeben von Jürgen Kocka. 168 S. 1987. (3-518-28271-9)
Kocka, Jürgen: Einleitung – Lübbe, Hermann: Helmut Schelsky und die Interdisziplinarität. Zur Philosophie gegenwärtiger Wissenschaftskultur – Hentig, Hartmut von: Polyphem oder Argos? Disziplinarität in der nichtdisziplinären Wiklichkeit – Kaufmann, Franz-Xaver: Interdisziplinäre Wissenschaftspraxis. Erfahrungen und Kriterien – Immelmann, Klaus: Interdisziplinarität zwischen Natur- und Geisteswissenschaften – Praxis und Utopie – Voßkamp, Wilhelm: Interdisziplinarität in den Geisteswissenschaften. Am Beispiel einer Forschungsgruppe zur Funktionsgeschichte der Utopie – Krüger, Lorenz: Einheit der Welt – Vielheit der Wissenschaft – Heckhausen, Heinz: »Interdisziplinäre Forschung« zwischen Intra-, Multi- und Chimären-Disziplinarität – Joos, Hans: Interdisziplinarität und die Entstehung neuer Disziplinen – Mittelstraß, Jürgen: Die Stunde der Interdisziplinarität? – Weingart, Peter: Interdisziplinarität als List der Institution

672 **Evers, Adalbert/Nowotny, Helga: Über den Umgang mit Unsicherheit**
Die Entdeckung der Gestaltbarkeit von Gesellschaft. 330 S. 1987 (3-518-28272-7)

673 **Philosophie und Begründung**
Herausgegeben vom Forum für Philosophie Bad Homburg (Wolfgang R. Köhler, Wolfgang Kuhlmann und Peter Rohs). 408 S. 1987. (3-518-28273-5)
Spinner, Helmut F.: Vereinzeln, verbinden, begründen, widerlegen. Zur philosophischen Stellung von Begründungs- und Kritik-

optionen im Rahmen einer Systematik der Erkenntnisstile und Typologie der Rationalitätsformen – Schnädelbach, Herbert: Über Rationalität und Begründung – Kuhlmann, Wolfgang: Was spricht heute für eine Philosophie des kantischen Typs? – Apel, Karl-Otto: Fallibilismus, Konsenstheorie der Wahrheit und Letztbegründung – Hösle, Vittorio: Begründungsfragen des objektiven Idealismus – Gethmann, Carl Friedrich: Letztbegründung vs. lebensweltliche Begründung des Wissens und Handelns – Köhler, Wolfgang R.: Zur Debatte um reflexive Argumente in der neueren deutschen Philosophie – Poulain, Jacques: Die philosophische Logik der Sprache und die Grenzen der Pragmatik – Rohs, Peter: Philosophie als Selbsterhellung von Vernunft – Bekker, Werner: Das Konsenskonzept in der Philosophie der Neuzeit

674 Magie

Die sozialwissenschaftliche Kontroverse über das Verstehen fremden Denkens. Herausgegeben von Hans G. Kippenberg und Brigitte Luchesi. 301 S. 1987. (3-518-28274-3)

Kippenberg, Hans G.: Einleitung: Zur Kontroverse über das Verstehen fremden Denkens – MacIntyre, Alasdair: Läßt sich das Verstehen von Religion mit religiösem Glauben vereinbaren? – Winch, Peter: Was heißt »eine primitive Gesellschaft verstehen«? – Jarvie, I. C./Agassi, Joseph: Das Problem der Rationalität von Magie – Peel, J. D. Y.: Was heißt »fremde Glaubenssysteme verstehen«? – Beattie, J. H. M.: Über das Verstehen von Ritualen – Barnes, Barry: Glaubenssysteme im Vergleich: falsche Anschauungen oder Anomalien? – Lukes, Steven: Zur gesellschaftlichen Determiniertheit von Wahrheit – Tambiah, S. J.: Form und Bedeutung magischer Akte. Ein Standpunkt

676 Pannenberg, Wolfhart: Wissenschaftstheorie und Theologie

454 S. 1987. (3-518-28276-X)

677 Serres, Michel: Der Parasit
(Le parasite). Übersetzt von Michael Bischoff. 391 S. 1987
(3-518-28277-8)

678 Mead, George Herbert: Gesammelte Aufsätze
Band 1. Übersetzt von Klaus Laermann und anderen (Hans Joas, Henning Lübbe, Dieter Prokop). Herausgegeben von Hans Joas. 476 S. 1987. (3-518-28278-6)
Autobiographisches Fragment (o.J.) – Rezension von Gustav Class: Untersuchungen zur Phänomenologie und Ontologie des menschlichen Geistes (1897) – Lasswitz über Energie und Erkenntnistheorie (1894) – Rezension von Georg Simmel: Philosophie des Geldes (1900/01) – Zur Frage der Gültigkeit einer neuen Kritik des Hegelianismus (1901) – Vorschläge zu einer Theorie der philosophischen Disziplinen (1900) – Die Definition des Psychischen (1903) – Über tierische Wahrnehmung (1907) – Rezension von William McDougall: An Introduction to Social Psychology (1908) – Die Beziehungen von Psychologie und Philologie (1904) – Die Phantasie in Wundts Darstellung von Mythos und Religion (1906) – Sozialpsychologie als Gegenstück der physiologischen Psychologie (1909) – Soziales Bewußtsein und das Bewußtsein von Bedeutungen (1910) – Welche sozialen Objekte muß die Psychologie voraussetzen? (1910) – Der Mechanismus des sozialen Bewußtseins (1912) – Die soziale Identität (1913) – Psychologie der Strafjustiz (1918) – Rezension der englischen Übersetzung von Wilhelm Wundt: Elemente der Völkerpsychologie (1919) – Eine behavioristische Erklärung des signifikanten Symbols (1922) – Die Genesis der Identität und die soziale Kontrolle (1925) – Cooleys Beitrag zum soziologischen Denken in Amerika (1930) – Rezension von John Dewey: Human Nature and Conduct (o.J.) – Die philosophische Grundlage der Ethik (1908) – Wissenschaftliche Methode und wissenschaftliche Behandlung moralischer Probleme (1923) – Brief über Religion (1918) – Die Philanthropie unter dem Gesichtspunkt der Ethik (1930) – Das Verhältnis von Spiel und Erziehung (1896) – Das Kind und seine Umwelt (1898) – Berufsbildung, Arbeiterschaft und Schule (1908/09) – Der Un-

terricht und seine psychologischen Implikationen im Hinblick auf einen sozialen Begriff des Bewußtseins (1910)

679 Mead, George Herbert: Gesammelte Aufsätze
Band 2. Übersetzt von Hans Günter Holl, Klaus Laermann und anderen (Henning Lübbe, Jens Kulenkampff). Herausgegeben von Hans Joas. 486 S. 1987. (3-518-28279-4)
Rezension von E. W. Hobson: The Domain of Natural Science (1924) – Wissenschaft und Lebenswelt (Nachlaß) – Körper und Geist (Nachlaß) – Eine pragmatische Theorie der Wahrheit (1929) – Die objektive Realität der Perspektiven (1927) – Das physische Ding (Nachlaß) – Der Experimentalismus als eine Geschichtsphilosophie (Nachlaß) – Rede über Geschichtsphilosophie (Nachlaß) – Wissenschaftliche Methode und individueller Denker (1917) – Das Wesen der Vergangenheit (1929) – Das Wesen der ästhetischen Erfahrung (1926) – Die Arbeitshypothese in der Sozialreform (1899) – Rezension von Gustave Le Bon: The Psychology of Socialism (1899) – Rezension von Jane Addams: The Newer Ideals of Peace (1907) – Das »Social Settlement« – seine Grundlage und Funktion (1907/08) – Rezension von B. M. Anderson Jr.: Social Value. A Study in Economic Theory (1911) – Naturrecht und die Theorie der politischen Institutionen (1915) – Die psychologischen Grundlagen des Internationalismus (1915) – Rezension von Thorstein Veblen: The Nature of Peace and the Terms of Its Perpetuation (1918) – Rezension von William A. White: Thoughts of a Psychiatrist on the War and After (Nachlaß) – Nationale und Internationalistische Gesinnung (1929)

680 Roth, Günther: Politische Herrschaft und persönliche Freiheit
Heidelberger Max Weber-Vorlesungen 1983. 311 S. 1987 (3-518-28280-8)

681 Chvatík, Květoslav: Mensch und Struktur
Kapitel aus der neostrukturalen Ästhetik und Poetik. Übers. von Walter Annuß und Holger Siegel. 254 S. 1987 (3-518-28281-6)

Struktur als Prozeß. Anstelle eines Vorwortes – Die ästhetische Einstellung – Die Semiotik des literarischen Kunstwerkes – Artefakt und ästhetisches Objekt – Das Stilproblem unter dem Aspekt einer semiotischen Kunsttheorie – Literatur und Kunst als historischer Prozeß – Jan Mukařovský, Roman Jakobson und der Prager linguistische Kreis – Jan Mukařovský, Husserl und Carnap – Bachtins Ästhetik des Wortes und seine Dostoevskij-Interpretation – Zur Kritik der Heideggerschen Kunstphilosophie

682 Chasseguet-Smirgel, Janine: Das Ichideal
Psychoanalytischer Essay über die »Krankheit der Idealität«. (L'Idéal du moi. Essai psychanalytique sur la »maladie d'idéalité«). Übersetzt von Jeannette Friedeberg. 280 S. 1987 (3-518-28282-4)

683 Schnädelbach, Herbert: Vernunft und Geschichte
Vorträge und Abhandlungen. 290 S. 1987. (3-518-28283-2)
Einleitung: Über die Vernünftigkeit der Geschichte und die Geschichtlichkeit der Vernunft – Über historische Aufklärung – Zur Dialektik der historischen Vernunft – Über Irrationalität und Irrationalismus – Bemerkungen über Rationalität und Sprache – Vermutungen über die Willensfreiheit – »Etwas Verstehen heißt Verstehen, wie es geworden ist«. Variationen über eine hermeneutische Maxime – Dialektik und Diskurs – Dialektik als Vernunftkritik. Zur Konstruktion des Rationalen bei Adorno – Max Horkheimer und die Moralphilosophie des deutschen Idealismus – Transformation der Kritischen Theorie. Zu Jürgen Habermas' ›Theorie des kommunikativen Handelns‹ – Against Feyerabend – Morbus hermeneuticus. Thesen über eine philosophische Krankheit – Der auferstandene Epikur. Erfahrungen mit akademischer Jugend

684 Technikbewertung
Philosophische und psychologische Perspektiven. Herausgegeben von Walter Bungard und Hans Lenk. 383 S. 1988 (3-518-28284-0)

Lenk, Hans/Bungard, Walter: Einleitung – Sachsse, Hans: Zur Physiologie der Wahrnehmung und des Verhaltens. Der Zwang zum Vertrauen – Oldemeyer, Ernst: Wertkonflikte um die Technikakzeptanz – Huning, Alois: Technik und das System der Bedürfnisse – Lenk, Hans: Verantwortung in, für, durch Technik – Ropohl, Günter: Zur Technisierung der Gesellschaft – Rapp, Friedrich: Die Idee der Technikbewertung – König, Wolfgang: Zu den theoretischen Grundlagen der Technikbewertungsarbeiten im Verein Deutscher Ingenieure – Bungard, Walter/Schultz-Gambard, Jürgen: Technikbewertung: Versäumnisse und Möglichkeiten der Psychologie – Hoyos, Carl Graf: Psychologische Aspekte der Technikbewertung unter der Perspektive der Sicherheitsproblematik – Benda, Helmut von: Probleme und Bewertung von Bildschirm-Arbeitsplätzen aus arbeitspsychologischer Sicht – Fleischer, Friedrich/Winter, Gerhard: Möglichkeiten und Grenzen eines Beitrages der Ökopsychologie zum Social Impact Assessment – Werbik, Hans/Zitterbarth, Walter: Technikbewertung als Problem der Konsensbildung – Seel, Hans-Jürgen: Technik und soziale Handlungsorganisation. Anmerkungen eines Psychologen – Langenheder, Werner: Wissenschaftssoziologische Perspektiven der Technikbewertung – Bechmann, Gotthard/Gloede, Fritz/Paschen, Herbert: Frühwarnung vor technikbedingten Gefahren? – MacCormac, Earl R.: Werte und Technik: Wie man ethische und menschliche Werte in öffentliche Planungsentscheidungen einbringt – Ronneberger, Franz: Moderne Medientechnik im soziopolitischen Spannungsfeld – Rühl, Manfred: Zur Technisierung freiheitlicher Publizistik – jenseits von Neuen Medien und Neuer Technik

685 Stolk, Bram van/Wouters, Cas: Frauen im Zwiespalt
Beziehungsprobleme im Wohlfahrtsstaat. Eine Modellstudie. (Vrouwen in tweestrijd. Tussen thuis en tehuis – Relatieproblemen in de verzorgingsstaat, opgetekend in een crisiscentrum). Mit einem Vorwort von Norbert Elias. Übersetzt von Michael Schröter. 254 S. 1987. (3-518-28285-9)

686 **Rorty, Richard: Der Spiegel der Natur: Eine Kritik der Philosophie**
(Philosophy and the Mirror of Nature). Übersetzt von Michael Gebauer. 438 S. 1987. (3-518-28286-7)

687 **Barthes, Roland: S/Z**
(S/Z). Übersetzt von Jürgen Hoch. 260 S. 1987. (3-518-28287-5)

688 **Pothast, Ulrich: Die Unzulänglichkeit der Freiheitsbeweise**
Zu einigen Lehrstücken aus der neueren Geschichte von Philosophie und Recht. Mit einem Nachwort zur Taschenbuchausgabe: Halbe Freiheit und ganzer Schrecken? 498 S. 1987 (3-518-28288-3)

689 **Saage, Richard: Arbeiterbewegung, Faschismus, Neokonservatismus**
273 S. 1987. (3-518-28289-1)
Parlamentarische Demokratie, Staatsfunktionen und das »Gleichgewicht der Klassenkräfte« – Wehrhafter Reformismus. Zur Körner-Rezeption Ilona Duczynskas – Die gefährdete Republik. Porträt der Zeitung des »Reichsbanners Schwarz-Rot-Gold« – Die Oktoberrevolution und das sowjetische Herrschaftssystem im politischen Denken Otto Bauers – Der italienische und der deutsche Faschismus – Bemerkungen zur Faschismusinterpretation Ernst Noltes – Otto Kirchheimers Analyse des nationalsozialistischen Herrschaftssystems 1935-1941 – Die neokonservative Herausforderung in der Bundesrepublik – Staat, Technik und Gesellschaft im Neokonservatismus – Zur Aktualität des Begriffs »Technischer Staat«

690 **Whitehead, Alfred North: Prozeß und Realität**
Entwurf einer Kosmologie. (Process and Reality. An Essay in Cosmology). Übersetzt und mit einem Nachwort versehen von Hans Günter Holl. 666 S. 1987. (3-518-28290-5)

691 **Bateson, Gregory: Geist und Natur**
Eine notwendige Einheit. (Mind and Nature. A Necessary Unity). Übersetzt von Hans Günter Holl. 285 S. 1987 (3-518-28291-3)

692 **Moore, Barrington: Ungerechtigkeit**
Die sozialen Ursachen von Unterordnung und Widerstand. (Injustice. The Social Bases of Obedience and Revolt). Übersetzt von Detlev Puls. 703 S. 1987. (3-518-28292-1)

693 **Fend, Helmut: Sozialgeschichte des Aufwachsens**
Bedingungen des Aufwachsens und Jugendgestalten im zwanzigsten Jahrhundert. 321 S. 1988. (3-518-28293-X)

694 **Heidegger und die praktische Philosophie**
Herausgegeben von Annemarie Gethmann-Siefert und Otto Pöggeler. 395 S. 1988.
(3-518-28294-8)
Pöggeler, Otto: Heideggers politisches Selbstverständnis – Ott, Hugo: Martin Heidegger und der Nationalsozialismus – Franzen, Winfried: Die Sehnsucht nach Härte und Schwere. Über ein zum NS-Engagement disponierendes Motiv in Heideggers Vorlesung »Die Grundbegriffe der Metaphysik« von 1929/30 – Schwan, Alexander: Zeitkritik und Politik in Heideggers Spätphilosophie – Held, Klaus: Heidegger und das Prinzip der Phänomenologie – Gethmann, Carl Friedrich: Heideggers Konzeption des Handelns in »Sein und Zeit« – Prauss, Gerold: Heidegger und die Praktische Philosophie – Gethmann-Siefert, Annemarie: Heidegger und Hölderlin. Die Überforderung des »Dichters in dürftiger Zeit« – Meyer-Drawe, Käte: Aneignung – Ablehnung – Anregung. Pädagogische Orientierungen an Heidegger – Gethmann-Siefert, Annemarie: Martin Heidegger und die Kunstwissenschaft – Schaeffler, Richard: Heidegger und die Theologie – Wolzogen, Christoph von: »Es gibt«. Heidegger und Natorps »Praktische Philosophie« – Nolte, Ernst: Philosophie und Nationalsozialismus – Vollrath, Ernst: Hannah Arendt und Martin Heidegger – Peper-

zak, Adriaan: Einige Thesen zur Heidegger-Kritik von Emmanuel Levinas

695 Grewendorf, Günther/Hamm, Fritz/Sternefeld, Wolfgang: Sprachliches Wissen
Eine Einführung in moderne Theorien der grammatischen Beschreibung. 467 S. 1987. (3-518-28295-6)

696 Geertz, Clifford: Dichte Beschreibung
Beiträge zum Verstehen kultureller Systeme. Übersetzt von Brigitte Luchesi und Rolf Bindemann. 320 S. 1987 (3-518-28296-4)
Dichte Beschreibung. Bemerkungen zu einer deutenden Theorie von Kultur – Religion als kulturelles System – Ritual und sozialer Wandel: ein javanisches Beispiel – Person, Zeit und Umgangsformen auf Bali – »Deep play«: Bemerkungen zum balinesischen Hahnenkampf – Common sense als kulturelles System – »Aus der Perspektive des Eingeborenen«. Zum Problem des ethnologischen Verstehens

697 Wind, Edgar: Heidnische Mysterien in der Renaissance
(Pagan Mysteries in the Renaissance). Mit einem Nachwort von Bernhard Buschendorf. Übersetzt von Christa Münstermann unter Mitarbeit von Bernhard Buschendorf und Gisela Heinrichs. 483 S. 1987. (3-518-28297-2)

698 Forschen und Heilen
Auf dem Weg zu einer psychoanalytischen Hochschule. Beiträge aus Anlaß des 25jährigen Bestehens des Sigmund-Freud-Instituts. Herausgegeben von Herbert Bareuther, Hans-Joachim Busch, Dieter Ohlmeier und Tomas Plänkers. 800 S. 1989 (3-518-28298-0)
Sandler, Joseph: Grußwort – Vorbemerkung der Herausgeber – Ohlmeier, Dieter: Einleitung. Auf dem Weg zu einer psychoanalytischen Hochschule – Lorenzer, Alfred: Plädoyer für eine psychoanalytische Hochschule – Chasseguet-Smirgel, Janine: Das

Paradoxon der Freudschen Methode – Grunberger, Béla: Über die Monade – Sandler, Joseph: Die psychoanalytische Motivationstheorie – neu überdacht – Loch, Wolfgang: Psychoanalytische Perspektiven. Einige Grundeinstellungen als Voraussetzungen des psychoanalytischen Prozesses – Horn, Klaus: Die Medizinalisierung sozialer Kontrolle und die Psychoanalyse – Kurzweil, Edith: Legitimationsprobleme der Nachkriegs-Psychoanalyse in der Bundesrepublik – Niederland, William G.: Weitere Ergebnisse meiner Schreber-Forschung – Mahler, Eugen: Zur Idee des Friedens und der menschlischen Aggressivität. Der Beitrag Alexander Mitscherlichs zur Friedens- und Konfliktforschung – König, Helmut: »Die allezeit und immer wieder unterschätzte Gewalt der Triebnatur«. Alexander Mitscherlichs Ideen zur Sozialpsychologie – Krovoza, Alfred/Schneider, Christian: Psychoanalyse in Berlin und Heidelberg nach 1945. Zur Vorgeschichte des Sigmund-Freud-Instituts in Frankfurt – Berger, Falk: Zur Entstehungsgeschichte des Sigmund-Freud-Instituts – Argelander, Hermann: Zur Geschichte des Sigmund-Freud-Instituts – Jappe, Gemma: Klaus Horn und manche Anfänge im Sigmund-Freud-Institut. Ein Versuch, sich zu erinnern – Funke, Hajo: Emigrantenansichten: »Sich wirklich gefühlsmäßig vergegenwärtigen, was geschehen ist«. Alexander Mitscherlich aus der Sicht emigrierter Psychoanalytiker – Brocher, Tobias: Der Einfluß englischer Psychoanalytiker auf die Entwicklung des Sigmund-Freud-Instituts – Köhler-Weisker, Angela: Das psychoanalytische Gutachten im Sorgerechtsverfahren – Goldschmidt, Otto: Die Patienten einer psychoanalytischen Großstadtambulanz. Statistische Auswertung einer Stichprobe von 646 Patienten des Sigmund-Freud-Instituts aus den Jahren 1960-1980 – Brede, Karola: Die Deutung als Gegenstand von Forschung. Ein Rückblick auf das »Deutungsprojekt« – Vogel, Ingrid: »Es geben diese Bilder der Phantasie ungeheuren Spielraum«. Die Sprache des Kindes, der Märchen und der Poesie im psychoanalytischen Prozeß – Schacht, Lore: »Nicht wahr, meine Schwester ist großzügig!«. Eine klinische Studie zur Geschwistererfahrung – Mertens, Erika/Ohlmeier, Dieter: »Ich dachte, ich könnte es schon...«. Ein Beitrag zur psychoanalytischen Legasthenieforschung – Leuschner, Wolfgang: Zur Entstehungsgeschichte psychoanalytischer Begriffe. Freuds Auseinandersetzung mit der Aphasielehre – Busch, Hans-Joachim: Soziopsychosomatik. Klaus Horns Entwurf einer kritischen Medizinsoziologie – Eckstaedt, Anita: Lernen und Lehren in der Psychoanalyse. Allgemeine Betrachtungen zu Lernsituation und Lerngegenstand des Erstinterviews – Kutter, Peter: Lust und Unlust in der psychoanalytischen Ausbildung. Positive und negative Erfahrungen bei der Vermittlung psychoanalytischer Theorie und Praxis – Pollak, Thomas: Profession und Idealität. Anmerkungen zum Problem der Idealisierung in der psychoanalytischen Ausbildung – Muck, Mario: Das psychoanalytische Modell in der Beratung. Beispiel einer Ausbildungsinitiative aus dem Sigmund-Freud-Institut – Müller, Elisabeth/Dallmeyer, Ursula: Die Ausbildung der analytischen Kinder- und Jugendlichen-Psychotherapeuten in Frankfurt. Mit einem Fallbericht – Bareuther, Herbert: Sigmund-Freud-Institut 1960-1985. Eine Bibliographie

699 Rossi, Pietro: Vom Historismus zur historischen Sozialwissenschaft

Heidelberger Max Weber-Vorlesungen 1985. 225 S. 1987 (3-518-28299-9)

700 Leroi-Gourhan, André: Hand und Wort

Die Evolution von Technik, Sprache und Kunst. (La geste et la parole). Mit 153 Zeichnungen des Autors. Übersetzt von Michael Bischoff. 532 S. 1988. (3-518-28300-6)

701 Geuter, Ulfried: Die Professionalisierung der deutschen Psychologie im Nationalsozialismus

593 S. 1988. (3-518-28301-4)

702 Exil, Wissenschaft, Identität

Die Emigration deutscher Sozialwissenschaftler 1933-1945. Herausgegeben von Ilja Srubar. 383 S. 1988. (3-518-28302-2)

Wolff, Kurt H.: »Die persönliche Geschichte eines Emigranten« –

Bendix, Reinhard: Emigration als Problem geistiger Identität – Horowitz, Irving Louis: Zwischen der Charybdis des Kapitalismus und der Szylla des Kommunismus: Die Emigration deutscher Sozialwissenschaftler 1933-1945 – Neurath, Paul: Paul Lazarsfeld und die Institutionalisierung empirischer Sozialforschung: Ausfuhr und Wiedereinfuhr einer Wiener Institution – Rutkoff, Peter M./Scott, William B.: Die Schaffung der ›Universität im Exil‹ – Krohn, Claus-Dieter: Deutsche Exil-Ökonomen in den USA nach 1933. Das Beispiel der New School for Social Research – Söllner, Alfons: Vom Völkerrecht zur ›science of international relations‹. Vier typische Vertreter der politikwissenschaftlichen Emigration – Helling, Ingeborg Katharina: Wirken in der Emigration: Felix Kaufmann. Fallstudie einer mißlungenen Annäherung am Beispiel des Briefwechsels zwischen John Dewey, Arthur F. Bentley und Felix Kaufmann – Ziffus, Sigrid: Karl Mannheim und der Moot-Kreis. Ein wenig beachteter Aspekt seines Wirkens im englischen Exil – Jay, Martin: Massenkultur und deutsche intellektuelle Emigration. Der Fall Max Horkheimer und Siegfried Kracauer – Schmid Noerr, Gunzelin: Flaschenpost. Die Emigration Max Horkheimers und seines Kreises im Spiegel seines Briefwechsels – Srubar, Ilja: Das Bild Deutschlands in den Werken der sozialwissenschaftlichen Emigration 1933-1945 – Matthiesen, Ulf: »Im Schatten einer endlosen großen Zeit«. Etappen der intellektuellen Biographie Albert Salomons – Luckmann, Benita: New School – Varianten der Rückkehr aus Exil und Emigration

703 **Dewey, John: Kunst als Erfahrung**
(Art as Experience). Übersetzt von Christa Velten, Gerhard vom Hofe und Dieter Sulzer. 411 S. 1988. (3-518-28303-0)

704 **Münch, Richard: Theorie des Handelns**
Zur Rekonstruktion der Beiträge von Talcott Parsons, Emile Durkheim und Max Weber. 693 S. 1988. (3-518-28304-9)

705 **Über Ernst Cassirers Philosophie der symbolischen Formen**

Herausgegeben von Hans-Jürg Braun, Helmut Holzhey und Ernst Wolfgang Orth. 305 S. 1988. (3-518-28305-7)

Orth, Ernst Wolfgang: Zugänge zu Ernst Cassirer. Eine Einleitung – Krois, John Michael: Problematik, Eigenart und Aktualität der Cassirerschen Philosophie der symbolischen Formen – Orth, Ernst Wolfgang: Operative Begriffe in Ernst Cassirers Philosophie der symbolischen Formen – Marx, Wolfgang: Cassirers Philosophie – ein Abschied von kantianisierender Letztbegründung – Poma, Andrea: Ernst Cassirer: Von der Kulturphilosophie zur Phänomenologie der Erkenntnis – Ferrari, Massimo: Das Problem der Geisteswissenschaften in den Schriften Cassirers für die Bibliothek Warburg (1921-1923). Ein Beitrag zur Entstehungsgeschichte der »Philosophie der symbolischen Formen« – Göller, Thomas: Zur Frage nach der Auszeichnung der Sprache in Cassirers »Philosophie der symbolischen Formen« – Fetz, Reto Luzius: Ernst Cassirer und der strukturgenetische Ansatz – Holzhey, Helmut: Cassirers Kritik des mythischen Bewußtseins – Braun, Hans-Jürg: Mircea Eliades Interpretation des Mythos im Blickfeld der »Philosophie der symbolischen Formen« – Gerhardt, Volker: Vernunft aus Geschichte. Ernst Cassirers systematischer Beitrag zu einer Philosophie der Politik – Kajon, Irene: Das Problem der Einheit des Bewußtseins im Denken Ernst Cassirers – Werle, Josef Maria: Ernst Cassirers nachgelassene Aufzeichnungen über »›Leben‹ und ›Geist‹ – zur Kritik der Philosophie der Gegenwart« – Gründer, Karlfried: Cassirer und Heidegger in Davos 1929

707 **Danker, Uwe: Räuberbanden im Alten Reich um 1700**

Ein Beitrag zur Geschichte von Herrschaft und Kriminalität in der Frühen Neuzeit. 2 Bände. Zusammen 773 S. 1988 (3-518-28307-3)

708 **Lenk, Hans: Zwischen Sozialpsychologie und Sozialphilosophie**

367 S. 1987. (3-518-28308-1)

Einige wissenschaftliche Probleme der Sozialpsychologie – Strukturelle und empirische Implikationen in der Sozialpsychologie – Der methodologische Individualismus ist (nur?) ein heuristisches Postulat – Überwindung *und* Nutzung des Behaviorismus: Kritisches zum neobehavioristischen Ansatz in Psychologie und Sozialwissenschaft – Zum transzendentalen Kulturismus Arnold Gehlens – Sozioideologische Projektionen: Zu Topitschs Modellen der Weltanschauungsdeutung – Das Ich als Interpretationskonstrukt: vom kognitiven Subjektivitätskonzept zum pragmatischen Handlungszusammenhang – Motive als Interpretationskonstrukte: Zur Anwendung eines interpretationstheoretischen Handlungsmodells in der Sozialwissenschaft – Handlungsinterpretationskonstrukte: Zum Stand der philosophischen Handlungstheorie als eines Grundbausteins der Sozialwissenschaften – Werte als Interpretationskonstrukte – Zur ethischen Problematik von Humanexperimenten in der sozialpsychologischen Grundlagenforschung – Verfall der Arbeitsethik? Umfragenergebnisse, Gründe, Interdependenzen zum Wertewandel – Vom Wandel der Tätigkeit und der ethischen Einstellungen zur Arbeit als Folge der mikroelektronischen Revolution – Postmodernismus, Postindustrialismus, Postszientismus: Wie epigonal oder rational sind Post(modern)ismen

709 **Mentzos, Stavros: Interpersonale und institutionalisierte Abwehr**

Erweiterte Neuausgabe. 173 S. 1988. (3-518-28309-X)

711 **Max Weber heute**

Erträge und Probleme der Forschung. Herausgegeben von Johannes Weiß. 570 S. 1989. (3-518-28311-1)

Weiß, Johannes: Zur Einführung – Käsler, Dirk: Der retuschierte Klassiker. Zum gegenwärtigen Forschungsstand der Biographie Max Webers – Schluchter, Wolfgang: »Wirtschaft und Gesellschaft« – Das Ende eines Mythos – Tenbruck, Friedrich H.: Abschied von der »Wissenschaftslehre«? – Ibaraki, Takeji: Probleme der Rezeption des soziologischen Werks von Max Weber in Japan. Unter besonderer Berücksichtigung der Interpretation der Gesellschaftstheorie »Ma(r)x Webers« in der »marxistischen Bürgerschafts-Schule« – Rossi, Pietro: Die Rezeption des Weberschen Werks in Italien nach 1945 – Albrow, Martin: Die Rezeption Max Webers in der britischen Soziologie – Krasnodębski, Zdzisław: Die Max Weber-Rezeption in Polen – Genov, Nikolai: Max Webers Aktualität in der bulgarischen Soziologie – Döbert, Rainer: Max Webers Handlungstheorie und die Ebenen des Rationalitätskomplexes – Spinner, Helmut F.: Weber gegen Weber: Der ganze Rationalismus einer »Welt von Gegensätzen«. Zur Neuinterpretation des Charisma als Gelegenheitsvernunft – Bader, Veit-Michael: Max Webers Begriff der Legitimität. Versuch einer systematisch-kritischen Rekonstruktion – Gerhards, Jürgen: Affektuelles Handeln. Der Stellenwert von Emotionen in der Soziologie Max Webers – Lindner, Clausjohann: Max Webers handlungstheoretisches Programm für die Soziologie – Seyfarth, Constans: Über Max Webers Beitrag zur Theorie professionellen beruflichen Handelns, zugleich eine Vorstudie zum Verständnis seiner Soziologie als Praxis – Roth, Guenther: Vergangenheit und Zukunft der historischen Soziologie – Kalberg, Stephen: Max Webers historisch-vergleichende Untersuchungen und das »Webersche Bild der Neuzeit«: Eine Gegenüberstellung – Segre, Sandro: Max Webers Theorie der kapitalistischen Entwicklung – Haferkamp, Hans: »Individualismus« und »Uniformierung«. Über eine Paradoxie in Max Webers Theorie der gesellschaftlichen Entwicklung – Rehbinder, Manfred: Recht und Rechtswissenschaft im Werk von Max Weber – Mommsen, Wolfgang J.: Politik und politische Theorie bei Max Weber

712 Douglas, Mary: Reinheit und Gefährdung
Eine Studie zu Vorstellungen von Verunreinigung und Tabu. Übersetzt von Brigitte Luchesi. 242 S. 1988. (3-518-28312-X)

713 **Niehues-Pröbsting, Heinrich: Der Kynismus des Diogenes und der Begriff des Zynismus**
389 S. 1988. (3-518-28313-8)

714 **Eder, Klaus: Die Vergesellschaftung der Natur**
Studien zur sozialen Evolution der praktischen Vernunft. 434 S. 1988. (3-518-28314-6)

715 **Weder Sozialtechnologie noch Aufklärung?**
Analysen zur Verwendung sozialwissenschaftlichen Wissens. Herausgegeben von Ulrich Beck und Wolfgang Bonß. 495 S. 1989 (3-518-28315-4)
Beck, Ulrich/Bonß, Wolfgang: Verwissenschaftlichung ohne Aufklärung? Zum Strukturwandel von Sozialwissenschaft und Praxis – Dewe, Bernd/Radtke, Frank-Olaf: Klinische Soziologie – eine Leitfigur der Verwendung sozialwissenschaftlichen Wissens – Kroner, Wolfgang/Wolff, Stephan: Pädagogik am Berg. Verwendung sozialwissenschaftlichen Wissens als Handlungsproblem vor Ort – Schmitz, Enno/Bude, Heinz/Otto, Claus: Beratung als Praxisform »angewandter Aufklärung« – Keupp, Heiner/Straus, Florian/Gmür, Wolfgang: Verwissenschaftlichung und Professionalisierung. Zum Verhältnis von technokratischer und reflexiver Verwendung am Beispiel psychosozialer Praxis – Daheim, Hansjürgen/Kollmer, Jochem/Messmer, Heinz/Olscha, Christian: Wie ist Verständigung möglich? Kommunikation zwischen Wissenschaft und Praxis in Seminaren der beruflichen Fortbildung von Verwaltungsangehörigen – Böhm, Wolfgang/Mühlbach, Marcel/Otto, Hans-Uwe: Zur Rationalität der Wissensverwendung im Kontext behördlicher Sozialarbeit – Bollinger, Heinrich/Weltz, Friedrich: Zwischen Rezeptwissen und Arbeitnehmerorientierung. Der Arbeitsbezug soziologischer Beratung von Unternehmen – Weymann, Ansgar/Wingens, Matthias: Die Versozialwissenschaftlichung der Bildungs- und Arbeitsmarktpolitik. Eine kritische Zwischenbilanz zur öffentlichen Argumentation – Schneider, Wolfgang L.: Kooperation als strategischer Prozeß. Administrative Auftragsforschung im Spannungsfeld zwischen

professionellem Interesse und politischer Instrumentalisierung – Ronge, Volker: Verwendung sozialwissenschaftlicher Ergebnisse in institutionalisierten Kontexten – Evers, Adalbert/Nowotny, Helga: Über den Umgang mit Unsicherheit. Anmerkungen zur Verwendung sozialwissenschaftlichen Wissens – Lau, Christoph: Die Definition gesellschaftlicher Probleme durch die Sozialwissenschaften – Kreißl, Reinhard: Soziologie und soziale Kontrolle. Mögliche Folgen einer Verwissenschaftlichung des Kriminaljustizsystems – Henschel, Rolf/Körber, Klaus/Thomssen, Wilke/Tutschner, Roland/Twisselmann, Joachim: Zum Aufklärungspotential sozialwissenschaftlichen Wissens in der Praxis von Volkshochschulen

716 Foucault, Michel: Der Wille zum Wissen
Sexualität und Wahrheit. Erster Band. (Histoire de la sexualité. Vol. 1. La volonté de savoir). Übersetzt von Ulrich Raulff und Walter Seitter. 190 S. 1987. (3-518-28316-2)

717 Foucault, Michel: Der Gebrauch der Lüste
Sexualität und Wahrheit. Zweiter Band. (Histoire de la sexualité. Vol. 2. L'usage des plaisirs). Übersetzt von Ulrich Raulff und Walter Seitter. 327 S. 1989. (3-518-28317-0)

718 Foucault, Michel: Die Sorge um sich
Sexualität und Wahrheit. Dritter Band. (Histoire de la sexualité. Vol. 3. Le souci de soi). Übersetzt von Ulrich Raulff und Walter Seitter. 316 S. 1989. (3-518-28318-9)

720 Riedel, Manfred: Für eine zweite Philosophie
Vorträge und Abhandlungen. 249 S. 1988. (3-518-28320-0)
Philosophieren nach dem ›Ende der Philosophie‹ – Die Universalität der europäischen Wissenschaft als begriffs- und wissenschaftsgeschichtliches Problem – Vom Seins- zum Grenzbegriff. Die Natur in der Theorie der Geisteswissenschaften – Naturphilosophie und Anthropologie. Grundzüge einer Theorie des Lebendigen bei Hegel und Marx – Hegel, Heraklit und die moderne

Physik – Zweck- und bedürfnisgebundenes Handeln. Zur Tragweite des teleologischen Begründungsansatzes in der Handlungstheorie – Freiheit und Verantwortung. Zwei Grundbegriffe der kommunikativen Ethik – Heidegger und der hermeneutische Weg zur praktischen Philosophie – Zwischen Tun und Lassen (Interview) – Für eine zweite Philosophie (Interview)

721 **Evans-Pritchard, Edward E.: Hexerei, Orakel und Magie bei den Zande**
(Witchcraft, Oracles and Magic among the Azande). Von Eva Gillies gekürzte und eingeleitete Ausgabe. Übersetzt von Brigitte Luchesi. 386 S. 1988. (3-518-28321-9)

722 **Schmidt-Biggemann, Wilhelm: Theodizee und Tatsachen**
Das philosophische Profil der deutschen Aufklärung. 289 S. 1988 (3-518-28322-7)
Zwischen dem Möglichen und dem Tatsächlichen. Rationalismus und Eklektizismus, die Hauptrichtungen der deutschen Aufklärungsphilosophie – Von der Apologie zur Kritik. Der Rezeptionsrahmen der Theodizee – Die destruktive Potenz philosophischer Apologetik. Der Verlust des biblischen Kredits bei Hermann Samuel Reimarus – Geschichte der Erbsünde in der Aufklärung. Philosophiegeschichtliche Mutmaßungen – Veritas particeps Dei. Der Spinozismus im Horizont mystischer und rationalistischer Theologie – Sprung in die Metaphysik oder Fall ins Nichts. Eine Alternative im Pantheismusstreit – Toleranz zwischen Natur- und Staatsrecht – Souveränität und Recht bei Friedrich II. oder von der Schwierigkeit, in der Neuzeit ein Philosophenkönig zu sein – In nullius verba iurare magistri. Über die Reichweite des Eklektizismus – Vom Altern der Wahrheit. Friedrich Nicolai und das Ende der deutschen Popularphilosophie

723 Kants transzendentale Deduktion und die Möglichkeit von Transzendentalphilosophie

Herausgegeben vom Forum für Philosophie Bad Homburg (Siegfried Blasche, Wolfgang R. Köhler, Wolfgang Kuhlmann und Peter Rohs). 326 S. 1988. (3-518-28323-5)

Seebohm, Thomas M.: Über die unmögliche Möglichkeit, andere Kategorien zu denken als die unseren – Harrison, Ross: Wie man dem transzendentalen Ich einen Sinn verleiht – Aschenberg, Reinhold: Einiges über Selbstbewußtsein als Prinzip der Transzendentalphilosophie – Becker, Wolfgang: Über den Objektivitätsanspruch empirischer Urteile und seine transzendentale Begründung – Blasche, Siegfried: Selbstaffektion und Schematismus. Kants transzendentale Deduktion als Lösung eines apriorischen Universalienproblems – Hoppe, Hansgeorg: Die Bedeutung der Empirie für transzendentale Deduktionen – Rohs, Peter: Die transzendentale Deduktion als Lösung von Invarianzproblemen – Kuhlmann, Wolfgang: Kant und die Transzendentalpragmatik. Transzendentale Deduktion und reflexive Letztbegründung – Köhler, Wolfgang R.: Reflexive, transzendentale und skeptische Argumente – ein szenischer Kommentar – Øfsti, Audun: Strawsons Paralogismus. Kants »Ich denke« und die Kant-Rekonstruktion Strawsons im Lichte der »Doppelstruktur der Rede« – Hossenfelder, Malte: Überlegungen zu einer transzendentalen Deduktion des kategorischen Imperativs – Wüstehube, Axel: Bibliographie. Neuere Literatur zur theoretischen Philosophie Kants (1976-1986)

724 Kultur und Gedächtnis

Herausgegeben von Jan Assmann und Tonio Hölscher. 371 S. 1988. (3-518-28324-3)

Assmann, Jan: Kollektives Gedächtnis und kulturelle Identität – Wiehl, Reiner: Kultur und Vergessen – Ritschl, Dietrich: Gedächtnis und Antizipation. Psychologische und theologische Bemerkungen – Scheibe, Erhard: Gibt es eine Annäherung der Naturwissenschaften an die Geisteswissenschaften? – Assmann, Jan: Stein und Zeit. Das »monumentale« Gedächtnis der altägyptischen Kultur – Hölscher, Tonio: Tradition und Geschichte. Zwei Typen der Vergangenheit am Beispiel der griechischen Kunst – Dihle, Albrecht: Fortschritt und Goldene Urzeit – Theissen, Gerd: Tradition und Entscheidung. Der Beitrag des biblischen Glaubens zum kulturellen Gedächtnis – Wiehl, Reiner: Philosophie und Kulturkritik – Harth, Dietrich: Zerrissenheit. Der deutsche Idealismus und die Suche nach kultureller Identität – Sellin, Volker: Nationalbewußtsein und Partikularismus in Deutschland im 19. Jahrhundert – Rothe, Arnold: Kulturwissenschaften und kulturelles Gedächtnis – Finscher, Ludwig: Werk und Gattung in der Musik als Träger kulturellen Gedächtnisses – Ledderose, Lothar: Die Gedenkhalle für Mao Zedong. Ein Beispiel von Gedächtnisarchitektur – Riedl, Peter Anselm: Nostalgie und Postmoderne

725 Weiblichkeit in geschichtlicher Perspektive
Fallstudien und Reflexionen zu Grundproblemen der historischen Frauenforschung. Herausgegeben von Ursula A. J. Becher und Jörn Rüsen. 549 S. 1988. (3-518-28325-1)
Wagner-Hasel, Beate: »Das Private wird politisch«. Die Perspektive »Geschlecht« in der Altertumswissenschaft – Affeldt, Werner: Lebensformen für Frauen im Frühmittelalter. Probleme und Perspektiven ihrer Erforschung – Heidebrecht, Petra/Nolte, Cordula: Leben im Kloster: Nonnen und Kanonissen. Geistliche Lebensformen im frühen Mittelalter – Opitz, Claudia: Vom Familienzwist zum sozialen Konflikt. Über adlige Eheschließungspraktiken im Hoch- und Spätmittelalter – Hammer-Tugendhat, Daniela: Aspekte der subversiven Funktion von Kunst – Wunder, Heide: Von der ›frumkeit‹ zur ›Frömmigkeit‹. Ein Beitrag zur Genese bürgerlicher Weiblichkeit (15.-17. Jahrhundert) – Zeidler-Johnson, Elisabeth: Die Aufteilung der Menschheitsgeschichte. Christoph Meiners und die Geschichte des anderen Geschlechts als Gegenstand der Geschichtsschreibung in der Spätaufklärung – Becher, Ursula A. J.: Weibliches Selbstverständnis in Selbstzeugnissen des 18. Jahrhunderts – Wagner, Irmgard: Vom Mythos zum Fetisch: Die Frau als Erlöserin in Goethes klassischen Dramen –

Hassauer, Friederike: Gleichberechtigung und Guillotine: Olympe de Gouges und die feministische Menschenrechtserklärung der Französischen Revolution – Santos Silva, Marinete dos: Die Prostitution in Rio de Janeiro im 19. Jahrhundert – Bruns, Karin: Machteffekte in Frauentexten. Nationalistische Periodika (1895-1915) – Sandkühler, Thomas/Schmidt, Hans-Günter: Frau oder Geschichte? Zur historischen Kontinuität einer verkehrten Alternative – Link-Heer, Ursula: »Männliche Hysterie«. Eine Diskursanalyse – Kolkenbrock-Netz, Jutta: Interpretation, Diskursanalyse und/oder feministische Lektüre literarischer Texte von Frank Wedekind – Jancke-Leutzsch, Gabi: Die Lebensgeschichte als Beziehungsarbeit: Weibliche Lebensentwürfe. Untersuchungen an Autobiographien des 20. Jahrhunderts – Nizza da Silva, Maria Beatriz: Frauengeschichte in Brasilien. Bestandsaufnahme und Perspektiven – Maas, Barbara: »Eine andere Perspektive«. Historische Frauenforschung in Großbritannien – Schmidt, Uta C.: Wohin mit »unserer gemeinsamen Betroffenheit« im Blick auf die Geschichte? Eine kritische Auseinandersetzung mit methodischen Postulaten der feministischen Wissenschaftsperspektive – Rüsen, Jörn: ›Schöne‹ Parteilichkeit. Feminismus und Objektivität in der Geschichtswissenschaft

726 Frauensituation
Veränderungen in den letzten zwanzig Jahren. Herausgegeben von Uta Gerhardt und Yvonne Schütze. 293 S. 1988
(3-518-28326-X)
Riedmüller, Barbara: Das Neue an der Frauenbewegung. Versuch einer Wirkungsanalyse der Frauenbewegung – Gerhardt, Uta: Frauenrolle und Rollenanalyse – Döbert, Rainer: Männliche Moral – weibliche Moral? – Schütze, Yvonne: Mütterliche Erwerbstätigkeit und wissenschaftliche Forschung – Willenbacher, Barbara: Thesen zur rechtlichen Stellung der Frau – Hohmann-Dennhardt, Christine: Gleichberechtigung via Rechtsnorm? Zur Frage eines Antidiskriminierungsgesetzes in der Bundesrepublik – Daele, Wolfgang van den: Der Fötus als Subjekt und die Autonomie der Frau. Wissenschaftlich-technische Optionen und so-

ziale Kontrollen in der Schwangerschaft – Hoffmann-Nowotny, Hans-Joachim: Weibliche Erwerbstätigkeit und Kinderzahl – Bertram, Hans/Borrmann-Müller, Renate: Von der Hausfrau zur Berufsfrau? Der Einfluß struktureller Wandlungen des Frauseins auf familiales Zusammenleben – Wetterer, Angelika: »Man marschiert als Frau auf Neuland« – Über den schwierigen Weg der Frauen in die Wissenschaft

727 **Bernfeld, Siegfried/Cassirer Bernfeld, Suzanne: Bausteine der Freud-Biographik**

Eingeleitet, herausgegeben und übersetzt von Ilse Grubrich-Simitis. 288 S. 1988. (3-518-28327-8)

Grubrich-Simitis, Ilse: Siegfried Bernfeld: Historiker der Psychoanalyse und Freud-Biograph – Bernfeld, Siegfried: – Freuds früheste Theorien und die Helmholtz-Schule (1944) – Freuds frühe Kindheit (1944) (Zusammen mit Suzanne Cassirer Bernfeld) – Ein unbekanntes autobiographisches Fragment von Freud (1944) – Freuds wissenschaftliche Anfänge (1949) – Freuds Vorbereitung auf den Arztberuf, 1882-1885 (1951) – Freuds erstes Praxisjahr, 1886-1887 (1952) (Zusammen mit Suzanne Cassirer Bernfeld) – Freuds Kokain-Studien, 1884-1887 (1953) – Cassirer Bernfeld, Suzanne: Freud und die Archäologie (1951)

728 **Briegleb, Klaus: Unmittelbar zur Epoche des NS-Faschismus**

Arbeiten zur politischen Philologie 1978-1988. 465 S. 1989 (3-518-28328-6)

Einleitung. Diskursanalytische Variationen – »Deutschwissenschaft 1933« – »Das Freie Wort«. Berlin 1933 · München 1953 – »1933«. Die Ergreifung der Monade. Oder: Auf welche Sozialgeschichte beruft sich die Systemtheorie? – »Sterbender Fechter« Lessing? Neun Nathan-Variationen im Gedenkjahr 1988 – »1968«. Debatten im logischen Raum. Ein Versuch – Polizeirealismus – Fragment über ›Politische Lyrik‹. Ein antipoetischer Versuch

729 Hirschman, Albert O.: Engagement und Enttäuschung
Über das Schwanken der Bürger zwischen Privatwohl und Gemeinwohl. Übersetzt von Sabine Offe. 170 S. 1988 (3-518-28329-4)

730 Max Webers Sicht des okzidentalen Christentums
Interpretation und Kritik. Herausgegeben von Wolfgang Schluchter. 589 S. 1988. (3-518-28330-8)
Schluchter, Wolfgang: Einleitung. Religion, politische Herrschaft, Wirtschaft und bürgerliche Lebensführung: Die okzidentale Sonderentwicklung – Bendix, Reinhard: Der Anspruch auf absolute Wahrheit im frühen Christentum – Stock, Brian: Schriftgebrauch und Rationalität im Mittelalter – Schmitt, Jean-Claude: Vom Nutzen Max Webers für den Historiker und die Bilderfrage – Hahn, Alois: Sakramentale Kontrolle – Honnefelder, Ludger: Die ethische Rationalität des mittelalterlichen Naturrechts. Max Webers und Ernst Troeltschs Deutung des mittelalterlichen Naturrechts und die Lehre vom natürlichen Gesetz bei Thomas von Aquin – Rosenwein, Barbara H.: Reformmönchtum und der Aufstieg Clunys. Webers Bedeutung für die Forschung heute – Selge, Kurt-Victor: Max Weber, Ernst Troeltsch und die Sekten und neuen Orden im Spätmittelalter (Waldenser, Humiliaten, Franziskaner) – Lerner, Robert E.: Waldenser, Lollarden und Taboriten. Zum Sektenbegriff bei Weber und Troeltsch – Bynum, Caroline Walker: Mystik und Askese im Leben mittelalterlicher Frauen. Einige Bemerkungen zu den Typologien von Max Weber und Ernst Troeltsch – Little, Lester K.: Laienbruderschaften in norditalienischen Städten – Reyerson, Kathryn L.: Der Aufstieg des Bürgertums und die religiöse Vergemeinschaftung im mittelalterlichen Europa: Neues zur Weber-These – Breuer, Stefan: Der okzidentale Feudalismus in Max Webers Gesellschaftsgeschichte – Poggi, Gianfranco: Max Webers Begriff des okzidentalen Feudalismus – Becker, Marvin B.: Der Übergang der Zivilität in Westeuropa vom späten 13. bis zum 16. Jahrhundert. Eine Untersuchung ausgewählter Regionen – Lehmann, Hartmut: Asketischer Protestantismus und ökonomischer Rationalismus: Die Weber-These nach

zwei Generationen – Eisenstadt, Shmuel N.: Max Webers Überlegungen zum westlichen Christentum

731 Oppitz, Michael: Frau für Fron
Die Dreierallianz bei den Magar West-Nepals. 110 S. 1988 (3-518-28331-6)

732 Goodman, Nelson: Tatsache, Fiktion, Voraussage
(Fact, Fiction and Forecast). Übersetzt von Hermann Vetter. Mit einem Vorwort von Hilary Putnam. XI + 156 S. 1988 (3-518-28332-4)

734 Frank, Philipp: Das Kausalgesetz und seine Grenzen
Herausgegeben von Anne J. Kox. 358 S. 1988. (3-518-28334-0)

735 Duby, Georges: Ritter, Frau und Priester
Die Ehe im feudalen Frankreich. (Le chevalier, la femme et le prêtre. Le mariage dans la France féodale). Übersetzt von Michael Schröter. 352 S. 1988. (3-518-28335-9)

736 Simmel und die frühen Soziologen
Nähe und Distanz zu Durkheim, Tönnies und Max Weber. Herausgegeben von Otthein Rammstedt. 347 S. 1988 (3-518-28336-7)
Nedelmann, Birgitta: »Psychologismus« oder Soziologie der Emotionen? Max Webers Kritik an der Soziologie Georg Simmels – Weiß, Johannes: Georg Simmel, Max Weber und die »Soziologie« – Deichsel, Alexander: Das Soziale in der Wechselwirkung. Ferdinand Tönnies und Georg Simmel als lebendige Klassiker – Bickel, Cornelius: Ferdinand Tönnies' Weg in die Soziologie – Maffesoli, Michel: Ein Vergleich zwischen Emile Durkheim und Georg Simmel – Levine, Donald N.: Das Problem der Vieldeutigkeit in der Begründung der Soziologie bei Emile Durkheim, Max Weber und Georg Simmel – Frisby, David P.: Soziologie und Moderne: Ferdinand Tönnies, Georg Simmel und Max Weber – Dahme, Heinz-Jürgen: Der Verlust des Fortschrittsglaubens und

die Verwissenschaftlichung der Soziologie. Ein Vergleich von Georg Simmel, Ferdinand Tönnies und Max Weber – Rammstedt, Otthein: Die Attitüden der Klassiker als unsere soziologischen Selbstverständlichkeiten. Durkheim, Simmel, Weber und die Konstitution der modernen Soziologie – Köhnke, Klaus Christian: Wissenschaft und Politik in den Sozialwissenschaftlichen Studentenvereinigungen der 1890er Jahre

737 **Erikson, Erik H.: Der vollständige Lebenszyklus**
(The Life Cycle Completed). Übersetzt von Waltrud Klüwer. 143 S. 1988. (3-518-28337-5)

738 **Honneth, Axel: Kritik der Macht**
Reflexionsstufen einer kritischen Gesellschaftstheorie. Mit einem Nachwort zur Taschenbuchausgabe. 408 S. 1989 (3-518-28338-3)

739 **Ferguson, Adam: Versuch über die Geschichte der bürgerlichen Gesellschaft**
Herausgegeben und eingeleitet von Zwi Batscha und Hans Medick. Übersetzt von Hans Medick. 472 S. 1988. (3-518-28339-1)

740 **Luhmann, Niklas/Schorr, Karl Eberhard: Reflexionsprobleme im Erziehungssystem**
390 S. 1988. (3-518-28340-5)

741 **Goldstein, Joseph/Freud, Anna/Solnit, Albert J./Goldstein, Sonja: Das Wohl des Kindes**
Grenzen professionellen Handelns. (In the Best Interests of Child. Professional Boundaries). Übersetzt von Reinhard Herborth. Mit einem Beitrag von Spiros Simitis: Das Kindeswohl als Entscheidungsziel. Von der Euphorie zur Skepsis. 216 S. 1988 (3-518-28341-3)

742 Wölfel, Kurt: Jean Paul-Studien
Herausgegeben von Bernhard Buschendorf. 432 S. 1989 (3-518-28342-1)
Johann Paul Friedrich Richter. Leben, Werk, Wirkung – Die Unlust zu fabulieren. Über Jean Pauls Romanfabel, besonders im ›Titan‹ – Über die schwierige Geburt des Gesprächs aus dem Geist der Schrift – Kosmopolitische Einsamkeit. Über den Spaziergang als poetische Handlung – Zum Bild der Französischen Revolution im Werk Jean Pauls – Jean Pauls poetischer Republikanismus. Über das Verhältnis von poetischer Form und politischer Thematik im 18. Jahrhundert – Antiklassizismus und Empfindsamkeit. Jean Paul und die Weimarer Kunstdoktrin – »Ein Echo, das sich selber in das Unendliche nachhallt«. Eine Betrachtung von Jean Pauls Poetik und Poesie – »Der Traum als Wahrheit«. Über das Widmungsschreiben vor Jean Pauls ›Titan‹ – Prophetische Erinnerung. Der klassische Republikanismus in der deutschen Literatur des 18. Jahrhunderts als utopische Gesinnung – Andeutende Materialien zu einer Poetik des Spaziergangs. Von Kafkas Frühwerk zu Goethes ›Werther‹

743 Mauss, Marcel: Die Gabe
Form und Funktion des Austauschs in archaischen Gesellschaften. (Essai sur le don). Mit einem Vorwort von E. E. Evans-Pritchard. Übersetzt von Eva Moldenhauer. Anhang: Henning Ritter: Die ethnologische Wende. Über Marcel Mauss. 208 S. 1990 (3-518-28343-X)

744-746 Vietinghoff-Scheel, Alfrun von: Psychosoma-Analysen und trauma-analoge Verstehensmethode
3 Bände in Kassette. 1991. (3-518-09643-5)

744 Vietinghoff-Scheel, Alfrun von: Es gibt für Schnee keine Bleibe
Trauma-analoge Literaturdeutungstheorie als Beziehungsanalyse von Text und Leser am Beispiel von Franz Kafkas »Schloß«. 276 S. 1991. (3-518-28344-8)

745 **Vietinghoff-Scheel, Alfrun von: Aufzeichnungen eines seelischen Nacktflitzers**
Psychosoma-Analysen und trauma-analoge Verstehensmethode. Mit 19 Abbildungen. 499 S. 1991. (3-518-28345-6)

746 **Vietinghoff-Scheel, Alfrun von: Seht doch, wie sie leben**
Psychosoma-Analysen mit jugendlichen Krebspatienten. Mit 30 Abbildungen. 693 S. 1991. (3-518-28346-4)

747 **Erdély, Zoltán E.: Wie sag ich's meiner Mutter?**
Das enteignete Selbst. 144 S. 1989. (3-518-28347-2)

748 **Reinalter, Helmut: Die Französische Revolution und Mitteleuropa**
Erscheinungsformen und Wirkungen des Jakobinismus. Seine Gesellschaftstheorien und politischen Vorstellungen. Mit einem Vorwort von Michel Vovelle. 235 S. 1988. (3-518-28348-0)
Einleitung: Grenzen der Demokratie in der Französischen Revolution – Der Jakobinismusbegriff in der neueren Forschung – Der Jakobinismus in Mitteleuropa – Volksbewegungen und Jakobinismus – Einwirkungen der Französischen Revolution auf die Innen- und Außenpolitik der Kaiserhofes in Wien – Utopien im Jakobinismus – Revolutionstheorien deutscher und österreichischer Jakobiner im Vergleich – Freimaurerei, Jakobinismus und Demokratie – Exkurs: Kant und die Französische Revolution

749 **Habermas, Jürgen: Der philosophische Diskurs der Moderne**
Zwölf Vorlesungen. 450 S. 1988. (3-518-28349-9)

750 **Materialität der Kommunikation**
Herausgegeben von Hans Ulrich Gumbrecht und K. Ludwig Pfeiffer. Unter Mitarbeit von Monika Elsner, Barbara Keller, Verena Kiefer, Claudia Krülls-Hepermann, Ute Peter, Bernd Schulte, Barbara Ullrich, Benno Wagner-Pitz. 943 S. 1988 (3-518-28350-2)

Pfeiffer, K. Ludwig: Materialität der Kommunikation? – Kelber, Werner H.: Die Fleischwerdung des Wortes in der Körperlichkeit des Textes – Kamper, Dietmar: Poesie, Prosa, Klartext. Von der Kommunion der Körper zur Kommunikation der Maschinen – Riethmüller, Albrecht: »Stoff der Musik ist Klang und Körperbewegung« – Trabant, Jürgen: Vom Ohr zur Stimme. Bemerkungen zum Phonozentrismus zwischen 1770 und 1830 – Weinrich, Harald: Über Sprache, Leib und Gedächtnis – Kobrin, Nancy: Die psychoanalytische Übertragung als historisches Symptom. Freud und seine ›fueros‹ – Rosenberg, Rainer: Die Sublimierung der Literaturgeschichte oder: ihre Reinigung von den Materialitäten der Kommunikation – Barck, Karlheinz: Materialität, Materialismus, ›performance‹ – Assmann, Jan: Im Schatten junger Medienblüte. Ägypten und die Materialität des Zeichens – Zink, Michel: Materialität und Literarizität des Gebets. Beispiele aus dem französischen Mittelalter – Wenzel, Horst: Partizipation und Mimesis. Die Lesbarkeit der Körper am Hof und in der höfischen Literatur – Müller, Jan-Dirk: Der Körper des Buchs. Zum Medienwechsel zwischen Handschrift und Druck – Pfeiffer, Helmut: Melancholie des Schreibens. Girolamo Cardano und sein ›De vita propria‹ – Assmann, Aleida: Die Sprache der Dinge. Der lange Blick und die wilde Semiose – Rupp, Gerhard: Körper-Konzept und sinnliche Erfahrung in früheren Autobiographien der (Post-)Moderne – Fontius, Martin: Post und Brief – Zanetti, Véronique: Kann man ohne Körper denken? Über das Verhältnis von Leib und Bewußtsein bei Luhmann und Kant – Scherer, Wolfgang: »Aus der Seele muß man spielen«. Instrumentelle und technische Bedingungen der musikalischen Empfindsamkeit – Rommel, Bettina: Psychophysiologie der Buchstaben – Stingelin, Martin: Kugeläußerungen. Nietzsches Spiel auf der Schreibmaschine – Kittler, Friedrich: Signal-Rausch-Abstand – Baxmann, Inge: »Die Gesinnung ins Schwingen bringen«. Tanz als Metasprache und Gesellschaftsutopie in der Kultur der zwanziger Jahre – Dirscherl, Klaus: »Cent pour-cent parlant« oder wie der französische Tonfilm der 30er Jahre die Wirklichkeit suchte und das Theater fand – Elsner, Monika/Müller, Thomas: Der angewachsene Fernseher – Sobchack, Vivian: The Scene of the Screen. Beitrag zu einer Phänomenologie der ›Gegenwärtigkeit‹ im Film und in den elektronischen Medien – Schulte-Sasse, Jochen: Von der schriftlichen zur elektronischen Kultur: Über neuere Wechselbeziehungen zwischen Mediengeschichte und Kulturgeschichte – Pfister, Manfred: Meta-Theater und Materialität. Zu Robert Wilsons »the CIVIL warS« – Paczesny, Reinhard: Was ist geheim an der Verführung? Strategien, Techniken und Materialität der Werbung – Drews, Jörg: Bücher und Zahlen, Kritiker und Kohlen – Ernst, Wolfgang: (In)Differenz: Zur Extase der Originalität im Zeitalter der Fotokopie – Soeffner, Hans-Georg: Rituale des Antiritualismus – Materialien für Außeralltägliches – Burns, Glen: Die Imagination von Gewalt. Die verlorene Sprache des Körpers – Schwanitz, Dietrich: Der weibliche Körper zwischen Schicksal und Handlung: Die Diät und die Paradoxie des Feminismus – Maruani, Guy: Mind Your Brain, Test-Tube Baby! ›Körper/Geist‹-Schema und imaginäres Geschlecht – Woodward, Kathleen: Der alternde Körper: Argumente und Szenen – Grivel, Charles: Reise-Schreiben – Eibl-Eibesfeldt, Irenäus: Zur Biologie des menschlichen Verhaltens – Faryno, Jerzy: Die Sinne und die Textur der Dinge – Hahn, Alois: Kann der Körper ehrlich sein? – Bahr, Andreas: Imagination und Körpererleben – Zumthor, Paul: Körper und Performanz – Gumbrecht, Hans Ulrich: Rhythmus und Sinn – Pfeiffer, K. Ludwig: Dimensionen der ›Literatur‹. Ein spekulativer Versuch – Costa Lima, Luiz: Gnosis und Antiphysis bei Borges – Spangenberg, Peter M.: TV, Hören und Sehen – Bann, Stephen: Kunst und Materialität. Die Skulpturen von Stephen Cox – Lyotard, Jean-François: Ob man ohne Körper denken kann – Maturana, Humberto R.: Elemente einer Ontologie des Beobachtens – Scheman, Naomi: Der Körper des Gemeinwesens/Der unpolitische Körper/Körperpolitik – Udwin, Victor: Der materiale Signifikant – Watzlawick, Paul: Verschreiben statt Verstehen als Technik von Problemlösungen – Luhmann, Niklas: Wie ist Bewußtsein an Kommunikation beteiligt? – Szabolcsi, Miklós: Neue Ernsthaftigkeit – Gumbrecht, Hans Ulrich: Flache Diskurse

751 Sommer, Manfred: Identität im Übergang: Kant
202 S. 1988. (3-518-28351-0)

752 Zerstörung des moralischen Selbstbewußtseins: Chance oder Gefährdung?
Praktische Philosophie in Deutschland nach dem Nationalsozialismus. Herausgegeben vom Forum für Philosophie Bad Homburg. 310 S. 1988. (3-518-28352-9)
Kuhlmann, Wolfgang: Einleitung – Peukert, Detlev J. K.: Die Genesis der »Endlösung« aus dem Geiste der Wissenschaft – Diner, Dan: Erwägungen zu einer Historik des Nationalsozialismus – Nunner-Winkler, Gertrud: Rederegeln und Betroffenheit. Eine Analyse der Kontroverse um das Fassbinder-Stück »Die Stadt, der Müll und der Tod« – Apel, Karl-Otto: Zurück zur Normalität? Oder könnten wir aus der nationalen Katastrophe etwas Besonderes gelernt haben? Das Problem des (welt-)geschichtlichen Übergangs zur postkonventionellen Moral in spezifisch deutscher Sicht – Lorenzen, Paul: Die Aufgabe ethisch-politischer Bildung – Ebeling, Hans: Vom Schrecken des Staates zum Umbau der Philosophie – Böhler, Dietrich: Die deutsche Zerstörung des politisch-ethischen Universalismus. Über die Gefahr des – heute (post-)modernen – Relativismus und Dezisionismus – Lübbe, Hermann: Verdrängung? Über eine Kategorie zur Kritik des deutschen Vergangenheitsverhältnisses – Lübbe, Hermann: Zusammenfassende Diskussionsbemerkung – Pöggeler, Otto: Besinnung oder Ausflucht? Heideggers ursprünglicheres Denken – Rorty, Richard: Der Vorrang der Demokratie vor der Philosophie – Skirbekk, Gunnar: Politische Kultur – durch philosophische Tiefe oder alltägliche Gewohnheit? – Reijen, Willem van: Zerstörung des moralischen Selbstbewußtseins in der Bundesrepublik Deutschland?

753 Whitehead, Alfred North: Wissenschaft und moderne Welt
(Science and the Modern World). Übersetzt von Hans Günter Holl. 259 S. 1988. (3-518-28353-7)

754 **Needham, Joseph: Wissenschaft und Zivilisation in China**
(The Shorter Science and Civilisation in China). Band 1 der von Colin A. Ronan bearbeiteten Ausgabe. Übersetzt von Rainer Herbster. 375 S. 1988. (3-518-28354-5)

755 **Technik im Alltag**
Herausgegeben von Bernward Joerges. 211 S. 1988 (3-518-28355-3)
Joerges, Bernward: Technik im Alltag. Annäherungen an ein schwieriges Thema – Joerges, Bernward: Gerätetechnik und Alltagshandeln. Vorschläge zur Analyse der Technisierung alltäglicher Handlungsstrukturen – Hörning, Karl H.: Technik im Alltag und die Widersprüche des Alltäglichen – Biervert, Bernd/Monse, Kurt: Technik und Alltag als Interferenzproblem – Ropohl, Günter: Zum gesellschaftstheoretischen Verständnis soziotechnischen Handelns im privaten Bereich – Weingart, Peter: Differenzierung der Technik oder Entdifferenzierung der Kultur – Rammert, Werner: Technisierung im Alltag. Theoriestücke für eine spezielle soziologische Perspektive

756 **Elias, Norbert: Über die Zeit**
Arbeit zur Wissenssoziologie II. Herausgegeben von Michael Schröter. Übersetzt von Holger Fliessbach und Michael Schröter. 198 S. 1988. (3-518-28356-1)

757 **Koselleck, Reinhart: Vergangene Zukunft**
Zur Semantik geschichtlicher Zeiten. 389 S. 1989 (3-518-28357-X)
Vergangene Zukunft der frühen Neuzeit – Historia Magistra Vitae. Über die Auflösung des Topos im Horizont neuzeitlich bewegter Geschichte – Historische Kriterien des neuzeitlichen Revolutionsbegriffs – Geschichtliche Prognose in Lorenz v. Steins Schrift zur preußischen Verfassung – Begriffsgeschichte und Sozialgeschichte – Geschichte, Geschichten und formale Zeitstrukturen – Darstellung, Ereignis und Struktur – Der Zufall als Moti-

vationsrest in der Geschichtsschreibung – Standortbindung und Zeitlichkeit. Ein Beitrag zur historiographischen Erschließung der geschichtlichen Welt – Zur historisch-politischen Semantik asymmetrischer Gegenbegriffe – Über die Verfügbarkeit der Geschichte – Terror und Traum. Methodologische Anmerkungen zu Zeiterfahrungen im Dritten Reich – ›Neuzeit‹. Zur Semantik moderner Bewegungsbegriffe – ›Erfahrungsraum‹ und ›Erwartungshorizont‹ – zwei historische Kategorien

758 **Hinrichs, Ernst: Ancien Régime und Revolution**
Studien zur Verfassungsgeschichte Frankreichs zwischen 1589 und 1789. 313 S. 1989. (3-518-28358-8)
Das Fürstenbild Jean Bodins und die Krise der französischen Renaissancemonarchie – Krisen des Absolutismus und das Problem des politischen Radikalismus in Frankreich im 16. und 17. Jahrhundert – Die Voraussetzungen gesellschaftlicher Stabilität im Absolutismus. Bemerkungen zu Frankreich im 17. und 18. Jahrhundert – Absolute Monarchie und Bürokratie. Bemerkungen über ihre ›Unvereinbarkeit‹ im französischen Ancien Régime – ›Justice‹ versus ›Administration‹. Aspekte des politischen Systemkonflikts in der Krise des Ancien Régime – ›Produit Net‹, ›Propriétaire‹, ›Cultivateur‹. Aspekte des sozialen Wandels bei den Physiokraten und Turgot – Die Ablösung von Eigentumsrechten. Zur Diskussion über die ›droits féodaux‹ am Ende des Ancien Régime und in der Revolution – Ancien Régime und Revolution

759 **Batscha, Zwi: »Despotismus von jeder Art reizt zur Widersetzlichkeit«**
Die Französische Revolution in der deutschen Popularphilosophie. 364 S. 1989. (3-518-28359-6)
Christian Garves politische Philosophie – J. G. H. Feder zwischen Aristokraten und Demokraten – Thomas Abbts politische Philosophie – J. A. Eberhards naturrechtliche und absolute Monarchie in konservativer Absicht – Bemerkungen zu J. J. Engels politischer Theorie – Garve, Christian: Über die Veränderungen unse-

rer Zeit in Pädagogik, Theologie und Politik – Meiners, Christoph: Bemerkungen auf einer Reise nach Mainz in einem Briefe an einen Freund – Garve, Christian: Ein ernsthafter Commentar über einen Scherz – Feder, J. G. H.: Ueber Aristokraten und Demokraten in Teutschland – Feder, J. G. H.: (Anpassung an den Status quo). »Vorrede«, aus: ›Untersuchungen über den menschlichen Willen. Vierter Theil‹ – Feder, J. G. H.: (Autobiographische Ausführungen zur Begründung seiner Schritte). Aus: ›J. G. H. Feder's Leben, Natur und Grundsätze‹ – Eberhard, J. A.: Ueber Staatsverfassungen und ihre Verbesserung – Engel, J. J.: Sicherheit

760 **Sprache im Faschismus**
Herausgegeben von Konrad Ehlich. 326 S. 1989
(3-518-28360-X)
Ehlich, Konrad: Über den Faschismus sprechen. Analyse und Diskurs – Ahlzweig, Claus: Die deutsche Nation und ihre Muttersprache – Simon, Gerd: Sprachpflege im »Dritten Reich« – Wirrer, Jan: Dialekt und Standardsprache im Nationalsozialismus. Am Beispiel des Niederdeutschen – Sauer, Wolfgang Werner: Der ›Duden‹ im »Dritten Reich« – Ludwig, Otto: Texte als Explikationen von Haltungen. Zur Texttheorie der Nationalsozialisten in Deutschland – Volmert, Johannes: Politische Rhetorik des Nationalsozialismus – Maas, Utz: Sprache im Nationalsozialismus. Analyse einer Rede eines Studentenfunktionärs – Minnerup, Willi: Pressesprache und Machtergreifung am Beispiel der Berliner ›Germania‹ – Sauer, Christoph: Nazi-Deutsch für Niederländer. Das Konzept der NS-Sprachpolitik in der ›Deutschen Zeitung in den Niederlanden‹ 1940-1945 – Jäger, Siegfried: Rechtsextreme Propaganda heute

761 **Recht und Justiz im »Dritten Reich«**
Herausgegeben von Ralf Dreier und Wolfgang Sellert. 373 S. 1989
(3-518-28361-8)
Hattenhauer, Hans: Richterleitbilder im 19. und 20. Jahrhundert – Behrends, Okko: Von der Freirechtsschule zum konkreten

Ordnungsdenken – Maus, Ingeborg: »Gesetzesbindung« der Justiz und die Struktur der nationalsozialistischen Rechtsnormen – Azzola, Axel: Die rechtliche Ausschaltung der Juden aus dem öffentlichen Leben im Jahre 1933. Ein Beitrag zur Vorgeschichte eines Genozids – Dießelhorst, Malte: Die Euthanasie im »Dritten Reich« – Majer, Diemut: Justiz und Polizei im »Dritten Reich« – Schreiber, Hans-Ludwig: Die Strafgesetzgebung im »Dritten Reich« – Rüping, Hinrich: Zur Praxis der Strafjustiz im »Dritten Reich« – Dölling, Dieter: Kriminologie im »Dritten Reich« – Kregel, Volker: Die Personalpolitik der Justiz im »Dritten Reich« am Beispiel des Oberlandesgerichts Celle – Diederichsen, Uwe: Nationalsozialistische Ideologie in der Rechtsprechung des Reichsgerichts zum Ehe- und Familienrecht – Michaelis, Karl: Die außerordentliche Wiederaufnahme rechtskräftig abgeschlossener Verfahren in der Praxis des Reichsgerichts 1941-1945 – Rottleuthner, Hubert: Rechtsphilosophie und Rechtssoziologie im Nationalsozialismus – Walther, Manfred: Hat der juristische Positivismus die deutschen Juristen im »Dritten Reich« wehrlos gemacht?

762 Soziale Arbeit und Faschismus
Herausgegeben von Hans-Uwe Otto und Heinz Sünker. 345 S. 1989. (3-518-28362-6)
Otto, Hans-Uwe/Sünker, Heinz: Nationalsozialismus, Volksgemeinschaftsideologie und soziale Arbeit – Peukert, Detlev: Zur Erforschung der Sozialpolitik im Dritten Reich – Prinz, Michael: Wohlfahrtsstaat, Modernisierung und Nationalsozialismus. Thesen zu ihrem Verhältnis – Vahsen, Friedhelm: Nationalsozialistische Freizeiterziehung als Sozialpolitik – Baron, Rüdeger: Eine Profession wird gleichgeschaltet. Fürsorgeausbildung unter dem Nationalsozialismus – Reese-Nübel, Dagmar: Kontinuitäten und Brüche in den Weiblichkeitskonstruktionen im Übergang von der Weimarer Republik zum Nationalsozialismus – Czarnowski, Gabriele: Familienpolitik als Geschlechterpolitik – Dammer, Susanna: Nationalsozialistische Frauenpolitik und soziale Arbeit – Knüppel-Dähne, Helge/Mitrovic, Emilija: Helfen und Dienen.

Die Arbeit von Fürsorgerinnen im Hamburger öffentlichen Dienst während des Nationalsozialismus – Harvey, Elizabeth: Die Jugendfürsorge in der Endphase der Weimarer Republik. Das Beispiel der Fürsorgeerziehung – Guse, Martin/Kohrs, Andreas: Zur Entpädagogisierung der Jugendfürsorge in den Jahren 1922-1945 – Rang, Adalbert: »Ja, aber«. Reaktionen auf den Nationalsozialismus in der Zeitung »Die Erziehung« im Frühjahr 1933 – Richter, Helmut: (Sozial-)Pädagogik und Faschismus. Anfragen zur Kontinuität und Diskontinuität – Wieler, Joachim: Emigrierte Sozialarbeit nach 1933. Berufskolleginnen und -kollegen als politische Flüchtlinge – Klönne, Arno: »Wieder normal werden?« Risiken der Suche nach »deutscher Identität«

763 Der Weg zum System
Materialien zum jungen Hegel. Herausgegeben von Christoph Jamme und Helmut Schneider. 307 S. 1990. (3-518-28363-4)
Jamme, Christoph/Schneider, Helmut: Die Geschichte der Erforschung von Hegels Jugendschriften. Anhang I: Fortschreiten der Gesezgebung. Anhang II: »Der Geist des Christentums und sein Schicksal«. Anhang III: Karl Rosenkranz, »Hegel und Hölderlin« – Pöggeler, Otto: Hegels philosophische Anfänge – Ripalda, José María: Aufklärung beim frühen Hegel – Jamme, Christoph: »Jedes Lieblose ist Gewalt«. Der junge Hegel, Hölderlin und die Dialektik der Aufklärung – Bondeli, Martin: Zwischen radikaler Kritik und neuem Moralitätskonzept. Hegels Berner Denken – d'Hondt, Jacques: Der junge Hegel und Benjamin Constant – Menze, Clemens: Das Ideal der Volksbildung beim jungen Hegel – Harris, H. S.: Hegel und Hölderlin – Kimmerle, Heinz: Anfänge der Dialektik – Siep, Ludwig: Autonomie und Vereinigung. Hegel und Fichtes Religionsphilosophie bis 1800

764 Quine, Willard Van Orman: Die Wurzeln der Referenz
(The Roots of Reference). Übersetzt von Hermann Vetter. 204 S. 1989. (3-518-28364-2)

765 **Joas, Hans: Praktische Intersubjektivität**
Die Entwicklung des Werkes von George Herbert Mead. Mit einem Vorwort zur Taschenbuchausgabe: Die Kreativität des Handelns und die Intersubjektivität der Vernunft. Meads Pragmatismus und die Gesellschaftstheorie. XXXIII + 263 S. 1989
(3-518-28365-0)

767 **Klassenlage, Lebensstil und kulturelle Praxis**
Beiträge zur Auseinandersetzung mit Pierre Bourdieus Klassentheorie. Herausgegeben von Klaus Eder. 425 S. 1989
(3-518-28367-7)
Eder, Klaus: Klassentheorie als Gesellschaftstheorie. Bourdieus dreifache kulturtheoretische Brechung der traditionellen Klassentheorie – Krais, Beate: Soziales Feld, Macht und kulturelle Praxis. Die Untersuchungen Bourdieus über die verschiedenen Fraktionen der »herrschenden Klasse« in Frankreich – Raphael, Lutz: Klassenkämpfe und politisches Feld. Plädoyer für eine Weiterführung Bourdieuscher Fragestellungen in der Politischen Soziologie – Hradil, Stefan: System und Akteur. Eine empirische Kritik der soziologischen Kulturtheorie Pierre Bourdieus – Giegel, Hans-Joachim: Distinktionsstrategie oder Verstrickung in die Paradoxien gesellschaftlicher Umstrukturierung? Die Stellung der neuen sozialen Bewegungen im Raum der Klassenbeziehungen – Miller, Max: Systematisch verzerrte Legitimationsdiskurse. Einige kritische Überlegungen zu Bourdieus Habitustheorie – Matthiesen, Ulf: »Bourdieu« und » Konopka«. Imaginäres Rendezvous zwischen Habituskonstruktion und Deutungsmusterrekonstruktion – Claessens, Dieter: Heraustreten aus der Masse als Kulturarbeit. Zur Theorie einer Handlungsklasse – »quer zu Bourdieu« – Eder, Klaus: Jenseits der nivellierten Mittelstandsgesellschaft. Das Kleinbürgertum als Schlüssel einer Klassenanalyse in fortgeschrittenen Industriegesellschaften – Bourdieu, Pierre: Antworten auf einige Einwände – Anhang: Sekundärliteratur zu Bourdieu

769 **Natur, Subjektivität, Gott**
Zur Prozeßphilosophie Alfred N. Whiteheads. Herausgegeben von Helmut Holzhey, Alois Rust und Reiner Wiehl. 300 S. 1990 (3-518-28369-3)
Wiehl, Reiner: Einleitung – Holzhey, Helmut: Das Postulat eines neuen Naturbegriffs. Zur Kritik an der aristotelischen Naturphilosophie bei Leibniz und Whitehead – Hampe, Michael: Sekundäre Qualitäten und die Verzweigung der Wirklichkeit – Lucas, Hans-Christian: Whiteheads Organizismus und der Streit um interne und externe Relationen – Heinemann, Gottfried: Zenons Pfeil und die Begründung der epochalen Zeittheorie – Rust, Alois: Naturwissenschaft und Kosmologie bei Alfred N. Whitehead – Rapp, Friedrich: Das Subjekt in Whiteheads kosmologischer Metaphysik – Lotter, Maria-Sibylla: Subject-Superject: Zum Verhältnis von Privatheit und Öffentlichkeit – Wiehl, Reiner: Whiteheads Kant-Kritik und Kants Kritik am Panpsychismus – Wassermann, Christoph: Mathematische Grundlagen von Whiteheads Religionsphilosophie – Maaßen, Helmut: Gottes Beziehung zum Guten und Bösen in Whiteheads relationaler Wertethik – Fetz, Reto L.: Whiteheads Begriff einer Religion im Werden und die Theorie der Moderne

770 **Wittgenstein, Ludwig: Vortrag über Ethik**
und andere kleine Schriften. Herausgegeben und übersetzt von Joachim Schulte. 142 S. 1989. (3-518-28370-7)
Vortrag über Ethik – Bemerkungen über logische Form – Bemerkungen über Frazers ›Golden Bough‹ – Aufzeichnungen für Vorlesungen über »privates Erlebnis« und »Sinnesdaten« – Ursache und Wirkung. Intuitives Erfassen

771 **Texte zum Tractatus**
Aufsätze von Hidé Ishiguro, Anthony Kenny, Norman Malcolm, Brian McGuinness, David Pears, Frank Ramsey, Peter Simons. Herausgegeben und übersetzt von Joachim Schulte. 194 S. 1989 (3-518-28371-5)
Ramsey, Frank: Rezension des »Tractatus« – McGuinness, Brian:

Der Grundgedanke des »Tractatus« – Pears, David: Die Beziehung zwischen Wittgensteins Bildtheorie des Satzes und Russells Urteilstheorien – Simons, Peter M.: Das alte Problem von Komplex und Tatsache – Ishiguro, Hidé: Namen. Gebrauch und Bezugnahme – Malcolm, Norman: Sprache und Gegenstände – Kenny, Anthony: Wittgensteins frühe Philosophie der psychologischen Begriffe – McGuinness, Brian: Die Mystik des »Tractatus«

772 **Hogrebe, Wolfram: Prädikation und Genesis**
Metaphysik als Fundamentalheuristik im Ausgang von Schellings »Die Weltalter«. 132 S. 1989. (3-518-28372-3)

773 **Kambartel, Friedrich: Philosophie der humanen Welt**
Abhandlungen. 160 S. 1989. (3-518-28373-1)
Universalität als Lebensform. Zu den (unlösbaren) Schwierigkeiten, das gute und vernünftige Leben über formale Kriterien zu bestimmen – Vernunft: Kriterium oder Kultur? Zur Definierbarkeit des Vernünftigen – Begründungen und Lebensformen. Zur Kritik des ethischen Pluralismus – Zur grammatischen Unmöglichkeit einer evolutionstheoretischen Erklärung der humanen Welt – Friede und Konfliktbewältigung, handlungstheoretisch und ethisch betrachtet – Über die Gelassenheit. Zum vernünftigen Umgang mit dem Unverfügbaren – Bemerkungen zu Verständnis und Wahrheit religiöser Rede und Praxis – Zur Philosophie der Kunst. Über zu einfach gedachte begriffliche Verhältnisse – Autonomie, mit Kant betrachtet. Zu den Grundlagen von Handlungstheorie und Moralphilosophie – Bemerkungen zum praktischen Selbstverständnis des Menschen, in Kantischer Perspektive – Wittgensteins späte Philosophie. Zur Vollendung von Kants Kritik der wissenschaftlichen Aufklärung

774 **Riedel, Manfred: Urteilskraft und Vernunft**
Kants ursprüngliche Fragestellung. 179 S. 1989. (3-518-28374-X)
Kritik der a priori urteilenden Vernunft. Kants Überwindung des Begründungsdenkens der neuzeitlichen Metaphysik – Vernunft

und Sprache. Grundmodell der transzendentalen Grammatik in Kants Lehre vom Kategoriengebrauch – Kritik der moralisch urteilenden Vernunft. Kants vorkritische Ethik und die Idee einer ›Grundlegung zur Metaphysik der Sitten‹ – Imputation der Handlung und Applikation des Sittengesetzes. Über den Zusammenhang von Hermeneutik und praktischer Urteilskraft in Kants Lehre vom ›Faktum der Vernunft‹ – Kritik der historisch urteilenden Vernunft. Kants Geschichtsphilosophie und die Grundlagenkrise der Historiographie – Historizismus und Kritizismus. Kants Streit mit G. Forster und J. G. Herder

775 **Khan, M. Masud R.: Entfremdung bei Perversionen**
(Alienation in Perversions). Übersetzt von Waltrud Klüwer. 344 S. 1989. (3-518-28375-8)
Die Wiedergutmachung am Selbst als idolisiertem inneren Objekt – Intimität, Komplizenschaft und Gemeinsamkeit in der Perversion – Die Rolle polymorph-perverser Körpererfahrungen und Objektbeziehungen bei der Ich-Integration – Die Rolle der infantilen Sexualität und der frühen Objektbeziehungen bei der weiblichen Homosexualität – Die Rolle des »montierten inneren Objekts« (»collated internal object«) bei der Perversionsbildung – Der Fetisch als Negation des Selbst. Klinische Bemerkungen über Vorhaut-Fetischismus bei einem Homosexuellen – Kannibalistische Zärtlichkeit in der nicht-genitalen Sinnlichkeit – Der Ich-Orgasmus in der bisexuellen Liebe – Die Rolle von Wille und Macht in der Perversion – Vom Masochismus zum seelischen Schmerz – Pornographie und die Politik von Zorn und Subversion

776 **Krohn, Wolfgang/Küppers, Günter:**
Die Selbstorganisation der Wissenschaft
146 S. 1989. (3-518-28376-6)

777 **Saage, Richard: Vertragsdenken und Utopie**
Studien zur politischen Theorie und zur Sozialphilosophie der frühen Neuzeit. 240 S. 1989. (3-518-28377-4)

Utopia als Leviathan. Platons ›Politeia‹ in ihrem Verhältnis zu den frühneuzeitlichen Utopien – Vertragsdenken als frühbürgerliche Gesellschaftstheorie (Hobbes, Locke, Rousseau) – Das Vertragsdenken und die politischen Utopien der Aufklärung – Absolutismus und Aufklärung in Deutschland – August Ludwig Schlözer als politischer Theoretiker – Besitzindividualistische Perspektiven der politischen Theorie Kants

778 **Dolto, Françoise: Psychoanalyse und Kinderheilkunde** (Psychanalyse et Pédiatrie). Die großen Begriffe der Psychoanalyse. Sechzehn Kinderbeobachtungen. Übersetzt von Eva Moldenhauer. 301 S. 1989. (3-518-28378-2)

779 **Martin Heidegger: Innen- und Außenansichten**
Herausgegeben vom Forum für Philosophie Bad Homburg. 341 S. 1989. (3-518-28379-0)
Blasche, Siegfried: Einleitung – Ebeling, Hans: Das Ereignis des Führers. Heideggers Antwort – Barash, Jeffrey: Über den geschichtlichen Ort der Wahrheit. Hermeneutische Perspektiven bei Wilhelm Dilthey und Martin Heidegger – Pöggeler, Otto: Heideggers logische Untersuchungen – Gethmann, Carl Friedrich: Heideggers Wahrheitskonzeption in seinen Marburger Vorlesungen. Zur Vorgeschichte von »Sein und Zeit« (§ 44) – Apel, Karl-Otto: Sinnkonstitution und Geltungsrechtfertigung. Heidegger und das Problem der Transzendentalphilosophie – Mörchen, Hermann: Heideggers Satz »›Sein‹ heißt ›An-wesen‹« – Kettering, Emil: Fundamentalontologie und Fundamentalaletheiologie – Merker, Barbara: Konversion statt Reflexion. Eine Grundfigur der Philosophie Martin Heideggers – Seel, Martin: Heidegger und die Ethik des Spiels – Polti, Adolf: Ontologie als »Inbegriff von Negativität«. Zu Adornos Interpretation der Philosophie Heideggers – Früchtl, Josef: Zeit und Erfahrung. Adornos Revision der Revision Heideggers – Brunkhorst, Hauke: Adorno, Heidegger und die Postmoderne

780 **Brandt, Gerhard: Arbeit, Technik und gesellschaftliche Entwicklung**

Transformationsprozesse des modernen Kapitalismus. Aufsätze 1971-1987. Herausgegeben von Daniel Bieber und Wilhelm Schumm. 413 S. 1990. (3-518-28380-4)

Bieber, Daniel/Schumm, Wilhelm: Vorwort – Normative Bestimmungen des Arbeiterbewußtseins (Zusammen mit Evelies Mayer und Wilhelm Schumm) – Industrialisierung, Modernisierung, gesellschaftliche Entwicklung. Anmerkungen zum gegenwärtigen Stand gesamtgesellschaftlicher Analysen – Zentrale Themen und gesellschaftliche Bedingungen der Industriesoziologie seit Mitte der sechziger Jahre – Qualitative und quantitative Beschäftigungseffekte des EDV-Einsatzes (Zusammen mit Bernard Kündig und Zissis Papadimitriou) – Die Zukunft der Arbeit in der »nachindustriellen« Gesellschaft – Ansichten kritischer Sozialforschung 1930-1980 – Reflexionen zur Bedeutung des Marxismus für eine Theorie des gegenwärtigen Kapitalismus – Was trägt die industriesoziologische Forschung zur Entwicklung eines sozialwissenschaftlichen Technikbegriffs bei? (Zusammen mit Zissis Papadimitriou) – Industrielle Beziehungen in der Bundesrepublik Deutschland unter den Bedingungen der Wirtschaftskrise – Technologischer Wandel, Arbeitsmarkt und Gewerkschaftspolitik – Marx und die neuere deutsche Industriesoziologie – Max Horkheimer und das Projekt einer materialistischen Gesellschaftstheorie – Das Ende der Massenproduktion – wirklich? – Sozio-kulturelle und sozio-ökonomische Determinanten des Systems industrieller Beziehungen in Japan und der Bundesrepublik Deutschland – Fragen der betrieblichen Arbeitsgestaltung im Kontext der technisch-wissenschaftlichen Entwicklung – Organsisatorische und technologische Innovationen in der Industrie als Thema der Industriesoziologie. Bemerkungen zu einem neuen Forschungsgebiet – Organisatorische und technologische Innovation in der Industrie und ihre gesellschaftlichen Implikationen (Zusammen mit Daniel Bieber und Gerd Möll) – Vor dem Einstieg in ein neues Akkumulationsregime. Zwei Szenarien

781 **Goody, Jack: Die Entwicklung von Ehe und Familie in Europa**
(The Development of the Family and Marriage in Europe). Übersetzt von Eva Horn. 350 S. 1989. (3-518-28381-2)

782 **McCarthy, Thomas: Kritik der Verständigungsverhältnisse**
Zur Theorie von Jürgen Habermas. (The Critical Theory of Jürgen Habermas). Übersetzt von Max Looser. Mit einem Anhang zur Taschenbuchausgabe. Übersetzt von Friedhelm Lövenich und Hermann Kocyba. 643 S. 1989. (3-518-28382-0)

783 **Schadewaldt, Wolfgang: Die frühgriechische Lyrik**
Tübinger Vorlesungen Band 3. Unter Mitwirkung von Maria Schadewaldt herausgegeben von Ingeborg Schudoma. 393 S. 1989 (3-518-28383-9)

784 **Von fremden Frauen**
Frausein und Geschlechterbeziehungen in nichtindustriellen Gesellschaften. Herausgegeben von der Arbeitsgruppe Ethnologie, Wien. 395 S. 1989. (3-518-28384-7)
Leacock, Eleanor: Der Status der Frauen in egalitären Gesellschaften: Implikationen für die soziale Evolution – MacCormack, Carol P.: Natur, Kultur und Geschlecht: Eine Kritik – Molyneux, Maxine: Androzentrismus in der marxistischen Anthropologie. Eine Kritik zu Emmanuel Terray, »Der historische Materialismus vor dem Problem der linearen und segmentären Gesellschaften« – Langheiter, Eva: Hinnehmen – mitmachen – zustimmen? Anmerkungen zu Maurice Godeliers Hypothese von der Zustimmung der Unterdrückten zu ihrer Unterdrückung – Glowczewski, Barbara: Frauengeschäfte – »Geschäfts«-Frauen. Die Warlpiri der zentralaustralischen Wüste – Mader, Elke/Gippelhauser, Richard: Deine Gedanken sind gefangen in meiner Liebe. Zur Beziehung der Geschlechter bei den Achuara-Jivaro des oberen Amazonas – O'Laughlin, Bridget: Vermittlung eines Widerspruchs: Warum Mbum-Frauen keine Hühner essen – Schlegel, Alice: Männliches

und Weibliches im Denken und Handeln der Hopi – Uray-Köhalmy, Käthe: Die Stellung der Frau in der mongolischen Gesellschaft – Diemberger, Hildegard/Hazod, Guntram/Schicklgruber, Christian: Mutterwort und Vaterfolge: Frauen und Mütter machen Gesellschaft. Das Beispiel der Khumbo

785 **Soeffner, Hans-Georg: Auslegung des Alltags – Der Alltag der Auslegung**
Zur wissenssoziologischen Konzeption einer sozialwissenschaftlichen Hermeneutik. Unter redaktioneller Mitarbeit von Ludgera Vogt. 235 S. 1989. (3-518-28385-5)
Alltagsverstand und Wissenschaft. Anmerkungen zu einem alltäglichen Mißverständnis von Wissenschaft – Anmerkungen zu gemeinsamen Standards standardisierter und nicht-standardisierter Verfahren in der Sozialforschung – Prämissen einer sozialwissenschaftlichen Hermeneutik – Hermeneutik. Zur Genese einer wissenschaftlichen Einstellung durch die Praxis der Auslegung – Handlung – Szene – Inszenierung. Zur Problematik des »Rahmen«-Konzeptes bei der Analyse von Interaktionsprozessen – Emblematische und symbolische Formen der Orientierung – Überlegungen zur sozialwissenschaftlichen Hermeneutik am Beispiel der Interpretation eines Textausschnittes aus einem »freien« Interview – Strukturanalytische Feldstudien. Ein Anwendungsbeispiel

786 **Kohut, Heinz: Wie heilt die Psychoanalyse?**
(How Does Analysis Cure?). Herausgegeben und eingeleitet von Arnold Goldberg unter Mitwirkung von Paul Stepansky. Übersetzt von Elke vom Scheidt. 342 S. 1989. (3-518-28386-3)

787 **Pothast, Ulrich: Die eigentlich metaphysische Tätigkeit**
Über Schopenhauers Ästhetik und ihre Anwendung durch Samuel Beckett. 412 S. 1989. (3-518-28387-1)

788 **Rosenfeld, Herbert A.: Zur Psychoanalyse psychotischer Zustände**
(Psychotic States. A Psychoanalytical Approach). Übersetzt von Charlotte Kahleyß-Neumann. 312 S. 1989
(3-518-28388-X)
Analyse einer schizophrenen Psychose mit Depersonalisationserscheinungen (1947) – Über den Zusammenhang von männlicher Homosexualität mit Paranoia, paranoiden Ängsten und Narzißmus (1949) – Zur Psychopathologie von Verwirrtheitszuständen bei chronisch Schizophrenen (1950) – Bemerkungen zur Psychoanalyse des Über-Ich-Konflikts bei einem akut schizophrenen Patienten (1952) – Übertragungsphänomene und Übertragungsanalyse bei einem Fall von akuter katatoner Schizophrenie (1952) – Zur psychoanalytischen Behandlung akuter und chronischer Schizophrenie (1954) – Über Rauschgiftsucht (1960) – Das Über-Ich und das Ichideal (1962) – Zur Psychopathologie und psychoanalytischen Behandlung der Schizophrenie (1963) – Zur Psychopathologie des Narzißmus. Ein klinischer Beitrag (1964) – Die Psychopathologie der Hypochondrie (1964) – Über das Bedürfnis neurotischer und psychotischer Patienten, während der Analyse zu agieren (1964) – Die Psychopathologie der Drogensucht und des Alkoholismus. Eine kritische Sichtung der psychoanalytischen Literatur (1964)

789 **Gould, Stephen Jay: Der Daumen des Panda**
Betrachtungen zur Naturgeschichte. (The Panda's Thumb. More Reflections in Natural History). Übersetzt von Klaus Laermann unter Mitwirkung von Eva-Maria Schmitz. 352 S. 1989
(3-518-28389-8)

790 **Meyer, Theodor A.: Das Stilgesetz der Poesie**
Mit einem Vorwort von Wolfgang Iser. 284 S. 1990
(3-518-28390-1)

791 **Zilsel, Edgar: Die Geniereligion**
Ein kritischer Versuch über das moderne Persönlichkeitsideal, mit einer historischen Begründung. Herausgegeben und eingeleitet von Johann Dvořak. Mit einem Beitrag von Paul Zilsel: Über Edgar Zilsel. 244 S. 1990. (3-518-28391-X)

792 **Machtpolitischer Realismus und pazifistische Utopie**
Krieg und Frieden in der Geschichte der Sozialwissenschaften. Herausgegeben von Hans Joas und Helmut Steiner. 314 S. 1989 (3-518-28392-8)
Joas, Hans/Steiner, Helmut: Einleitung – Battistelli, Fabrizio: Zwischen bürgerlicher Gesellschaft und Natur. Das britische soziologische Denken von der Schottischen Schule zu Herbert Spencer – Mori, Massimo: Krieg und Frieden in der klassischen deutschen Philosophie – Steiner, Helmut: Krieg, Frieden und internationale Beziehungen als Vergesellschaftungsproblem bei Karl Marx und Friedrich Engels – Ionin, Leonid G./Černych, Alla I.: Krieg und Frieden in der frühen russischen Soziologie – Küttler, Wolfgang: Imperialismus-Auffassung und Krieg-Frieden-Problematik bei Wladimir I. Lenin und Max Weber – Joas, Hans: Die Klassiker der Soziologie und der Erste Weltkrieg – Unger, Frank: Vom Manhattan Project zur Rand Corporation: Das Weltbild der amerikanischen »strategy intellectuals« – Genov, Nikolai: Gesellschaftliche Gemeinschaft und internationale Spannungsverhältnisse. Talcott Parsons über Krieg und Frieden im System der modernen Gesellschaften – Shaw, Martin: Ideen über Krieg und Militarisierung in der Gesellschaftstheorie des späten zwanzigsten Jahrhunderts

793 **Sozialstruktur und Kultur**
Herausgegeben von Hans Haferkamp. 486 S. 1990 (3-518-28393-6)
Eisenstadt, Shmuel N.: Kultur und Sozialstruktur in der neueren soziologischen Analyse – Tenbruck, Friedrich H.: Repräsentative Kultur – Münch, Richard: Code, Struktur und Handeln: Soziale Milieus der Wissensproduktion – Giesen, Bernhard/Schmid, Mi-

chael: Symbolische, institutionelle und sozialstrukturelle Differenzierung. Eine selektionstheoretische Betrachtung – Weiß, Johannes: Die Soziologie und die Krise der westlichen Kultur – Haferkamp, Hans: Differenzierung und Kultur. Soziologischer Optimismus auf dem Prüfstand – Eder, Klaus: Gleichheitsdiskurs und soziale Ungleichheit. Zur Frage nach den kulturellen Grundlagen sozialer Ungleichheiten in der modernen Klassengesellschaft – Featherstone, Mike: Auf dem Weg zu einer Soziologie der postmodernen Kultur – Lindenberg, Siegwart: Rationalität und Kultur. Die verhaltenstheoretische Basis des Einflusses von Kultur auf Transaktionen – Gallino, Luciano: Das Wechselspiel von Kultur und Sozialstruktur im Geist. Der soziale Akteur als verwirrter Entscheidungsträger – Mongardini, Carlo: Die Stellung des Spiels zwischen Kultur und sozialem Handeln – Bleicher, Josef: Die kulturelle Konstruktion sozialer Identität am Beispiel Schottlands – Segerstråle, Ullica: Lebenswelt: Probleme und Aussichten – Boudon, Raymond: Subjektive Rationalität und die Theorie der Ideologie – Kilminster, Richard: Soziologie und die professionelle Kultur der Philosophen – Baumann, Zygmunt: Gesetzgeber und Interpreten. Kultur als Ideologie von Intellektuellen

794 »Wir lassen uns die Welt nicht zerbrechen...«
Max Raphaels Werk in der Diskussion. Herausgegeben von Hans-Jürgen Heinrichs. 275 S. 1989. (3-518-28394-4)
Heinrichs, Hans-Jürgen: Einleitung – Justin, Harald: »Die Sphinxfrage des Schöpferischen«. Zur Subgeschichte der Rezeption Max Raphaels – Berger, John: Revolutionäre Auflösung – Solomon, Maynard: Marxismus und Kunst – Leithäuser, Thomas: Bildbeschreibung als Ideologiekritik – Matthies, Klaus: Das Sehen und der schöpferische Akt – Bothner, Roland: Annäherungen an Cézanne. Badt, Raphael, Bloch – Dröge, Franz/Nievers, Knut: Konstitution und Produktion. Zum Theoriekonzept der Methodenästhetik bei Max Raphael – Eberlein, Johann Konrad: »Wölfflin ist absolut nichtssagend«. Max Raphael und die Kunstgeschichte – Biedermann, Hans: Wiedergeburtsmagie in frühge-

schichtlicher Kunst – Heinrichs, Hans-Jürgen: Raphaels Erbe und die »International Max Raphael Society« – Thomas Jankowski, Angela: Max Raphael, genannt machol (= Tanz) – Schmitt, Hans-Jürgen: »Ich möchte nicht genannt werden«. Emma Raphael – Skizze zu einem Porträt

795 Technik als sozialer Prozeß
Herausgegeben von Peter Weingart. 258 S. 1989
(3-518-28395-2)
Weingart, Peter: Einleitung – Krohn, Wolfgang: Die Verschiedenheit der Technik und die Einheit der Techniksoziologie – Joerges, Bernward: Soziologie und Maschinerie – Vorschläge zu einer »realistischen« Techniksoziologie – Hörning, Karl H.: Vom Umgang mit den Dingen – Eine techniksoziologische Zuspitzung – Rammert, Werner: Technisierung und Medien in Sozialsystemen – Annäherungen an eine soziologische Theorie der Technik – Weingart, Peter: »Großtechnische Systeme« – ein Paradigma der Verknüpfung von Technikentwicklung und sozialem Wandel? – Daele, Wolfgang van den: Kulturelle Bedingungen der Technikkontrolle durch regulative Politik – Schmidt, Gert: Die »Neuen Technologien« – Herausforderung für ein verändertes Technikverständnis der Industriesoziologie

796 Mittelstraß, Jürgen: Der Flug der Eule
Von der Vernunft der Wissenschaft und der Aufgabe der Philosophie. 333 S. 1989. (3-518-28396-0)
Wissenschaft als Kultur – Der Flug der Eule. 15 Thesen über Bildung, Wissenschaft und Universität – Wohin geht die Wissenschaft? Über Disziplinarität, Transdisziplinarität und das Wissen in einer Leibniz-Welt – Die Wahrheit des Irrtums – Von der Vernunft. Erwiderungen auf Friedrich Kambartel – Der arme Wille. Zur Leidensgeschichte des Willens in der Philosophie – Die Philosophie der Wissenschaftstheorie. Über das Verhältnis von Wissenschaftstheorie, Wissenschaftsforschung und Wissenschaftsethik – Philosophische Grundlagen der Wissenschaften. Über wissenschaftstheoretischen Historismus, Konstruktivismus und

Mythen des wissenschaftlichen Geistes – Weltbilder. Die Welt der Wissenschaftsgeschichte – Forschung, Begründung, Rekonstruktion. Wege aus dem Begründungsstreit – Gibt es eine Letztbegründung? – Von Realitäten, Begriffen und Erfahrungen

797 Luhmann, Niklas: Paradigm lost: Über die ethische Reflexion der Moral

Rede von Niklas Luhmann anläßlich der Verleihung des Hegel-Preises 1989. Laudatio von Robert Spaemann: Niklas Luhmanns Herausforderung der Philosophie. 73 S. 1990. (3-518-28397-9)

798 Die Ideen von 1789

in der deutschen Rezeption. Herausgegeben vom Forum für Philosophie Bad Homburg. 262 S. 1989. (3-518-28398-7)
Habermas, Jürgen: Ist der Herzschlag der Revolution zum Stillstand gekommen? Volkssouveränität als Verfahren. Ein normativer Begriff der öffentlichkeit? – Preuß, Ulrich K.: Was heißt radikale Demokratie heute? – Grab, Walter: Zur Geschichte der deutschen Jakobiner – Brandt, Reinhard: Freiheit, Gleichheit, Selbständigkeit bei Kant – Bohrer, Karl-Heinz: Zeit der Revolution – Revolution der Zeit. Die Hermeneutik revolutionärer Gegenwart bei Friedrich Schlegel (1795-1800) und Heinrich Heine (1831-1855) – Brunkhorst, Hauke: Hegel und die Französische Revolution. Die Verzichtbarkeit der Restauration und die Unverzichtbarkeit der Revolution – Honneth, Axel: Atomisierung und Sittlichkeit. Zu Hegels Kritik der Französischen Revolution – Kettner, Matthias: Revolutionslogik. Zur Begriffsform von Hegels Deutungen der Französischen Revolution – Rödel, Ulrich: Hannah Arendt und die Gefährdungen der Freiheit in einer säkularisierten politischen Ordnung – Staff, Ilse: Zur Rezeption der Ideen der Französischen Revolution von 1789 in der deutschen Staatslehre des 20. Jahrhunderts

799 Maas, Utz: Sprachpolitik und politische Sprachwissenschaft

Sieben Studien. 366 S. 1989. (3-518-28399-5)

Sprachpolitik. Grundbegiffe der politischen Sprachwissenschaft – Sprachpolitik in der Arbeiterbewegung (Erste und Zweite Internationale) – Notizen zur Sprachpolitik in der Arbeiterbewegung – Der Sprachwissenschaftler Gramsci – Das Indianerspiel. Sprachpolitik in der BRD anno 1977 – Indianerspiel und Ernst. Die Mescalero-Affäre ist nicht nur eine Anekdote – Anstelle eines Nachworts. Stichworte zur Sprachpolitik

800 Höffe, Otfried: Politische Gerechtigkeit
Grundlegung einer kritischen Philosophie von Recht und Staat. 512 S. 1989. (3-518-28400-2)

801-824 Simmel, Georg: Gesamtausgabe

801 Simmel, Georg: Das Wesen der Materie. Abhandlungen 1882-1884. Rezensionen 1883-1901
Gesamtausgabe. Herausgegeben von Otthein Rammstedt. Band 1
Das Wesen der Materie nach Kant's Physischer Monadologie (1881) – Psychologische und ethnologische Studien über Musik (1882) – Anhang: Fragen über das Jodeln (1879) – Dantes Psychologie (1884) – Rezensionen 1883-1901

802 Simmel, Georg: Aufsätze 1887 bis 1890. Über sociale Differenzierung. Die Probleme der Geschichtsphilosophie
Herausgegeben von Heinz-Jürgen Dahme. Gesamtausgabe. Herausgegeben von Otthein Rammstedt. Band 2. 434 S. 1989 (3-518-28402-9)
Über die Grundfrage des Pessimismus in methodischer Hinsicht – Bemerkungen zu socialethischen Problemen – Michelangelo als Dichter – Zur Psychologie des Geldes – Zur Psychologie der Frauen – Moltke als Stilist – Über sociale Differenzierung. Sociologische und psychologische Untersuchungen (1890) – Die Probleme der Geschichtsphilosophie. Eine erkenntnistheoretische Studie (1892) – Anhang: Selbstanzeige (1892)

803 **Simmel, Georg: Einleitung in die Moralwissenschaft**
Eine Kritik der ethischen Grundbegriffe. Erster Band. Herausgegeben von Klaus Christian Köhnke. Gesamtausgabe. Herausgegeben von Otthein Rammstedt. Band 3. 461 S. 1989
(3-518-28403-7)

804 **Simmel, Georg: Einleitung in die Moralwissenschaft**
Eine Kritik der ethischen Grundbegriffe. Zweiter Band. Herausgegeben von Klaus Christian Köhnke. Gesamtausgabe. Herausgegeben von Otthein Rammstedt. Band 4. 427 S. 1991
(3-518-28404-5)

805 **Simmel, Georg: Aufsätze und Abhandlungen 1894-1900**
Herausgegeben von Heinz-Jürgen Dahme und David P. Frisby. Gesamtausgabe. Herausgegeben von Otthein Rammstedt. Band 5. ca. 500 S. 1992. (3-518-28405-3)
Das Problem der Soziologie (1894) – Die Verwandtenehe (1894) – Der Militarismus und die Stellung der Frauen (1894) – Ueber eine Beziehung der Selectionslehre zur Erkenntnistheorie (1895) – Alpenreisen (1895) – Zur Soziologie der Familie (1895) – Böcklins Landschaften (1895) – Zur Psychologie der Mode. Sociologische Studie (1895) – Friedrich Nietzsche. Eine moralphilosophische Silhouette (1896) – Skizze einer Willenstheorie (1896) – Das Geld in der modernen Kultur (1896) – Was ist uns Kant? (1896) – Soziologische Aesthetik (1896) – Ueber den Unterschied der Wahrnehmungs- und der Erfahrungsurteile. Ein Deutungsversuch (1897) – Die Bedeutung des Geldes für das Tempo des Lebens (1897) – Fragment aus einer ›Philosophie des Geldes‹ (Aus dem Kapitel: Das Geld und die individuelle Freiheit) (1898) – Die Selbsterhaltung der socialen Gruppe. Sociologische Studie (1898) – Die Rolle des Geldes in den Beziehungen der Geschlechter. Fragment aus einer ›Philosophie des Geldes‹ (1898) – Zur Soziologie der Religion (1898) – Stefan George. Eine kunstphilosophische Betrachtung (1898) – Rom. Eine ästhetische Analyse (1898) – Fragment aus einer ›Philosophie des Geldes‹ (1899) – Zur Psychologie und Soziologie der Lüge (1899) – Zur Philosophie der Arbeit

(1899) – Kant und Goethe (1899) – Ueber Geiz, Verschwendung und Armut (1899) – Zu einer Theorie des Pessimismus (1900) – Socialismus und Pessimismus (1900) – Persönliche und sachliche Kultur (1900)

806 Simmel, Georg: Philosophie des Geldes
Herausgegeben von David P. Frisby und Klaus Christian Köhnke. Gesamtausgabe. Herausgegeben von Otthein Rammstedt. Band 6. 787 S. 1989. (3-518-28406-1)

807 Simmel, Georg: Aufsätze und Abhandlungen 1901-1908
Band I. Gesamtausgabe. Herausgegeben von Otthein Rammstedt. Band 7
Beiträge zur Erkenntnistheorie der Religion (1901) – Stefan George. Eine kunstphilosophische Studie (1901) – Die ästhetische Bedeutung des Gesichts (1901) – Ästhetik der Schwere (1901) – Die beiden Formen des Individualismus (1901) – Weibliche Kultur (1902) – Rodins Plastik und die Geistesrichtung der Gegenwart (1902) – Der Bildrahmen. Ein ästhetischer Versuch (1902) – Vom Heil der Seele (1902/1903) – Vom Pantheismus (1902/1903) – Zum Verständnis Nietzsches (1902/1903) – Die Großstädte und das Geistesleben (1903) – Über räumliche Projektionen socialer Formen (1903) – Über ästhetische Quantitäten. Sitzungsbericht über einen Vortrag geh. am 20. Januar 1903 in der psychologischen Gesellschaft zu Berlin. Autorreferat (1903) – Soziologie des Raumes (1903) – Die ästhetische Quantität (1903) – Soziologie der Konkurrenz (1903) – Kant und die moderne Ästhetik (1903) – Die Lehre Kants von Pflicht und Glück (1903) – Kant und der Individualismus (1904) – Ueber Geschichte der Philosophie (1904) – Bruchstücke aus einer Psychologie der Frauen (1904) – Die Gegensätze des Lebens und die Religion (1904/05) – Das Abendmahl Leonardo da Vincis (1905) – Ein Problem der Religionsphilosophie (1905) – Ästhetik des Porträts (1905) – Das Ende des Streits (1905) – Der Henkel. Ein ästhetischer Versuch (1905)

808 Simmel, Georg: Aufsätze und Abhandlungen 1901-1908
Band II. Gesamtausgabe. Herausgegeben von Otthein Rammstedt. Band 8
Über die dritte Dimension in der Kunst (1906) – Zur Soziologie der Armut (1906) – Nietzsche und Kant (1906) – Schopenhauer und Nietzsche (1906) – Florenz (1906) – Schopenhauers Ästhetik und die moderne Kunstauffassung (1906) – Psychologie der Diskretion (1906) – Kant und Goethe (1906) – Zur Philosophie der Herrschaft. Bruckstück aus einer Soziologie (1907) – Soziologie der Ueber- und Unterordnung (1907) – Die Ruine. Ein ästhetischer Versuch (1907) – Die Ueberstimmung. Eine soziologische Studie (1907) – Venedig (1907) – Das Christentum und die Kunst (1907) – Soziologie der Sinne (1907) – Bemerkung über Goethe (1907) – Das Erbamt (1907) – Dankbarkeit. Ein soziologischer Versuch (1907) – Das Geheimnis. Eine sozialpsychologische Skizze (1907) – Zur Soziologie des Adels. Fragment aus einer Formenlehre der Gesellschaft (1907) – Das Problem des Stiles (1908) – Der Mensch als Feind. Zwei Fragmente aus einer Soziologie (1908) – Die Frau und die Mode (1908) – Über das Wesen der Sozial-Psychologie (1908) – Die Gesellschaft zu zweien (1908) – Vom Wesen der Kultur (1908) – Psychologie des Schmuckes (1908) – Der Brief. Aus einer Soziologie des Geheimnisses (1908) – Treue. Ein sozialpsychologischer Versuch (1908) – Vom Realismus in der Kunst (1908) – Über Goethes und Kants moralische Weltanschauung. Aus einem Vorlesungszyklus (1908) – Zur Philosophie des Schauspielers (1908)

809 Simmel, Georg: Kant. Die Probleme der Geschichtsphilosophie
Gesamtausgabe. Herausgegeben von Otthein Rammstedt. Band 9
Kant. Sechzehn Vorlesungen gehalten an der Berliner Universität (1904/[3]1913/[4]1918) – Die Probleme der Geschichtsphilosophie. Eine erkenntnistheoretische Studie, 2. völlig veränderte Auflage (1905/[3] 1907)

810 Simmel, Georg: Philosophie der Mode. Die Religion. Kant und Goethe. Schopenhauer und Nietzsche

Herausgegeben von Horst Baier. Gesamtausgabe. Herausgegeben von Otthein Rammstedt. Band 10

811 Simmel, Georg: Soziologie

Untersuchungen über die Formen der Vergesellschaftung. Herausgegeben von Otthein Rammstedt. Gesamtausgabe. Herausgegeben von Otthein Rammstedt. Band 11. 1992
(3-518-28411-8)

812 Simmel, Georg: Aufsätze und Abhandlungen 1909-1918

Band I. Herausgegeben von Otthein Rammstedt und Wilhelm Voßkamp. Gesamtausgabe. Herausgegeben von Otthein Rammstedt. Band 12
Beiträge zur Philosophie der Geschichte (1909) – Fragmente eines Goethe-Buches. Aus dem Kapitel über Goethe und Kant (1909) – Über den Schauspieler. Aus einer ›Philosophie der Kunst‹ (1909) – Die Kunst Rodins und das Bewegungsmotiv in der Plastik (1909) – Psychologie der Koketterie (1909) – Der siebente Ring (1909) – Brücke und Tür (1909) – Die Philosophie und die Jugend (1910) – Zur Metaphysik des Todes (1910) – Michelangelo. Ein Kapitel zur Metaphysik der Kultur (1910) – Vom Wesen der Philosophie (1910) – Philosophie des Abenteuers (1910) – Soziologie der Mahlzeit (1910) – Soziologie der Geselligkeit (1910) – Weibliche Kultur (1911) – Das Problem der religiösen Lage (1911) – Der Begriff und die Tragödie der Kultur (1911) – Zur Ästhetik der Alpen (1911) – Nietzsches Moral (1911) – Das Relative und das Absolute im Geschlechterproblem (1911) – Die Persönlichkeit Gottes. Ein philosophischer Versuch (1911) – Goethe und die Frauen (1912) – Goethes Individualismus (1912) – Die Wahrheit und das Individuum. Aus einem Goethebuch (1912) – Der Schauspieler und die Wirklichkeit (1912) – Goethes Rechenschaft (1912) – Das Verhältnis von Leben und Schaffen bei Goethe (1912) – Goethes Liebe (1912) – Polarität und Gleichgewicht bei Goethe (1912) – Die Stetigkeit in Goethes Weltbild (1912) – Über Takt.

Soziologie der Geselligkeit (1912) – Über einige gegenwärtige Probleme der Philosophie (1912) – Das Individuelle Gesetz. Ein Versuch über das Prinzip der Ethik (1913) – Philosophie der Landschaft (1913) – Das Problem des Schicksals (1913)

813 Simmel, Georg: Aufsätze und Abhandlungen 1909-1918
Band II. Gesamtausgabe. Herausgegeben von Otthein Rammstedt. Band 13
Rembrandtstudie (1914) – L'Art pour l'art (1914) – Rembrandts religiöse Kunst (1914) – Henri Bergson (1914) – Goethes Gerechtigkeit (1914) – Goethe und die Jugend (1914) – Rembrandt und die Schönheit (1914) – Studien zur Philosophie der Kunst, besonders der Rembrandtschen (1914/15) – Die Idee Europa (1915) – Geld und Nahrung (1915) – Vom Tode in der Kunst. nach einem Vortrag (1915) – »Werde, was Du bist« (1915) – Europa und Amerika. Eine weltgeschichtliche Betrachtung (1915) – Einheit und Zwiespalt. Zeitgemäßes in Goethes Weltanschauung (1915) – Der Fragmentcharakter des Lebens. Aus den Vorstudien zu einer Metaphysik (1916) – Bruchstücke aus einer Philosophie der Kunst (1916) – Gestalter und Schöpfer (1916) – Die Krisis der Kultur (1916) – Wandel der Kulturformen (1916) – Die Dialektik des deutschen Geistes (1916) – Individualismus (1917) – Das Goethebuch (1917) – Über die Karikatur (1917) – Erinnerung an Rodin (1917) – Die historische Formung (1917/18) – Gesetzmäßigkeit im Kunstwerk (1917/18) – Germanischer und klassisch-romanischer Stil (1918) – Das Problem des Porträts (1918)

814 Simmel, Georg: Hauptprobleme der Philosophie. Philosophische Kultur
Gesamtausgabe. Hg. von Otthein Rammstedt. Band 14

815 Simmel, Georg: Goethe. Deutschlands innere Wandlung. Das Problem der historischen Zeit. Rembrandt
Herausgegeben von J. A. Schmoll, gen. Eisenwerth und Wilhelm Voßkamp. Gesamtausgabe. Herausgegeben von Otthein Rammstedt. Band 15

816 **Simmel, Georg: Grundfragen der Soziologie. Der Krieg und die geistigen Entscheidungen. Der Konflikt der modernen Kultur. Vom Wesen des historischen Verstehens. Lebensanschauung**

Herausgegeben von Birgitta Nedelmann. Gesamtausgabe. Herausgegeben von Otthein Rammstedt. Band 16

817 **Simmel, Georg: Miszellen, Glossen, Stellungnahmen, Umfrageantworten, Leserbriefe, Diskussionsbeiträge 1889-1917. Anonyme und pseudonyme Veröffentlichungen 1888-1917. Beiträge aus der ›Jugend‹ 1897-1916**

Gesamtausgabe. Herausgegeben von Otthein Rammstedt. Band 17

818 **Simmel, Georg: Englischsprachige Veröffentlichungen 1893-1910**

Gesamtausgabe. Herausgegeben von Otthein Rammstedt. Band 18

Moral deficiencies as determining intellectual functions (1893) – The problem of sociology (1895) – Superiority and subordination as subject-matter of sociology (1896) – The persistence of social groups (1898) – A chapter in the philosophy of value. A fragment from a volume entitled ›The Philosophy of Money‹ (1900) – Tendencies in german life and thought since 1870 (1902) – The number of members as determining the sociological form of the group (1902/03) – The sociology of conflict (1903/04) – Fashion (1904) – A contribution to the sociology of religion (1905/06) – The sociology of secrecy and of the secret societies (1905/06) – The problem of sociology (1909/10) – How is society possible? (1910)

819 **Simmel, Georg: Französisch- und italienischsprachige Veröffentlichungen 1894-1903. Mélanges de philosophie relativiste: Contribution à la culture philosophique**

Herausgegeben von Julien Freund. Gesamtausgabe. Herausgegeben von Otthein Rammstedt. Band 19

La différenciation sociale (1894) – Le problème de la sociologie (1894) – L'Influence du nombre des unités sociales sur les caractères des sociétés (1895) – Sur quelques relations de la pensée théorique avec les intérêts pratiques (1896) – Comment les formes sociales se maintiennent (1897) – De la religion au point de vue de la théorie de la connaissance (1903) – Il problema della sociologia (1899) – Mélanges de philosophie relativiste: Contribution à la culture philosophique (1912)

820 Simmel, Georg: Drucke aus dem Nachlaß. Nicht ermittelte Erstdrucke. Ungedrucktes

(Aus dem nachgelassenen Tagebuch) – Zur Philosophie des Schauspielers – Fragment über die Liebe – Exkurs über den platonischen und den modernen Eros – Über Freiheit – Gesamteinleitung zu Goethes Sämtlichen Werken – Zum Problem des Naturalismus – Aus Georg Simmels nachgelassener Mappe ›Metaphysik‹ – Das Individuum und die Freiheit – Anfang einer unvollendeten Selbstdarstellung – Das Märchen von der Farbe – Die Lage der Religion in der heutigen Welt – Über die Schließung der Universitäten – Fragmente

821 Simmel, Georg: Nachschriften und Referate von Vorlesungen und Vorträgen

Gesamtausgabe. Herausgegeben von Otthein Rammstedt. Band 21

822 Simmel, Georg: Briefe

Band I. Herausgegeben von Klaus Christian Köhnke. Gesamtausgabe. Herausgegeben von Otthein Rammstedt. Band 22

823 Simmel, Georg: Briefe

Band II. Herausgegeben von Klaus Christian Köhnke. Gesamtausgabe. Herausgegeben von Otthein Rammstedt. Band 23

824 Simmel, Georg: Gesamtausgabe Gesamtbibliographie und -register

Die Bände 801 bis 821 werden jeweils durch einen editorischen Bericht, ein Variantenverzeichnis und ein Namenregister ergänzt. Für die Briefe wird diese Ergänzung in Band 823 geboten.

831-841 Raphael, Max: Werkausgabe
11 Bände in Kassette. 1989. (3-518-09831-4)

831 Raphael, Max: Marx · Picasso
Die Renaissance des Mythos in der bürgerlichen Gesellschaft. Herausgegeben von Klaus Binder. Werkausgabe. Band 1. Für die Taschenbuchausgabe neu durchgesehen von Hans-Jürgen Heinrichs. 175 S. 1989. (3-518-28431-2)
Marx. Zur Kunsttheorie des dialektischen Materialismus – Picasso. Soziologisch betrachtet – Anhang: Binder, Klaus: Die gesellschaftliche Bewegung künstlerischen Schaffens. Nachwort des Herausgebers

832 Raphael, Max: Von Monet zu Picasso
Grundzüge einer Ästhetik und Entwicklung der modernen Malerei. Herausgegeben von Klaus Binder. Werkausgabe. Band 2. Für die Taschenbuchausgabe neu durchgesehen von Hans-Jürgen Heinrichs. 227 S. 1989. (3-518-28432-0)

833 Raphael, Max: Aufbruch in die Gegenwart
Begegnungen mit der Kunst und den Künstlern des 20. Jahrhunderts. Erweiterte Neuausgabe. Herausgegeben von Hans-Jürgen Heinrichs. Werkausgabe. Band 3. 182 S. 1989. (3-518-28433-9)
Erinnerungen um Picasso – C. G. Jung vergreift sich an Picasso – Gespräch mit Rodin – Das Erlebnis Matisse – Cézanne und der Mont Sainte-Victoire – Cézanne, von Brueghel inspiriert – Vier Zeichnungen von Henri Laurens – Max Pechstein – Purrmanns Atelierecke – Hodler – Über dem Expressionismus – Die Idee des

Schöpferischen – Der Tastsinn der Kunst – Über den Aufbau und Zusammenhang der Künste – Ein Jahrhundert französischer Karikatur – Picasso als Graphiker – Zur modernen Malerei – Anhang: Der Expressionismus

834 Raphael, Max: Raumgestaltungen
Der Beginn der modernen Kunst im Kubismus und im Werk von Georges Braque. Herausgegeben und eingeleitet von Hans-Jürgen Heinrichs. Werkausgabe. Band 4. 213 S. 1989. (3-518-28434-7)

835 Raphael, Max: Die Farbe Schwarz
Zur materiellen Konstituierung der Form. Mit einem Nachwort von Bernd Growe. Herausgegeben von Klaus Binder. Werkausgabe. Band 5. Für die Taschenbuchausgabe neu durchgesehen von Hans-Jürgen Heinrichs. 173 S. 1989. (3-518-28435-5)

836 Raphael, Max: Wie will ein Kunstwerk gesehen sein?
»The Demands of Art«. Mit einem Nachwort von Bernd Growe. Herausgegeben von Klaus Binder. Werkausgabe. Band 6. Für die Taschenbuchausgabe neu durchgesehen von Hans-Jürgen Heinrichs. 401 S. 1989. (3-518-28436-3)

837 Raphael, Max: Bild-Beschreibung
Natur, Raum und Geschichte in der Kunst. Mit einem Nachwort von Bernd Growe. Unter Mitarbeit von Bernd Growe herausgeben von Hans-Jürgen Heinrichs. Mit einer Einleitung von Hans-Jürgen Heinrichs. Werkausgabe. Band 7. 470 S. 1989 (3-518-28437-1)
Geschichte und Geschichtsbilder. Anhang: Über den Geschichtsmaler Kurt Seligmann – Die drei Einheiten – Raum, Zeit, Handlung – Anmerkungen zum Barock – Figur, Licht und Raum bei Tilman Riemenschneider – Hat Leonardo eine Hieroglyphe entziffert? – Fläche und Raum im ›Abendmahl‹ Leonardos – Raum und Körper (Figur) bei Raffael und Leonardo – Tintoretto: Die ›Auffindung Mosis‹ und Vergleich mit Tizians ›Venus und Adonis‹ – El Greco: ›Ansicht von Toledo‹ – El Greco: ›Portrait eines Kar-

dinals‹ – Jan Vermeer: ›Schlafendes Mädchen‹ – Hals, Velasquez und van Dyck (Zur Weltanschauung von Frans Hals – Anmerkungen zum Vergleich zwischen Hals und van Dyck – Das Daseinsgefühl bei Hals und Velasquez)

838 **Raphael, Max: Tempel, Kirchen und Figuren**
Studien zur Kunstgeschichte, Ästhetik und Archäologie. Herausgegeben von Hans Jürgen Heinrichs. Werkausgabe. Band 8. 534 S. 1989. (3-518-28438-X)
Arbeit und Leben in den Bauhütten. Zur Architekturgeschichte des Mittelalters – Architekturtheoretische Anmerkungen zu Tempeln, Kirchen und anderen Bauten – Der dorische Tempel – Der klassische Mensch, dargestellt am Peirithoos im Westgiebel des Zeustempels von Olympia – Der archaische, der klassische und der ägyptische Körper, oder: Der Weg zum klassischen Menschen in der monumentalen Skulptur – Die Monumentalität in der Bildhauerkunst am Beispiel eines Kopfes von der Osterinsel

839 **Raphael, Max: Das göttliche Auge im Menschen**
Zur Ästhetik der romanischen Kirchen in Frankreich. Mit Beiträgen von Franz Dröge, Knut Nievers und Johann Konrad Eberlein. Herausgegeben von Hans-Jürgen Heinrichs. Werkausgabe. Band 9. 336 S. 1989. (3-518-28439-8)
Zur Ästhetik der romanischen Kirchen in Frankreich – Studien über die Fassaden und Portale romanischer Kirchen in Frankreich

840 **Raphael, Max: Natur – Kultur**
Studien zur Philosophie und Literatur. Mit einem Nachwort von Ulrich Sonnemann. Herausgegeben und eingeleitet von Hans-Jürgen Heinrichs. Werkausgabe. Band 10. 309 S. 1989 (3-518-28440-1)
Der unpolitische Geist – oder die Freiheit, Sonette zu feilen – Vom unbekannten Plato – Die neuromantische Auferstehung des Mittelalters und der kulturkämpferische Neuthomismus – Antimodern = ultramodern. Eine Auseinandersetzung mit dem kultur-

kämpferischen Neuthomismus – Grundzüge der Ethik – Die Pyrrhoneische Skepsis – Der absolute Raum Newtons – Das Trägheitsprinzip Newtons – Über Newtons Prinzip actio=reactio – Goethes Geburtstag in Weimar – Flaubert auf dem Rigi – Flauberts künstlerische und soziologische Anschauungen in seinen Briefen – Fragment über Racine: Bemerkungen zur Prosodie des Alexandriners – Anmerkungen über den Prosastil von Valéry – Ein Fragment über den lyrischen Stil Valérys – Sonnemann, Ulrich: Der Zweifel im Altertum

841 Raphael, Max: Lebens-Erinnerungen
Briefe, Tagebücher, Skizzen, Essays. Herausgegeben und eingeleitet von Hans-Jürgen Heinrichs. Werkausgabe. Band 11. 428 S. 1989. (3-518-28441-X)
Geist wider Macht. Kriegstagebuch. 1915 – Notizbücher. 1914-1929 – Über den Tod. 1932 – Über den Selbstmord. 1932 – Davoser Impressionen. 1931-1932 – Reisen in Frankreich. 1935 – Entwurf eines Deutschlandbuches. 1942/43 – Im Exil. Briefe und Tagebücher aus Frankreich, Spanien, Portugal und den USA. 1941-1945 – Briefe an Emma Raphael. 1941-1945 – Aus dem Briefwechsel mit Alis Guggenheim. 1944 – Aus dem Briefwechsel mit Max Horkheimer und Leo Löwenthal. 1934-1941

842 Wahl, Klaus: Die Modernisierungsfalle
Gesellschaft, Selbstbewußtsein und Gewalt. 336 S. 1989 (3-518-28442-8)

843 Phänomenologie im Widerstreit
Zum 50. Todestag Edmund Husserls. Herausgegeben von Christoph Jamme und Otto Pöggeler. 372 S. 1989. (3-518-28443-6)
Held, Klaus: Husserls These von der Europäisierung der Menschheit – Holenstein, Elmar: Europa und die Menschheit. Zu Husserls kulturphilosophischen Meditationen – Jamme, Christoph: Überrationalismus gegen Irrationalismus. Husserls Sicht der mythischen Lebenswelt – Kerckhoven, Guy van: Die ›Idee‹ einer transzendentalen Methodenlehre in phänomenologischer Ab-

sicht. Eine Voranzeige zu Eugen Finks Entwurf einer VI. Meditation zu Husserls »Méditations cartésiennes« – Waldenfels, Bernhard: Lebenswelt zwischen Alltäglichem und Unalltäglichem – Sözer, Önay: Die Idealität der Bedeutung in den Vorlesungen Husserls über Bedeutungslehre (1908) – Welton, Donn: Verbindende Namen – Verbundene Gegenstände: Frege und Husserl über Bedeutung – Gethmann, Carl Friedrich: Phänomenologische Logikfundierung – Riedel, Manfred: Die Urstiftung der phänomenologischen Hermeneutik. Heideggers frühe Auseinandersetzung mit Husserl – Masullo, Aldo: »Sorge«: Heideggers Verwandlung von Husserls Intentionalitätsstruktur – Pöggeler, Otto: Die Krise des phänomenologischen Philosophiebegriffs (1929) – Rovatti, Pier Aldo: Das Rätsel der Epoché – Meyer-Drawe, Käte: Der Leib – »Ein merkwürdig unvollkommen konstituiertes Ding« – Srubar, Ilja: Vom Milieu zur Autopoiesis. Zum Beitrag der Phänomenologie zur soziologischen Begriffsbildung – Orth, Ernst Wolfgang: Einheit und Vielheit der Kulturen in der Sicht Edmund Husserls und Ernst Cassirers – Rodi, Frithjof: Hermeneutische Logik im Umfeld der Phänomenologie: Georg Misch, Hans Lipps, Gustav Špet

844 **McDougall, Joyce: Plädoyer für eine gewisse Anormalität**
(Plaidoyer pour une certaine anormalité). Übersetzt von Klaus Laermann. 470 S. 1989. (3-518-28444-4)

845 **Jäger, Herbert: Makrokriminalität**
Studien zur Kriminologie kollektiver Gewalt. 216 S. 1989 (3-518-28445-2)
Makrokriminalität und das Selbstverständnis der Kriminologie – Über die Vergleichbarkeit staatlicher Großverbrechen – Kriminologische Aspekte der Friedens- und Konfliktforschung – Die individuelle Dimension terroristischen Handelns – Individuelle Zurechnung kollektiven Verhaltens – Bedingungen und Mechanismen der Neutralisation

846 Um Leben und Tod
Moralische Probleme bei Abtreibung, künstlicher Befruchtung, Euthanasie und Selbstmord. Herausgegeben von Anton Leist. 427 S. 1990. (3-518-28446-0)
Leist, Anton: Diskussionen um Leben und Tod – Kuhse, Helga: Die Lehre von der ›Heiligkeit des Lebens‹ – Thomson, Judith Jarvis: Eine Verteidigung der Abtreibung – Hare, Richard M.: Abtreibung und die Goldene Regel – Tooley, Michael: Abtreibung und Kindstötung – Foot, Philippa: Das Abtreibungsproblem und die Doktrin der Doppelwirkung – Warnock, Mary: Haben menschliche Zellen Rechte? – Lockwood, Michael: Der Warnock-Bericht: eine philosophische Kritik – Birnbacher, Dieter: Gefährdet die moderne Reproduktionsmedizin die menschliche Würde? – Foot, Philippa: Euthanasie – Reichenbach, Bruce C.: Euthanasie und die aktiv/passiv-Unterscheidung – Harris, John: Ethische Probleme beim Behandeln einiger schwergeschädigter Kinder – Lorber, John: Kommentar – Anscombe, Gertrude E. M.: Kommentar – Cusine, Douglas J.: Kommentar – Harris, John: Erwiderung – Hare, Richard M.: Das mißgebildete Kind. Moralische Dilemmata für Ärzte und Eltern – Parfit, Derek: Rechte, Interessen und mögliche Menschen – Birnbacher, Dieter: Selbstmord und Selbstmordvorsorge aus ethischer Sicht

847 Whitehead, Alfred North: Wie entsteht Religion?
(Religion in the Making). Übersetzt von Hans Günter Holl. 128 S. 1990. (3-518-28447-9)

848 Luhmann, Niklas/Fuchs, Peter: Reden und Schweigen
227 S. 1989. (3-518-28448-7)
Reden und Schweigen – Die Weltflucht der Mönche. Anmerkungen zur Funktion des monastisch-aszetischen Schweigens – Vom Zweitlosen: Paradoxe Kommunikation im Zen-Buddhismus – Von der Beobachtung des Unbeobachtbaren: Ist Mystik ein Fall von Inkommunikabilität? – Geheimnis, Zeit und Ewigkeit – Vom schweigenden Aufflug ins Abstrakte: Zur Ausdifferenzierung der modernen Lyrik – Blindheit und Sicht: Vorüberlegungen zu einer

Schemarevision – Kommunikationssperren in der Unternehmensberatung

849 Honneth, Axel: Die zerrissene Welt des Sozialen
Sozialphilosophische Aufsätze. 203 S. 1990. (3-518-28449-5)
Eine Welt der Zerrissenheit. Zur untergründigen Aktualität von Lukács' Frühwerk – Kritische Theorie. Vom Zentrum zur Peripherie einer Denktradition – Foucault und Adorno. Zwei Formen einer Kritik der Moderne – Ein strukturalistischer Rousseau. Zur Anthropologie von Claude Lévi-Strauss – Leibgebundene Vernunft. Zur Wiederentdeckung Merleau-Pontys – Eine ontologische Rettung der Revolution. Zur Gesellschaftstheorie von Cornelius Castoriadis – Kampf um Anerkennung. Zu Sartres Theorie der Intersubjektivität – Die zerrissene Welt der symbolischen Formen. Zum kultursoziologischen Werk Pierre Bourdieus – Moralbewußtsein und soziale Klassenherrschaft. Einige Schwierigkeiten in der Analyse normativer Handlungspotentiale

850 Zur Biologie der Kognition
Ein Gespräch mit Humberto R. Maturana und Beiträge zur Diskussion seines Werkes. Herausgegeben von Volker Riegas und Christian Vetter. 343 S. 1990. (3-518-28450-9)
Riegas, Volker/Vetter, Christian: Gespräch mit Humberto R. Maturana – Schwegler, Helmut: Autopoiese aus physikalischer Sicht – Riegas, Volker: Das Nervensystem – offenes oder geschlossenes System? – Hucklenbroich, Peter: Selbstheilung und Selbstprogrammierung. Selbstreferenz in medizinischer Wissenschaftstheorie und Künstlicher Intelligenz – Stadler, Michael/Kruse, Peter: Über Wirklichkeitskriterien – Köck, Wolfram K.: Autopoiese, Kognition und Kommunikation. Einige kritische Bemerkungen zu Humberto R. Maturanas Bio-Epistemologie und ihren Konsequenzen – Kriz, Jürgen: Erkennen und Handeln. Zum besonderen Verhältnis von (konstruktivistisch-sytemischer) Theorie und Praxis in der klinischen Psychologie – Hejl, Peter M.: Soziale Systeme: Körper ohne Gehirne oder Gehirne ohne Körper? Rezeptionsprobleme der Theorie autopoietischer Systeme in den Sozialwis-

senschaften – Bammé, Arno: System oder Maschine? Sozialwissenschaftliche Anmerkungen zur biologischen Bestimmung lebender Systeme als autopoietische Maschinen – Mocek, Reinhard: Autopoiese als Herausforderung. Aspekte von Kritik und Zustimmung aus marxistischer Sicht – Glasersfeld, Ernst von: Die Unterscheidung des Beobachters: Versuch einer Auslegung – Watzlawick, Paul: Schopenhauer und die Thesen des modernen Konstruktivismus – Schmidt, Siegfried J.: Der beobachtete Beobachter. Zu Text, Kommunikation und Verstehen – Riegas, Volker: Glossar

851 Sommer, Manfred: Lebenswelt und Zeitbewußtsein
257 S. 1990. (3-518-28451-7)

853 Putnam, Hilary: Vernunft, Wahrheit und Geschichte
(Reason, Truth and History). Übersetzt von Joachim Schulte. 294 S. 1990. (3-518-28453-3)

854 Die sog. Geisteswissenschaften: Innenansichten
Herausgegeben von Wolfgang Prinz und Peter Weingart unter Mitwirkung von Heidemarie Bhatti-Küppers, Maria Kastner, Sabine Maasen, Regina Mahlmann und Wolfgang Walter. 487 S. 1990. (3-518-28454-1)
Prinz, Wolfgang/Weingart, Peter: Innenansichten geisteswissenschaftlicher Forschung: Einleitende Bemerkungen – Schulze, Winfried: Probleme der institutionellen Neuordnung der Geschichtswissenschaft in der Bundesrepublik Deutschland in den 50er Jahren – Boockmann, Hartmut: Die Geschichtswissenschaft und die deutschen Ost- bzw. polnischen Westgebiete seit 1945 – Schreiner, Klaus: Wissenschaft von der Geschichte des Mittelalters nach 1945. Kontinuitäten und Diskontinuitäten der Mittelalterforschung im geteilten Deutschland – Blanke, Horst Walter: Die Wiederentdeckung der deutschen Aufklärungshistorie und die Begründung der Historischen Sozialwissenschaft – Kocka, Jürgen: Veränderungen in der Geschichtswissenschaft. Eine »Geisteswissenschaft«? – Thaller, Manfred: Entzauberungen. Die Ent-

wicklung einer fachspezifischen historischen Datenverarbeitung in der Bundesrepublik – Stempel, Wolf-Dieter: Zur Entwicklung der Sprachwissenschaft in der Bundesrepublik nach 1945 – Lämmert, Eberhard: Allgemeine und Vergleichende Literaturwissenschaft – Barner, Wilfried: Das Besondere des Allgemeinen. Zur Lage der Allgemeinen Literaturwissenschaft aus der Sicht eines ›Neugermanisten‹ – Bätschmann, Oskar: Aktuelle Problembereiche der Kunstgeschichte – Motte-Haber, Helga de la: Die Entwicklung der Musikwissenschaft nach 1945 – Switalla, Bernd: Die gegenwärtige germanistische Linguistik. Eindrücke und Mutmaßungen – Voßkamp, Wilhelm: Literaturwissenschaft als Geisteswissenschaft. Thesen zur Geschichte der deutschen Literaturwissenschaft nach dem Zweiten Weltkrieg – Finkenstaedt, Thomas: Die Situation der Englischen Philologie, insbesondere ihrer Literaturwissenschaft – Wolfzettel, Friedrich: Zur Situation der Romanischen Literaturwissenschaft – Seemann, Klaus Dieter: Zu Entwicklung und Stand der Slavischen Sprach- und Literaturwissenschaft – Günther, Hans: Zur Entwicklung der slavistischen Literaturwissenschaft nach 1945 – Narr, Karl J.: Nach der nationalen Vorgeschichte – Schlee, Günther: Das Fach Sozialanthropologie/Ethnologie seit dem Zweiten Weltkrieg – Fuhrmann, Manfred: Klassische Philologie seit 1945. Erstarrung, Geltungsverlust, neue Perspektiven – Flashar, Hellmut: Bemerkungen zur Situation der Klassischen Philologie aus der Sicht der Gräzistik – Assmann, Jan: Ägyptologie im Kontext der Geisteswissenschaften – Schäfer, Peter: Die Entwicklung der Judaistik in der Bundesrepublik Deutschland seit 1945 – Englert, Siegfried: Zur Lage der Sinologie – Möhlig, Wilhelm J. G.: Entwicklung und Situation der Afrikanistik in der Bundesrepublik Deutschland – Stietencron, Heinrich von: Perspektiven des Faches Indologie – Schnädelbach, Herbert: Deutsche Philosophie seit 1945 – Geldsetzer, Lutz: Metaphysische Tendenzen der philosophischen Entwicklung in der Bundesrepublik Deutschland seit 1945 – Bubner, Rüdiger: Zur Wirkung der analytischen Philosophie in Deutschland – Patzig, Günther: Bemerkungen über die gegenwärtige Lage der Studien zur antiken Philosophie in der Bundesrepublik Deutschland –

Kutschera, Franz von: Zur Entwicklung der Logik in der Bundesrepublik Deutschland nach 1945 – Anhang: Fragenkatalog

856 Intentionalität und Verstehen
Herausgegeben vom Forum für Philosophie Bad Homburg. 312 S. 1990. (3-518-28456-8)
Köhler, Wolfgang R.: Einleitung – Apel, Karl-Otto: Ist Intentionalität fundamentaler als sprachliche Bedeutung? Transzendentalpragmatische Argumente gegen die Rückkehr zum semantischen Intentionalismus der Bewußtseinsphilosophie – Christensen, Carleton B.: Gegen den Bedeutungsnominalismus – Meggle, Georg: Intention, Kommunikation und Bedeutung. Eine Skizze – Meggle, Georg: Intentionalistische Semantik. Ein paar grundsätzliche Mißverständnisse und Klärungen – Rohs, Peter: Gedanken und Bedeutungen. Zu Georg Meggles Theorie der Kommunikation – Kemmerling, Andreas: Genau dieselbe Überzeugung – Beckermann, Ansgar: Semantische Maschinen – Künne, Wolfgang: Prinzipien der wohlwollenden Interpretation – Seel, Martin: Am Beispiel der Metapher. Zum Verhältnis von buchstäblicher und figürlicher Rede – Köhler, Wolfgang R.: Intentionalität und Personenverstehen

857 Honig, Michael-Sebastian: Verhäuslichte Gewalt
Sozialer Konflikt, wissenschaftliche Konstrukte, Alltagswissen, Handlungssituationen. Eine Explorativstudie über Gewalthandeln von Familien. ca. 375 S. Ende 1992. (3-518-28457-6)

858 Rodi, Frithjof: Erkenntnis des Erkannten
Zur Hermeneutik des 19. und 20. Jahrhunderts. 190 S. 1990 (3-518-28458-4)
Zwischen Begriffs- und Philosophiegeschichte. Zur Rolle von Artikulationsdruck und Artikulationsrahmen – Unverständnis und Wiederverständnis im Umgang mit der Frühromantik – »Der Rhythmus des Lebens selbst«. Hegel und Hölderlin in der Sicht des späten Dilthey – »Erkenntnis des Erkannten«. August Boeckhs Grundformel der hermeneutischen Wissenschaften –

Traditionelle und philosophische Hermeneutik. Bemerkungen zu einer problematischen Unterscheidung – Die Bedeutung Diltheys für die Konzeption von »Sein und Zeit«. Zum Umfeld von Heideggers Kasseler Vorträgen (1925) – Der Logos des »getreuen Ausdrucks«. Georg Mischs Kritik der »Logik-Ontologie« von Husserl und Heidegger – Hermeneutische Logik im Umfeld der Phänomenologie: Georg Misch, Hans Lipps, Gustav Špet – Diesseits der Pragmatik. Semiotische und hermeneutische Aspekte der Reflexivität des Lebens

859 Oakes, Guy: Die Grenzen kulturwissenschaftlicher Begriffsbildung

Heidelberger Max Weber-Vorlesungen 1982. 182 S. 1990 (3-518-28459-2)

860 Schröter, Michael: »Wo zwei zusammenkommen in rechter Ehe...«

Sozio- und psychogenetische Studien über Eheschließungsvorgänge vom 12. bis 15. Jahrhundert. Mit einem Vorwort von Norbert Elias. XV + 456 S. 1990. (3-518-28460-6)

861 Piaget, Jean/Inhelder, Bärbel: Die Entwicklung des inneren Bildes beim Kind

(L'image mentale chez l'enfant). Übersetzt von Annette Roellenbleck. 519 S. 1990. (3-518-28461-4)

862 Theorie der Subjektivität

Herausgegeben von Konrad Cramer, Hans Friedrich Fulda, Rolf-Peter Horstmann, Ulrich Pothast. 479 S. 1990. (3-518-28462-2)
Pothast, Ulrich: Etwas über »Bewußtsein« – Wiehl, Reiner: Die Komplementarität von Selbstsein und Bewußtsein – Ebeling, Hans: Das Subjekt im Dasein. Versuch über das bewußte Sein – Chisholm, Roderick M.: Questions about the Unity of Consciousness – Castañeda, Hector-Neri: The Self and the I-Guises, Empirical and Transcendental – Kemmerling, Andreas: Eine reflexive Deutung des Cogito – Cramer, Konrad: Über Kants Satz:

Das: Ich denke, muß alle meine Vorstellungen begleiten können – Strawson, Peter F.: Kant's Paralogisms: Self-Consciousness and the »Outside Observer« – Horstmann, Rolf-Peter: Gibt es ein philosophisches Problem des Selbstbewußtseins? – Putnam, Hilary: Meaning Holism and Epistemic Holism – Rorty, Richard: Non-Reductive Physicalism – Guyer, Paul: Nature, Art and Autonomy: A Copernican Revolution in Kant's Aesthetics – Schmitz, Hermann: Zeit und Freiheit – Tugendhat, Ernst: Der Begriff der Willensfreiheit – Gadamer, Hans-Georg: Heideggers Rückgang auf die Griechen – Habermas, Jürgen: Metaphysik nach Kant – Fulda, Hans Friedrich: Spekulatives Denken und Selbstbewußtsein

863 Goodman, Nelson: Weisen der Welterzeugung
(Ways of Worldmaking). Übersetzt von Max Looser. 179 S. 1990 (3-518-28463-0)

864 Jauß, Hans Robert: Studien zum Epochenwandel der ästhetischen Moderne
302 S. 1989. (3-518-28464-9)
Mythen des Anfangs: Eine geheime Sehnsucht der Aufklärung – Der literarische Prozeß des Modernismus von Rousseau bis Adorno – Jean Starobinskis Archäologie des Moderne – Kunst als Anti-Natur: Zur ästhetischen Wende nach 1789 – Rückschau auf das Kolloquium: Art social und Art industriel – Baudelaires Rückgriff auf die Allegorie – Spur und Aura: Bemerkungen zu Walter Benjamins ›Passagen-Werk‹ – Die Epochenschwelle von 1912: Guillaume Apollinaires ›Zone‹ und ›Lundi Rue Christine‹ – Ein literarischer Robespierre: Paul Valéry am Beginn einer neuen Rezeption? – Italo Calvino: ›Wenn ein Reisender in einer Winternacht‹ – Plädoyer für eine postmoderne Ästhetik

865 Wittgenstein, Ludwig: Vorlesungen 1930-1935
Cambridge 1930-1932. Aus den Aufzeichnungen von John King und Desmond Lee. Herausgegeben von Desmond Lee. Cambridge 1932-1935. Aus den Aufzeichnungen von Alice Ambrose

und Margaret Macdonald. Herausgegeben von Alice Ambrose. Übersetzt von Joachim Schulte. 452 S. 1989. (3-518-28465-7)

866 »Der Löwe spricht... und wir können ihn nicht verstehen«
Ein Symposion an der Universität Frankfurt anläßlich des hundertsten Geburtstags von Ludwig Wittgenstein. Brian McGuinness, Jürgen Habermas, Karl-Otto Apel, Richard Rorty, Charles Taylor, Friedrich Kambartel, Albrecht Wellmer. Übersetzungen von Joachim Schulte. 148 S. 1991.
(3-518-28466-5)
McGuinness, Brian: »Der Löwe spricht... und wir können ihn nicht verstehen.« Zu Wittgensteins hundertstem Geburtstag – Habermas, Jürgen: Gedanken bei der Vorbereitung einer Konferenz – Apel, Karl-Otto: Wittgenstein und Heidegger: Kritische Wiederholung und Ergänzung eines Vergleichs – Rorty, Richard: Wittgenstein, Heidegger und die Hypostasierung der Sprache – Taylor, Charles: Lichtung oder Lebensform. Parallelen zwischen Wittgenstein und Heidegger – Kambartel, Friedrich: Versuch über das Verstehen – Wellmer, Albrecht: Ludwig Wittgenstein. Über die Schwierigkeiten einer Rezeption seiner Philosophie und ihre Stellung zur Philosophie Adornos

867 Castoriadis, Cornelius: Gesellschaft als imaginäre Institution
Entwurf einer politischen Philosophie. (L'institution imaginaire de la société). Übersetzt von Horst Brühmann. 613 S. 1990
(3-518-28467-3)

868 Waldenfels, Bernhard: Der Stachel des Fremden
278 S. 1990. (3-518-28468-1)
Vorwort: Ansprüche der Erfahrung – Ordnung im Potentialis. Zur Krisis der europäischen Moderne – Auf der Schwelle zwischen Drinnen und Draußen. Phänomenologische Grenzbetrachtungen – Dialog und Diskurse – Fremderfahrung zwischen Aneignung und Enteignung – Jenseits des Subjektprinzips – Der Logos der praktischen Welt – Grenzen der Legitimierung und die

Frage nach der Gewalt – Das überbewältigte Leiden – Reichweite der Technik – Ambivalenz der Arbeit – Zwischen Not und Überfluß. Metaökonomische Überlegungen zum Marxismus – Alltag als Schmelztiegel der Rationalität – Das Rätsel der Sichtbarkeit. Kunstphänomenologische Betrachtungen im Hinblick auf den Status der modernen Malerei – Der herausgeforderte Blick. Zur Orts- und Zeitbestimmung des Museums – Gleichzeitigkeit des Ungleichartigen. Moderne Ordnung im Spiegel der Großstadt

869 **Schwemmer, Oswald: Die Philosophie und die Wissenschaften**

Zur Kritik einer Abgrenzung. 190 S. 1990. (3-518-28469-X)
Die Philosphie und die Wissenschaften – Die Vielfalt der Kulturen und die Einheit der Wissenschaft – Die Rationalität des Menschen. Ein geistiges Ideal und seine empirische Wirklichkeit – Die Struktur unserer Erfahrung. Zum Verhältnis von alltäglicher und wissenschaftlicher Erfahrung – Rationaler Pluralismus. Zur Kritik der Regeln- und Prinzipienethik – Moralität und Identität

870 **Sozialphilosophische Grundlagen ökonomischen Handelns**

Herausgegeben von Bernd Biervert, Klaus Held und Josef Wieland. 178 S. 1990. (3-518-28470-3)
Biervert, Bernd/Wieland, Josef: Gegenstandsbereich und Rationalitätsform der Ökonomie und der Ökonomik – Bien, Günther: Die aktuelle Bedeutung der ökonomischen Theorie des Aristoteles – Birnbacher, Dieter: Der Utilitarismus und die Ökonomie – Pieper, Annemarie: Ethik und Ökonomie. Historische und systematische Aspekte ihrer Beziehung – Schwemmer, Oswald: Was ist vernünftig? Einige Bemerkungen zur Frage nach der praktischen Vernunft in der Ethik und in der Ökonomie – Apel, Karl-Otto: Diskursethik als Verantwortungsethik und das Problem der ökonomischen Rationalität – Homann, Karl: Demokratie und Gerechtigkeitstheorie. James M. Buchanans Kritik an John Rawls

871 Mises, Richard von: Kleines Lehrbuch des Positivismus
Einführung in die empiristische Wissenschaftsauffassung. Herausgegeben und eingeleitet von Friedrich Stadler. 559 S. 1990 (3-518-28471-1)

872 Adorno, Theodor W.: Zur Metakritik der Erkenntnistheorie
Studien über Husserl und die phänomenologischen Antinomien. Herausgegeben von Gretel Adorno und Rolf Tiedemann. 245 S. 1990. (3-518-28472-X)

873 Moscovici, Serge: Versuch über die menschliche Geschichte der Natur
(Essai sur l'histoire humaine de la nature). Übersetzt von Michael Bischoff. 573 S. 1990. (3-518-28473-8)

876 Foerster, Heinz von: Wissen und Gewissen
Herausgegeben von Siegfried J. Schmidt. Übersetzt von Wolfram K. Köck. ca. 380 S. 1992. (3-518-28476-2)
Scott, Bernard: Heinz von Foerster. Eine Würdigung – Baecker, Dirk: Kybernetik zweiter Ordnung – Foerster, Heinz von: Über das Konstruieren von Wirklichkeiten – Kybernetik einer Erkenntnistheorie – Kybernetik – Gedanken und Bemerkungen über Kognition – Gegenstände: greifbare Symbole für (Eigen-) Verhalten – Bemerkungen zu einer Epistemologie des Lebendigen – Unordnung/Ordnung: Entdeckung oder Erfindung? – Molekular-Ethologie: ein unbescheidener Versuch semantischer Klärung – Zukunft der Wahrnehmung: Wahrnehmung der Zukunft – Über selbst-organisierende Systeme und ihre Umwelten – Prinzipien der Selbstorganisation im sozialen und betriebswirtschaftlichen Bereich – Epistemologie der Kommunikation – Verstehen verstehen – Was ist Gedächtnis, daß es Rückschau *und* Vorschau ermöglicht? – Die Verantwortung des Experten – Implizite Ethik – Mit den Augen des anderen – Betrifft: Erkenntnistheorien

877 Trabant, Jürgen: Traditionen Humboldts
262 S. 1990. (3-518-28477-0)

878 Stolleis, Michael: Staat und Staatsräson in der frühen Neuzeit
Studien zur Geschichte des öffentlichen Rechts. 350 S. 1990 (3-518-28478-9)
Löwe und Fuchs. Eine politische Maxime im Frühabsolutismus – Arcana Imperii und Ratio Status. Bemerkungen zur politischen Theorie des frühen 17. Jahrhunderts – Machiavellismus und Staatsräson. Ein Beitrag zu Conrings politischem Denken – Textor und Pufendorf über die Ratio Status Imperii im Jahre 1667 – Friedrich Meineckes »Die Idee der Staatsräson« und die neuere Forschung – Condere leges et interpretari. Gesetzgebungsmacht und Staatsbildung in der frühen Neuzeit – Grundzüge der Beamtenethik (1550-1650) – Lipsius-Rezeption in der politisch-juristischen Literatur des 17. Jahrhunderts in Deutschland – Glaubensspaltung und öffentliches Recht in Deutschland – Untertan – Bürger – Staatsbürger. Bemerkungen zur juristischen Terminologie im späten 18. Jahrhundert

879 Dworkin, Ronald: Bürgerrechte ernstgenommen
(Taking Rights Seriously). Übersetzt von Ursula Wolf. 592 S. 1990. (3-518-28479-7)

880 Münch, Richard: Dialektik der Kommunikationsgesellschaft
397 S. 1991. (3-518-28480-0)

881 Wodak, Ruth/Nowak, Peter/Pelikan, Johanna/Gruber, Helmut/Cillia, Rudolf de/Mitten, Richard: »Wir sind alle unschuldige Täter«
Diskurshistorische Studien zum Nachkriegsantisemitismus. 401 S. 1990. (3-518-28481-9)

882 **Varela, Francisco J.: Kognitionswissenschaft – Kognitionstechnik**
Eine Skizze aktueller Perspektiven. (Cognitive Science. A Cartography of Current Ideas). Übersetzt von Wolfram K. Köck. Mit einem Vorwort von Siegfried J. Schmidt. 121 S. 1990 (3-518-28482-7)

883 **Panofsky, Erwin: Die Renaissancen der europäischen Kunst**
(Renaissance and Renascences in Western Art). Übersetzt von Horst Günther. 463 S. 1990. (3-518-28483-5)

884 **Damon, William: Die soziale Welt des Kindes**
(The Social World of the Child). Übersetzt von Uta S. Eckensberger. 315 S. 1990. (3-518-28484-3)

885 **Grimminger, Rolf: Die Ordnung, das Chaos und die Kunst**
Für eine neue Dialektik der Aufklärung. Mit einer Einleitung zur Taschenbuchausgabe (1990). 284 S. 1990. (3-518-28485-1)

886 **Fraenkel, Ernst: Deutschland und die westlichen Demokratien**
Erweiterte Ausgabe (1991). Mit einem Nachwort über Leben und Werk Ernst Fraenkels. Herausgegeben von Alexander v. Brünneck. 399 S. 1991. (3-518-28486-X)

887 **Wright, Georg Henrik von: Wittgenstein**
Übersetzt von Joachim Schulte. 226 S. 1990. (3-518-28487-8)

888 **Sabean, David Warren: Das zweischneidige Schwert**
Herrschaft und Widerspruch im Württemberg der frühen Neuzeit. (Power in the Blood). Übersetzt von Brigitte Luchesi. 274 S. 1990. (3-518-28488-6)

889 Tibi, Bassam: Die Krise des modernen Islams
Eine vorindustrielle Kultur im wissenschaftlich-technischen Zeitalter. Erweiterte Ausgabe. Mit einem Essay: Islamischer Fundamentalismus als Antwort auf die doppelte Krise. 314 S. 1991 (3-518-28489-4)

891 Habermas, Jürgen: Strukturwandel der Öffentlichkeit
Untersuchungen zu einer Kategorie der bürgerlichen Gesellschaft. Mit einem Vorwort zur Neuauflage 1990. 391 S. 1990 (3-518-28491-6)

892 Varga, Lucie: Zeitenwende
Mentalitätshistorische Studien 1936-1939. Herausgegeben, übersetzt und eingeleitet von Peter Schöttler. 247 S. 1991 (3-518-28492-4)

893 Apel, Karl-Otto: Diskurs und Verantwortung
Das Problem des Übergangs zur postkonventionellen Moral. 488 S. 1990. (3-518-28493-2)

894 Gesellschaftliche Prozesse und individuelle Praxis
Bochumer Vorlesungen zu Norbert Elias' Zivilisationstheorie. Herausgegeben von Hermann Korte. 257 S. 1990 (3-518-28494-0)
Korte, Hermann: Von Elias lernen. Ein Vorwort – Blomert, Reinhard: Abwehr und Integration. Wandlungen im Verhältnis von Soziologen zur Psychoanalyse – Schröter, Michael: Scham im Zivilisationsprozeß. Zur Diskussion mit Hans Peter Duerr – Schubert, Herbert J.: Das Altern der westeuropäischen Staatsgesellschaften. Über Bevölkerungsentwicklungen während des abendländischen Zivilisationsprozesses – Huppertz, Manfred: Interdependenzen von Kultur und Wirtschaft als Element der Stadtentwicklung – Eichener, Volker: Außenseiter und Etablierte: Ausländer auf dem Wohnungsmarkt – Treibel, Annette: Engagierte Frauen, distanzierte Männer? Anmerkungen zum Wissenschafts-

betrieb – Klein, Gabriele: »Wenn das Blut in Wallung kommt ...«. Vom Menuett zum Walzer oder: Zum Wandel der Tanzformen im Prozeß der Zivilisierung – Kuzmics, Helmut: Das »moderne Selbst« und der langfristige Prozeß der Zivilisation

895 Davidson, Donald: Handlung und Ereignis
(Essays on Actions and Events). Übersetzt von Joachim Schulte. 421 S. 1990. (3-518-28495-9)

896 Davidson, Donald: Wahrheit und Interpretation
(Inquiries into Truth and Interpretation). Übersetzt von Joachim Schulte. 408 S. 1990. (3-518-28496-7)

897 Die Wahrheit der Interpretation
Beiträge zur Philosophie Donald Davidsons. Herausgegeben von Eva Picardi und Joachim Schulte. Übersetzt von Joachim Schulte. 282 S. 1990. (3-518-28497-5)
Picardi, Eva: Einleitung. Zu Davidsons Philosophie der Sprache – Rorty, Richard: Pragmatismus, Davidson und der Wahrheitsbegriff – Bratman, Michael: Davidsons Theorie der Absicht – Quine, Willard Van: Ereignisse und Reifizierung – Kim, Jaegwon: Psychophysische Gesetze – Burge, Tyler: Über Davidsons »Sagen, daß« – Davidson, Donald – Eine hübsche Unordnung von Epitaphen – Hacking, Ian: Die Parodie der Konversation – Dummett, Michael: Eine hübsche Unordnung von Epitaphen. Bemerkungen zu Davidson und Hacking

898 Zwischen Anfang und Ende
Fragen an die Pädagogik. Herausgegeben von Niklas Luhmann und Karl Eberhard Schorr. 227 S. 1990. (3-518-28498-3)
Luhmann, Niklas/Schorr, Karl Eberhard: Einleitung – Luhmann, Niklas: Anfang und Ende: Probleme einer Unterscheidung – Oelkers, Jürgen: ›Vollendung‹: Theologische Spuren im pädagogischen Denken – Luhmann, Niklas: Die Homogenisierung des Anfangs: Zur Ausdifferenzierung der Schulerziehung – Schorr, Karl Eberhard: Erziehung als Periode: Über die Organisation von

Anfang und Ende – Schwander, Michael W.: Schulstart: Anfang als Bruch und als Wiederholung – Diederich, Jürgen: Verknüpfungen von »Wiederholen« und »Weitermachen« im Schulunterricht – Hiller, Gotthilf Gerhard: Zeitprobleme in schulischen Reformprojekten – Harney, Klaus: Zum Beginn von Anfang und Ende: Tradition und Kontingenz der Berufsausbildung am Beispiel schwerindustrieller Betriebsformen

899 Schulte, Joachim: Chor und Gesetz
Wittgenstein im Kontext. 166 S. 1990. (3-518-28499-1)
Chor und Gesetz. Zur »morphologischen Methode« bei Goethe und Wittgenstein – Glaube und Aberglaube – Stilfragen – Ästhetisch richtig – Mischfarben. Betrachungen zu einer These Brentanos und einem Gedanken Wittgensteins – Metaphern und sekundäre Bedeutung. Eine Gegenüberstellung – Weltbild und Mythologie – Beschreibung – Kontext

900 Gedächtnis
Probleme und Perspektiven der interdisziplinären Gedächtnisforschung. Herausgegeben von Siegfried J. Schmidt. 370 S. 1991 (3-518-28500-9)
Schmidt, Siegfried J.: Gedächtnisforschungen: Positionen, Probleme, Perspektiven – Foerster, Heinz von: Was ist ein Gedächtnis, daß es Rückschau *und* Vorschau ermöglicht? – Singer, Wolf: Die Entwicklung kognitiver Strukturen – ein selbstreferentieller Lernprozeß – Roth, Gerhard: Neuronale Grundlagen des Lernens und des Gedächtnisses – Varela, Francisco J.: Allgemeine Prinzipien des Lernens im Rahmen der Theorie biologischer Netzwerke – Florey, Ernst: Gehirn und Zeit – Haken, Hermann: Konzepte und Modellvorstellungen der Synergetik zum Gedächtnis – Iran-Nejad, Ashgar/Homaifar, Abdollah: Assoziative und nicht-assoziative Theorien des verteilten Lernens und Erinnerns – Stadler, Michael/Kruse, Peter: Visuelles Gedächtnis für Formen und das Problem der Bedeutungszuweisung in kognitiven Systemen – Rusch, Gebhard: Erinnerungen aus der Gegenwart – Hejl, Peter M.: Wie Gesellschaften Erfahrungen machen oder: Was Ge-

sellschaftstheorie zum Verständnis des Gedächtnisproblems beitragen kann – Baecker, Dirk: Überlegungen zur Form des Gedächtnisses – Anhang: Roth, Gerhard: Die Konstitution von Bedeutung im Gehirn

901-905 Löwenthal, Leo: Schriften
5 Bände in Kassette. 1990. (3-518-09852-7)

901 Löwenthal, Leo: Literatur und Massenkultur
Schriften. Herausgegeben von Helmut Dubiel. Band 1. 382 S. 1990. (3-518-28501-7)
Standortbestimmung des Massenkultur – Die Diskussion über Kunst und Massenkultur: kurze Übersicht – Predigt und Theater – Die Debatte über kulturelle Standards: Das englische 18. Jahrhundert als Beispiel – Die Debatte über kulturelle Standards im England des 19. Jahrhunderts – Die Auffassung Dostojewskis im Vorkriegsdeutschland – Die biographische Mode – Der Triumph der Massenidole – ›International Who's Who 1937‹ – Zur gesellschaftlichen Lage der Literaturwissenschaft (1932) – Aufgaben der Literatursoziologie (1948) – Kritische Notizen zu David Riesmans »Die Einsame Masse« (1961) – Humanität und Kommunikation (1969)

902 Löwenthal, Leo: Das bürgerliche Bewußtsein in der Literatur
Schriften. Herausgegeben von Helmut Dubiel. Band 2. 447 S. 1990. (3-518-28502-5)
Studien zur europäischen Literatur von der Renaissance bis zur Moderne – Studien zum deutschen Roman des 19. Jahrhunderts

903 Löwenthal, Leo: Falsche Propheten
Studien zum Autoritarismus. Schriften. Herausgegeben von Helmut Dubiel. Band 3. 336 S. 1990. (3-518-28503-3)
Falsche Propheten. Studien zur faschistischen Agitation – Individuum und Terror – Vorurteilsbilder. Antisemitismus unter amerikanischen Arbeitern – Autorität in der bürgerlichen Gesellschaft.

Ein Entwurf – Exkurse: Zugtier und Sklaverei – Die erste Szene in Shakespeares »Sturm«

904 Löwenthal, Leo: Judaica, Vorträge, Briefe
Schriften. Herausgegeben von Helmut Dubiel. Band 4. 328 S. 1990. (3-518-28504-1)
Judentum und deutscher Geist – Adorno und seine Kritiker – Erinnerung an Theodor W. Adorno – Literatursoziologie im Rückblick – Goethe und die falsche Subjektivität – Zum Andenken Walter Benjamins – Calibans Erbe – Briefwechsel Leo Löwenthal – Theodor W. Adorno – Briefwechsel Leo Löwenthal – Max Horkheimer – »Mitmachen wollte ich nie«. Gespräch mit Helmut Dubiel (1981) – »Wir haben nie im Leben diesen Ruhm erwartet«. Gespräch mit Matthias Greffrath (1979)

905 Löwenthal, Leo: Philosophische Frühschriften
Schriften. Herausgegeben von Helmut Dubiel. Band 5. 249 S. 1990. (3-518-28505-X)
Helvetius – Die Sozietätsphilosophie Franz von Baaders. Beispiel und Problem einer »religiösen Soziologie« – Gewalt und Recht in der Staats- und Rechtsphilosophie Rousseaus und der deutschen idealistischen Philosophie – Das Dämonische. Entwurf einer negativen Religionsphilosophie – Verzeichnis der Schriften Leo Löwenthals

906 Goldstein, Joseph/Freud, Anna/Solnit, Albert J.: Jenseits des Kindeswohls
(Beyond the Best Interests of the Child). Übersetzt von Anna Freud und Reinhard Herborth. Mit einem Beitrag von Spiros Simitis: Das »Kindeswohl« – neu betrachtet. Mit einem Nachwort (zur Ausgabe 1991): Weitere Bemerkungen zur Anwendung des Standards der am wenigsten schädlichen Alternative. 171 S. 1991. (3-518-28506-8)

907 Hegel und die antike Dialektik
Herausgegeben von Manfred Riedel. 283 S. 1990
(3-518-28507-6)
Riedel, Manfred: Dialektik des Logos? Hegels Zugang zum »ältesten Alten« der Philosophie – Pöggeler, Otto: Die Ausbildung der spekulativen Dialektik in Hegels Begegnung mit der Antike – Berti, Enrico: Hegel und Parmenides oder: Warum es bei Parmenides noch keine Dialektik gibt – Bubner, Rüdiger: Dialektik oder die allgemeine Ironie der Welt. Hegels Sicht des Eleatismus – Boeder, Heribert: Vom Schein einer Heraklitischen Dialektik – Schmidt, Gerhart: Hegel und Anaxagoras – Held, Klaus: Die Sophistik in Hegels Sicht – Rosen, Stanley: Hegel und der eleatische Fremde – Düsing, Klaus: Formen der Dialektik bei Plato und Hegel – Baum, Manfred: Kosmologie und Dialektik bei Platon und Hegel – Aubenque, Pierre: Hegelsche und Aristotelische Dialektik – Buchner, Hartmut: Skeptizismus und Dialektik – Meyer, Rudolf W.: Dialektik der sinnlichen Gewißheit und der Anfang der Seinslogik – Gargano, Antonio: Das Istituto Italiano per gli Studi Filosofici, Neapel – Waszek, Norbert: Hegel und die antike Dialektik. Bibliographie

908 Giesen, Bernhard: Die Entdinglichung des Sozialen
Eine evolutionstheoretische Perspektive auf die Postmoderne. 266 S. 1991. (3-518-28508-4)

909 Hörning, Karl H./Gerhard, Anette/Michailow, Matthias: Zeitpioniere
Flexible Arbeitszeiten – neuer Lebensstil. 205 S. 1990
(3-518-28509-2)

910 Saage, Richard: Das Ende der politischen Utopie?
113 S. 1990. (3-518-28510-6)
Das Ende der politischen Utopie? – Gibt es einen anarchistischen Diskurs in der klassischen Utopietradition? – Zum Sozialismusbegriff Otto Bauers – Restriktionsanalysen Otto Bauers am Beispiel der Ersten österreichischen Republik – Aspekte postmoder-

ner Aufklärungskritik – Das »Dritte Reich« und die historische Identität der Deutschen

911 Sicherheit und Freiheit
Zur Ethik des Wohlfahrtsstaates. Herausgegeben von Christoph Sachße und H. Tristram Engelhardt. 360 S. 1990
(3-518-28511-4)
Sachße, Christoph: Freiheit, Gleichheit, Sicherheit: Grundwerte im Konflikt – Koslowski, Peter: Der soziale Staat der Postmoderne. Ethische Grundlagen der Sozialpolitik und Reform der Sozialversicherung – Sass, Hans-Martin: Zielkonflikte im Wohlfahrtsstaat – Gross, Peter: Selbsthilfe und Selbstverantwortung als normative Leitideen der Sozialpolitik – Preuß, Ulrich K.: Verfassungstheoretische Überlegungen zur normativen Begründung des Wohlfahrtsstaates – Blanke, Thomas: Sozialer Rechtsstaat: Verfassungsgebot für soziale Sicherheit? – Mückenberger, Ulrich: Normalarbeitsverhältnis: Lohnarbeit als normativer Horizont sozialer Sicherheit? – Offe, Claus: Akzeptanz und Legitimität strategischer Optionen in der Sozialpolitik? – Brumlik, Micha: Sind soziale Dienste legitimierbar? Zur ethischen Begründung pädagogischer Intervention – Kondratowitz, Hans-Joachim von: Sozialpolitik in Verlegenheit. Normative Unbestimmtheiten im gegenwärtigen Diskurs über das Alter – Diessenbacher, Hartmut: Generationenvertrag, Ethik und Ökonomie: Ist das höhere Lebensalter noch finanzierbar? – Rie, Michael A.: Ökonomische Grenzen der Lebensrettung? Zur Mikroallokation in der Gesundheitspolitik – Engelhardt, H. Tristram: Die Einführung von Zugangsbeschränkungen für kostenintensive lebensrettende medizinische Behandlung – Schulenburg, J.-Matthias Graf von der: Die ethischen Grundlagen des Gesundheitssystems in der Bundesrepublik Deutschland. Versuch einer Positionsbestimmung – Thust, Wolfdieter: Organisatorische und rechtliche Grundlagen der kassenärztlichen Versorgung in der Bundesrepublik Deutschland einschließlich Berlin (West)

912 **Peirce, Charles Sanders: Naturordnung und Zeichenprozeß**

Schriften über Semiotik und Naturphilosophie. Mit einem Vorwort von Ilya Prigogine. Herausgegeben und eingeleitet von Helmut Pape. Übersetzt von Bertram Kienzle. 484 S. 1991 (3-518-28512-2)

Entwurf und Zufall (1884) – Notizen über Evolution und die Architektonik von Theorien (ca. 1890) – Die Architektonik von Theorien (1891) – Untersuchung der Lehre vom Determinismus (1892) – Das Gesetz des Geistes (1892) – Die gläserne Natur des Menschen (1892) – Evolutionäre Liebe (1893) – Verursachung und Kraft (1898) – Was ist ein Naturgesetz? (ca. 1901) – Prolegomena zu einer Apologie des Pragmatizismus (1906) – Wahrnehmen als unbewußtes Schlußfolgern (ca. 1890) – Neue Elemente (1904) – Weitere selbständige Ideen und der Streit zwischen Nominalisten und Realisten (1898) – Vielfalt und Gleichförmigkeit (1903) – Über Theoriebildung (1903) – Anhang: Peirce' philosophische und wissenschaftliche Begrifflichkeit um 1889 im Century Dictionary

913 **Wandel der Geschlechterbeziehungen zu Beginn der Neuzeit**

Herausgegeben von Heide Wunder und Christina Vanja. 231 S. 1991. (3-518-28513-0)

Wunder, Heide: Überlegungen zum Wandel der Geschlechterbeziehungen im 15. und 16. Jahrhundert aus sozialgeschichtlicher Sicht – Müller, Jan-Dirk: Jörg Wickram zu Liebe und Ehe – Müller, Maria E.: Naturwesen Mann. Zur Dialektik von Herrschaft und Knechtschaft in Ehelehren der Frühen Neuzeit – Hinz, Berthold: Holbeins »Schola Thomae Mori« von 1527 – Scharffenorth, Gerta: »Im Geiste Freunde werden«. Mann und Frau im Glauben Martin Luthers – Schorn-Schütte, Luise: »Gefährtin« und »Mitregentin«. Zur Sozialgeschichte der evangelischen Pfarrfrau in der Frühen Neuzeit – Conrad, Anne: »Katechismusjungfrauen« und »Scholastikerinnen«. Katholische Mädchenbildung in der Frühen Neuzeit – Roper, Lyndal: »Wille« und »Ehre«:

Sexualität, Sprache und Macht in Augsburger Kriminalprozessen – Ahrendt-Schulte, Ingrid: Schadenzauber und Konflikte. Sozialgeschichte von Frauen im Spiegel der Hexenprozesse des 16. Jahrhunderts in der Grafschaft Lippe

914 Böckenförde, Ernst-Wolfgang: Recht, Staat, Freiheit
Studien zur Rechtsphilosophie, Staatstheorie und Verfassungsgeschichte. 382 S. 1991. (3-518-28514-9)
Die Historische Rechtsschule und das Problem der Geschichtlichkeit des Rechts – Freiheit und Recht, Freiheit und Staat – Das Bild vom Menschen in der Perspektive der heutigen Rechtsordnung – Zur Kritik der Wertbegründung des Rechts – Die Entstehung des Staates als Vorgang der Säkularisation. Bemerkungen zum Verhältnis von Staat und Religion bei Hegel – Entstehung und Wandel des Rechtsstaatsbegriffs – Lorenz von Stein als Theoretiker der Bewegung von Staat und Gesellschaft zum Sozialstaat – Die Bedeutung der Unterscheidung von Staat und Gesellschaft im demokratischen Sozialstaat der Gegenwart – Verfassungsprobleme und Verfassungsbewegung des 19. Jahrhunderts – Der Staat als Organismus. Zur staatstheoretisch-verfassungspolitischen Diskussion im frühen Konstitutionalismus – Der deutsche Typ der konstitutionellen Monarchie im 19. Jahrhundert – Der Zusammenbruch der Monarchie und die Entstehung der Weimarer Republik – Der Begriff des Politischen als Schlüssel zum staatsrechtlichen Werk Carl Schmitts – Gerhard Anschütz

915 Schmidt, Siegfried J.: Grundriß der Empirischen Literaturwissenschaft
Mit einem Nachwort zur Taschenbuchausgabe. 408 S. 1991 (3-518-28515-7)

916 Postmoderne – globale Differenz
Herausgegeben von Robert Weimann und Hans Ulrich Gumbrecht unter Mitarbeit von Benno Wagner. 385 S. 1991 (3-518-28516-5)
Weimann, Robert: Das Ende der Moderne? Versuch über das

Autoritätsproblem in unserer Zeit – Gumbrecht, Hans Ulrich: nachMODERNE ZEITENräume – Jameson, Fredric: Postmoderne und Utopie – Wagner, Benno: PostModerne oder PostFordismus? Zur Logik von Stabilität und Veränderung in der politischen Landschaft der BRD – Motte, Brunhild de la: Feminismus im Spannungsfeld von Humanismus und Poststrukturalismus – Irrlitz, Gerd: Postmoderne-Philosophie, ein ästhetisches Konzept – Barck, Karlheinz: Richtungs-Wechsel. Postmoderne Motive einer Kritik politischer Vernunft: Jean-François Lyotard – Müller, Heiner/Weimann, Robert: Gleichzeitigkeit und Repräsentation. Ein Gespräch – Flierl, Bruno: Postmoderne Architektur. Zum architekturtheoretischen Diskurs der Postmoderne bei Charles Jencks – Rincón, Carlos: Borges und García Márquez oder: das periphere Zentrum der Postmoderne – Ickstadt, Heinz: Plot, Komplott oder Herrschaft des Zufalls: Die Findung und Erfindung von Geschichte im postmodernen amerikanischen Roman – Riese, Utz: Heterotopien der Komplizenschaft. Räume differentieller Negativität in der amerikanischen Literatur – Lyotard, Jean-François: Eine post-moderne Fabel über die Postmoderne oder: In der Megalopolis – Gumbrecht, Hans Ulrich: Tod des Subjekts als Ekstase der Subjektivität – Schröder, Winfried: Über »das Versagen des modernen Subjekts« – Versuch gegen Kurzschlüsse – Schütze, Jochen C.: Überlegungen zum Status des Subjekts nach der Moderne – Wicht, Wolfgang: Geheimer Punkt: die Tätigkeit des Adressaten – Riese, Utz: Postmoderne Repräsentation? – Wagner, Benno: Diskurs-Effekt: Subjekt-Affekt. Eine Erinnerung – Wagner, Benno: Übergänge, Unterschiede – Pfeiffer, K. Ludwig: Schwebende Referenzen und Verhaltenskultur: Japan und die Praxis permanenter Postmoderne – Herlinghaus, Hermann: Jorge Luis Borges oder die periphere Perspektive – Rincón, Carlos: Die Differenz der Welten und der historische Blick auf die Postmoderne – Gumbrecht, Hans Ulrich: Die Postmoderne ist (eher) keine Epoche – Rincón, Carlos: Arbeit nach dem »Ende des Sozialen« – Prozeß ohne Subjekt? – Dotzler, Bernhard J.: Arbeit und Eschatologie

917 **Kippenberg, Hans G.: Die vorderasiatischen Erlösungsreligionen**

in ihrem Zusammenhang mit der antiken Stadtherrschaft. Heidelberger Max Weber-Vorlesungen 1988. 604 S. 1991 (3-518-28517-3)

918 **Haussmann, Thomas: Erklären und Verstehen: Zur Theorie und Pragmatik der Geschichtswissenschaft**

Mit einer Fallstudie über die Geschichtsschreibung zum Deutschen Kaiserreich von 1871-1918. 342 S. 1991. (3-518-28518-1)

919 **Gould, Stephen Jay: Wie das Zebra zu seinen Streifen kommt**

Essays zur Naturgeschichte. (Hen's Teeth and Horse's Toes. Further Reflections in Natural History). Übersetzt von Stephen Cappellari. 399 S. 1991. (3-518-28519-X)

920 **Prozeß, Gefühl und Raum-Zeit**

Materialien zu Whiteheads »Prozeß und Realität«. Band 1. Herausgegeben von Michael Hampe und Helmut Maaßen. 333 S. 1991. (3-518-28520-3)

Hampe, Michael: Whiteheads Metaphysik und das philosophische Selbstverständnis der Gegenwart – Maaßen, Helmut: Einleitung. Natur als Aktivität – Bergson, Henri: Ding und Werden – Henderson, Lawrence J.: Die Tauglichkeit der Umgebung – Dewey, John: Erfahrung und philosophische Methode – Santayana, George: Nichts Gegebenes existiert – Santayana, George: Wissen ist durch Symbole vermittelter Glaube – Hampe, Michael: Einleitung: Alternativen zu einem monolithischen Universum – Bradley, Francis H.: Relationen – McTaggart, J. M. E.: Substanz – McTaggart, J. M. E.: Gruppen – Russell, Bertrand: Relationen – Russell, Bertrand: Merkmale mentaler Phänomene – Nunn, T. Percy: Objektivität – Nunn, T. Percy: Sind sekundäre Qualitäten unabhängig von der Wahrnehmung? – James, William: Gibt es das »Bewußtsein«? – James, William: Das Problem der Neuheit – Hocking, William E.: Die Bestimmung des Gefühls – Hampe,

Michael: Einleitung: Whiteheads Entwicklung einer Theorie der Ausdehnung – Alexander, Samuel: Raum-Zeit (Zusammenfassung) – Whitehead, Alfred North: Die Methode der extensiven Abstraktion – Whitehead, Alfred North: Zeit, Raum und Stofflichkeit – Laguna, Theodore de: Die Natur des Raumes – Laguna, Theodore de: Punkt, Linie und Fläche als Mengen von Festkörpern – Whitehead, Alfred North: Einsteins Theorie: Ein Alternativvorschlag – Northrop, F. S. C.: Die Relativitätstheorie und die ersten Prinzipien der Naturwissenschaft – Whitehead, Alfred North. Tabellarischer Lebenslauf

921 Die Gifford Lectures und ihre Deutung
Materialien zu Whiteheads »Prozeß und Realität«. Band 2. Herausgegeben von Michael Hampe und Helmut Maaßen. 394 S. 1991. (3-518-28521-1)
Maaßen, Helmut: Die Gifford Lectures – Briefe zu Themen der Gifford-Vorlesungen: Whitehead an Alexander vom 3.9.1924 – Whitehead an Hartshorne vom 2.1.1936 – Collingwood an Alexander vom 13.2.1935 – Nunn an Alexander vom 10.7.1914 – Nunn an Alexander vom 28.7.1914 – Nunn an Alexander vom 8.1.1930 – Bradley an Alexander vom 5.2.1909 – Bradley an Alexander vom 12.4.1910 – Carr an Alexander vom 26.3.1915 – Carr an Alexander vom 23.12.1920 – Die Gifford-Dozentur für Natürliche Theologie. Auszüge aus der Stiftungsurkunde – Die Gifford-Dozenten – Alexander, Samuel: Raum, Zeit und Gottheit – Whitehead, Alfred North: Das metaphysische Schema vom März 1927 – Whitehead, Alfred North: Die metaphysischen Prinzipien vom Oktober 1927 – Whiteheads Vorlesungsankündigungen zu den Gifford-Lectures von 1927/28 – Lowe, Victor: Whiteheads Gifford-Vorlesungen – Mead, George Herbert: Analyse von Whiteheads Idee der Perspektiven – Emmet, Dorothy: Whitehead und Santayana – Sprigge, Timothy L. S.: Whitehead und Santayana – Horstmann, Rolf-Peter: Bradley und Whitehead über Realität und Erkennen – Frey, Gregor K.: Naturalistische Metaphysik bei Whitehead und Russell – Hartshorne, Charles: Peirce, Whitehead und die sechzehn Ansichten über Gott – Maaßen, Helmut: Offenbarung, My-

thos und Metaphysik: Drei Gottesbegriffe der Tradition und Whiteheads bipolarer Gott – Lotter, Maria-Sibylla: Erfahrung und Natur. Von der Philosophie der Naturwissenschaft zur pragmatistischen Metaphysik der Erfahrung – Rorty, Richard: Das subjektivistische Prinzip und die Wende zur Sprachanalyse – Wiehl, Reiner: Aktualität und Extensivität in Whiteheads Kosmo-Psychologie – Simons, Peter: Whitehead und die Mereologie – Alfred North Whitehead. Tabellarischer Lebenslauf

922 Kempski, Jürgen von: Brechungen
Kritische Versuche zur Philosophie der Gegenwart. Schriften 1. Herausgegeben von Achim Eschbach. 459 S. 1992
(3-518-28522-X)
Stilisierte Geschichte (Toynbee) – Religio historici? – Universalgeschichte und Gegenwartsdiagnose (Spengler, A. Weber, Sorokin) – Ortsbestimmung der Gegenwart? (Rüstow) – Die Logik der Geisteswissenschaften und die Geschichte – Das kommunistische Palimpsest – Über Bruno Bauer. Eine Studie zum Ausgang des Hegelianismus – »Voraussetzungslosigkeit«. Eine Studie zur Geschichte eines Wortes – Hoffnung als Kritik. Zur Philosophie Ernst Blochs – Bloch, Recht und Marxismus – Literatur und Lukács – Zur Ästhetik von Georg Lukács – Sartres »Wahrheit« vom Menschen – Vorbild oder Verführer? Über den politischen Einfluß von Philosophie (Adorno) – Brückenschlag aus Mißverständnis – Philosophie als Anruf (Jaspers) – Zum Selbstverständnis des Positivismus – Über Wittgenstein – Wittgenstein und die analytische Philosophie – Aspekte der Wahrheit – Der Aufbau der Erfahrung und das Handeln – Philosophie und theoretischer Fortschritt

923 Kempski, Jürgen von: Recht und Politik
Studien zur Einheit der Sozialwissenschaft. Schriften 2. Herausgegeben von Achim Eschbach. 569 S. 1992. (3-518-28523-8)
Naturrecht und Völkerrecht – Das Problem des Rechts und die Ethik – Zur Problematik altruistischer Maximen – Gedanken zu einer Strukturtheorie des Rechts – Grundlegung zu einer Struk-

turtheorie des Rechts – Zur Rolle von Kennzeichnungen im Zivilrecht – Sozialphilosophie – Bemerkungen zum Begriff der Gerechtigkeit – Von Sinn und Unsinn der Grundrechte – Technik und menschliches Handeln – Philosophie der Politik – Krieg als Straftat – Deutschland als Völkerrechtsproblem – Zwischen debellatio und Treuhand – Geheimnisse des Landesverrats – Grundrechte als Eigenrechte? – »Recht« und »Interesse« – Paulskirche und Deutsche Republik – Über den Liberalismus – Betrachtungen zum 20. Juli – Betrachtungen zur deutschen Verfassungsfrage – Währungsprojekte – und warum – Lord Keynes of Tilton – Sozialwissenschaft – Handlung, Maxime und Situation. Zur logischen Analyse der mathematischen Wirtschaftstheorie – Über einige Systeme von Produktionsgleichungen – Wie ist die Theorie der Politik möglich? – Über die Einheit der Sozialwissenschaft – Stein, Schmoller, Weber und die Einheit der Sozialwissenschaft – Mathematische Sozialtheorie – Die Forderung nach Realitätsnähe der Annahmen: ein logischer Widerspruch? – Wirtschaftswissenschaft und Soziologie – Wissenschaft als freier Beruf – Gefährdung der Wissenschaft durch politische Macht. Reflexionen zum Schicksal der Wissenschaft im Dritten Reich

924 Kempski, Jürgen von: Prinzipien der Wirklichkeit
Schriften 3. Herausgegeben von Achim Eschbach. 522 S. 1992 (3-518-28524-6)
Versuch über die Zärtlichkeit – Zimzum: Die Schöpfung aus dem Nichts – Kant und der Geist der europäischen Philosophie – Auguste Comte – Die Philosophie Eduard von Hartmanns. Versuch einer Nachkonstruktion – Prinzipien der Wirklichkeit. Zur Philosophie Alfred North Whiteheads – Bemerkungen zu Heinrich Scholz' Grundlegung der Metaphysik – Nachwort zu Jonas Cohn: Wirklichkeit als Aufgabe – Zur Dialektik. Robert Heiß – Charles Sanders Peirce und der Pragmatismus – Charles Sanders Peirce und die Apagoge des Aristoteles – Charles Sanders Peirce zu Aristoteles' Analytica Priora II 23, 25 – Relationen- und prädikatenlogische Untersuchungen zur Syllogistik – Zur Logik der Ordnungsbegriffe, besonders in den Sozialwissenschaften – Phi-

losophische Logik in der Neuzeit – Das philosophische Tagebuch. Versuch über Paul Weiss – Vater und Sohn: die Sellars und andere – Die Wahrheit des weiblichen Blicks. Erwägungen zur Urheberschaft der »Odyssee« – Das Rustikale als ästhetische Kategorie: Ein doppeltes Mißverständnis – Hermann Samuel Reimarus als Ethologe – Spinoza, Reimarus, Bruno Bauer – drei Paradigmen radikaler Bibelkritik – Nietzscheana – Der Fall Hauser und E. T. A. Hoffmanns Nachlaß – Wie sich Bildung vollzieht. Clemens Münster und Georg Picht

925 Paradoxien, Dissonanzen, Zusammenbrüche
Situationen offener Epistemologie. Herausgegeben von Hans Ulrich Gumbrecht und K. Ludwig Pfeiffer. Unter Mitarbeit von Irene Chytraeus-Auerbach, Ralf Kaczerowski, Ralph Kray, Ute Peter, Bernd Schulte, Thomas Studer, Barbara Ullrich, Benno Wagner. 863 S. 1991. (3-518-28525-4)
Kray, Ralph/Pfeiffer, K.Ludwig: Paradoxien, Dissonanzen, Zusammenbrüche. Vom Ende und Fortgang der Provokationen – Esposito, Elena: Paradoxien als Unterscheidungen von Unterscheidungen – Luhmann, Niklas: Sthenographie und Euryalistik – Villeneuve, Johanne: Der Teufel ist ein Spieler oder: Wie kommt ein Eisbär an die Adria? – Dotzler, Bernhard J.: Der Alleszermalmer. Thanatos Syndromes – Barck, Karlheinz: Über den epistemologischen Status der Marx'schen Widerspruchskonzeption und die Krise des Marxismus – O'Neill, John: Ex-Kommunikation: Freud und der Anspruch auf die Psychoanalyse – Kray, Ralph/Studer, Thomas: Kognitives Oszillieren. Philosophische Adiaphora in der Daseins-Analyse Martin Heideggers – Städtke, Klaus-Dietrich: Das Subjekt des Systems. Zur Position des Beobachters in der sowjetischen Kultursemiotik – Baecker, Dirk: Die Beobachtung der Paradoxie des Geldes – Wagner, Benno: ›Beobachtungen‹ ohne ›Selbst‹. Über Paradoxien, Tautologien und Zuschreibungsprobleme moderner Legitimität – Dünkelsbühler, Ulrike: Rahmen-Gesetz und Parergon-Paradox. Eine Übersetzungsaufgabe – Grivel, Charles: Standards. Das Gespenst in der Sprache – Bloch, R. Howard: Das Paradox der Jungfräulichkeit und

die Poetik höfischer Liebe – Schulz-Buschhaus, Ulrich: Vom Lob der Pest und vom Lob der Perfidie. Burleske und politische Paradoxographie in der italienischen Renaissance-Literatur – Pichon, Brigitte: Komik und das Management kognitiver Dissonanzen. Versuch eines Beitrags zur ›Pazifi(k/tionalis)zierung‹ der Kommunikation – Gendolla, Peter/Pfeiffer, K. Ludwig: Der gesellschaftliche Kommunikationsdruck und sein Anderes. Zur Spezialisierung des Erhabenen im zeitgenössischen ›Kriminalroman‹ – Baxmann, Inge: Traumtanzen oder die Entdeckungsreise unter die Kultur – Schwanitz, Dietrich: Die Barschel-Affäre. Beobachtungen zur Dramaturgie paradoxaler Selbstverstärkung beim Aufbau von Skandalen – Ballstaedt, Andreas: Dissonanz in der Musik. Einige Überlegungen – Frank, Hilmar: Der Widerspruch und sein montiertes Bild – Dirscherl, Klaus: Kreative Zerstörung. Antoni Tàpies in der Stunde Null der spanischen Kultur – Bann, Stephen: »Die wilden Gestade der Liebe«. Cy Twomblys streunende Zeichen – Soeffner, Hans-Georg: Der fliegende Maulwurf (Der taubenzüchtende Bergmann im Ruhrgebiet). Totemistische Verzauberung der Realität und technologische Entzauberung der Sehnsucht – Lease, Gary: »Religiöses« Bewußtsein und Kultur. Eine vergleichende Untersuchung von Überlebens-Strategien – Gumbrecht, Hans Ulrich: Inszenierte Zusammenbrüche oder: Tragödie und Paradox – Siegert, Bernhard: Der Untergang des römischen Reiches – Kittler, Friedrich: Unconditional Surrender – Knudsen, Anne: Die Klarheit des Tötens. Paradoxe Körper und die Doxa der Gesellschaft aus anthropologischer Sicht – Schulte, Bernd: »Interkulturelles Schreiben«: Brüche und Paradoxien in anglophoner afrikanischer Literatur – Costa Lima, Luiz: Tropischer Kontrapunkt der Postmoderne? – Müller, Thomas: Flugzeugabstürze. Der Verlust von Gewißheiten – Hahn, Alois: Paradoxien in der Kommunikation über Aids – Maranhão, Tullio: Das Ideal des Dialogs und der Dialog des Lebens – Scheman, Naomi: »Your Ground is my Body«. Strategien des Anti-Fundamentalismus – Stierlin, Helm: Die psychosomatische Dimension – Lyotard, Jean-François: Emma – Runte, Annette: ›Das Selbe im Anderen (Geschlecht)‹. Über Diskurse zum transsexuellen ›gender breakdown‹ – Varela, Francisco J.: Der Körper denkt. Das Immunsystem und der Prozeß der Körper-Individuierung – Godzich, Wlad: Vom Paradox der Sprache zur Dissonanz des Bildes – Campe, Rüdiger: Die Schreibszene. Schreiben – Paech, Joachim: Eine Dame verschwindet. Zur dispositiven Struktur apparativen Erscheinens – Spangenberg, Peter M.: Mediale Kopplungen und die Konstruktivität des Bewußtseins – Sobchack, Vivian: All-Theorien. Eine Reflexion über Chaos, Fraktale und die Differenz, die zur Indifferenz führt – Halbach, Wulf R.: Simulierte Zusammenbrüche – Gumbrecht, Hans Ulrich: Epistemologie/Fragmente

926 Frisby, David: Georg Simmel
ca. 180 S. 1993. (3-518-28526-2)

927 Politische Formierung und soziale Erziehung im Nationalsozialismus
Herausgegeben von Hans-Uwe Otto und Heinz Sünker. 253 S. 1991. (3-518-28527-0)
Otto, Hans-Uwe/Sünker, Heinz: Vorwort – Diner, Dan: Historisierung und Rationalität. Bausteine zu einer Theorie über die »Endlösung« – Jaschke, Hans-Gerd: Soziale Basis und soziale Funktion des Nationalsozialismus – Alte Fragen, neu aufgeworfen – Otto, Hans-Uwe/Sünker, Heinz: Volksgemeinschaft als Formierungsideologie des Nationalsozialismus. Zu Genesis und Geltung von »Volkspflege« – Kaiser, Jochen-Christoph: NS-Volkswohlfahrt und freie Wohlfahrtspflege im »Dritten Reich« – Schnurr, Stefan: Die nationalsozialistische Funktionalisierung sozialer Arbeit. Zur Kontinuität und Diskontinuität der Praxis sozialer Berufe – Dudek, Peter: Nationalsozialistische Jugendpolitik und Arbeitserziehung. Das Arbeitslager als Instrument sozialer Disziplinierung – Schiedeck, Jürgen/Stahlmann, Martin: Die Inszenierung ›totalen Erlebens‹: Lagererziehung im Nationalsozialismus – Reese, Dagmar: Emanzipation oder Vergesellschaftung: Mädchen im »Bund Deutscher Mädel« – Sachse, Carola: »Rationalisierung des Privatlebens«. Betriebssozialpolitik und Betriebssozialarbeit am Beispiel der Firma Siemens, Berlin (1918-1945)

928 Hollis, Martin: Rationalität und soziales Verstehen
Übersetzt von Joachim Schulte. Wittgenstein-Vorlesungen der Universität Bayreuth. Herausgegeben von Wilhelm Vossenkuhl. 118 S. 1991. (3-518-28528-9)

929 Hoerster, Norbert: Abtreibung im säkularen Staat
Argumente gegen den § 218. 166 S. 1991. (3-518-28529-7)

930 Kulturen der Achsenzeit II
Ihre institutionelle und kulturelle Dynamik. Herausgegeben von S. N. Eisenstadt. Übersetzt von Ruth Achlama. Teil 1: China, Japan. Teil 2: Indien. Teil 3: Buddhismus, Islam, Altägypten, westliche Kultur. 3 Bände. ca. 1200 S. 1992. (3-518-28530-0)
Teil 1: Eisenstadt, Shmuel N.: Vorwort zur deutschen Ausgabe – Eisenstadt, Shmuel N.: Die chinesische Geschichtserfahrung – Franke, Herbert: Die unterschiedlichen Formen der Eingliederung von Barbaren im Lauf der chinesischen Geschichte – Choyun Hsu: Die chinesische Reaktion auf Eroberung: Die verschiedenen Methoden zur Rekonstruktion der konfuzianischen Staatsordnung – Shichor, Yitzhak: Konfuzianismus in *einem* Land: Einige Betrachtungen zur universalistischen und partikularistischen Kollektividentität in China – Schiffrin, Harold Z.: Kriegsherrentum in der chinesischen Geschichtserfahrung – Alitto, Guy: Orthodoxie in der chinesischen Kultur – Bary, Wm. Theodore de: Neukonfuzianismus als »sekundärer Durchbruch« – Zürcher, Erik: Buddhismus in China: Die Grenzen der Innovation – Eisenstadt, Shmuel N.: Die japanische Geschichtserfahrung – Jansen, Marius B.: Die japanische Erfahrung des Wandels – Shillony, Ben-Ami: Das Fehlen fremder Besatzung als zentraler Faktor für die Ausgestaltung der japanischen Kultur – Ishida, Takeshi: Die Orthodoxie des japanischen Reichs
Teil 2: Eisenstadt, Shmuel N.: Die indische (hinduistische) Geschichtserfahrung – Kulke, Hermann: Ausgrenzung, Rezeption und kulturelles Selbstbewußtsein. Formen indischer Reaktion auf fremde Eroberungen in der frühen Geschichte – Dirks, Nicholas B.: Rituelles Königtum und Kultur: Die politische Dynamik kul-

turellen Wandels in der mittelalterlichen Geschichte Südindiens – Heesterman, Jan C.: Die gebrochene Ordnung: Indiens »nachachsenzeitliche« Erfahrung – Shulman, David: Die Dynamik der Sektenbildung im mittelalterlichen Südindien – Halbfass, Wilhelm: Mensch und Selbst im traditionellen indischen Denken – Ramanujan, A. K.: Wo Spiegel Fenster sind: Versuch einer Anthologie der Reflexionen – Shulman, David: Vom Zeichen zum Symbol im frühen Śaiva-Mythos – Handelman, Don: Der Murugan-Mythos: Reflexivität und Hierarchie in einer südindischen purānischen Kosmologie – Heesterman, Jan C.: Ein geteiltes Haus: Die hinduistisch-muslimische Beziehung

Teil 3: Eisenstadt, Shmuel N.: Die (thēravāda-)buddhistische Geschichtserfahrung – Bechert, Heinz: Orthodoxie und Legitimation im Kontext des Früh- und des Thēravāda-Buddhismus – Friedrich Silber, Ilana: »Aussteigen« im Thēravāda-Buddhismus und im mittelalterlichen Christentum: Eine vergleichende Studie zum Mönchtum als Alternativstruktur – Cohen, Erik: Siam und der Westen: Das Problem der Thai-Modernisierung – Obeyesekere, Gananath: Buddhismus: Die Begegnung einer Achsenzeitreligion mit dem Modernismus – Eisenstadt, Shmuel N.: Die Geschichtserfahrung des Islam – Lapidus, Ira M.: Islamisches Sektierertum und das Rekonstruktions- und Umgestaltungspotential der islamischen Kultur – Gellner, Ernest: Die Besonderheit des muslimischen Staates – Lazarus-Yafeh, Hava: Die islamische Reaktion auf den Rationalismus – Levtzion, Nehemia: Islamisierungsmuster: Die Begegnung des Islam mit »Achsenzeitreligionen« – Assmann, Jan: Große Texte ohne eine Große Tradition: Ägypten als vorachsenzeitliche Kultur – Eisenstadt, Shmuel N.: Kurzer Ausblick auf die westliche Kultur – Bowersock, Glen W.: Vom Kaiser zum Bischof: Die Verlagerung der politischen Macht im 4. nachchristlichen Jahrhundert – Stroumsa, Gedaliahu G.: Die Entstehung des reflexiven Selbst im frühchristlichen Denken – Assmann, Aleida: Einheit und Vielfalt in der Geschichte: Jaspers' Begriff der Achsenzeit neu betrachtet – Stone, Lawrence: Der Wandel der Werte in England 1660 bis 1770: Säkularismus, Rationalismus und Individualismus – Ruegg, Walter: Humanistische

Elitenbildung im antiken Rom und in der europäischen Renaissance

931-937 Benjamin, Walter: Gesammelte Schriften
7 Bände (14 Teilbände) in Kassette. 1991. (3-518-09832-2)

931 Benjamin, Walter: Abhandlungen
Gesammelte Schriften. Unter Mitwirkung von Theodor W. Adorno und Gershom Scholem herausgegeben von Rolf Tiedemann und Hermann Schweppenhäuser. Band I (3 Teilbände). Herausgegeben von Rolf Tiedemann und Hermann Schweppenhäuser. Zusammen 1275 S. 1991. (3-518-28531-9)
Der Begriff der Kunstkritik in der deutschen Romantik – Goethes Wahlverwandtschaften – Ursprung des deutschen Trauerspiels – Das Kunstwerk im Zeitalter seiner technischen Reproduzierbarkeit – Charles Baudelaire. Ein Lyriker im Zeitalter des Hochkapitalismus. [1.] *Das Paris des Second Empire bei Baudelaire;* [2.] *Über einige Motive bei Baudelaire;* [3.] *Zentralpark – Über den Begriff der Geschichte* – Anhang – Editorischer Bericht [von Rolf Tiedemann und Hermann Schweppenhäuser] – Anmerkungen der Herausgeber [Rolf Tiedemann und Hermann Schweppenhäuser]

932 Benjamin, Walter: Aufsätze, Essays, Vorträge
Gesammelte Schriften. Unter Mitwirkung von Theodor W. Adorno und Gershom Scholem herausgegeben von Rolf Tiedemann und Hermann Schweppenhäuser. Band II (3 Teilbände). Herausgegeben von Rolf Tiedemann und Hermann Schweppenhäuser. Zusammen 1526 S. 1991. (3-518-28532-7)
Frühe Arbeiten zur Bildungs- und Kulturkritik – Metaphysisch-geschichtsphilosophische Studien – Literarische und ästhetische Essays – Ästhetische Fragmente – Vorträge und Reden – Enzyklopädieartikel – Kulturpolitische Artikel und Aufsätze – Anhang – Anmerkungen der Herausgeber [Rolf Tiedemann und Hermann Schweppenhäuser]

933 **Benjamin, Walter: Kritiken und Rezensionen**
Gesammelte Schriften. Unter Mitwirkung von Theodor W. Adorno und Gershom Scholem herausgegeben von Rolf Tiedemann und Hermann Schweppenhäuser. Band III. Herausgegeben von Hella Tiedemann-Bartels. 727 S. 1991. (3-518-28533-5)
Kritiken und Rezensionen – Anhang – Anmerkungen der Herausgeberin [Hella Tiedemann-Bartels]

934 **Benjamin, Walter: Kleine Prosa. Baudelaire-Übertragungen**
Gesammelte Schriften. Unter Mitwirkung von Theodor W. Adorno und Gershom Scholem herausgegeben von Rolf Tiedemann und Hermann Schweppenhäuser. Band IV. (2 Teilbände). Herausgegeben von Tillman Rexroth. Zusammen 1108 S. 1991 (3-518-28534-3)
Charles Baudelaire, Tableaux parisiens – Übertragungen aus anderen Teilen der »Fleurs du mal« – *Einbahnstraße – Deutsche Menschen – Berliner Kindheit um Neunzehnhundert* – Denkbilder – Satiren, Polemiken, Glossen – Berichte – Illustrierte Aufsätze – Hörmodelle – Geschichten und Novellistisches – Miszellen – Anmerkungen des Herausgebers [Tillman Rexroth]

935 **Benjamin, Walter: Das Passagen-Werk**
Gesammelte Schriften. Unter Mitwirkung von Theodor W. Adorno und Gershom Scholem herausgegeben von Rolf Tiedemann und Hermann Schweppenhäuser. Band V (2 Teilbände). Herausgegeben von Rolf Tiedemann. Zusammen 1354 S. 1991 (3-518-28535-1)
Das Passagen-Werk. Einleitung des Herausgebers [Rolf Tiedemann] – Exposés – Aufzeichnungen und Materialien – Erste Notizen – Frühe Entwürfe – Anmerkungen des Herausgebers [Rolf Tiedemann]

936 **Benjamin, Walter: Fragmente vermischten Inhalts. Autobiographische Schriften**
Gesammelte Schriften. Unter Mitwirkung von Theodor W. Adorno und Gershom Scholem herausgegeben von Rolf Tiedemann und Hermann Schweppenhäuser. Band VI. Herausgegeben von Rolf Tiedemann und Hermann Schweppenhäuser. 840 S. 1991. (3-518-28536-X)
Fragmente vermischten Inhalts – Autobiographische Schriften – Anhang – Anmerkungen der Herausgeber [Rolf Tiedemann und Hermann Schweppenhäuser]

937 **Benjamin, Walter: Nachträge**
Gesammelte Schriften. Unter Mitwirkung von Theodor W. Adorno und Gershom Scholem herausgegeben von Rolf Tiedemann und Hermann Schweppenhäuser. Band VII (2 Teilbände). Herausgegeben von Rolf Tiedemann und Hermann Schweppenhäuser unter Mitarbeit von Christoph Gödde, Henri Lonitz und Gary Smith. Zusammen 1040 S. 1991. (3-518-28537-8)
Nachträge – Anhang – Anmerkungen der Herausgeber [Rolf Tiedemann und Hermann Schweppenhäuser] – Nachträge zu den Anmerkungen der Bände I bis VI

938 **Theunissen, Michael: Negative Theologie der Zeit**
379 S. 1991. (3-518-28538-6)
Möglichkeiten des Philosophierens heute – Können wir in der Zeit glücklich sein? – Die Zeitvergessenheit der Metaphysik. Zum Streit um Parmenides, Fr. 8.5-6a – Sartres negationstheoretische Ontologie der Zeit und Phänomenologie der Zeitdimensionen – Die Gegenwart des Todes im Leben – Melancholisches Leiden unter der Herrschaft der Zeit – Freiheit von der Zeit. Ästhetisches Anschauen als Verweilen – Zeit des Lebens – Ὁ αἰτῶ λαμβάνει. Der Gebetsglaube Jesu und die Zeitlichkeit des Christseins

939 **Groh, Ruth/Groh, Dieter: Weltbild und Naturaneignung**
Zur Kulturgeschichte der Natur. 176 S. 1991. (3-518-28539-4)
Religiöse Wurzeln der ökologischen Krise. Naturteleologie und

Geschichtsoptimismus in der frühen Neuzeit – Von den schrecklichen zu den erhabenen Bergen. Zur Entstehung ästhetischer Naturerfahrung – Zur Entstehung und Funktion der Kompensationsthese

940 Nationale und kulturelle Identität
Studien zur Entwicklung des kollektiven Bewußtseins in der Neuzeit. Herausgegeben von Bernhard Giesen. 578 S. 1991 (3-518-28540-8)
Giesen, Bernhard: Einleitung – Eisenstadt, Shmuel Noah: Die Konstruktion nationaler Identitäten in vergleichender Perspektive – Bendix, Reinhard: Strukturgeschichtliche Voraussetzungen der nationalen und kulturellen Identität in der Neuzeit – Dann, Otto: Begriffe und Typen des Nationalen in der frühen Neuzeit – Ehlers, Joachim: Mittelalterliche Voraussetzungen für nationale Identität in der Neuzeit – Hill, Christopher: Protestantismus, Pamphlete, Patriotismus und öffentliche Meinung im England des 16. und 17. Jahrhunderts – Grabes, Herbert: England oder die Königin? Öffentlicher Meinungsstreit und nationale Identität unter Mary Tudor – Uhlig, Claus: Nationale Geschichtsschreibung und kulturelle Identität: Das Beispiel der englischen Renaissance – Schilling, Heinz: Nationale Identität und Konfession in der europäischen Neuzeit – Giesen, Bernhard/Junge, Kay: Vom Patriotismus zum Nationalismus. Zur Evolution der »Deutschen Kulturnation« – Oesterle, Günter: Kulturelle Identität und Klassizismus. Wilhelm von Humboldts Entwurf einer allgemeinen und vergleichenden Literaturerkenntnis als Teil einer vergleichenden Anthropologie – Berding, Helmut/Schimpf, Dorothee: Assimilation und Identität. Probleme des jüdischen Schul- und Erziehungswesens in Hessen-Kassel im Zeitalter der Emanzipation – Wolfzettel, Friedrich/Ihring, Peter: Katholizismus und Nationalbewußtsein im italienischen Risorgimento: Modelle nationaler Identitätsbildung durch Religion – Lope, Hans-Joachim: Zur Diskussion um die ›Identität‹ der Belgier im Umfeld der Revolution von 1830 – Fink, Gonthier-Louis: Das Bild des Nachbarvolkes im Spiegel der deutschen und der französischen Hochaufklä-

rung (1750-1789) – Thadden, Rudolf von: Aufbau nationaler Identität. Deutschland und Frankreich im Vergleich – Bischoff, Volker/Mania, Marino: ›Melting Pot‹-Mythen als Szenarien amerikanischer Identität zur Zeit der ›New Immigration‹ – Sollors, Werner: Konstruktionsversuche nationaler und ethnischer Identität in der amerikanischen Literatur

941 **Eder, Klaus: Geschichte als Lernprozeß?**
Zur Pathogenese politischer Modernität in Deutschland. 614 S. 1991. (3-518-28541-6)

942 **Dimensionen des Selbst**
Selbstbewußtsein, Reflexivität, Bedingungen von Kommunikation. Herausgegeben von Bertram Kienzle und Helmut Pape. 453 S. 1991. (3-518-28542-4)
Einleitung – Shoemaker, Sydney: Rationalität und Selbstbewußtsein – Kienzle, Bertram: Die rationale Zugänglichkeit mentaler Zustände. Korreferat zu Sydney Shoemaker – Heckmann, Heinz-Dieter: Wer (oder was) bin ich? Zur Deutung des intentionalen Selbstbezuges aus der Perspektive der ersten Person singularis – Castañeda, Hector-Neri: Die Reflexivität des Selbstbewußtseins: eine phänomeno-logische Untersuchung – Fricke, Christel: Über die externe und interne Reflexivität von Akten geistiger Bezugnahme. Korreferat zu Hector-Neri Castañeda – Castañeda, Hector-Neri: Über die Möglichkeit der mit dem Selbstbewußtsein verbundenen Gewißheit. Eine Stellungnahme zum Korreferat von Christel Fricke – Schmitz, Hermann: Leibliche und personale Konkurrenz im Selbstbewußtsein – Spitzer, Manfred: Affektivität und Leiblichkeit als Prinzipien des Selbstbewußtseins? Korreferat zu Hermann Schmitz – Suber, Peter: Die Reflexivität des Wandels: Der Fall der Sprachnormen – Borsche, Tilman: Naturgesetze des Sprachwandels? Korreferat zu Peter Suber – Pilot, Harald: Moralische Identität im Blick auf Kants Theorie der Autonomie – Kaehler, Klaus Erich: Probleme der moralischen Identität in der praktischen Philosophie Kants. Korreferat zu Harald Pilot – Schönrich, Gerhard: Selbstbewußtsein in semiotischer Analyse –

Schult, Joachim: Physiologische Aspekte kognitiver Prozesse – Meggle, Georg: Kommunikation und Reflexivität – Castañeda, Hector-Neri: Reflexivität in der Kommunikation. Kommentar zu Georg Meggle – Johnstone, Jr., Henry W.: Selbstanwendung in philosophischer Argumentation – Deuser, Hermann: Das Selbst als Inkarnation von Selbstanwendung. Korreferat zu Henry W. Johnstone, Jr.

943 **Zur Debatte über Euthanasie**
Beiträge und Stellungnahmen. Herausgegeben von Rainer Hegselmann und Reinhard Merkel. 330 S. 1991. (3-518-28543-2)
Hegselmann, Rainer/Merkel, Reinhard: Einleitung – Birnbacher, Dieter: Das Tötungsverbot aus der Sicht des klassischen Utilitarismus – Kuhse, Helga: Warum Fragen der aktiven und passiven Euthanasie auch in Deutschland unvermeidlich sind – Merkel, Reinhard: Teilnahme am Suizid – Tötung auf Verlangen – Euthanasie. Fragen an die Strafrechtsdogmatik – Loewenisch, Volker von: Ethische Fragen in der Perinatal-Medizin aus neonatologischer Sicht – »Mir leuchtet nicht ein, wie man so Werte bewahren will«. Peter Singer im Gespräch mit Christoph Fehige und Georg Meggle – Wolf, Ursula: Philosophie und Öffentlichkeit – Anmerkungen zur Euthanasiedebatte – Hegselmann, Rainer: Moralische Aufklärung, moralische Integrität und die schiefe Bahn – Kliemt, Hartmut: Ein guter Philosoph ist stets darauf bedacht, ob nicht auch ein anderer Böses macht – Wittmann, Roland: Metaethische Überlegungen zum ethischen Diskurs über Peter Singers »Praktische Ethik« – Anstötz, Christoph: Rezeption der utilitaristischen Position Peter Singers in der aktuellen Literatur der (deutschsprachigen) Sonderpädagogik und ihrer Grenzgebiete *oder*: Wie eine humane, lebensbejahende Ethik in eine »Tötungsethik« verwandelt wurde – Singer, Peter: Bioethik und akademische Freiheit – Anhang: Erklärung deutscher Philosophen zur sog. »Singer-Affäre«

944 Habermas, Jürgen: Texte und Kontexte
217 S. 1991. (3-518-28544-0)
Charles S. Peirce über Kommunikation – Edmund Husserl über Lebenswelt, Philosophie und Wissenschaft – Martin Heidegger. Werk und Weltanschauung – Ludwig Wittgenstein als Zeitgenosse – Max Horkheimer: Zur Entwicklungsgeschichte seines Werkes – Zu Max Horkheimer Satz: »Einen unbedingten Sinn zu retten ohne Gott, ist eitel« – Exkurs: Transzendenz von innen, Transzendenz ins Diesseits – Georg Simmel über Philosophie und Kultur – Alexander Mitscherlichs Sozialpsychologie – Soziologie in der Weimarer Republik – Zur Entwicklung der Sozial- und Geisteswissenschaften in der Bundesrepublik

945 Peirce, Charles Sanders: Schriften zum Pragmatismus und Pragmatizismus
Herausgegeben von Karl-Otto Apel. Übersetzt von Gert Wartenberg. 603 S. 1991. (3-518-28545-9)
Apel, Karl-Otto: Vorwort – Peirce, Charles S.: Fragen hinsichtlich gewisser Vermögen, die man für den Menschen in Anspruch nimmt (1868) – Einige Konsequenzen aus vier Unvermögen (1868) – Aus: Die Grundlagen der Gültigkeit der Gesetze der Logik. Weitere Konsequenzen aus vier Unvermögen (1868) (gekürzt) – Frasers Ausgabe der ›Werke von George Berkeley‹ (1871) (gekürzt) – Aus: Vorwort zu: Mein Pragmatismus (Retrospektive zur Entstehung des Pragmatismus von 1909) – Die Festlegung einer Überzeugung (1877) – Wie unsere Ideen zu klären sind (1878) – Aus: Die Lehre vom Zufall (1878) – Aus: Die Wahrscheinlichkeit der Induktion (1878) – Deduktion, Induktion und Hypothese (1878) – Aus einer Rezension von ›Josiah Royce: The Religious Aspect of Philosophy‹ (1885) – Die Architektonik von Theorie (1891) – Eine Überprüfung der Lehre des Nezessarismus (1892) – Lexikon-Artikel: Pragmatisch und Pragmatismus (1902) – Praktische und theoretische Überzeugungen (1902) – Aus: Urteil und Aussage (1908) – Aus den Pragmatismus-Vorlesungen (1903) – Was heißt Pragmatismus (1905) – Kernfragen des Pragmatizismus (1905) – Aus: Pragmatizismus und kritischer Commonsensismus (1905) –

Die kritische Philosophie und die Philosophie des Commonsense (1905) – Reflexionen über den Pluralistischen und den Cenopythagoreischen Pragmatismus (1906) – Aus: Ein Überblick über den Pragmatizismus (1907) – Aus den Briefen an William James, John Dewey, Signor Calderoni, F. C. S. Schiller

946 Baecker, Dirk: Womit handeln Banken?
Eine Untersuchung zur Risikoverarbeitung in der Wirtschaft. Mit einem Vorwort von Niklas Luhmann. 207 S. 1991
(3-518-28546-7)

947 Luckmann, Thomas: Die unsichtbare Religion
Mit einem Vorwort von Hubert Knoblauch. 191 S. 1991
(3-518-28547-5)

948 Schadewaldt, Wolfgang: Die griechische Tragödie
Aischylos. Sophokles. Euridipes. Tübinger Vorlesungen Band 4. Unter Mitwirkung von Maria Schadewaldt herausgegeben von Ingeborg Schudoma. 507 S. 1991. (3-518-28548-3)

949 Ethischer Sozialismus
Zur politischen Philosophie des Neukantianismus. Herausgegeben von Helmut Holzhey. ca. 280 S. 1992. (3-518-28549-1)
Holzhey, Helmut: Einleitung – Fetscher, Iring: Von einer evolutionistischen zur ethischen Begründung des Sozialismus – Schmidt, Alfred: Ethik und materialistische Geschichtsphilosophie · Komplement oder Korrektiv – Klein, Armin: »Die Arbeiter haben sich selbst um die Angelegenheiten ihres Standes zu kümmern« · Friedrich Albert Langes Theorie eines strategisch reflektierten Reformismus – Linden, Harry van der: Cohens sozialistische Rekonstruktion der Ethik Kants – Gigliotti, Gianna: Ethik und das Faktum der Rechtswissenschaft bei Hermann Cohen – Holzhey, Helmut: Gesellschaft und Staat in der praktischen Philosophie Hermann Cohens – Jegelka, Norbert: Kritizismus, Sozialismus und Pazifismus im Werk und Wirken Paul Natorps – Müller, Peter: Erkennen und Organisieren. Oder: Der Weg ist alles, das

Ziel nichts. Karl Vorländers kritischer Sozial(ideal)ismus – Bickel, Cornelius: Soziologie und Ethik bei Tönnies. Seine Auseinandersetzung mit zeitgenössischen Strömungen der Sozialethik – Meyer, Thomas: Ethischer Sozialismus bei Leonard Nelson – Köhnke, Klaus Christian: Ethische Kultur, Neuer Kurs und Sozialdemokratie – Erdös, Ernst: Die Tradition Spinozas in der sozialistischen Bewegung bis 1927 – Kleger, Heinz: Die Versprechen des evolutionären Sozialismus – oder: Warum noch einmal Bernstein lesen?

950 Kognition und Gesellschaft
Der Diskurs des Radikalen Konstruktivismus 2. Herausgegeben von Siegfried J. Schmidt. 456 S. 1992. (3-518-28550-5)
Schmidt, Siegfried J.: Radikaler Konstruktivismus. Forschungsperspektiven für die 90er Jahre – Janich, Peter: Die methodische Ordnung von Konstruktionen. Der Radikale Konstruktivismus aus der Sicht des Erlanger Konstruktivismus – Ziemke, Axel/Stöber, Konrad: System und Subjekt – Emrich, Hinderk M.: Konstruktivismus: Imagination, Traum und Emotionen – Manteuffel, Gerhard: Konstruktivistische künstliche Intelligenz – Baecker, Jochen/Borg-Laufs, Michael/Duda, Lothar/Matthies, Ellen: Sozialer Konstruktivismus – eine neue Perspektive in der Psychologie – Stadler, Michael/Kruse, Peter: Konstruktivismus und Selbstorganisation: Methodologische Überlegungen zur Heuristik psychologischer Experimente – Hejl, Peter M.: Die zwei Seiten der Eigengesetzlichkeit. Zur Konstruktion natürlicher Sozialsysteme und zum Problem ihrer Regelung – Rusch, Gebhard: Auffassen, Begreifen und Verstehen. Neue Überlegungen zu einer konstruktivistischen Theorie des Verstehens – Schwegler, Helmut: Konstruierte Wissenschaftswelten. Die Erfahrungen eines Physikers – Roth, Gerhard: Das konstruktive Gehirn: Neurobiologische Grundlagen von Wahrnehmung und Erkenntnis – Wiesner, Manfred/Willutzki, Ulrike: Sozial-konstruktivistische Wege in der Psychotherapie – Aufschnaiter, Stefan von/Fischer, Hans E./Schwedes, Hannelore: Kinder konstruieren Welten. Perspektiven einer konstruktivistischen Physikdidaktik – Schmidt, Siegfried J.: Medien, Kultur: Medienkultur. Ein konstruktivistisches Gesprächsangebot

951 Perspektiven der Kunstphilosophie

Texte und Diskussionen. Herausgegeben von Franz Koppe. 412 S. 1991. (3-518-28551-3)

Kambartel, Friedrich: Zur Philosophie der Kunst. Thesen über zu einfach gedachte begriffliche Verhältnisse – Rentsch, Thomas: Ästhetische Anthropomorphie. Die Konstitution des Schönen und die transzendental-anthropologische Bestimmung thaumatisch-auratischer Weltverhältnisse – Seel, Martin: Kunst, Wahrheit, Welterschließung – Koppe, Franz: Kunst als entäußerte Weise, die Welt zu sehen. Zu Nelson Goodman und Arthur C. Danto in weitergehender Absicht – Schneider, Hans Julius: Die Leibhaftigkeit ästhetischer Erfahrung. Ein Hinweis auf John Dewey und Francis Bacon – Wolf, Ursula: Kunst, Philosophie und die Frage nach dem guten Leben – Hubig, Christoph: Kunst als Anwalt heuristischer Vernunft. Über die Möglichkeit der Kunst und die Kunst des Möglichen – Früchtl, Josef: Ästhetische Erfahrung und Einheit der Vernunft. Thesen im Anschluß an Kant und Habermas – Wellmer, Albrecht: Adorno, die Moderne und das Erhabene – Menke, Christoph: Umrisse einer Ästhetik der Negativität – Lüdeking, Karlheinz: Wahrnehmung und Wohlgefallen – Strube, Werner: Ästhetische Wertäußerungen. Eine sprechakttheoretische Analyse – Nowald, Karlheinz: Rezeptions-Zeit – Reflexions-Zeit – Paetzold, Heinz: Die beiden Paradigmen der Begründung philosophischer Ästhetik – Diskussionsberichte: – Rettung der Ästhetik aus semantischem Unheil? (Vorlage: Friedrich Kambartel) – Bewunderung und Glanz des Schönen (Vorlage: Thomas Rentsch) – Mit und gegen Goodman und Danto weiterdenken (Vorlage: Franz Koppe) – Kunst als Heuristik der Anschaulichkeit (Vorlage: Christoph Hubig) – Das Ästhetische als Einheit der Vernunft (Vorlage: Josef Früchtl) – Lassen sich ästhetische Urteile triftig begründen? (Vorlage: Karlheinz Lüdeking) – Differenzierung als Lösung des Werturteilstreits in der Ästhetik? (Vorlage: Werner Strube) – Kunstkonzeption und Urbanität (Vorlage: Heinz Paetzold)

952 **Haupert, Bernhard/Schäfer, Franz Josef: Jugend zwischen Kreuz und Hakenkreuz**
Biographische Rekonstruktion als Alltagsgeschichte des Faschismus. Mit einem Vorwort von Manfred Messerschmidt. 352 S. 1991. (3-518-28552-1)

953 **Böckenförde, Ernst-Wolfgang: Staat, Verfassung, Demokratie**
Studien zur Verfassungstheorie und zum Verfassungsrecht. 443 S. 1991. (3-518-28553-X)
Die Eigenart des Staatsrechts und der Staatsrechtswissenschaft – Geschichtliche Entwicklung und Bedeutungswandel der Verfassung – Die Methoden der Verfassungsinterpretation. Bestandsaufnahme und Kritik – Die verfassunggebende Gewalt des Volkes. Ein Grenzbegriff des Verfassungsrechts – Grundrechtstheorie und Grundrechtsinterpretation – Die sozialen Grundrecht im Verfassungsgefüge – Grundrechte als Grundsatznormen. Zur gegenwärtigen Lage der Grundrechtsdogmatik – Das Grundrecht der Gewissensfreiheit – Freiheitssicherung gegenüber gesellschaftlicher Macht. Aufriß eines Problems – Verhaltensgewähr oder Gesinnungstreue? Sicherung der freiheitlichen Demokratie in den Formen des Rechtsstaats – Demokratie als Verfassungsprinzip – Demokratie und Repräsentation. Zur Kritik der heutigen Demokratiediskussion – Die politische Funktion wirtschaftlich-sozialer Verbände und Interessenträger in der sozialstaatlichen Demokratie. Ein Beitrag zum Problem der »Regierbarkeit«

954 **Dreier, Ralf: Recht – Staat – Vernunft**
Studien zur Rechtstheorie 2. 247 S. 1991. (3-518-28554-8)
Recht und Gerechtigkeit – Widerstandsrecht im Rechtsstaat? Bemerkungen zum zivilen Ungehorsam – Der Rechtsstaat im Spannungsverhältnis zwischen Gesetz und Recht – Der Begriff des Rechts – Irrationalismus in der Rechtswissenschaft – Julius Binder (1870-1939). Ein Rechtsphilosoph zwischen Kaiserreich und Nationalsozialismus – Eigentum in rechtsphilosophischer Sicht – Be-

merkungen zum rechts/links-Schema – Rechtstheorie und Rechtsgeschichte

955 **Jauß, Hans Robert: Ästhetische Erfahrung und literarische Hermeneutik**
877 S. 1991. (3-518-28555-6)

956 **Searle, John R.: Intentionalität**
Eine Abhandlung zur Philosophie des Geistes. Übersetzt von Harvey P. Gavagai. 353 S. 1991. (3-518-28556-4)

957 **Danto, Arthur C.: Die Verklärung des Gewöhnlichen**
Eine Philosophie der Kunst. (The Transfiguration of the Commonplace. A Philosophy of Art). Übersetzt von Max Looser. 321 S. 1991. (3-518-28557-2)

958 **Menke, Christoph: Die Souveränität der Kunst**
Ästhetische Erfahrung nach Adorno und Derrida. 311 S. 1991 (3-518-28558-0)

959 **Knorr-Cetina, Karin: Die Fabrikation von Erkenntnis**
Zur Anthropologie der Naturwissenschaft. (The Manufacture of Knowledge. An Essay on the Constructivist and Contextual Nature of Science, revidierte und erweiterte Fassung). Vorwort von Rom Harré. 358 S. 1991. (3-518-28559-9)

960 **Quine, Willard Van Orman: Theorien und Dinge**
(Theories and Things). Übersetzt von Joachim Schulte. 257 S. 1991. (3-518-28560-2)
Dinge und ihr theoretischer Ort – Empirischer Gehalt – Zweiwertigkeit – um welchen Preis? – Der Kerngedanke eines dritten Dogmas – Der Begriff des Gebrauchs und sein bedeutungstheoretischer Stellenwert – Über das Wesen moralischer Werte – Fünf Marksteine des Empirismus – Russells ontologische Entwicklung – Zu Austins Methode – J. J. C. Smart: Philosophie und wissenschaftlicher Realismus – N. Goodman: Weisen der Welterzeugung

– Über die Individuation von Eigenschaften – Nochmals zum Thema Intensionen – Welten entfernt – Grade der Unterscheidbarkeit – Lewis Carrolls Logik – Kurt Gödel – Erfolg und Grenzen der Mathematisierung – Über die Grenzen der Entscheidung – Prädikate, Termini und Klassen – Repliken – Metaphern. Ein Postskriptum – Hat die Philosophie den Kontakt zu den Menschen verloren? – Paradoxien des Überflusses

961 Schluchter, Wolfgang: Religion und Lebensführung
Band 1. Studien zu Max Webers Kultur- und Werttheorie. 389 S. 1992. (3-518-28561-0)

962 Schluchter, Wolfgang: Religion und Lebensführung
Band 2. Studien zu Max Webers Religions- und Herrschaftssoziologie. 675 S. 1992. (3-518-28562-9)

963 Einheitswissenschaft
Herausgegeben von Brian McGuinness und Joachim Schulte. Mit einer Einleitung von Rainer Hegselmann. ca. 360 S. 1992 (3-518-28563-7)
Hegselmann, Rainer: Einheitswissenschaft – Das positive Paradigma des Logischen Empirismus – Neurath, Otto: Einheitswissenschaft und Psychologie – Hahn, Hans: Logik, Mathematik und Naturerkennen – Carnap, Rudolf: Die Aufgabe der Wissenschaftslogik – Neurath, Otto: Was bedeutet rationale Wirtschaftsbetrachtung? – Frank, Philipp: Das Ende der mechanischen Physik – (Zur Enzyklopädie der Einheitswissenschaft:) Vorwort: Enzyklopädiekonferenz Paris 1937 – Neurath, Otto: Die neue Enzyklopädie – Brunswik, Egon: Die Eingliederung der Psychologie in die exakten Wissenschaften – Hull, Clark: Logischer Positivismus als konstruktive Methodologie in den Sozialwissenschaften – Mannoury, Gerrit: Signifik – Woodger, J. H.: Einheit durch Formalisierung – Mises, Richard von: Ernst Mach und die empiristische Wissenschaftsauffassung – Gomperz, Heinrich: Interpretation. Logische Analyse der Methode historischer Forschung

964 **Selbstbewußtseinstheorien von Fichte bis Sartre**
Herausgegeben und mit einem Nachwort versehen von Manfred Frank. 599 S. 1991. (3-518-28564-5)
Fichte, Johann Gottlieb: Wissenschaftslehre nova methodo (Auszug) – Fichte, Johann Gottlieb: Versuch einer neuen Darstellung der Wissenschaftslehre – Hölderlin, Friedrich: Urtheil und Seyn – Hölderlin, Friedrich: Große Anmerkung zu: Über die Verfahrungsweise des poëtischen Geistes – Sinclair, Isaak von: Philosophische Raisonnements – Zwilling, Jakob: Über das Alles – Novalis: Fichte-Studien (Auszug) – Herbart, Johann Friedrich: Darstellung des im Begriff des Ich enthaltenen Problems, nebst den ersten Schritten zu dessen Auflösung – Schleiermacher, Friedrich: Das unmittelbare Selbstbewußtsein als Gefühl – Schleiermacher, Friedrich: Einleitung zur Glaubenslehre (Auszug) – Schleiermacher, Friedrich: Wissen und Wollen und ihre relative Identität – Kierkegaard, Søren: Verzweiflung als Krankheit im Geist, im Selbst – Brentano, Franz: Psychologie vom empirischen Standpunkt (Auszug) – Brentano, Franz: Vom Selbstbewußtsein – Natorp, Paul: Die Tatsache des Bewußtseins – Rickert, Heinrich: Der Gegenstand der Erkenntnis (Auszug) – Husserl, Edmund: Bewußtsein als phänomenologischer Bestand des Ich und Bewußtsein als innere Wahrnehmung – Husserl, Edmund: Äußere und innere Wahrnehmung – James, William: Does »Consciousness« Exist? – Russell, Bertrand: On the Nature of Acquaintance – Schmalenbach, Herman: Das Sein des Bewußtseins – Sartre, Jean-Paul: Conscience de soi et connaissance de soi – Frank, Manfred: Fragmente einer Geschichte der Selbstbewußtseinstheorie von Kant bis Sartre

965 **Die sog. Geisteswissenschaften: Außenansichten**
Die Entwicklung der Geisteswissenschaften in der BRD 1954-1987. Von Peter Weingart, Wolfgang Prinz, Maria Kastner, Sabine Maasen und Wolfgang Walter. 436 S. 1991. (3-518-28565-3)

966 **Scholtz, Gunter: Zwischen Wissenschaftsanspruch und Orientierungsbedürfnis**
Zu Grundlage und Wandel der Geisteswissenschaften. 385 S. 1991. (3-518-28566-1)

967 **Lepenies, Wolf: Melancholie und Gesellschaft**
Mit einem Vorwort zur Neuausgabe. ca. 338 S. 1992. (3-518-28567-X)

968 **Grimm, Dieter: Die Zukunft der Verfassung**
447 S. 1991. (3-518-28568-8)
Verfassung – Entstehungs- und Wirkungsbedingungen des modernen Konstitutionalismus – Die Grundrechte im Entstehungszusammenhang der bürgerlichen Gesellschaft – Der Verfassungsbegriff in historischer Entwicklung – Der Wandel der Staatsaufgaben und die Krise des Rechtsstaats – Interessenwahrung und Rechtsdurchsetzung in der Gesellschaft von morgen – Verfassungsrechtliche Anmerkungen zum Thema Prävention – Rückkehr zum liberalen Grundrechtsverständnis? – Verbände und Verfassung – Die politischen Parteien – Verfassungsrechtlicher Konsens und politische Polarisierung in der Bundesrepublik Deutschland – Verfassungsfunktion und Grundgesetzreform – Die Gegenwartsprobleme der Verfassungspolitik und der Beitrag der Politikwissenschaft – Das Grundgesetz nach vierzig Jahren – Die Zukunft der Verfassung

969 **Beyme, Klaus von: Theorie der Politik im 20. Jahrhundert**
Von der Moderne zur Postmoderne. 394 S. 1991 (3-518-28569-6)

970 **Gerhardt, Uta: Gesellschaft und Gesundheit**
Begründung der Medizinsoziologie. 333 S. 1991 (3-518-28570-X)
Idealtypische Analyse von Statusbiographien bei chronisch Kranken – Chronische Erkrankung: Handlungsrationalität und das Problem der sozialen Pathologie – Krankheitsdeutung und Rück-

kehr zur Arbeit. Zum Problem sozialen Handelns im Arzt-Patient-Verhältnis (mit Joachim Thönnessen, unter Mitarbeit von Ursula Völk) – Überlegungen zur Effektivität der konkurrierenden Programme der AIDS-Kontrolle – Rollentheorie und gesundheitsbezogene Interaktion in der Medizinsoziologie Talcott Parsons' – Soziologische Erklärung gesundheitlicher Ungleichheit. Probleme der theoretischen Rekonstruktion empirischer Befunde – Kulturpessimismus in der soziologischen Medizinkritik – Medizin, Soziologie und Re-Education

971 **Ropohl, Günter: Technologische Aufklärung**
Beiträge zur Technikphilosophie. 260 S. 1991. (3-518-28571-8)

972 **Geertz, Clifford: Religiöse Entwicklungen im Islam**
Beobachtet in Marokko und Indonesien. Übersetzt von Brigitte Luchesi. Mit einem Essay von Bassam Tibi. 206 S. 1991 (3-518-28572-6)

973 **Frühwald, Wolfgang/Jauß, Hans Robert/Koselleck, Reinhart/Mittelstraß, Jürgen/Steinwachs, Burkhart: Geisteswissenschaften heute**
Eine Denkschrift. 209 S. 1991. (3-518-28573-4)

974 **Elias, Norbert: Die Gesellschaft der Individuen**
Herausgegeben von Michael Schröter. 316 S. 1991 (3-518-28574-2)

975 **Habermas, Jürgen: Erläuterungen zur Diskursethik**
229 S. 1991. (3-518-28575-0)
Treffen Hegels Einwände gegen Kant auch auf die Diskursethik zu? – Was macht eine Lebensform rational? – Gerechtigkeit und Solidarität. Zur Diskussion über »Stufe 6« – Lawrence Kohlberg und der Neoaristotelismus – Vom pragmatischen, ethischen und moralischen Gebrauch der praktischen Vernunft – Erläuterungen zur Diskursethik

976 **Realismus und Antirealismus**
Herausgegeben vom Forum für Philosophie Bad Homburg. 348 S. 1992. (3-518-28576-9)
Köhler, Wolfgang R.: Einleitung – Franzen, Winfried: Totgesagte leben länger. Beyond Realism and Anti-Realism: Realism – Horwich, Paul: Drei Formen des Realismus – McDowell, John: Mathematischer Platonismus und Dummettscher Antirealismus – Papineau, David: Antirealismus und Skeptizismus hinsichtlich Mathematik, Moral und Modalität – Röska-Hardy, Louise: Realismus und das bedeutungstheoretische Argument von Michael Dummett – Köhler, Wolfgang R.: Realismus, Antirealismus und Zweiwertigkeit – Künne, Wolfgang: Bolzanos blühender Baum – Plädoyer für eine nicht-epistemische Wahrheitsauffassung – Kreiser, Lothar: Ein stufenfreier philosophischer Wahrheitsbegriff – Williams, Michael: Wissen als Gegenstand der Theorie – Schulte, Joachim: Wittgenstein als Großvater des Antirealismus – Wright, Crispin: Wohin führt die gegenwärtige Realismusdebatte? – Ausgewählte Bibliographie (1975-1990)

977 **Coulmas, Florian: Die Wirtschaft mit der Sprache**
Eine sprachsoziologische Studie. ca. 400 S. 1992 (3-518-28577-7)

978 **Münch, Richard: Die Struktur der Moderne**
Grundmuster und differentielle Gestaltung des institutionellen Aufbaus der modernen Gesellschaften. 763 S. 1992 (3-518-28578-5)

979 **Entwicklungen der methodischen Philosophie**
Herausgegeben von Peter Janich. 332 S. 1992. (3-518-28579-3)
Schneider, Hans Julius: Kann und soll die Sprachphilosophie methodisch vorgehen? – Kambartel, Friedrich: Notwendige Geltung. Zum Verständnis des Begrifflichen – Lorenz, Kuno: Das dialogische Prinzip in der Philosophie. Ein Beitrag zur Überwindung der Subjekt-Objekt-Spaltung – Mittelstraß, Jürgen: Rationalität und Reproduzierbarkeit – Janich, Peter: Die technische

Erzwingbarkeit der Euklidizität – Inhetveen, Rüdiger: Wissenschaftstheorie und die Einheit der Natur – Kütter, Rudolf: Vereinheitlichung und Reduktion. Zur Erklärungsproblem der Physik – Tetens, Holm: Naturalismus und Kulturalismus. Reflexionen zur naturalistischen Erforschung des Mentalen – Thiel, Christian: Neuere Überlegungen zur Geschichtsschreibung einzelwissenschaftlicher Disziplinen – Gethmann, Carl Friedrich: Universelle praktische Geltungsansprüche. Zur philosophischen Bedeutung der kulturellen Genese moralischer Überzeugungen – Schwemmer, Oswald: Moralität und Identität – Lorenzen, Paul: Diesseits von Idealismus und Realismus – Weiß, Ulrich: Die andere Seite der Medaille. Das »Irrationale« im Verhältnis zu Hugo Dinglers Methodik – Willer, Jörg: Relativitätstheorie und methodische Philosophie – Wolters, Gereon: Opportunismus als Naturanlage: Hugo Dingler und das ›Dritte Reich‹

980 Lenk, Hans: Zwischen Wissenschaft und Ethik
308 S. 1992. (3-518-28580-7)
Praxisnahe Ethik für die Wissenschaft – Zum Gewissen des Forschers – Deskriptive und normative Zuschreibungen von Verantwortung – Verantwortung zwischen Individualismus und Institutionalismus – Technik und Wirtschaftsfolgen: Ökologie und Ethik – Gibt es eine intergenerationelle Verantwortung? – Ethische Probleme der Forschung am Beispiel der Gentechnologie – Zur Ethik des Humanexperiments – Information zwischen Verantwortung und humaner Eigentätigkeit: Chancen und Probleme der neuen Informationstechnologien für Gesellschaft, Moral und Ausbildung – Wer hat Dammbrüche zu verantworten? Verantwortungsprobleme im Wasserbau

981 Rorty, Richard: Kontingenz, Ironie und Solidarität
(Contingency, Irony, and Solidarity). Übersetzt von Christa Krüger. 324 S. 1992. (3-518-28581-5)

982 **Müller, Hans-Peter: Sozialstruktur und Lebensstil**
Der neuere theoretische Diskurs über soziale Ungleichheit. ca. 360 S. 1992. (3-518-28582-3)

983 **Fortpflanzung: Natur und Kultur im Wechselspiel**
Versuch eines Dialogs zwischen Biologen und Sozialwissenschaftlern. Herausgegeben von Eckart Voland. 373 S. 1992 (3-518-28583-1)
Marschalck, Peter: Die bevölkerungswissenschaftlichen Deutungen von Fruchtbarkeitsunterschieden und ihre bevölkerungspolitischen Konsequenzen seit dem Beginn des 19. Jahrhunderts – Weingart, Peter: Politik und Vererbung: Von der Eugenik zur modernen Humangenetik – Sommer, Volker: Soziobiologie: Wissenschaftliche Innovation oder ideologischer Anachronismus? – Schmid-Hempel, Paul: Lebenslaufstrategien, Fortpflanzungsunterschiede und biologische Optimierung – König, Barbara: Fortpflanzungsstrategien im Tierreich – Paul, Andreas/ Küster, Jutta: Fortpflanzungsstrategien männlicher und weiblicher Berberaffen (Macaca sylvanus) – Vogel, Christian: Die Rolle der Familie im biogenetischen Geschehen – Schütze, Yvonne: Geburtenrückgang und Kinderwunsch – Birg, Herwig: Differentielle Reproduktion aus der Sicht der biographischen Theorie der Fertilität – Thornhill, Nancy Wilmsen: Evolutionsbiologie und historische Wissenschaften – Nauck, Bernhard: Fruchtbarkeitsunterschiede in der Bundesrepublik und in der Türkei. Ein interkultureller und interkontextueller Vergleich – Casimir, Michael J./Rao, Aparna: Kulturziele und Fortpflanzungsunterschiede. Aspekte der Beziehung zwischen Macht, Besitz und Reproduktion bei den nomadischen Bakkarwal im westlichen Himalaya – Voland, Eckart: Reproduktive Konsequenzen sozialer Strategien. Das Beispiel der Krummhörner Bevölkerung im 18. und 19. Jahrhundert – Schraut, Sylvia: Wirtschaftliche Lage und familiäre Reproduktion: die Bevölkerung Esslingens im 19. Jahrhundert – Schlumbohm, Jürgen: Sozialstruktur und Fortpflanzung bei der ländlichen Bevölkerung Deutschlands im 18. und 19. Jahrhundert. Befunde und Erklärungsansätze zu schichtspezifischen Verhaltens-

weisen – Voland, Eckart: Fortpflanzung: Natur und Kultur im Wechselspiel

984 Emergenz: Die Entstehung von Ordnung, Organisation und Bedeutung

Herausgegeben von Wolfgang Krohn und Günter Küppers. 399 S. 1992. (3-518-28584-X)

Küppers, Günter/Krohn, Wolfgang: Einführung. Selbstorganisation. Zum Stand einer Theorie in den Wissenschaften – Schwegler, Helmut: Systemtheorie als Weg zur Vereinheitlichung der Wissenschaften? – Heiden, Uwe an der: Selbstorganisation in dynamischen Systemen – Müller-Herold, Ulrich: Selbstordnungsvorgänge in der Späten Präbiotik – Roth, Gerhard: Kognition. Die Entstehung von Bedeutung – Stadler, Michael/Kruse, Peter: Zur Emergenz psychischer Qualitäten. Die psychologische Problem im Lichte der Selbstorganisationstheorie – Krohn, Wolfgang/Küppers, Günter: Zur Emergenz systemspezifischer Leistung – Teubner, Gunther: Die vielköpfige Hydra: Netzwerke als kollektive Akteure höherer Ordnung – Baecker, Dirk: Die Unterscheidung zwischen Kommunikation und Bewußtsein – Hejl, Peter: Selbstorganisation und Emergenz in sozialen Systemen – Schmidt, Siegfried J.: Über die Rolle von Selbstorganisation beim Sprachverstehen – Hutter, Michael: Wirtschaft und Bewußtsein. Zur Karriere von Bedürfnis und Erwartung – Wieland, Josef: Adam Smith' System der politischen Ökonomie. Die Emergenz des ökonomischen Systems der Moderne

985 Ludwig Wittgenstein: Porträts und Gespräche

(Recollections of Wittgenstein). Hermine Wittgenstein, Fania Pascal, F. R. Leavis, John King, M.O'C. Drury. Herausgegeben von Rush Rhees. Mit einer Einleitung von Norman Malcolm. Übersetzt von Joachim Schulte. 281 S. 1992. (3-518-28585-8)

Rhees, Rush: Vorwort – Malcolm, Norman: Einleitung – Wittgenstein, Hermine: Mein Bruder Ludwig – Pascal, Fania: Meine Erinnerungen an Wittgenstein – Leavis, F. R.: Wittgenstein – einige Erinnerungsbilder – King, John: Erinnerungen an Wittgestein – Drury, M. O.'C.: Bemerkungen zu einigen Gesprächen mit Wittgenstein – Drury, M. O.'C.: Gespräche mit Wittgenstein – Rhees, Rush: Nachwort

986 Zeiterfahrung und Personalität

Herausgegeben vom Forum für Philosophie Bad Homburg. 264 S. 1992. (3-518-28586-6)

Held, Klaus: Zeit als Zahl. Der pythagoreische Zug im Zeitverständnis der Antike – Figal, Günter: Zeit und Identität. Systematische Überlegungen zu Aristoteles und Platon – Kersting, Wolfgang: Selbstbewußtsein, Zeitbewußtsein und zeitliche Wahrnehmung. Augustinus, Brentano und Husserl über das Hören von Melodien – Düsing, Klaus: Selbstbewußtseinsmodelle. Apperzeption und Zeitbewußtsein in Heideggers Auseinandersetzung mit Kant – Sturma, Dieter: Person und Zeit – Pothast, Ulrich: Erfordernis und Grenzen der Erfindens. Über den Umgang der Person mit dem Vergangenen – Mohr, Georg: Thesen über Zeitbewußtsein und innere Erfahrung – Rohs, Peter: Die Zeitlichkeit von Leib und Seele – Schmitz, Hermann: Zeit als leibliche Dynamik und ihre Entfaltung in Gegenwart – Janich, Peter: Einmaligkeit und Wiederholbarkeit. Ein erkenntnistheoretischer Versuch über die Zeit

987 Unseld, Godela: Maschinenintelligenz oder Menschenphantasie?

Ein Plädoyer für den Ausstieg aus unserer technisch-wissenschaftlichen Kultur. 522 S. 1992. (3-518-28587-4)

988 Helms, Hans G.: Die Militarisierung der Gesellschaft

Auswirkungen der computergesteuerten Automation. Aufsätze 1977-1991. ca. 320 S. 1992. (3-518-28588-2)

989 Kognitionswissenschaft

Grundlagen, Probleme, Perspektiven. Herausgegeben von Dieter Münch. ca. 360 S. 1992. (3-518-28589-0)

Münch, Dieter: Einleitung. Computermodelle des Geistes – Newell, Allen/Simon, Herbert: Computerwissenschaft als empirische Forschung – Minsky, Marvin: Ein Rahmen für die Wissensrepräsentation – Fodor, Jerry A.: Einzelwissenschaften. Oder: Eine Alternative zur Einheitswissenschaft als Arbeitshypothese – Block, Ned: Schwierigkeiten mit dem Funktionalismus – Searle, John: Geist, Gehirn und Programme – Kosslyn, Stephen M./Pomerantz, James R.: Bildliche Vorstellungen, Positionen und die Form interner Repräsentation – Schnelle, Helmut: Introspektion und Beschreibung des Sprachgebrauchs – Holenstein, Elmar: Mentale Gebilde – Dennett, Daniel: Intentionale Systeme in der kognitiven Verhaltensforschung

990 Tibi, Bassam: Islamischer Fundamentalismus, moderne Wissenschaft und Technologie
ca. 220 S. 1992. (3-518-28590-4)

991 »Sicherheit« und »Wohlfahrt«
Polizei, Gesellschaft und Herrschaft im 19. und 20. Jahrhundert. Herausgegeben von Alf Lüdtke. ca. 390 S. 1992
(3-518-28591-2)
Lüdtke, Alf: Einleitung. »Sicherheit« und »Wohlfahrt«. Aspekte der Polizeigeschichte – Funk, Albrecht/Pütter, Norbert: Polizei und Miliz als »Bürgerorgane« – Wirsing, Bernd: »Gleichsam mit Soldatenstrenge«: Neue Polizei in süddeutschen Städten. Zu Polizeiverhalten und Bürger-Widersetzlichkeit im Vormärz – Becker, Peter: Vom »Haltlosen« zur »Bestie«. Das polizeiliche Bild des »Verbrechers« im 19. Jahrhundert – Leuenberger, Martin: Zur Kriminalisierung der Normalität: Die Definitionsgewalt von Polizisten gegenüber Jugendlichen gegen Ende des 19. Jahrhunderts – Jessen, Ralph: Unternehmerherrschaft und staatliches Gewaltmonopol. Hüttenpolizisten und Zechenwehren im Ruhrgebiet (1870-1914) – Emsley, Clive: Polizei und Arbeitskonflikte – England und USA im Vergleich (1880-1939) – Reinke, Herbert: »... hat sich ein politischer und wirtschaftlicher Polizeistaat entwickelt«. Polizei und Großstadt im Rheinland am Vorabend des Ersten Weltkrieges bis zum Beginn der zwanziger Jahre – Nien-

haus, Ursula: Einsatz für die »Sittlichkeit«: Die Anfänge der weiblichen Polizei im Wilhelminischen Kaiserreich und der Weimarer Republik – Crew, David: »Eine Elternschaft zu Dritt« – staatliche Eltern? Jugendwohlfahrt und Kontrolle der Familie in der Weimarer Republik 1919-1933 – Hartewig, Karin: »Eine sogenannte Neutralität der Beamten gibt es nicht«. Sozialer Protest, bürgerliche Gesellschaft und Polizei im Ruhrgebiet (1918-1924) – Bessel, Richard: Militarisierung und Modernisierung. Polizeiliches Handeln in der Weimarer Republik – Zimmermann, Michael: Ausgrenzung, Ermordung, Ausgrenzung. Normalität und Exzeß in der polizeilichen Zigeunerverfolgung in Deutschland (1870/71-1980) – Gellately, Robert: Gestapo und Terror. Perspektiven auf die Sozialgeschichte des nationalsozialistischen Herrschaftssystems

992 Groh, Dieter: Anthropologische Dimensionen der Geschichte

314 S. 1992. (3-518-28592-0)

Pierre Bourdieus »allgemeine Wissenschaft der Ökonomie praktischer Handlungen« – Maurice Godelier: Verwandtschaftsstrukturen, Religion und Politik als Elemente von Produktionsverhältnissen – Die »Labor-Consumer-Balance« und Alexander Čajanovs »Theorie der Familienwirtschaft im Landbau« – Ethnologie als Universalwissenschaft – Strategien, Zeit und Ressourcen. Risikominimierung, Unterproduktivität und Mußepräferenz – die zentralen Kategorien von Subsistenzökonomien – Die französische Strukturgeschichte und ihre Methoden – Zur Einführung in das Werk von E. P. Thompson – »Geschichte von unten – Geschichte von innen«. Blick über die Grenzen – Postinstrumentelle Geschichtswissenschaft – »Spuren der Vernunft in der Geschichte«. Der Weg von Jürgen Habermas zur ›Theorie des kommunikativen Handelns‹ im Schatten Max Webers – Kollektives Verhalten vom 17. bis ins 20. Jahrhundert: Wandel der Phänomene, Wandel der Wahrnehmung oder überhaupt kein Wandel? – Die verschwörungstheoretische Versuchung oder: Why do bad things happen to good people?

993 Soeffner, Hans Georg: Die Ordnung der Rituale
Die Auslegung des Alltags 2. Unter redaktioneller Mitarbeit von Ulrike Krämer. 219 S. 1992. (3-518-28593-9)
Luther – Der Weg von der Kollektivität des Glaubens zu einem lutherisch-protestantischen Individualitätstypus – Stil und Stilisierung. Punk oder die Überhöhung des Alltags – Rituale des Antiritualismus. Materialien für Außeralltägliches – Der fliegende Maulwurf (Der taubenzüchtende Bergmann im Ruhrgebiet). Totemistische Verzauberung der Realität und technologische Entzauberung der Sehnsucht – Die Inszenierung von Gesellschaft. Wählen als Freizeitgestaltung – Geborgtes Charisma. Populistische Inszenierungen

994 Altman, Leon L.: Praxis der Traumdeutung
Übersetzt von Dieter Becker. 259 S. 1992. (3-518-28594-7)

995 Derrida, Jacques: Vom Geist
Heidegger und die Frage. Übersetzt von Alexander García Düttmann. 159 S. 1992. (3-518-28595-5)

996 Kritik der Theorie sozialer Systeme
Herausgegeben von Michael Welker und Werner Krawietz. ca. 380 S. 1992. (3-518-28596-3)
Krawietz, Werner: Neue Sequenzierung der Theoriebildung und Kritik der allgemeinen Theorie sozialer Systeme. Zur Einführung – Nassehi, Armin: Wie wirklich sind Systeme? Zum ontologischen und epistemologischen Status der Theorie selbstreferentieller Systeme – Starnitzke, Dierk: Theoriebautechnische Vorentscheidungen, Differenzhandhabung und ihre Implikationen – Kneer, Georg: Bestandserhaltung und Reflexion. Zur kritischen Reformulierung gesellschaftlicher Rationalität – Dziewas, Ralf: Der Mensch. Ein Konglomerat autopoietischer Systeme – Gromitsaris, Athanasios: Symbolische oder soziale Generalisierung von Erwartungen? Zur Konstitution von Strukturelementen gesellschaftlichen Sinns – Schiewek, Werner: Zum vernachlässigten Zusammenhang von ›symbolischer Generalisierung‹ und ›Spra-

che‹ in der Theorie sozialer Systeme – Brandt, Sigrid: Systemzeit und Zeit sozialer Systeme. Zeitverständnis des Common sense als evidenzsichernde Größe – Gause, Ute/Schmidt, Heinz: Das Erziehungssystem als soziales System: Codierung und Programmierung – Binnendifferenzierung und Integration – Werner, Petra: Soziale Systeme als Interaktion und Organisation. Zum begrifflichen Verhältnis von Institution, Norm und Handlung – Schemann, Andreas: Strukturelle Kopplung und Interpenetration. Zur Festlegung und normativen Bindung offener Möglichkeiten sozialen Handelns – Chanos, Antonis: Rechtliche Modalisierung des Erwartens und Erwartungsstruktur der Norm als Vorgaben sozialen Handelns – Krawietz, Werner: Staatliches oder gesellschaftliches Recht? Systemabhängigkeiten normativer Strukturbildung im Funktionssystem Recht – Oberdorfer, Bernd: Einschränkung von Beliebigkeit? Systemische Selbstreproduktion und gesellschaftlicher Strukturaufbau – Thomas, Günter: Welt als relative Einheit oder als Letzthorizont? Zur Azentrizität des Weltbegriffs – Welker, Michael: Einfache oder multiple doppelte Kontingenz? Minimalbedingungen der Beschreibung von Religion und emergenter Strukturen sozialer Systeme – Luhmann, Niklas: Stellungnahme

997 Giesecke, Michael: Sinnenwandel, Sprachwandel, Kulturwandel

Studien zur Vorgeschichte der Informationsgesellschaft. ca. 360 S. 1992. (3-518-28597-1)

Einführung: Die Sprachwissenschaft im Zeitalter der elektronischen Medien – Was kommt nach der ›langue‹? Eine informations- und medientheoretische Antwort auf de Saussure – ›Natürliche‹ und ›künstliche‹ Sprachen. Medienrevolutionen und ihre Auswirkungen auf Sprachen und Sprachbegriffe – ›Volkssprache‹ und ›Verschriftlichung des Lebens‹ in der frühen Neuzeit. Kulturgeschichte als Informationsgeschichte – Alphabetisierung als Kulturrevolution. Leben und Werk Valentin Ickelsamers (ca. 1500-ca. 1547) – ›Rezepte‹ im Mittelalter und in der Neuzeit. Der Funktionswandel eines Informationsmediums – Sinnenwandel und

Sprachwandel. Von den multisensoriellen Semantiken des Mittelalters zur visuellen Semantik der Neuzeit – Der ›abgang der erkantnuß‹ und die Renaissance ›wahren Wissens‹. Frühneuzeitliche Kritik an der mittelalterlichen Semantik – Syntax für die Augen. Die Entstehung der Sprache der neuzeitlichen Wissenschaften – ›Orthotypographia‹. Der Anteil des Buchdrucks an der Normierung der Standardsprache

998 **Bubner, Rüdiger: Antike Themen und ihre moderne Verwandlung**
ca. 220 S. 1992. (3-518-28598-X)
Einleitung: Antike Themen und ihre moderne Verwandlung – Theorie und Praxis bei Platon – Dialog und Dialektik oder Platon und Hegel – Die allgemeine Ironie der Welt. Hegels Sicht des Eleatismus – Platon – der Vater aller Schwärmerei. Zu Kants Aufsatz »Von einem neuerdings erhobenen vornehmen Ton in der Philosophie« – Was heißt Synthesis? – Antike und moderne Wissenschaftstheorie. Eine Skizze – Metaphysik und Erfahrung – Die Geburt der Ontologie aus dem Geist der Sprache. Eine Rezension – Das Gute in der aristotelischen Metaphysik – Das sprachliche Medium der Politik – Wittgenstein als meditativer Denker

999 **Zur Anwendung der Diskursethik in Politik, Recht und Wissenschaft**
Herausgegeben von Karl-Otto Apel und Matthias Kettner. ca. 370 S. 1992. (3-518-28599-8)
Kettner, Matthias: Einleitung. Drei Dilemmata angewandter Ethik. Die Beiträge im Kontext – Apel, Karl-Otto: Diskursethik vor der Problematik von Recht und Politik: Können die Rationalitätsdifferenzen zwischen Moralität, Recht und Politik selbst noch durch die Diskursethik normativ-rational gerechtfertigt werden? – Koller, Peter: Moralischer Diskurs und politische Legitimation – Maihofer, Werner: Realität der Politik und Ethos der Republik – Kersting, Wolfgang: Liberalismus, Kommunitarismus, Republikanismus – Brunkhorst, Hauke: Konstruktiver oder Gemeinschafts-Universalismus? – Chambers, Simone: Zur Politik

des Diskurses: Riskieren wir unsere Rechte? – Hellesnes, Jon: Toleranz und Dissens. Diskurstheoretische Bemerkungen über Mill und Rorty – Böhler, Dietrich: Von der Hermeneutik zur Diskursethik – Matheis, Alfons: Ethik und Euthanasie. Diskursethische Kritik von Peter Singers Konzept praktischer Ethik – Schomberg, René von: Argumentation im Kontext wissenschaftlicher Kontroversen – Cortina, Adela: Ethik ohne Moral. Grenzen einer postkantischen Prinzipienethik – Øfsti, Audun: Ist diskursive Vernunft nur eine Sonderpraxis? Betrachtungen zum »Verbindlichkeitstransfer« von transzendental-reflexiv (letzt-)begründeten Normen – Kettner, Matthias: Bereichsspezifische Relevanz. Zur konkreten Allgemeinheit der Diskursethik

1000 **suhrkamp taschenbuch wissenschaft. Verzeichnis der Bände 1-1000**
Redaktion Elke Habicht. 418 S. 1992. (3-518-28600-5)

Alphabetisches Verzeichnis der Bände 1-1000

(geordnet nach Autoren und Herausgebern)

Verzeichnis der Bände nach Sachgebieten

Philosophie

Sprachphilosophie, Linguistik, Semiotik

Ästhetik, theoretische Texte zur Literatur, zur Kunst, zum Film und zum Theater

Soziologie, Theorie der Gesellschaft

Sozialgeschichte, Geschichte, Zeitgeschichte, Dokumentation

Politische Ökonomie, Staats- und Politiktheorie

Rechtswissenschaft

Pädagogik

Psychoanalyse, Sozialpsychologie, Psychologie

Altman, Leon L.: Praxis der Traumdeutung, 994

Bareuther, Herbert/Busch, Hans-Joachim/Ohlmeier, Dieter/Plänkers, Tomas (Hg.): Forschen und Heilen, 698

Bateson, Gregory: Ökologie des Geistes, 571

– Geist und Natur, 691

Bateson, Gregory/Jackson, Don D./Haley, Jack, u.a.: Schizophrenie und Familie, 485

Bauriedl, Thea: Beziehungsanalyse, 474

Bernfeld, Siegfried /Cassirer Bernfeld, Suzanne: Bausteine der Freud-Biographik, 727

Bertram, Hans (Hg.): Gesellschaftlicher Zwang und moralische Autonomie, 450

Bruder, Klaus-Jürgen: Psychologie ohne Bewußtsein, 415

Castel, Robert: Die psychiatrische Ordnung, 451

Chasseguet-Smirgel, Janine: Das Ichideal, 682

Cremerius, Johannes: Zur Theorie und Praxis der Psychosomatischen Medizin, 255

Cremerius, Johannes (Hg.): Die Rezeption der Psychoanalyse in der Soziologie, Psychologie und Theologie im deutschsprachigen Raum bis 1940, 296

Dahmer, Helmut: Libido und Gesellschaft, 345

Damon, William: Die soziale Welt des Kindes, 884

Deleuze, Gilles/Guattari, Félix: Anti-Ödipus, 224

Devereux, Georges: Normal und anormal, 395

– Angst und Methode in den Verhaltenswissenschaften, 461

– Träume in der griechischen Tragödie, 536

Dolto, Françoise: Psychoanalyse und Kinderheilkunde, 778

Drews, Sibylle/Brecht, Karen: Psychoanalytische Ich-Psychologie, 381

Eckstaedt, Anita/Klüwer, Rolf (Hg.): Zeit allein heilt keine Wunden, 308

Edelstein, Wolfgang/Habermas, Jürgen (Hg.): Soziale Interaktion und soziales Verstehen, 446

Edelstein, Wolfgang/Keller, Monika (Hg.): Perspektivität und Interpretation, 364

Edelstein, Wolfgang/Nunner-Winkler, Gertrud (Hg.): Zur Bestimmung der Moral, 628

Erdély, Zoltán E.: Wie sag ich's meiner Mutter?, 747

Erdheim, Mario: Die gesellschaftliche Produktion von Unbewußtheit, 465

– Psychoanalyse und Unbewußtheit in der Kultur, 654

Erikson, Erik H.: Identität und Lebenszyklus, 16

– Dimensionen einer neuen Identität, 100

– Der junge Mann Luther, 117

– Gandhis Wahrheit, 265

– Der vollständige Lebenszyklus, 737

Flader, Dieter/Grodzicki, Wolf-Dietrich/Schröter, Klaus (Hg.): Psychoanalyse als Gespräch, 377

Furth, Hans G.: Intelligenz und Erkennen, 160

Geulen, Dieter (Hg.): Perspektiven-

Evolutionstheorie, Ethnologie, Kulturgeschichte, Religionswissenschaft

Register der Autoren, Beiträger, Übersetzer, Herausgeber

(Die Zahlenangaben beziehen sich auf die Bandnummern)